Wilfried Schütz

Das Menschenspiel

Wilfried Schütz

Das Menschenspiel

Astrologie als Schlüssel zu Religion und Spiritualität

Ein Lehrbuch
der spirituellen Astrologie

1. Auflage 2003

erschienen bei:
AAB Astrologische Akademie Baden
Stockmattstrasse 27, CH 5400 Baden
www.schuetzbaden.ch

Lektorat: Petra Greiner-Senft, München
Horoskope erstellt mit *Sarastro* von Fraiss Software, Wien

Vertrieb: Chiron Verlag, Postfach 1250, D-72002 Tübingen
www.chironverlag.de

ISBN 3-925100-94-6

Inhalt

Vorwort

Die Zeit ist reif, in der Astrologie eine neue Perspektive zur Dimension unserer Spiritualität und unseres Bewusstseins zu offenbaren.

Stellen wir uns den *Geist* als die oberste in uns wirkende und alles bewirkende Kraft vor, dann ist die *Seele* die vermittelnde Kraft, welche die geistige Idee in die *körperliche Erscheinung* bringt. Schon immer trug die Astrologie als Geisteswissenschaft diese drei Dimensionen in sich. Jedoch stand in der alten Astrologie der materielle und gesellschaftliche Erfolg und damit die gesellschaftliche Bedeutung im Vordergrund astrologischer Betrachtungen. Erst Anfang des 20. Jahrhunderts rückten die Bedürfnisse unserer Seele in den Vordergrund. Die *Psychologische Astrologie* erweiterte die astrologische Sichtweise und eröffnete eine Dimension, welche die alte Astrologie bisher vermissen ließ. Das Interesse an dieser neuen Dimension erreichte seinen Höhepunkt bei den Menschen, die kollektiv ihren Planeten Neptun im Tierkreiszeichen Skorpion haben. Bei ihnen trifft die kosmische Dimension (Neptun) auf die seelische (Skorpion).

Mittlerweile wächst eine Generation heran, die ihren Neptun im Tierkreiszeichen Schütze stehen hat. In ihr breitet sich zunehmend ein tiefes Gefühl der Sinnlosigkeit aus. Diese Generation ist verstärkt zur heilsamen (Neptun) Auseinandersetzung mit der Religion und dem Angebot der Kirchen und Universitäten (Schütze) aufgerufen. Nicht von ungefähr wächst bei dieser Generation einerseits die Enttäuschung über die fortschreitende spirituelle Verarmung unserer westlichen Kultur nebst ihren Wissenschaften und Religionen, andererseits aber auch die Sehnsucht und Suche nach spirituellen Inhalten.

So war und bin auch ich enttäuscht über die kleinlichen Grabenkämpfe zwischen unseren kirchlichen Konfessionen. Verstehen sich solche einander nahe stehenden Glaubenslehren nicht, so ist es kein Wunder, dass das gegenseitige Verständnis unter den großen Religionen bis auf einige Ausnahmen vollends fehlt. Eine meiner Überzeugungen besteht jedoch darin, dass alle großen Religionen der Gegenwart aber auch der Vergangenheit den *heiligen Kern der Wahrheit* transportieren, wenn auch in verschiedenem Gewand. Zu dieser grundlegenden Gemeinsamkeit vorzustoßen ist eines der Anliegen dieses Buches. Im Gegensatz zu den Unkenrufen der derzeitigen „christlichen“ Kirchen, die Astrologie sei „Teufelszeug“, war sie es gerade, die mir den Schlüssel bot, den Hintergrund der religiösen Mythen und Lehren zu verstehen.

Des Weiteren bin ich davon überzeugt, wenn ich die Wahrheit suche, so muss sie in der Einfachheit zu finden sein. Ich halte es da mit der Aussage eines mir unbekannten Dichters: „Der Mensch verzeiht der Wahrheit nicht, dass sie so göttlich einfach ist.“ Je komplexer sich wissenschaftliche Systeme geben, desto mehr verschleiern sie, dass sie die Wirklichkeit verfehlen. Die ständigen Wechsel fundamentaler wissenschaftlicher Annahmen über die Jahrtausende hinweg sprechen Bände. Jedoch sind wir Menschen auf relativ kleine Zeitperioden fixiert, so dass wir unseren Wissenschaftswahn kaum mehr als historisch bedingt und begrenzt erkennen und in Frage stellen. Darüber hinaus lässt unsere Wissenschaft – durch ihre Reduzierung auf das rein Materielle – ein beinahe schon erschreckendes Unverständnis gegenüber der seelischen und noch mehr gegenüber der geistigen Dimension unseres Seins erkennen.

Hierunter litt zunehmend auch die Astrologie, weil ihre Vertreter allzu oft glaubten, die Anerkennung der etablierten, aber verarmten Wissenschaft erringen zu müssen. So gilt es heute, in der Astrologie erneut die spirituelle Ebene zurückzugewinnen. Dabei verkenne ich nicht, dass sich hierum viele Astrologen gleichermaßen bemühen. Eine der Hauptrichtungen der aktuellen spirituellen Astrologie entstammt der Theosophie und hat ihre Grundlage in der „Esoterischen Astrologie" der Alice A. Bailey. Ihre Kompliziertheit jedoch, ihr hierarchisches Denken und ihr Locken mit Geheimnissen, die dann doch nicht offenbart werden, schrecken ab und lassen die spirituelle Entwicklung des Menschen als extrem schwierige und leistungsabhängige Aufgabe erscheinen. Wo bleibt da die Einfachheit der Wahrheit? Ist nicht auch der Leistungstrip ein EGO-Trip schlechthin?

Im vorliegenden Buch dagegen eröffnet sich die spirituelle Dimension beim Blick auf den astrologischen Tierkreis auf verblüffend einfache Weise. Wenn wir *rückwärts* dem Tierkreis folgen und entgegen unserer Gewohnheit einmal mit dem Zeichen Fische beginnen und beim Widder enden, offenbart sich uns der Abstieg des Göttlichen Lichts von der geistigen über die seelische bis hin zur körperlichen Ebene. Die archetypischen Inhalte der einzelnen Tierkreiszeichen offenbaren sich in neuem Licht und lassen uns im selben Moment die gleichnishafte Bedeutung unserer Mythen und Rituale verstehen. Zudem wird deutlich, dass auch die alten Religionen u. a. der Ägypter, Griechen, Kelten und Iraner dieselben Symbolgestalten besaßen, jedoch mit anderen Namen.

Ein weiteres Anliegen dieses Buches ist die Versöhnung des suchenden Christen mit der göttlichen Wissenschaft, der Astrologie. Wenn wir uns ihr öffnen, erweitert sich unser Verständnis für unser Sein und unser Schicksal in unerwarteter Weise. So hilft sie uns, unserem Entwicklungsziel einen guten Schritt näher zu kommen, nämlich zu erkennen, dass nach wie vor alles, was geschieht, aus der einen göttlichen Quelle fließt, so dass unser Einverstandensein mit dem, was ist, wachsen kann.

Verständnis und Einverstandensein sind die Werkzeuge, die helfen, die gegenseitige Verurteilung zu überwinden und den Hass zwischen uns Menschen hinter uns zu lassen. Dieser Hass stellt nicht die einzige, so aber doch eine wesentliche Quelle des Leids dar, der das Leben auf diesem Planeten Erde so schwer macht.

Einschränkend muss jedoch zu diesem Buch, wie zu den meisten von Menschen geschriebenen Büchern, gesagt werden, dass es von einem Nichterleuchteten geschrieben wurde. Nicht erleuchtet sein heißt, Grenzen im Bewusstsein zu haben, die natürlicherweise auch Eingang in die Betrachtungen und Überlegungen finden. Diese Grenzen zeigen sich u. a. in der Weltanschauung des Verfassers, die aus dem Hintergrund Einfluss auf die Ausführungen nimmt. Deshalb erscheint es sinnvoll, zunächst die dem Buch zu Grunde liegende Sicht der Dinge, insbesondere unsere Bewusstseinsnot als Folge des so genannten Sündenfalls, in einem ersten Teil zu schildern, bevor im zweiten Teil der eigentliche astrologische Inhalt dargestellt wird. In diesem zweiten Teil liegt der Schwerpunkt auf der Beschreibung der Tierkreiszeichen aus einer spirituellen Perspektive. Ein dritter Teil beendet das

Buch, in dem die Zusammenhänge mittels der Interpretation des Horoskops von Jiddu Krishnamurti vertieft werden sollen.

So hoffe ich, die langjährigen Bitten derer, denen ich bei ihren astrologischen Studien Lehrer sein durfte, mit diesem Buch ein wenig zufrieden stellen zu können. Ich wählte hierzu die Form eines Lehrbuches, eines „Lehrbuches der spirituellen Astrologie“. Um jedoch einem Missverständnis vorzubeugen: Nicht das Studium dieses Buches macht einen spirituelleren Menschen, sondern die Entfaltung eines Höchstmaßes an eigener Lebendigkeit. Für den anstehenden Weg zu dieser Lebendigkeit möchte das Buch vielfältige Anstöße geben. Ich hoffe, dass hierzu manche meiner Gedanken „anstößig“ genug sind.

Fislisbach, im Herbst 2002

Teil I, Der Mensch und sein Spiel im Fluss des Lebens

Der Mensch, ein geistiges Wesen

Wir Menschen sind gemeinhin völlig mit unserer körperlichen Existenz identifiziert. Wir glauben, und die heutige Wissenschaft bestätigt uns darin, dass mit dem Ende unseres Körpers auch das Ende unserer Existenz verbunden sei. So ist es in der Folge wahrlich ein mutiger Schritt in unserer persönlichen Entwicklung, wenn wir zu denken wagen und zu akzeptieren beginnen, dass unsere Hauptexistenzform eine geistige ist: Wir Menschen als Geistwesen schlüpfen in unseren Körper wie in einen „Raumanzug", der uns die Existenz auf einem körperlichen Planeten ermöglicht.

Warum tun wir das? Offenbar gibt es in dieser körperlichen Welt Einzigartiges zu erfahren. Es gilt, das körperliche SEIN zu erleben und es uns in allen Facetten bewusst zu machen. Dadurch fügt sich SEIN zu BEWUSST und es entwickelt sich daraus BEWUSSTSEIN. Es geht uns also um die Entwicklung unseres Bewusstseins, unserer Spiritualität. Betrachten wir den Begriff Entwicklung genauer, so erkennen wir, dass die Aufgabe gar nicht so schwer sein kann, denn *ent*wickeln können wir nur etwas, das in uns *ein*gewickelt schon vorhanden sein muss. Warum tun wir uns beim „Auswickeln" dennoch so schwer? Die folgenden Kapitel sind der Suche nach einer Antwort gewidmet.

An dieser Stelle sei darauf hingewiesen, dass der *spirituelle* Geist (*lat.* göttlicher Lebensatem) und der menschlich nachdenkende, *mentale* Geist (*lat.* denkender Geist, Verstand) zwei verschiedene, energetisch voneinander abgegrenzte Ebenen besitzen. In unserer Vergangenheit führte dies zu ungeheuren Missverständnissen, weil die beiden Ebenen miteinander vermischt und verwechselt wurden. Leider hat unser menschlicher Geist, und auf dieser Ebene werden die Bücher geschrieben, unsere Mentalität, keinen unmittelbaren Zugang zu der Energieebene unseres Bewusstseins, unserer Spiritualität. Alles, was also über diese, unserem menschlich denkenden Geist fremde Welt der Spiritualität in uns geschrieben werden kann, ist als Gleichnis und symbolische Umschreibungen zu verstehen.

Mythologie

Von Anbeginn der Menschheitsgeschichte finden die gleichnishaften Aussagen zu unseren verborgenen psychischen, mentalen und spirituellen Persönlichkeitsteilen und zu deren Entwicklung ihren Niederschlag in den Mythologien der Völker. Ihre Überlieferung erfolgte ursprünglich von Mund zu Mund. Erst relativ spät wurden sie auf Steintafeln, in Rollen, in heiligen Büchern oder Fabeln und Märchen niedergeschrieben.

So ist beispielsweise das Märchen von Schneewittchen ein gleichnishafter Ausdruck eines existenten Problems unserer spirituellen Persönlichkeit. Ebenso ist Jesus ein Symbol für eine in uns vorhandene Kraft.

Für den ausschließlich mit dem Körper identifizierten Menschen ist die Mythologie nicht mehr als die abstruse Phantasie und der unzureichende Erklärungsversuch unserer noch recht „primitiven" Vorfahren. Durch unseren wissenschaftlichen „Fortschritt" sind wir seit geraumer Zeit davon überzeugt, dass die Mythologie überholt und damit überflüssig sei. Wir begreifen nicht das Missverständnis unseres verstandesmäßigen Denkens, das dazu geführt hat, dass eine gesamte Dimension des Seins unberücksichtigt bleibt bzw. in der Betrachtung verloren geht, nämlich die der Spiritualität. Besonders davon betroffen ist unsere heutige Naturwissenschaft.

Dennoch ist unser Weltbild weiterhin zutiefst von Mythen durchdrungen. Auch unsere Wissenschaftler sind von ihnen beeinflusst. Nur sind sie sich dessen kaum noch bewusst. Vielen von ihnen wurden, in unserem Kulturkreis zumindest, in ihrer Kindheit biblische Geschichten oder Märchen erzählt: Vom Jesuskind, das an Weihnachten geboren wird, oder vom Christkind, das Geschenke bringt, oder vom Froschkönig und vom Dornröschen. Diese Aufzählung ließe sich noch beliebig fortsetzen. Die leuchtenden Augen, die sie als Kind bekamen, oder den Schrecken, den sie erlebten, wirken in ihrem Unbewussten fort und beeinflussen, ohne dass sie sich dessen bewusst sind, sogar ihre angeblich so „objektiven" Forschungsergebnisse. Jedes ihrer Ergebnisse unterliegt nämlich letztendlich einer von subjektiven Interessen geprägten Erwartung und Interpretation. Dabei beeinflusst die Energie der Erwartung in hohem Maße die experimentellen Ergebnisse, wie die parapsychologische Forschung durch Visualisierungs- und Psychokineseexperimente eindrucksvoll belegt.

Mit der Dominanz wissenschaftlichen Denkens ging das bewusste Verständnis für die Mythen verloren. Deshalb müssen wir heute deren Sprache gewissermaßen erst wieder lernen. Mit unseren „mentalen Händen" (Verstand) können wir die Mythen nur „begreifen", wenn wir in der Symbolkunde geübt sind. Die Menschheit verfügt über die verschiedensten Symbolsysteme: Astrologie, Numerologie, I-Ging, Tarot u. a. Um Symbole zu verstehen, müssen wir eine zunehmend in Vergessenheit geratene Art zu denken erneuern, die der analogen, gleichnishaften und damit ganzheitlichen Betrachtung der Welt. In ihr spielt das Prinzip der Synchronizität (C. G. Jung), der nichtkausalen Zusammenhänge, in dem das „Innere" von uns Menschen sich mit dem „Äußeren" verwebt, die gestaltende Rolle. Physiologen siedeln diese Fähigkeit zurzeit in der rechten, der „weiblichen" Großhirnhemisphäre an. Dieser gegenüber ist aber die linke, „männliche" Hemisphäre dominant, in der man den Ort des logischen, auf Ursache und Wirkung aufgebauten kausalen Denkens vermutet.

Erschaffung des Menschen

Den Mythen zufolge ist der Mensch das geistig-spirituelle Werk des Schöpfers. Prompt taucht nach dieser Aussage in unserem klügelnden Verstand die Frage auf: „Woher stammt der Schöpfer? Hatte der auch einen Schöpfer über sich? Und der dann auch?“ usw. Diese Frage lässt sich vom menschlich denkenden Geist, der, wie wir noch sehen werden, den Zugang zur Wirklichkeit verloren hat, nicht beantworten: „Mag sein, mag auch nicht sein.“ Aber: Unser Verstand prägte einen Begriff für den Schöpfer des Schöpfers des Schöpfers ...: Gott.

Aus der Perspektive unserer Mythen ist die Welt nichts anderes als die Manifestation göttlicher Schöpfung. In uns allen drückt sich Gott aus. Wir alle zusammen mit der ganzen Welt sind Gott! Nur sind wir uns dieser Tatsache nicht mehr bewusst. Dieser Zusammenhang wird sehr deutlich im Johannes-Evangelium beschrieben (Joh. 1,1):

> Im Anfang war das Wort, und das Wort war bei Gott, und das Wort war Gott. ... Alles wurde durch dasselbe, und ohne dasselbe wurde auch nicht eines, das geworden ist. In ihm war Leben, und das Leben war das Licht der Menschen. Und das Licht scheint in der Finsternis, und die Finsternis hat es nicht erfasst.

Die Finsternis ist die Finsternis unseres Bewusstseins. Jedoch kommt im Gruß der Süddeutschen, im „Grüß Gott“, noch unbewusst zum Ausdruck, dass der Mensch das Göttliche in sich trägt. Wir grüßen es im Anderen.

In der Genesis (1. Mo. 1-3) wird die Erschaffung des Menschen und dessen Entwicklung in mehreren Stufen beschrieben. Zunächst wird er als lebendige Seele geschaffen. In ihr bilden der männliche und der weibliche Aspekt noch eine untrennbare Einheit. Der ursprüngliche Mensch ist kein Mann, sondern ein Wesen, das Gott gleichnishaft ähnelt. Es heißt (1. Mo. 1.27):

> Und Gott schuf den Menschen nach seinem Bild, nach dem Bild Gottes schuf er ihn; ...

Das bedeutet aber auch, dass Gott selbstverständlich ebenfalls männlich und weiblich ohne Trennung in sich vereinigt. Eine Tatsache, die in der patriarchal dominierten Entwicklung der Religionen allzu sehr in Vergessenheit geraten ist.

Die Chaosforschung liefert uns gute Modellvorstellungen, mit denen wir die Schöpfung begreifen können. Danach bilden sich in dem Energiekontinuum, das dem Urknall folgt, sehr schnell energetische Muster, die wiederum „selbstähnliche“ Strukturen ineinandergeschachtelt hervorbringen. Diese selbstähnlichen Muster werden von den Chaosforschern Fraktale genannt. Der Mensch ist demnach laut biblischer Beschreibung vorstellbar als ein selbstähnliches Fraktal Gottes, ein Teilaspekt des Göttlichen (siehe hierzu das Kapitel: „Wie funktioniert die Astrologie“) .

Der Mensch lebte als Engel im Paradies, in einem zeitlosen und damit unsterblichen SEIN, allein(-ig) mit dem Ganzen. Selbstverständlich war das keine körperlich vergängliche Existenz, und die Chaostheorie liefert hierfür, weil sie ausschließlich auf die Entwicklung in der Zeit bezogen ist, keine Vorstellungsbilder.

Der Nachteil dieser „alleinigen“ Existenz bestand darin, dass der Mensch der Schöpfung nicht in Trennung gegenübertreten konnte, sie also nicht betrachten und erleben konnte. Wenn wir das Bild selbst sind, können wir es nicht betrachten. Deshalb war auf dem Weg der Bewusstwerdung die Aufspaltung des Menschen in seinen männlich aktiv schaffenden und seinen weiblich reflektierenden betrachtenden Teil notwendig (1. Mo. 2.18):

> Und Gott ... sprach: Es ist nicht gut, dass der Mensch allein sei.......Da ließ Gott... einen tiefen Schlaf auf den Menschen fallen ... Und er nahm eine von seinen Rippen ... und Gott ... baute die Rippe zu einer Frau.

Polarität

Aus der Spaltung entstand der androgyne (*gr.* zweigeschlechtliche) Mensch. In ihm trat neben Adam, die aktiv tätige männliche Seite, gleichwertig Lilith (später Eva), die passiv betrachtende und erlebende weibliche Seite. Der Zweck dieser Trennung bestand und besteht bis heute darin, dass die Schöpfung erlebbar wurde. Die Trennung führte nicht zu zwei unterschiedlichen, voneinander getrennten Menschen, sondern sie fand im Menschen selbst statt. Dies wird in der Genesis angedeutet (1. Mo. 2,24):

> Darum wird ein Mann seinen Vater und seine Mutter verlassen und seiner Frau anhängen, und sie werden zu **einem** Fleisch werden.

Die Gestaltung des weiblichen Teils aus der Rippe wird oft als diskriminierend missverstanden. Wenn wir aber das Bild der Rippe in einem Anatomieatlas betrachten, wird uns aus ihrer halbkreisförmig geschwungenen Form sehr schnell ihre Analogie zum Mond, dem Symbol des Weiblichen, offenbar. So, wie der Mond das Sonnenlicht reflektiert, war es nun dem Menschen möglich, die göttliche Schöpfung zu reflektieren. Da der Mensch aber ein Teil Gottes ist, reflektiert Gott im Menschen seine eigene Schöpfung.

Involution

Ziel: Die Bewusstwerdung der Liebe

Hinfort lebten sie als Adam und Lilith (später Eva) zusammen im Garten Eden (Wonne) und schwammen in einem Meer von Liebe und Glückseligkeit. Dieses stets vorhandene Grundgefühl war aber unseren Paradiesbewohnern, weil immer vorhanden, nicht bewusst. Es ging ihnen da auch nicht anders als uns heute lebenden Menschen. Wer immer nur gesund ist, ist sich des Glücks der Gesundheit nicht bewusst. Erst die Abwesenheit von Gesundheit, also die Krankheit, lässt Bewusstheit der Gesundheit gegenüber entstehen. Auf dem Wege zur Bewusstwerdung war also ein weiterer Schritt notwendig: Die Trennung von der Liebe und die Rückkehr zur ihr, um sich ihr bewusst zu werden. Da Liebe untrennbar mit Gott verbunden ist, musste sich der Mensch in seinem Bewusstsein von Gott trennen. Wohlgemerkt, die Trennung findet nur in seinem Bewusstsein statt und nicht in Wirklichkeit! Der Mensch gelangt durch diese Trennung in einen Zustand, der so beschrieben wird (Joh. 1.5):

Und das Licht scheint in der Finsternis, und die Finsternis hat es nicht erfasst (Anm.: im Sinne von begriffen).

Sündenfall und seine Folgen

Die Schilderung dieses Bewusstwerdungsschrittes ist uns allen als Sündenfall bekannt. Nichts ist mehr in der Vergangenheit verkannt worden als dieser eminent wichtige Entwicklungsschritt. Als Sündhaftigkeit des Menschen wurde er verteufelt. Dabei handelte es sich lediglich um die von Gott gewollte Absonderung (Sünde kommt von ab-sondern). Wodurch geschah sie? Eine Energie im Menschen, die symbolisch „Schlange“ genannt wird, brachte ihn zum Zweck der *Bewusstwerdung der Liebe* dazu, die Frucht vom Baum der Erkenntnis des GUTEN und BÖSEN zu essen. Ab diesem Moment begann der Mensch, in seinem Bewusstsein die Schöpfungseinheit in zwei Seinsaspekte zu teilen: in den „GUTEN“ und in den „BÖSEN“ Teil. Ohne dass es dem Menschen bewusst wurde, stellte er sich damit über Gott: Er beurteilte und verurteilte die Hälfte der Schöpfung als „BÖSE“ und lehnte sie ab. War der Mensch davor mit der Schöpfung EIN-verstanden, trat er ihr nun ZWEI-felnd (ur-teilend) gegenüber. Nichts ahnend machte er sich selbst zum Opfer seines Urteils (1.Mo. 3.7):

Da wurden ihrer beider Augen aufgetan, und sie erkannten, dass sie nackt waren; und sie hefteten Feigenblätter zusammen und machten sich Schurze.

In dieser Aussage wird klar, was ur-*teilen* bedeutet. Teile göttlicher Schöpfung wurden plötzlich ein Grund zur Scham und mussten verborgen werden. Auch heute noch gilt es als strafwürdig, sich so zu zeigen, wie Gott uns schuf. Selbst die Freikörperkultur ändert nichts daran. Der Zaun um das FKK-Gelände ist auch nichts anderes als die ins weitere Umfeld verschobene Bekleidung.

Was hier beispielhaft an Adam und Eva dargestellt wurde, ist die Bewusstseinssituation von uns allen. Seit dem Fall ins Urteil fühlen wir uns von Gott getrennt und wir versuchen, diesen Zustand aus unserem gefallenen Bewusstsein heraus zu erklären. Wenn Gott sich von uns getrennt hat, so glauben wir, dann müssen wir selbstverständlich BÖSE gewesen sein. Aber genau das ist eine Illusion. Nicht Gott hat sich von uns getrennt, sondern wir verstecken uns in unserem Bewusstsein vor ihm (1. Mo. 3.8):

Und sie hörten die Stimme Gottes ... , der im Garten wandelte beim Wind des Tages. Da versteckte sich der Mensch und seine Frau vor dem Angesicht Gottes ..., mitten zwischen den Bäumen des Gartens.

Aus dieser vermeintlichen Trennung von Gott entsteht eine zweigleisige Welt: Da Gott und hier wir. Es entstand die Welt der *Dualität*. Gott lebt scheinbar nicht mehr in uns, sondern in speziellen Häusern, den Kirchen, die noch dazu, wie beispielsweise die evangelischen Gotteshäuser, meistens verschlossen sind.

Wir fühlen uns gegenüber Gott schuldig und erwarten dessen Strafe. In uns steigen aus dem kollektiven Gedächtnis Bilder der „Sintflut“ oder von „Sodom und Gomorra“ auf. Auch dem Göttlichen unterstellen wir, dass es aus der gleichen gestörten Bewusstseinsperspektive wie wir seine eigenen Geschöpfe betrachtet. Eine Ur-Angst vor seinem Urteil und seiner Strafe macht sich im Menschen breit. Wir versuchen, den „strafenden Gott“ dadurch zu besänftigen, indem wir nur noch GUT sind. Dieses Verhalten jedoch zeitigt ungeheure Folgen:

- Wir verlieren das Paradies, die Liebe und die Schönheit.
- Die Illusion der Zeit entsteht in unserem Bewusstsein.
- Wir werden körperlich und sterblich.
- Wir beginnen zu verdrängen und zu projizieren.
- Wir beginnen den Kampf mit der Außenwelt.
- Einsamkeit überfällt uns.
- Unser Leben wird schicksalhaft.
- Aus Lilith wird Eva.
- Unser EGO entsteht.
- Wir glauben an unseren freien Willen.
- Unser Verstand entwickelt Überlebensstrategien.
- Wir leben in einer Welt der Illusion.

Es erfüllt sich für uns, was im Evangelium nach Thomas gesagt ist (61):

> ... Deswegen sage ich: Wenn er (der Mensch) gleich ist, wird er sich füllen mit Licht. Wenn er aber geteilt ist, wird er sich mit Finsternis füllen.

Durch die Teilung des Menschen in GUTE und BÖSE Anteile füllte sich sein Bewusstsein mit Finsternis, so dass er das Licht, das in die Finsternis scheint, nicht mehr erkennen kann.

Paradiesverlust

Der Verlust des Paradieses steht für den Verlust eines grundlegenden Gefühls, das mit der Existenz im Licht des Göttlichen verbunden ist. Es ist das Gefühl der Wonne, das entsteht, wenn wir im Umfeld göttlicher Schönheit und Liebe leben. Die Bezeichnung „Garten Eden“ bringt es zum Ausdruck: Garten symbolisiert das Geborgenheitsgefühl, und Eden heißt Wonne. Die Schönheit der Schöpfung geht verloren, da wir sie nur noch zur Hälfte akzeptieren. Letztendlich verliert jedes Kunstwerk seine Schönheit, wenn wir ihm die Hälfte nehmen. Daher geben die Märchen diesen verloren gegangenen Teilen eine verzauberte Form. Beispielsweise wird aus dem wunderschönen Prinzen ein hässlicher Frosch.

Die griechische Mythologie besitzt im Uranus-Mythos eine Parallele zum Sündenfall, nur aus einer anderen Perspektive. Folgerichtig entstand im Zusammenhang mit der Entmachtung des Uranus (*gr./lat.* Himmel) gleichzeitig die Gestalt der Aphrodite. Sie repräsentiert das Prinzip, das die Frage nach der ursprünglichen

Schönheit erneut in uns aufwirft und uns den fehlenden Teil über die Begegnung zeigt.

Uranos ist das griechische Wort für den Himmel. Wir gehen davon aus, dass das Paradies im Himmel existiert. Wir glauben, Gott im Himmel zu begegnen. Was ist der Himmel, wofür steht er? Im Matthäus-Evangelium heißt es (Mt. 5.34):

> ... Himmel, ... denn er ist Gottes Thron ...

Der Himmel ist nicht gleichzusetzen mit dem Sternenhimmel, denn die Astronomen haben ihn mit ihren großen Teleskopen erforscht und Gott dort oben nicht angetroffen. Wenn der Himmel im Außen existiert, muss es auf Grund der Selbstähnlichkeit auch einen Himmel in uns geben. Himmel muss etwas mit unserem Bewusstsein zu tun haben, denn die Sperre in unserem Bewusstsein lässt uns aus ihm herausfallen. Beseitigen wir die Sperre, kehren wir in das himmlische Paradies zurück. Der *Himmel* ist offenbar unser *Bewusstsein*, in dem Gott thront. Überall, wo in der Mythologie vom Himmel die Rede ist, ist von unserem Bewusstsein die Rede. Wenn wir als Kinder beten: „Lieber Gott, mach mich fromm, dass ich in den Himmel komm", wünschen wir uns nichts anderes als die Entfaltung unserer Bewusstheit.

Entstehung der Zeit

Aus der Teilung der Schöpfung in GUT und BÖSE ist unserem Bewusstsein die Gleichzeitigkeit von beidem unvorstellbar. GUT, so glauben wir, kann ja nicht gleichzeitig BÖSE sein. GUT und BÖSE können daher nur noch getrennt voneinander existieren und somit nur nacheinander wahrgenommen werden können. Dazu ist aber die Illusion der Zeit notwendig. Aus der Zeit wiederum entsteht der Ablauf des Geschehens und der Eindruck: Das, was war, ist die Ursache von dem, was wird. Das, was war, muss sterben, damit das Neue daraus entstehen kann. Dem gesamten Leben der Natur liegt diese Gesetzmäßigkeit zu Grunde. Das Gestorbene wird zum Humus, aus dem neues Wachstum sprießt. Das Symbol für dieses Leben in der Zeit ist von alters her der UROBOROS, die Schlange, die stetes Leben erzeugt, indem sie sich von ihrem Schwanz her auffrisst. Sie ist damit das Symbol für die uns tragende und nährende Natur, die alles Lebendige aus dem Humus des Gestorbenen hervorbringt.

Ursache und Wirkung werden zur Grundlage unseres Verstehens und damit unseres Verstandes. Wir nennen diese Art der Betrachtung kausal (*lat.* Grund, Ursache). Es entstehen dabei Denkmuster von der Art: „Wenn ich GUT gewesen wäre, wäre mir das BÖSE nicht passiert. Da es mir aber passiert ist, bin ich BÖSE gewesen und damit schuldig." Kausale Betrachtung und Urteil bedingen sich gegenseitig. Unter Zeitbedingungen ist die Gleichzeitigkeit des Ganzen nicht mehr vorstellbar. Die Vielfalt spaltet sich in ein Nacheinander auf und entfaltet sich im Fluss der Zeit, womit ein stetes Werden und Vergehen verbunden ist. Mit dem Vergehen ist aber untrennbar auch unsere Sterblichkeit verbunden. Darüber hinaus ist sie notwendig, weil der Mensch die Angewohnheit hat, im einmal Erreichten zu verharren. Die Erfahrung der Vielfalt des Lebendigen wäre damit aber blockiert. Die Kraft des Vergänglichen in Goethes Faust ist die Kraft Mephistos (1338):

Ich bin der Geist, der stets verneint!
Und das mit Recht; denn alles, was entsteht,
Ist wert, dass es zu Grunde geht;
Drum besser wär's, dass nichts entstünde.
So ist denn alles, was ihr Sünde,
Zerstörung, kurz das Böse nennt,
Mein eigentliches Element.

Die Zeit zeigt ähnliche Musterbildungen wie die übrigen energetischen Strukturen. Wir begegnen auch hier der „Selbstähnlichkeit". Das Jahr teilt sich in die Tage, wobei der Tag den gleichen Aufbau zeigt wie das Jahr. Der Tag steht in Analogie zum Frühling und Sommer ebenso wie die Nacht zum Herbst und Winter. Selbst der kleine Zeitrhythmus des Atems besitzt die Analogie im Ein- und Ausatmen, wobei das Ausatmen dem Tag bzw. dem Sommer entspricht.

Die neue Heimat und die zwei Geschlechter

Mit dem Verlust des Paradieses wird uns eine neue Heimat zuteil, der Planet Erde. Aus der Liebe gefallen, wird dieser Planet zum Entwicklungsfeld unseres Bewusstseins für die Liebe. Um auf ihm zu existieren und etwas zu bewirken, müssen wir uns als immaterielle Geistwesen einen entsprechenden „Raumanzug" zulegen. In der Welt der Materie benötigen wir einen materiellen Körper. Dieser Körper besitzt eine vergleichsweise hohe Energiedichte. In einem einzigen 80 kg schweren menschlichen Körper steckt so viel Energie, dass sie 1995 den Energiebedarf Deutschlands für ein halbes Jahr hätte decken können! Sie entspricht der Energie, die frei wird, wenn wir 250.000.000 Tonnen Steinkohle verbrennen. Energie scheint in der Schöpfung kein großes Problem zu sein. Man muss nur den Zugang zu ihr haben. Die „feinstoffliche" Existenz des Geistes wird zu einer körperlichen Existenz mit ungeheurer energetischer Dichte.

In einer polarisierten Welt muss auch dieser „Raumanzug" polar, d. h. entweder weiblich oder männlich geprägt sein. Unsere Existenz in diesem polaren Körper ist notwendig, um die weiblichen Anlagen scheinbar getrennt von den männlichen erfahren zu können. Diese Erfahrung ist für unseren Bewusstwerdungsprozess der Liebe erforderlich und deshalb nur in der körperlichen Existenzform möglich. Der Prozess läuft also nur hier auf der Erde und nicht im Jenseits!

Die Folge der körperlichen Polarität sind wiederum große Verwirrungen. Wir glauben nämlich, dass sich in diesen unterschiedlichen Körpern zwei vollkommen verschiedene Wesenheiten aufhalten. Das ist aber nicht der Fall. In jedem Körper ist ein ganzer Mensch, der die männlichen und weiblichen Anteile in sich vereinigt. Je nach Erfahrungsschwerpunkt in unserem Leben wählen wir uns im Rahmen unserer Inkarnationen dann einen der beiden Körper. Dabei sollten wir aber nicht verkennen, dass die Körper in gewissen Bereichen zu unterschiedlichen physiologischen Leistungen imstande sind. Dennoch sind die Unterschiede eher gering, wie uns die Embryologie und die Humangenetik zeigen. Die andersartige Ausprägung der Geschlechtsmerkmale aus der gleichen Embryonalanlage heraus hängt im Wesentlichen vom Vorhandensein oder Fehlen eines einzigen Hormons, des

Testosterons, ab. Trotzdem existiert in unserer Gesellschaft noch immer eine tief verwurzelte Diskriminierung jener Menschen, die in einem weiblichen Körper stecken. Wie die nachstehende Gegenüberstellung aufzeigt, sind die mit dem Weiblichen assoziierten Attribute tendenziell eher abwertend besetzt.

Tabelle: Beispiele für die Abwertung des Weiblichen

weiblich, weibisch	**männlich**
passiv	aktiv
nehmen	geben
introvertiert	extrovertiert
links, linkisch	rechts, richtig
irrational	logisch
Dame: dämlich	Herr: herrlich
Gebärmutter/Hystera: hysterisch	be-herr-scht
Nacht: dunkel	Tag: hell
Finsternis	Licht

Diesseits, Jenseits und Reinkarnation

Die körperliche Sterblichkeit hat zur Folge, dass sich unsere Lebenswelt in zwei Ebenen aufspaltet: in die Welt des Lebens im Körper, das *Diesseits,* und in die Welt des Todes, das *Jenseits*. Hierin gleicht sie der Tag-Nacht-Einheit, die sich ebenfalls in einen Teil der Aktivität, den lichten Tag, und in einen Teil der Passivität, die dunkle Nacht, unterteilt. Der Tag dient dem Menschen als Zeit des Schaffens und der Entfaltung seiner Fähigkeiten, während er die daraus entstandenen Eindrücke in der Nacht, im Schlaf und Traum, nochmals reflektiert und verarbeitet. Selbstverständlich geht die Bedeutung des Traumes weit über die der bloßen Verarbeitung hinaus. Die Existenz des geistig-seelischen Menschen im Jenseits ist damit nicht von Dauer, sondern sie dient lediglich, wie der Schlaf, der Erholung, der Reflexion und der Verarbeitung der Erfahrungen seiner körperlichen Existenz. Auch dort gibt es ein Aufwachen, das nichts anderes ist als die Geburt im Diesseits. Zwanglos ergibt sich daraus die Reinkarnation (*lat.* Wiederverleiblichung), die Wiederverbindung des geistig-seelischen Menschen mit einem Körper aus Fleisch und Blut. Viele unserer großen Dichter und Denker sprachen in diesem Zusammenhang von der *Seelenwanderung*.

Vergessen wir aber dabei niemals: Nicht der Körper macht den Menschen aus, sondern das geistige Wesen, das sich mit ihm verbunden hat. Wir können den Körper vernichten (töten), den geistig-seelischen Menschen aber niemals!

Der Übergang von der einen in die andere Welt ist immer Tod und Geburt zugleich. Vor beidem haben wir Angst. Bedeutet doch die Geburt im Diesseits den Tod im Jenseits und der Tod im Diesseits die Geburt im Jenseits. Zwischen den beiden Geburten gibt es aber einen wesentlichen Unterschied. Die Geburt im Jenseits ist körperlos und damit schmerzfrei. Beide Geburten gleichen sich aber auch: Am Ende des „Tunnels" warten immer Menschen auf unsere Ankunft.

Auch beim Ablauf der Inkarnationen zeigt sich das Prinzip der „Selbstähnlichkeit". Der gesamte Reinkarnationszyklus kommt dem eines einzelnen Lebens gleich. Bei unseren ersten irdischen Existenzen fühlen wir uns wie ein Baby, das bedingungslos auf die mütterliche Versorgung angewiesen ist. Wir suchen während der Dauer unseres Lebens Nähe und Geborgenheit im Innersten der Familie. In den folgenden Existenzen sind wir Kind. Die Leben werden zum tastenden Spiel im Umfeld der Familie. Danach folgen juvenile (*lat.* jugendliche) Existenzen. Die Bindung zu unserer Ursprungsfamilie wird wie in unserer Jugend gelockert, die Möglichkeiten der Außenwelt werden entdeckt und erprobt. Danach fühlen wir uns erwachsen und glauben, die Kraft zu besitzen, die Welt nach unserem „Willen" umgestalten zu können. Wir wollen Bäume ausreißen, Imperien schaffen und das Maximale erreichen. Dabei erscheinen uns viele Mittel recht, um unser Ziel zu erreichen. Der Verstand ist in unserem Persönlichkeitssystem auf dem Höhepunkt seiner Macht. Er findet, egal was wir tun, gewichtige Gründe, warum wir so handeln mussten und gar nicht anders konnten. Hieran knüpft dann analog die Inkarnationsphase der Reife. Die großen „Gipfelbesteigungen" liegen hinter uns und wir erkennen mehr und mehr, dass sie uns dem Ziel unserer Sehnsucht, dem Himmel, nicht näher gebracht haben. Eine Umorientierung folgt und wir selbst werden zum Feld unserer Unternehmungen und Entdeckungen. Die Frage der letztendlichen Verwirklichung unseres Selbst stellt sich immer unübersehbarer. Wir beginnen uns mehr und mehr für die Welt jenseits der Materie zu interessieren. Am Ende der Zyklen steht die alt gewordene Seele. Sie lebt noch in dieser Welt, spürt aber immer deutlicher die Sehnsucht nach ihrer ursprünglichen Heimat. Sie bereitet sich auf den Ausstieg aus dem Inkarnationenzyklus vor. Das Einverstandensein mit dem, was ist, nimmt immer mehr zu, und das Bedürfnis, die Welt ändern zu wollen, verschwindet.

Haben oder Sein

Unsere irdische Existenz ist von zwei Grundgefühlen bestimmt: der Sehnsucht zurückzukehren in die Welt der Liebe und Wonne, und der Angst, hiervon für immer getrennt zu sein. Sie bestimmen unser ganzes Handeln.

Zum einen versuchen wir, den göttlichen Zustand der Liebe und Wonne auf der Erde durch das Ansammeln von möglichst viel Besitz bzw. seines Äquivalentes, des Geldes, zu erreichen. Wir entwickeln damit die Existenzform des HABENS. Da sie die Erfüllung der Wünsche in der Zukunft sieht, in einem Zustand, in dem wir genügend haben, steht sie dem SEIN, das in der Gegenwart stattfindet, diametral entgegen. Wir leben nicht mehr in der Gegenwart, sondern nur noch für die Zukunft. Die Überlegungen zur Rente beginnen bei manchen schon mit der Wahl der Ausbildung. Wann aber sind wir dann glücklich? Wenn wir immer satt zu essen haben, wenn wir einen guten Beruf haben, wenn wir eine schöne Frau oder einen schönen Mann haben, wenn wir „glückliche" Kinder haben, wenn wir eine Machtposition erreicht haben, wenn wir ein schönes Äußeres haben, wenn wir einen Ferrari fahren, wenn wir in einer tollen Villa wohnen, wenn wir eine Insel besitzen, wenn wir mit einem eigenen Flugzeug fliegen, wenn wir Bildung und Titel besitzen, wenn sich jeder vor uns verbeugt - oder aber erst dann, wenn wir wie der griechische Philosoph Diogenes von Sinope in einer Tonne wohnen? Die Antwort gibt ein Sprichwort: „Je mehr er hat, je mehr er will, nie schweigen seine Wünsche still." Das bedeutet als Konsequenz für die irdische Existenz: Glück auf Dauer, NIE! Nur gut, dass die Zeit hier begrenzt ist!

Verdrängung und Projektion

Zum anderen versuchen wir, die Rückkehr zu Gott dadurch zu erreichen, dass wir nur noch GUT sind. Da aber die göttliche Ganzheit des Lebens immer aus der Synthese (!) von GUT und BÖSE besteht, gelingt uns das Gutsein nur scheinbar dadurch, indem wir unser BÖSES/unsere BLÖSSE verdecken. Wir verwenden hierzu einen Trick. Wir vergessen (verdrängen) einfach das BÖSE, machen es unbewusst und damit wird es, wie C. G. Jung es ausdrückt, zu unserem Schatten. Unsere Welt fällt in die Verzauberung. In uns entstehen Ansammlungen unbewusster Energien (siehe nebenstehende Abb.). Dieses Unbewusste entwickelt sich zu einer eigenständigen Macht in unserem Leben, die immer wieder in das Bewusstsein durchzubrechen droht.

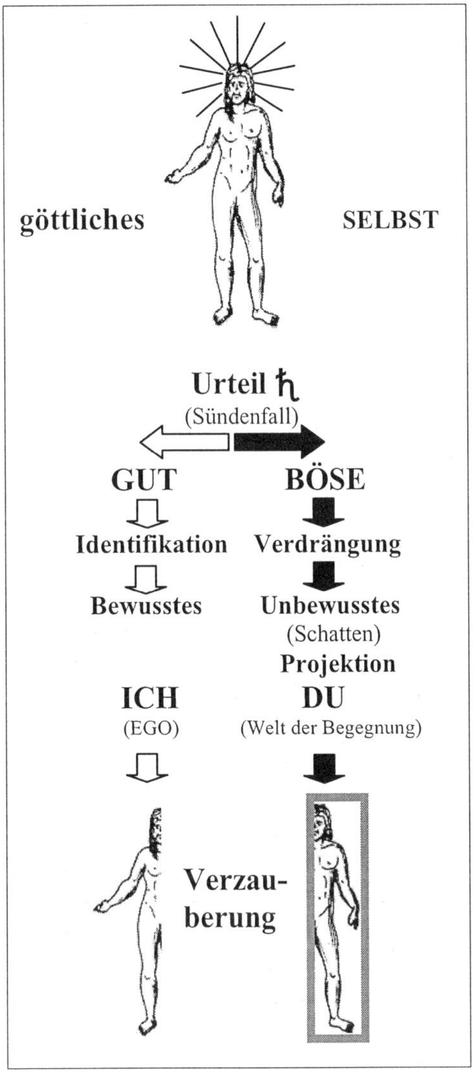

Es ist ein Teil jenes Teils, den Sigmund Freud als ES bezeichnete. Von ihm fürchten wir, dass es im ICH seinen lebendigen Ausdruck finden könnte. Dann wären wir ja BÖSE und die Rückkehr zu Gott vermeintlich unmöglich. Folglich ist es nach S. Freud sinnvoll, durch Erziehung ein starkes ÜBERICH auszubilden, das dies, nämlich die Integration des BÖSEN, verhindert. Dies führt uns aber immer tiefer in die Verdrängung. Letztendlich werden wir dadurch unsere dunklen Schatten nicht los. Wir sind nur noch bereit, die Hälfte des Schöpfungsauftrages bewusst zu leben. Halbbewusst dürfen wir aber nicht zurück in die Ganzheit. Als Halbheit das ewige Leben zu erreichen, wäre fatal. Deshalb ist uns aus gutem Grund die Rückkehr ins Paradies in einem solchen Zustand versperrt (1. Mo. 3.24):

Und er ... ließ östlich vom Garten Eden die Cherubim sich lagern und die Flamme des zuckenden Schwertes, den Weg zum Baum des Lebens zu bewachen.

Wird uns unsere zweite Hälfte durch Verdrängung unbewusst, dann empfinden wir uns zwar als „GUT", jedoch hätten wir damit, würden wir diesen „verzauberten" Zustand ständig erhalten, unsere Vollkommenheit für immer verloren.

In diesem für uns unlösbaren Dilemma muss uns eine Hilfe geboten werden. Sie besteht darin, dass dieser Teil als Nicht-ICH in unserer Welt wieder auftaucht. Er wird zu einem abgespaltenen Teil, dem wir begegnen und den wir als DU erleben. In unserem Bewusstsein entsteht aus unserem ursprünglichen SELBST das EGO einerseits und das Nicht-EGO, das DU andererseits (siehe Abbildung S. 21). Im DU begegnet uns unser Verdrängtes, unser Schatten. Nicht Adam war der Böse, sondern das Böse begegnete Adam in Eva, und nicht Eva war die Böse, die den Apfel gegessen hatte, sondern die Schlange war's, die sie verführt hatte (1. Mo 3.11):

> Hast du etwa von dem Baum gegessen, von dem ich dir geboten habe, du solltest nicht davon essen? Da sagte der Mensch: Die Frau ... gab mir vom Baum, und ich aß. Und Gott ... sprach zur Frau: Was hast du da getan? Und die Frau sagte: Die Schlange hat mich verführt, da aß ich.

Diese unsere Wahrnehmung des eigenen Schattens im anderen Menschen, in der Außenwelt, nennt die Psychologie PROJEKTION. Wir sind in der Situation eines Diaprojektors. Steckt in ihm ein Bild eines Esels, dann erscheint auch im Außen das Bild eines Esels.

Das „BÖSE", welches uns in unserer Welt begegnet, ist nichts anderes, als unser eigener unbewusster Teil, der zu uns zurück will. In der Welt der Märchen ist es der *verwunschene* Teil. Beispielsweise erscheint er als hässliche Kröte. Erschrocken über sein Aussehen und aus Angst, selbst Kröte bzw. „BÖSE" zu werden, wenn wir diesen Teil annehmen, setzen wir alles daran, diese Rückkehr zu verhindern (psychologisch: Abwehr). Daraus ergeben sich in uns zwei Kräfte, die sich bekämpfen, die Kraft des SELBST und die Kraft des EGO. Die eine steht für das Annehmen des Verdrängten, die andere steht für das Abwehren. Die eine will die ganze Lebendigkeit leben, die andere nur die „GUTE" Hälfte.

Im Märchen der Gebrüder Grimm „Der Froschkönig oder der eiserne Heinrich" ist es der Wille des Königs und Vaters, der im Gegensatz zum Willen der Tochter steht. Die Gestalt des Vaters entspricht unserem Vater im Himmel, der wiederum identisch mit dem Heiligen Geist ist. Die Tochter vertritt das weibliche EGO. Hier also die Wesenheit, die in einem weiblichen Körper inkarniert ist und die ihre männlichen Anteile verdrängt hat. Die Erlösung geschieht durch schrittweise Annäherung und durch eine „BÖSE" Tat: Die Tochter wirft den Frosch an die Wand. Das projizierte „BÖSE" oder Verzauberte kann immer nur durch eine „BÖSE" Tat integriert werden. Wir sind scheinbar „BÖSE", wenn wir „BÖSES" integrieren. Durch die Integration des scheinbar BÖSEN zu unserem scheinbar GUTEN entsteht eine Synthese der beiden Teile, die eine Qualität bewirkt, die weit über die einfache Summe der einzelnen Teile hinausführt: Das ursprünglich *göttliche Wesen* ist wieder hergestellt.

Diese durch die beiden widerstreitenden Kräfte des SELBST und des EGO erzeugte innere Spannung findet ihren Niederschlag auch im Körper. Der Verwirklichungsimpuls des SELBST drängt in die muskuläre Bewegung, während das EGO, um „GUT“ zu bleiben, durch eine Gegenkraft diese Bewegung zu verhindern sucht. Die Folgen sind muskuläre Verspannungen bis hin zu regelrechten Blockaden. Wilhelm Reich spricht in diesem Zusammenhang von muskulärer Panzerung. Die Dehnung derartig verspannter Muskeln ist äußerst schmerzhaft. So ist es beispielsweise infolge des Sündenfalls verständlich, dass die Geburt, bei der extreme Dehnungen der Muskulatur einer von uns hoch tabuisierten Zone, des Gebärmuttermundes und des Vaginalbereichs, erforderlich sind, schmerzhaft sein wird (1. Mo. 3.16):

..., mit Schmerzen sollst du Kinder gebären!

Ursprünglich nicht als Bestrafung, sondern lediglich als Folge gedacht, hat der Mensch darin fälschlicherweise eine Strafabsicht Gottes gesehen. Warum aber sollte Gott seine selbstähnlichen Geschöpfe strafen, die so sind, wie er sie geschaffen hat?

Kann das EGO jedoch die Impulse des SELBST nicht vollkommen unterdrücken, so kommt es zu Handlungen, die das EGO nicht wollte. Wir sprechen dann von einer so genannten *Freud'schen Fehlleistung*.

Da unsere Außenwelt die Projektion unseres Unbewussten ist, ist sie nichts anderes als der Spiegel von uns selbst! Das, was wir in der Außenwelt wahrnehmen, ist unbewusst in uns, und das, was unbewusst in uns ist, gleicht dem, was wir in der Außenwelt wahrnehmen. Verkürzt können wir sagen:

„Wie innen, so außen, und wie außen, so innen.“

Letztendlich ist jeder in seiner Welt vollkommen alleine mit sich. Denn unsere Begegnungen sind lediglich Begegnungen mit uns selbst, mit unserem SELBST. Darin besteht aber auch unsere Rettungschance. Unsere zweite Hälfte ist nicht für immer verloren. Wir können sie im DU kennen lernen und wieder in uns aufnehmen, um wieder ganz zu werden. Wenn EGO und Nicht-EGO zusammenfinden, entsteht wieder unser ursprüngliches SELBST. Einfach ist dies für uns jedoch nicht, denn wir werden unsere zweite Hälfte erst dann zurücknehmen können, wenn wir aufhören, sie zu verurteilen. Bis dahin aber erscheinen uns unsere PROJEKTIONEN als hässlich und verzaubert. Sie sind ebenso verzaubert wie der schöne Prinz im Märchen, welcher der „GUTEN“ Prinzessin als gar garstiger Frosch erscheint.

Solange wir die Welt in GUT und BÖSE teilen, leben wir in einer geteilten Welt des GUTEN EGOs und der BÖSEN verzauberten Umwelt. Das „Ziel“ des „Bewusstseinsfalls“ ist damit erreicht: Wir leben in einer göttlichen Welt und doch erscheint sie uns scheinbar BÖSE und fern der Liebe. Das Phänomen der Liebe wird uns, gerade deshalb, weil die Liebe uns fehlt, in der Sehnsucht nach ihr bewusst. Die allumfassende göttliche Liebe wird uns deshalb unmöglich, weil uns im Du unsere vermeintlich BÖSEN Anteile begegnen und wir eine ungeheure Angst vor ihnen haben. Angst tritt in uns an die Stelle der Liebe, und es geht uns hier auch nicht anders als den Hunden, die, wenn sie Angst haben, beißen. Beißen ist aber das Gegenteil der Liebe und kommt aus der Angst und Hilflosigkeit.

Mit der Verdrängung verlieren wir aber auch unsere ursprünglich göttliche Schönheit. Denn, egal ob wir GUT sind oder BÖSE, immer fehlt der Schönheit eine Hälfte. Würden wir beides wieder in Synthese bringen, entstünde nicht einfach GUTES und BÖSES nebeneinander in uns, sondern nach den Gesetzen der Ganzheit (das Ganze ist immer mehr als seine Teile) entstünde ein Mensch mit einer vollkommen neuen, seiner ursprünglichen göttlichen Qualität.

Mann und Frau

Auch auf die Rollen im männlichen und weiblichen Körper hat das Urteil seine Wirkung. Für eine Wesenheit in einem männlichen Körper ist es „GUT“, seine männlichen Anlagen zu leben. Die Entfaltung seiner weiblichen Anlagen gilt eher als „BÖSE“. Er wäre dann kein „RICHTIGER“ Mann. Gefühle, Launen oder gar Tränen sind ihm verboten und beschädigen seinen Ruf. Er muss sie auf Grund der Rollenerwartung verdrängen. Entsprechend wird sich bei der Entwicklung ein Defizit auf seiner weiblichen Seite ergeben. Er ist nun angewiesen, dieses Defizit über eine Partnerschaft mit einer Frau auszugleichen. Das Unerlöste dieser Partnerschaft besteht in der gegenseitigen Bedürftigkeit. Der Mann wird dabei in seiner Außenwelt, seinem Spiegel, der Frau begegnen, die seiner inneren Frau entspricht, sowohl dem Charakter, der Gesinnung als auch der Entwicklung nach.

Ähnlich ergeht es der Wesenheit in einem weiblichen Körper. In ihm gilt es als „GUT“, die weiblichen Anlagen auszubilden und die männlichen möglichst zu verdrängen. Auch dort entsteht die Bedürftigkeit nach einer Beziehung, um das Anlagendefizit, diesmal auf der männlichen Seite, auszugleichen. Dabei begegnet die Frau ihrem eigenen inneren Mann im Außen, und sie ist oftmals wenig erfreut, was da in der Projektion zum Vorschein kommt. Es sei an dieser Stelle noch einmal an den hässlichen Frosch im Märchen „Der Froschkönig oder der eiserne Heinrich“ erinnert.

Der Kampf der Geschlechter untereinander ist dabei nichts anderes als der innerpsychisch bestehende Konflikt zwischen den beiden unerlösten Seiten *einer* Wesenheit. Es ist der Kampf gegen die eigenen Projektionen. Die Benachteiligung der Frau im Außen entspricht der Benachteiligung der eigenen inneren weiblichen Seite und ihrer Bedürfnisse. Die stärkere Bedeutung, die wir in unserer Kultur unseren männlichen Anlagen geben, projiziert die Frau auf den Mann. Er erscheint ihr in der Gesellschaft bedeutender, und sie beginnt dort gegen ihre daraus resultierende Benachteiligung zu kämpfen.

Die Bedürftigkeit nach Beziehung zum Zweck des Ausgleichs hat zur Folge, dass die Partner aufeinander angewiesen sind und eifersüchtig darüber wachen, dass der Partner bei ihnen bleibt. Was dabei auf der Strecke bleibt, ist die Freiheit und die Selbstbestimmung, ein für eine ganzheitliche Wesenheit auf die Dauer unerträglicher Zustand. Deshalb kommt es immer wieder zu Trennungen, die aber über kurz oder lang wieder in Bedürftigkeits-Beziehungen münden. Die Trennung geht meist von dem Partner aus, der sich durch einen neuen Partner weiterhin ausgleichen kann. Nur der verlassene Partner erlebt das unangenehme Gefühl des Verlustes, der fehlenden Ausgeglichenheit.

Das Spiel mit der Projektion

Die Rückkehr ins Paradies, zu Gott, steht uns dann offen, wenn wir aufhören, die Welt in GUT und BÖSE zu teilen, wenn wir aufhören zu ur-teilen. Aber bis dahin ist es ein weiter Weg. Der Weg umfasst zwei Abschnitte. Im ersten steigen wir immer mehr in die Welt von GUT und BÖSE hinab. Es ist die Phase der Involution. Im Tal absoluten Ur-teilens und Verurteilens angekommen, beginnt der zweite Abschnitt der Reise, die Evolution, der lange Weg zurück in das Paradies. Er ist mit der von Leben zu Leben stärker werdenden Erkenntnis verbunden, dass GUT und BÖSE in Wirklichkeit nicht existieren und lediglich eine Illusion unseres gefallenen Bewusstseins darstellen.

Das Spiel der Projektion scheint uns Menschen einen derartigen Spaß zu machen, dass wir es eine lange, lange Zeit spielen, mit allem Ernst und mit aller Kraft. Es scheint Spaß zu machen, besser zu sein als die anderen, sich „GUT" zu fühlen und die anderen für „schuldig" zu erklären. Da wir „GUT" sind, müssen ja die anderen „BÖSE" sein. „Da die Amerikaner der Vereinigten Staaten „GUT" sind, muss ja die Sowjetunion das „BÖSE" verkörpern." „Da wir Bewohner der Sowjetunion friedliebend sind, müssen ja die Amerikaner die Kriegstreiber sein." Unendlich viele Beispiele dieser Art lassen sich hierfür finden. Da in der letzten Zeit die Sowjetunion ihre Bedeutung verlor, eignet sie sich nicht mehr so recht als Projektionsfläche des BÖSEN. Deshalb greift man auf Seiten der USA auf andere Feindbilder zurück, z. B. auf Osama bin Laden, auf die ursprünglich von der USA unterstützten Taliban, auf Angehörige eines anderen Glaubens, auf Saddam Hussein, einem Staatschef, dem wiederum die USA selbst zur Macht verhalfen, auf Moamar Gaddhafi von Libyen oder auf Länder, welche die so genannte „Achse des BÖSEN" bilden. Immer sieht die eine Partei in der anderen den Teufel in Menschengestalt.

Was auf der kollektiven Ebene offenbar ein interessantes Spiel ist, funktioniert genauso gut auf der individuellen Ebene. Geben wir es doch zu, schuld sind doch fast immer die anderen, die Eltern, der Partner, die Kinder, die Lehrer, die Chefs, die Untergebenen, der Staat, die Kirche, die Mafia. Auch diese Liste ließe sich beliebig erweitern. Sie schließt letztendlich alles mit ein: die Viren, Bakterien, Würmer, Gene, Kälte, Hitze, Feuchtigkeit, Trockenheit, der Wind, das Meer, der Mond, die Sonne u. v. a. m.

Kampf mit der Welt

Damit unsere Welt im Außen sich bessert, hören wir nicht etwa auf zu verdrängen, nein, wir versuchen, die anderen zu besseren Menschen zu machen. Wie absurd dies von außen betrachtet erscheint, zeigt ein Beispiel. Der Mensch blickt in seinen Spiegel und ihm missfallen die Gesichtszüge des (seines) Spiegelbildes. „Kann der, der mich da anschaut, nicht etwas freundlicher schauen? Bei einem solchen Anblick muss mir ja alle Freundlichkeit vergehen!" So versuchen wir immer und immer wieder unser Spiegelbild zu verändern und wir erkennen nicht, dass wir selbst es sind, die sich verändern müssten. Wenn alle wohlgemeinten Ratschläge unsererseits an das vermeintliche Gegenüber nichts nützen, dann zertrümmern wir eben den Spiegel.

Über zahlreiche Leben hindurch führen wir diesen Kampf mit der Außenwelt: in Erziehung, Rechtsprechung, Beratung und Behandlung. Wir denken uns immer drakonischere Maßnahmen und Strafen aus, um den anderen zu ändern. Letztendlich rufen wir in unserer Ohnmacht, genau wie im Fall des Spiegels, nach der Zerstörung, dem Tod des anderen. Unzählige Kriege dieser Erde werden im Grunde genommen aus diesen Motiven heraus geführt.

Relativität von GUT und BÖSE

Dabei wissen wir eigentlich überhaupt nicht, was „GUT" und was „BÖSE" ist. Zunächst scheint es klar zu sein, „BÖSE" ist etwa, einen Menschen zu töten. „GUT" ist es dagegen offenbar, 260 000 Menschen auf einmal zu töten (Hiroshima 1945). „BÖSE" ist es, Menschen zu quälen. Jedoch im Kampf gegen das „BÖSE", das ist z. B. aus der Sicht der Besitzenden der Kommunismus, ist die Folter „GUT". Spätestens hier erkennen wir, „GUT" wird immer von den Interessen einzelner Gruppen bestimmt und damit eine vollkommen willkürliche, relative Größe. Viele sehen das „GUT-Sein" in der Einhaltung der Gesetze oder einer bestimmten Moral. Aber selbst wenn wir auf der Seite des Rechts stehen, kann es uns passieren, dass wir kein Recht bekommen, weil der Gegner den „besseren" Rechtsbeistand hat. Nicht selten ist es scheinbar eine reine Frage des Geldes. Alle dogmatischen Religionen verdonnern ihre Mitglieder zum Einhalten irgendwelcher Moralgesetze. Ein alter Meister hat uns aber mitgeteilt, was er von der Moral hält. Lao Tse schreibt im Tao Tê King (38. Spruch):

... also:
Verliert man den rechten Weg, dann folgt die rechte Gesinnung;
verliert man die rechte Gesinnung, dann folgt die Menschlichkeit;
verliert man die Menschlichkeit, dann folgt die Gerechtigkeit;
verliert man die Gerechtigkeit, dann folgt die Moral.
Doch die Moral ist der treuherzigen Aufrichtigkeit Dürftigkeit
und der Verwirrung Ursprung. ....

Die so hoch geschätzte aufrechte Gesinnung, die viel berufene Menschlichkeit, die scheinbar unabdingbare Gerechtigkeit und nicht zuletzt die Moral, sie alle sind letztlich nur dazu geeignet, Verwirrung in unserem Geist zu stiften. Den „rechten Weg" wiederzufinden taugen sie alle nicht.

Vieles im Leben, das wir „GUT" meinten, und vieles, das wir zunächst als „BÖSE" erachteten, wandelte sich im Nachhinein in sein Gegenteil. Deshalb kann auch Goethe im „Faust" Mephisto sagen lassen (1335):

(Ich bin)
Ein Teil von jener Kraft,
die stets das Böse will
und stets das Gute schafft.
(1349):
Ich bin ein Teil des Teils, der anfangs alles war, ...

Diese Aussage lässt sich natürlich auch umkehren: Ich (EGO) bin ein Teil von jener Kraft, die stets das GUTE will und (damit) stets das BÖSE schafft.

Wer ist der Beste?

Da wir uns aber insgeheim doch als „BÖSE“ und „schuldig“ empfinden, geht es uns besser, wenn die anderen noch „BÖSER“ und „schuldiger“ sind. Das erreichen wir durch eines unserer „Lieblingsspiele“: die anderen zu beurteilen und sie zu verurteilen. Es entsteht dadurch eine ungeheure Konkurrenz vor Gott, wer der „Beste“ ist. Denn nur der wird, so glauben wir, von ihm auserwählt. Welch dramatische Konsequenz, es würde von den Milliarden Menschen nur ein einziger übrig bleiben: der Beste! Viele religiöse Gruppen beziehen daraus ihr Selbstverständnis. Da haben wir nun alle Hände voll zu tun, der „Beste“ zu werden: im Beten, Helfen, Heilen, Dienen, Wissen, Reden, Verantwortung tragen, Forschen, Gestalten, Arbeiten, Lieben, Sammeln, Unternehmen, Fasten, Meditieren, Üben, Putzen, Kochen. Unsere Lebensentfaltung und -führung stehen voll und ganz im Zeichen der Leistung. Wir plagen, geißeln, disziplinieren und konzentrieren uns. Kein Wunder, dass dabei nur noch selten das Gefühl paradiesischer Wonne aufblitzt. Wir Bürger üben uns im Verzicht und erwarten die Wonne später: manche im Urlaub, andere nach der Pensionierung und wieder andere nach dem Tod im Jenseits. Trotz unserer Bemühungen erreichen wir doch immer nur das Gegenteil. Vielleicht sollten wir aufhören, uns in dieser Art zu bemühen?!

Das Streben, der „Beste“ zu sein, führt uns in eine gewaltige, Gewalt erzeugende Konkurrenz gegenüber unseren Mitmenschen. Wir wollen, dass der andere verliert, weil wir sonst nicht gewinnen können. Nahezu alle Spiele, die Menschen unseres Kulturkreises miteinander spielen, sind darauf ausgerichtet. Allen voran steht das „königliche“ Spiel: Schach. Auf dem Höhepunkt der Involution gehen wir wie beim Schachspiel über Leichen, um den Sieg zu erringen. Dies hat zur Folge, dass wir auf dem Gipfel unseres Erfolges meist das Gefühl der absoluten Verlassenheit und Einsamkeit haben.

Die Zielsetzung, der „Beste“ sein zu wollen, verbindet sich auch mit der Art zu leben und zu erleben. Tiefs oder leidvolle Phasen im Leben lösen in uns das Schuldgefühl aus, etwas falsch gemacht zu haben. Wir glauben dann, gegen unser Leid kämpfen zu müssen. Wir verlieren die Gelassenheit und unser Einverstanden-Sein. Dabei sind gerade die Tiefs wichtige und unsere Entwicklung fördernde Erfahrungen. Sie gehören einfach zum Leben, wie der Regen, der den Sonnenschein vertreibt. Von ihm wissen wir, dass die Natur ohne ihn nicht lebendig sein kann. So, wie dem Regen aber der Sonnenschein folgt und der Tag der Nacht, so können wir sicher sein, dass dem Tief ein Hoch folgt.

Gewissen

Bei der gesamten Lebensgestaltung glauben wir, uns nach unserem Gewissen ausrichten zu können. Ursprünglich war das Gewissen die göttliche Stimme in uns: Gottes Gerechtigkeit. Nach der Trennung von Gott ist der Zugang zu ihr versperrt. Trotzdem gehen wir weiterhin davon aus, dass wir ein Gewissen haben und geben vor, vielfach aus Gewissensgründen nicht anders handeln zu können. Was ist das für eine Instanz, die sich an die Stelle der göttlichen Stimme und Gerechtigkeit gesetzt hat? Es ist die mittlerweile alte Stimme von GUT und BÖSE. In jedem

Leben wird sie von den Eltern durch die Erziehung und von den Autoritäten der jeweiligen Gesellschaft erneut in uns wachgerufen.

Auf wie viele Gesetze und Regeln könnten wir verzichten, wenn wir uns an die eine Aussage von Jesus halten würden (Mt. 7,12):

Alles nun, was ihr wollt, dass euch die Menschen tun sollen, das tut ihr ihnen auch! Denn darin besteht das Gesetz. ...

Der Volksmund formuliert es so: „Was du nicht willst, das man dir tut, das füg auch keinem anderen zu."

Die Entstehung des EGO und der „freie Wille"

Mit dem Sündenfall entstand in unserem Bewusstsein die Grenze zwischen GUTEM und BÖSEM. Diese Grenze führt dazu, dass wir das Bewusstsein für das göttliche Wirken in uns und durch uns verloren haben. Damit verbunden ist der Verlust unserer spirituellen Fähigkeiten: der Intuition und der aus ihr kommenden Inspiration. Bis dahin Bewusstes und Gewusstes verschwanden und mit ihnen unser wahres Gewissen (Gewusstes).

Unter diesen Bedingungen entsteht die Illusion, wir würden unser Leben alleine gestalten. Diese Illusion gibt sich einen Namen: ICH oder EGO. Das EGO glaubt nun, alles geschehe aus seinem Willen. Und es ist von der Freiheit seines Willens überzeugt. Diese Illusion des freien Willens versucht das EGO um jeden Preis aufrechtzuerhalten, denn gäbe es den freien Willen nicht, wäre dem EGO die Existenzberechtigung entzogen. Es wäre ja ohne den freien Willen nicht in der Lage, etwas aus sich heraus zu gestalten.

Die einzige Freiheit aber, die unser EGO besitzt, besteht darin, den göttlichen Handlungsimpuls in einen „GUTEN" und einen „BÖSEN" Teil aufzuspalten. Den „GUTEN" Teil leben wir als EGO und den „BÖSEN" Teil verdrängen wir als EGO. Unser SELBST sorgt nun dafür, dass das Verdrängte als Projektion von außen, in Form des DU oder als Ereignis, auf uns zukommt. Dieser zweite Teil wird erlebt! Er begründet unser Schicksal und Leid.

Rad des Schicksals

Unbewusst existiert also nach wie vor der göttliche Wille in uns. In Wirklichkeit ist er es, der uns handeln lässt. Wir können ihn auch den wahren Willen des SELBST nennen. Daraus entwickelt sich eine paradoxe Situation. Der Wille des EGO versucht mit der Kraft seines mentalen Geistes, sich gegenüber dem Willen des SELBST, das mit der Kraft des spirituellen (heiligen) Geistes das SEIN gestaltet, durchzusetzen. Da das EGO sich an den tradierten Werten und Normen der Eltern und der Gesellschaft orientiert, weicht es im Laufe der Zeit immer mehr von der wirklichen Mitte, vom Zentrum des SELBST ab. Die Freiheit, dies zu tun, entstand aus den Bedingungen des Sündenfalls. In nichts anderem als der Möglichkeit, die „BÖSEN" Anlagen zu verdrängen, besteht der so genannte „freie Wille" des Menschen. Ohne ihn gäbe es die „BÖSE" Welt gar nicht! Damit gäbe es aber auch nicht die Chance, sich der allumfassenden göttlichen Liebe bewusst zu werden. So jedoch, wie die „BÖSE“ Welt eine Illusion unseres gefallenen Bewusstseins darstellt, ist ebenso unser freier Wille eine Illusion.

Demgegenüber versucht das SELBST, diese vom EGO verursachte Abweichung immer wieder zu korrigieren. Diese Korrekturen erfahren wir meist schicksalhaft, von außen auf uns zukommend. Sie bestehen aus Schicksalsschlägen, Opfererfahrungen, Unfällen, Krankheit, Leid und so genannten „Freudschen Fehlern“. Nun beginnt ein Kampf gegen das Schicksal. Unser Leben wird zusehends turbulenter und dramatischer. Wir geraten immer tiefer in den Wirbel des Schicksals, ohne dass uns diese Zusammenhänge klar sind. Dem von außen Kommenden geben wir die Schuld an unserem Leid. Würden wir den Widerstand aufgeben, dann würden wir den Wirbel nicht mehr mit Energie versorgen und er käme augenblicklich zur Ruhe.

Wir können diese Situation mit einem Wirbelsturm vergleichen, bei dem riesige Mengen an Energie um ein ruhiges Zentrum, um sein Auge kreisen. Oft wird das Schicksal aber auch mit einem Speichenrad verglichen. Stimmen wir in unserer Lebensgestaltung mit dem Willen des SELBST überein, befinden wir uns in unserer Mitte, dann ist unsere Position in der Radnabe. Egal, wie schnell sich das Rad dreht, befinden wir uns doch in einer sehr lebendigen Ruhe. Je weiter wir aber auf der Speiche des Rades von der Nabe weg zur Felge rücken, desto schneller wirbeln wir herum. Mal sind wir oben und mit Sicherheit sind wir genauso oft unten. Nach jedem Aufstieg (Werden, Sieg, Geburt) erfolgt der Abstieg (Vergehen, Niederlage, Tod). Es gibt keine Erfahrung des Glücks ohne Erfahrung des Leids! Das Leid ist der Regen, dem der Sonnenstrahl des Glücks folgt. Vielleicht mag uns das trösten, wenn wir ganz unten sind: Jedem Abstieg folgt unausweichlich wieder ein Aufstieg.

Das Rad wurde auch zum Symbol des Schicksals im Tarot. Die Karte des „Rad des Schicksals“ befindet sich in der Mitte der Großen Arkana. Dort, wo wir in der Mitte unserer Inkarnationenfolge noch Bäume ausreißen, wo wir es noch wissen wollen, ist der Wirbel am stärksten. In dieser Phase sind wir am weitesten von der Nabe, unserer MITTE, entfernt.

Nun haben wir natürlich gute Gründe, nicht zurück zu unserer Mitte zu gehen. Wir müssten nämlich von der Normalität unserer gesellschaftlichen Existenz abrücken. Wir fürchten aber dann, als Abweichler die Anerkennung der Mitmenschen zu verlieren, und, was noch entscheidender ist, wir fürchten, nicht mehr „GUT“ zu sein, damit „Schuld“ auf uns zu laden und von Gott dafür verurteilt zu werden.

Leben und Projektion

Wenden wir uns nun dem Leben zu, das wir auf der Erde in der Regel führen. Dafür sollten wir uns nochmals folgende Erkenntnis klar vor Augen führen: Immer stellen die äußeren Bedingungen lediglich Gleichnisse unseres Inneren dar und sie werden uns zum Zweck der Bewusstwerdung unseres Entwicklungsstandes gegeben. Der Entwicklungsstand ist dabei der Ausdruck dessen, wie viel wir von den Anlagen unseres Selbst gewagt haben „auszuwickeln“.

Schon die Umstände der Zeugung, der Schwangerschaft und der Geburt spiegeln unseren innerseelischen Zustand wider. Kommen wir beispielsweise mit einer Nabelschnurumschlingung unter Sauerstoffmangel zur Welt, so bedeutet dies symbolisch, dass innerseelische Bindungen und Verpflichtungen (Umschlingungen) die Verwirklichung eines frischen Windes bzw. neuer Ideen (Sauerstoff) im Leben behindern. Eine Geburt mittels Kaiserschnitt will zeigen, dass wir die natürlichen Bedingungen des Werdens nicht akzeptieren. Gleichzeitig deutet es auf unser distanziertes Verhältnis zum Weiblichen. Alle Schmerzen der Geburt belassen wir bei der Frau und Mutter. Wir lassen die Mutter zerschneiden. Gleichnishaft wird sich das im zukünftigen Leben wiederholen. Wir haben also schon bei der Geburt ein wichtiges Thema von uns kennen gelernt.

Nur die wenigsten werden diese Zusammenhänge aber so sehen wollen. Eher suchen sie die Schuld für den Sauerstoffmangel bei der Hebamme, beim Geburtshelfer oder dem Arzt. Regressansprüche werden geltend gemacht, Prozesse angestrengt. Aber auch das hat seinen Sinn. Nicht für uns, die wir von der Nabelschnur umschlungen waren, sondern jetzt für die Hebamme oder den Arzt. Im Prozess wird sie oder er mit eigenen unbewussten Schuldthemen konfrontiert. Ihnen begegnet ihre eigene Strenge. Ja, man kann sogar noch viel tiefer gehen. Die Geburtshelfer haben ja nur diesen Beruf ergriffen, weil sie in ihrem Leben die Aufgabe haben, etwas Neues in ihr eigenes Leben zu „gebären“. Wie stark sie bei dieser eigenen „Geburt“ die Entfaltung der neuen Ideen (Sauerstoff) behindern, erleben sie gleichnishaft als Projektion im Außen. Am Kaiserschnitt ist vordergründig meist das zu enge Becken der Mutter „schuld“. Das Becken wiederum ist ebenfalls ein Gleichnis - hier für die Weltsicht oder Religion der Eignerin. Und wieder dreht sich das Rad des Schicksals und der Projektion.

Die Eltern als Projektion

Nach der Geburt kommen wir normalerweise in einen sehr intensiven Kontakt mit den Eltern. Wir sind nicht zufällig bei diesen Eltern gelandet, sondern wir haben sie uns – unbewusst - als passend für uns ausgesucht. Das Wunderbare dabei ist, dass die geistigen Wesenheiten wie von selbst zu denen gelangen, die ein Maximum an Ähnlichkeit mit ihrem Verhalten und ihrem Bewusstseinszustand besitzen. Dahinter zeigt sich das Gesetz der Affinität oder der Selbstähnlichkeit. Der Volksmund drückt es einfacher aus: „Gleich und Gleich gesellt sich gern.“

Die Mutter, manchmal die Großmutter als weibliche Bezugsperson, ist uns in der Kindheit ein Gleichnis für unsere innere Frau. Wachsen wir in einem Heim auf, dann ist es die dortige weibliche Bezugsperson. Ist die Mutter beispielsweise nach der Geburt krank und kann sich um uns nicht kümmern, ist also die Frau im Außen verschwunden, dann zeigt uns das symbolisch, dass auch im Inneren kein Kontakt zur weiblichen Seite besteht. Manchmal stirbt auch die Mutter bei der Geburt des Kindes. Im Kind setzt sich dann das Gefühl der Schuld am Tode der Mutter fest und belastet es für lange Zeit. Hier verkennen wir oft, was den Menschen dabei tatsächlich belastet. Selbstverständlich trägt das Kind keine Schuld am Tod der Mutter. Aber ihm wird ein Gleichnis für seine innerseelische Situation gegeben. Das weibliche und mütterlich fürsorgliche Prinzip ist in diesem Menschenkind „gestorben", und dass es im Laufe der Inkarnationen in ihm erstorben ist, dafür ist es selbst verantwortlich. Das ist die Last, an dem das Kind schwer trägt. Die Situation im Heim, in der die Bezugsperson sich um viele Kinder kümmern muss, sagt uns beispielsweise, dass auch das fürsorgliche Prinzip in uns es sich angewöhnt hat, sich um allzu viele andere zu kümmern, so dass wir zu wenig Fürsorge uns selbst gegenüber gelebt haben.

Der Vater, manchmal auch der Großvater als männliche Bezugsperson, ist ein Spiegel des inneren Mannes. Ist er sehr herrisch, so spielt sich auch der innere Mann als Herr auf. Ist er gewalttätig, so ist auch unser innerer Mann ein Gewalttäter. Trinkt er oder ist er für uns nicht erreichbar, zeigt es uns, dass in uns selbst die männlich aktive selbstständige Seite betäubt oder gar verloren gegangen ist.

Auch wie Vater und Mutter miteinander umgehen, ist für uns symbolisch und wichtig. Es ist dies selbstverständlich ein Gleichnis für den Umgang des Männlichen mit dem Weiblichen und umgekehrt in uns. Soweit deren Liebe zueinander, deren Gleichgewicht und Gleichberechtigung aus unserer kindlichen Perspektive erkennbar ist, so weit ist sie auch in uns vorhanden. Auch in unserer späteren Partnerschaft wird sich nur die Liebe und das Gleichgewicht entwickeln können, welche wir in uns entwickelt haben. Entwickeln wir sie in uns weiter, so nimmt sie auch im Außen zu.

Vaterbindung

Ist das Kind auf den Vater fixiert, ist dies Ausdruck davon, dass es dem Vater und damit dem Männlichen in sich eine stärkere Bedeutung beimisst als der Mutter und dem Weiblichen in sich. In ihm haben die männlichen Anlagen den Vorrang gegenüber den weiblichen. Der Sohn wird sicher ohne große Probleme in seine männliche Rolle schlüpfen. Das Defizit auf der weiblichen Seite wird er zunächst über die Mutter und später über die Partnerin an seiner Seite ausgleichen. Die Partnerin muss sich allerdings ganz auf ihr Frausein konzentrieren. Der aktive in dieser Beziehung ist er, der Mann.

Auch in der an den Vater gebundenen Tochter wird die männliche Seite bevorzugt und dominant sein. Deshalb wird sie eher ihre männlichen Anlagen leben wollen. Als Kind ist sie ganz ein „Knabe". Das Defizit, das hieraus auf der weiblichen Seite entsteht, kann sie entweder über eine Partnerschaft zu einem weiblich betonten Mann oder aber in einer „gleichgeschlechtlichen" Beziehung zu einer betont weiblichen Frau ausgleichen. In ihren Beziehungen wird auf jeden Fall zunächst sie die aktive Rolle innehaben.

Viele Eltern wünschen sich, dass ihr Kind ein bestimmtes Geschlecht haben möge und sind enttäuscht, wenn das Kind dem nicht entspricht. Der Wunsch der

Eltern entspringt einer unterschiedlichen Bewertung des Männlichen und des Weiblichen. Sie wünschen sich das, was ihnen mehr wert erscheint. Der Wunsch nach dem Sohn zeigt, dass die Eltern der männlichen Seite einen höheren Wert beimessen. Zu diesen Eltern kommt dann ein Wesen, das ebenfalls das Männliche höher bewertet. Das Wesen, das dann als Tochter kommt, ist ebenfalls unbewusst enttäuscht, Frau zu sein. Sie wäre lieber Sohn bzw. ein Mann geworden. Sie startet mit einer Minderbewertung der weiblichen Anlagen ins Leben und identifiziert sich dann mehr mit dem Vater.

Der Wunsch der Eltern nach einer Tochter kehrt das Ganze um und führt zu einer Mutterbindung.

Mutterbindung

Die kindliche Fixierung auf die Mutter drückt aus, dass das Kind der Mutter und damit seinen weiblichen Anlagen zunächst mehr Bedeutung zumisst. Wie außen, so eben auch in sich selbst. Dieses Ungleichgewicht auf der männlichen Seite wird die Tochter mit einem betont männlichen Partner ausgleichen können. Sie konzentriert sich ganz auf ihre Weiblichkeit und überlässt ihm zunächst ohne große Probleme den aktiven Part.

Schwieriger dagegen ist es für den Sohn. Er kann sein Defizit auf der männlichen Seite entweder durch eine sehr aktive Frau ausgleichen, muss sich aber dann in die passive weibliche Rolle fügen, die in unserer Kultur wenig Ansehen genießt. Oder aber, wenn das Männliche in ihm vollkommen herabgewürdigt wurde, was oft dadurch geschieht, dass seine starke Mutter den schwachen, haltlosen oder leidenden Vater zusätzlich verurteilt, geht er eine gleichgeschlechtliche Bindung zu einem sehr aktiven Mann ein und übernimmt in dieser Beziehung die weibliche Rolle.

Die Angehörigen und die Umwelt als Projektion

Auch unsere Geschwister zeigen uns gleichnishaft bestimmte unbewusste Persönlichkeitsanteile. Vielleicht die in uns unbewusst vorhandene Aggressivität oder unseren inneren Hang zur Rebellion.

Die Verwandtschaft, die Freunde der Eltern oder die Nachbarn, sofern sie in unserer Welt von Bedeutung sind, haben selbstverständlich ebenfalls die Funktion des Spiegels für uns. Von Bedeutung sind alle, die in uns einen Affekt, eine emotionale Erregung auslösen.

Natürlich haben alle Personen, die in unserem Spiegel auftreten, ihr vollkommen eigenes Leben. In deren Leben treten wiederum wir als Spiegel für ihre unbewussten Anteile auf. So sind wir mit ihnen wechselseitig verflochten. Wir dürfen auch nicht glauben, sie seien an etwas in unserem Leben schuld, so wie wir in ihrem Leben an nichts schuld sind. Sie existieren in unserer persönlichen Welt ausschließlich zu dem Zweck, uns etwas zu zeigen, das wir auf Grund von Verdrängung verloren haben.

Die Tante oder der Onkel, die im Familienclan verschwiegen wurden und durch merkwürdige Zufälle im Familienbewusstsein wieder auftauchen, sind nichts anderes als stark in uns selbst tabuisierte und verdrängte Persönlichkeitsanteile.

Wir haben auch von keiner dieser Personen eine Last, Bürde, Aufgabe oder ein Muster übernommen, sondern in uns existiert eine eigene, gleichnishaft ähnliche Bürde. Deshalb fühlen wir uns auch so stark berührt, wenn wir das erste Mal von ihnen und ihrem Schicksal erfahren. Wir werden die Bürde nicht dadurch los, indem wir magisch verkünden, sie ihnen zurückzugeben. Selbstverständlich hat diese Verkündung eine Wirkung. Wir verdrängen aufs Neue, und für kurze Zeit werden wir uns wieder „besser" fühlen.

Im Laufe der Kindheit erweitert sich unser Spiegel. Klassenkameraden, Freunde und Freundinnen, Lehrer, Meister, Kollegen u. v. a. m. treten in unser kleines Universum ein. Besonders intensiv werden wir dann mit unseren Projektionen konfrontiert, wenn wir einen Beziehungspartner und eigene Kinder haben.

Ebenso sind unser Wohnort und unsere Wohnverhältnisse von Bedeutung. Steht unser Haus, in dem wir wohnen, in der Nähe der Kirche, dann gibt es auch in uns die Nähe zur Kirche. Wachsen wir in einem Tal auf, so zeigt sich uns gleichnishaft unser begrenzter Horizont. Das Elternhaus auf dem Berg will uns unsere Distanz und Abgehobenheit zur übrigen Welt zeigen. Wachsen wir in der Nähe einer Moschee auf, dann lässt sich daraus unsere Identifikation mit dem Islam in vergangenen Inkarnationen ableiten. Auf diese Weise gestaltet unsere noch zu bearbeitende, ins Unbewusste versunkene Vergangenheit maßgeblich unsere Gegenwart.

Von entscheidender Bedeutung aber ist, das als Teil von uns selbst zu erkennen und anzunehmen, was auch immer uns im Außen begegnet: die Eltern, die Geschwister oder wer und was sich da noch in unserer Welt aufhält. Denn es ist die Begegnung mit dem Verlorengegangenen und wir haben die Chance, durch jeden einzelnen Schritt des Erkennens und Annehmens ein wenig heiler zu werden.

Karma

An dieser Stelle erscheint es mir sinnvoll, einige Gedanken zum Karma einzufügen. Karma (*Sanskr.* Wirken) bezeichnet ganz einfach unser geistiges, seelisches oder körperliches Wirken und die aus diesem Wirken entstehenden Konsequenzen. In der Regel wird Karma mit dem Gedanken der Reinkarnation verbunden. Es ist das Gesetz von Ursache und Wirkung, das über die Grenzen unseres Leben hinaus wirkt. Jede unserer Taten wie auch jeder unserer Gedanken hat seine Wirkung im Gegenüber, dem „Opfer", und Karma sorgt dafür, dass wir auch diese Opferseite unserer Tat erleben werden. Dabei kann die Erfahrung als „Opfer" wunderschön oder qualvoll und traumatisch sein, je nach der Tat, die wir vollbrachten. Anders ausgedrückt, aus jeder Tat entsteht eine Frucht, die derjenige erntet, der sie gesät hat (2. Ko. 9,6):

> Dies aber (sage ich): Wer sparsam sät, wird auch sparsam ernten, und wer segensreich sät, wird auch segensreich ernten.

Mit der Idee des Karma verbindet sich keinesfalls der Gedanke der Belohnung oder der Strafe. Es gibt auch keine karmischen Prüfungen. Wer sollte uns denn prüfen? Doch nur jemand, der um unseren Zustand nicht weiß! Da Gott unsere Entwicklung kennt, fällt er als Prüfer aus, und es bleibt niemand mehr übrig, uns zu prüfen. Nur unser eigenes EGO prüft sich selbst, um herauszubekommen, wie „GUT" wir sind.

Unser Wirken ist abhängig von unserem Bewusstsein. Die Grenzen, die in unserem Bewusstsein existieren, werden in der Konsequenz zu Grenzen und Hindernissen in unserem Leben, und dafür sorgt Karma. Wo wir geboren werden, wen wir treffen, wie unser Leben verläuft, welche Freude und welches Leid wir erleben und wie wir letztendlich sterben, ist karmisch bedingt, nämlich die Folge unseres Bewusstseins, unseres früheren Handelns. Durch freiwilliges Leid können wir deshalb kein Karma abtragen.

Die einzige Kraft, die alles bewirkt, ist unser Bewusstsein, und wenn dieses in Not ist, wird es im Leben Not bewirken. Die Not entsteht aber nicht zum Selbstzweck oder zur Bestrafung, sondern einzig aus dem Grund, uns unsere Bewusstseinsnot bewusst zu machen und sie damit zu wenden. Karma ist damit das notwendige Wirken, das nicht mit dem Tod endet, sondern über Inkarnationen hinweg wirkt.

Partnerschaft

Im Partner begegnen wir immer, wie bei allem anderen auch, einem inneren Teil von uns selbst. Es handelt sich um einen besonders wichtigen Teil von uns, den wir oft wenig kennen und den wir über den Partner kennen lernen können und unbewusst auch kennen lernen wollen. Bei der Frau ist es in der Regel ihr „innerer Mann", beim Mann seine „innere Frau".

Die Liebe in der *äußeren* Partnerschaft zu entwickeln gelingt nur insoweit, wie wir die Liebe zwischen unseren beiden *inneren* Wesensteilen entfaltet haben. Dabei müssen wir schmerzhaft erkennen, dass wir ausschließlich die Liebe zwischen unseren eigenen inneren Teilen verändern und weiter entfalten können. Die Liebe im außen folgt dem wie von selbst, eben wie in einem Spiegel.

Oft kennen wir unseren Partner unbewusst aus vorangegangenen Existenzen. Ihn wieder zu treffen, geschieht aus einer tiefen Notwendigkeit. Zwischen uns bestehen noch ein oder mehrere offene Konflikte, die von uns gelöst werden müssen. Wir wollen zusammen mit dem Partner ein Verhalten weiterentwickeln, das auf Grund unserer früheren Unentwickeltheit zu Konflikten geführt hat. Die Balance, die Harmonie und damit die irdische Liebe soll zwischen beiden wieder hergestellt werden. Das zunächst bestehende Missverhältnis ist dabei für beide gleichermaßen die Projektion der in ihnen vorhandenen Disharmonie zwischen männlichen und weiblichen Anlagen.

Menschen, die in früheren Inkarnationen Kämpfe auf Leben und Tod ausgetragen haben, würden in diesem Leben, so sie davon Kenntnis hätten, einen großen Bogen umeinander machen. Damit würde aber der Konflikt bis ans Ende der Zeit die göttliche Schöpfung belasten. Um dies zu verhindern, wurde die Erinnerung an die vergangenen Inkarnationen gesperrt und im Menschen ein ganz außergewöhnlicher Magnetismus, eine ungeheure Kraft der Anziehung geschaffen, die diejenigen wieder zusammenbringt, die zusammenkommen sollen: die Sexualität!

Die Rolle der Sexualität

Ihre faszinierende Kraft erhält die Sexualität aus der Sehnsucht der Einswerdung und dies auf zwei Ebenen. Zum einen geht es uns um die Vereinigung der beiden Pole in uns, der Hochzeit des inneren Mannes mit der inneren Frau, der Conjunctio Oppositorum, und zum anderen um die Vereinigung mit Gott, der Unio Mystica. Wir sind hier unversehens mitten in der zentralen alchemistischen Thematik. Erst die Vereinigung von Mann und Frau in uns lässt in uns einen neuen Menschen, den Homunculus (*lat.* Menschlein), entstehen. Da er die Synthese der Gegensätze ist, teilt er nicht mehr die Welt in „GUT" und „BÖSE" sowie in männlich und weiblich. Er kann deshalb die Verbindung zum Heiligen Geist wiederherstellen und damit die Vereinigung mit Gott vollziehen. Wie weit wir von beidem entfernt sind oder aber wie nah wir schon sind, können wir u. a. auch aus dem Ablauf des sexuellen Aktes erkennen.

Warum wurde und wird immer wieder diese wunderbare Kraft so sehr verurteilt und tabuisiert? Da gerade sie zum Ziel hat, die innere und äußere Trennung zu überwinden, macht sie die Existenz der Trennung in besonderer, oft schmerzhafter Weise bewusst. Dies kann der „GUTE" Mensch nicht akzeptieren, glaubt er doch, seine Trennung durch sein „GUT-Sein" überwunden zu haben. Da ihn die Sexualität in seinem Weg in Frage stellt, kann er in ihr nur die Manifestation des BÖSEN sehen, die ihn vom „GUT-Sein" abbringen will. Er glaubt: Sexualität trenne ihn von Gott, Sexualität sei schlecht!

Es ist unvorstellbar, wie viele Menschen sich selbst kasteit, gegeißelt, kastriert und gequält haben, nur um die so genannte „Fleischeslust" in sich auszumerzen. Letztendlich blieb die sexuelle Kraft immer der Sieger, denn ihr Ursprung liegt nicht in unserem Körper, sondern in unserer Seele. So geben wir uns letztendlich doch wieder dem sexuellen Rausch hin, oder aber, wir ziehen rauschhaft gegen die Sexualität, unsere verdrängte Kraft im Spiegel des Außen, zu Felde. Immer wieder gab und gibt es religiöse Gruppen, welche die sexuelle Enthaltsamkeit als Heilsweg propagieren. Ein gefundenes Fressen für unser EGO, das dann das Spiel spielt: „Wer ist der Enthaltsamste?"

Die Sexualität ist eine weibliche und damit auf uns selbst gerichtete (introvertierte) Kraft. Sie will die Erfahrung, die uns noch fehlt, in uns hineinbringen, um sie wieder zu integrieren. Waren wir z. B. ein Sexualtäter, dann fehlt uns noch die Erfahrung des Opfers und diese Kraft wird dafür sorgen, dass wir die Opfererfahrung machen. Sie zieht im Außen einen entsprechenden Täter an.

Dabei startet das Täter- und Opferkarussell zunächst recht harmlos. Wir verdrängen etwas und verbieten gleichermaßen dem DU, unserem Spiegel, es zu leben. Folgt er nicht, folgt unsere Strafe, daraufhin seine Rache und schon sind wir mittendrin, im Kreislauf gegenseitig verursachten und zugefügten Leids. Aus karmischer Sicht ist die Opfererfahrung die Frucht aus unserer früheren Tat.

Da die sexuelle Kraft weiblich ist, wurde und wird sie allzu gern auf die Frau projiziert und in ihr verfolgt. Im Bereich des sexuellen Geschehens entstehen besonders intensive Täter- und Opfererfahrungen, wobei wir immer bedenken sollten, dass Täter und Opfer untrennbar miteinander verflochten sind, und dies so lange, bis die beiden Beteiligten den Konflikt auflösen. Dies wird aber erst dann gelingen, wenn die „Schuld" nicht mehr hin und her geschoben wird.

Zwang und Gewalt beinhalten immer auch lustvolle und sexuelle Komponenten. Nicht nur in der Folter, sondern auch bei unserer Geburt, haben wir mit dieser Verknüpfung der Empfindungen Erfahrungen gemacht. Der tschechoslowakische Arzt und Psychoanalytiker Stanislav Grof zeigt diese Verbindung während des Geburtsgeschehens: Unerträglicher Schmerzen wenn wir durch den Geburtskanal gepresst werden können in ekstatische Lust umschlagen. Bleiben diese Erfahrungen unverarbeitet, so können sich aus ihnen später sadomasochistische Verhaltensweisen entwickeln.

Neben seiner karmischen Funktion kann der Magnetismus der Sexualität auch für *magische* Zwecke des EGO eingesetzt werden. Normalerweise dient der Magnetismus dazu, unbewusste innere Bilder der Erfahrung im Außen anzuziehen, um uns zum Zwecke der Bewusstwerdung mit diesen unbewussten Bildern zu konfrontieren. Kreieren wir jedoch bewusst eigene geistige Bilder und konzentrieren wir unsere ganze mentale Energie auf sie, so ziehen wir ebenfalls im Außen deren materielle Manifestationen an. Die Welt kann damit zum vermeintlichen Vorteil unseres EGO umgestaltet werden. Über *mentales Training* wird z. B. aus einem besetzten Parkplatz ein freier Parkplatz. Das eigentliche Problem, das dabei entsteht, ist die Verstärkung der Illusion, dass das EGO scheinbar Schöpfer seines Seins werden kann. Dies bedeutet aber, Gott als Schöpfer *allen* Seins zu negieren.

Unser „Vorteil" ist oftmals der Nachteil der anderen. Prinzipiell ändert auch der Zusatz „es möge dem Wohl aller dienen", den manche ihren magischen „Wünschen" hinzufügen, nichts daran, dass sie zum Täter werden und andere zum Opfer machen. Auch im Magischen gibt es also Täter und Opfer. Auch hier sorgt Karma dafür, dass die Früchte auf uns zurückfallen. Um dies zu verhindern, versucht der Magier sich durch Schutzzauber zu sichern. Letztendlich endet dieses Spiel damit, dass der Magier vor lauter Schutzzauber zu keinen anderen Handlungen mehr in der Lage ist. Damit ist er am Ende seiner magischen „Karriere" angekommen, er ist „gelähmt".

Die Bedeutung unserer Kinder

Aus der Vereinigung von Mann und Frau oder allgemein von These und Antithese entsteht immer ein neues Wesen, eine Synthese. Bei der recht seltenen Vereinigung unseres inneren Mannes mit unserer inneren Frau, der „Conjunctio Oppositorum", entsteht das neue Wesen in uns als „Homunculus" (*lat.* Menschlein) und bei der ungleich zahlreicheren äußeren Vereinigung entsteht außerhalb von uns ein Kind. Viele der Anlagen dieses Kindes gleichen den verdrängten Anlagen der Eltern. An sich hatten die Eltern den Auftrag, ihre Anlage aus der Unbewusstheit zu erlösen, zogen es jedoch – unbewusst – vor, diese im Schatten zu lassen, um nicht die Anerkennung ihrer Umwelt zu verlieren. Sie wählten dann unbewusst den Weg der Sichtbarmachung der Anlagen über ein Kind. Sie „gebären" ihre Anlage nach außen in die Sichtbarkeit. Ihre im Schatten verbliebenen Anlagen erleben sie dann in der Projektion auf ihr Kind.

Dadurch wird das Kind zu einem äußerst bedeutsamen Spiegel für die Eltern. Das aggressive, schreiende Kind beispielsweise zeigt den Eltern ihre eigenen verdrängten Aggressionen. Das rebellische Kind zeigt den Eltern, dass auch in ihnen unbewusst der Wunsch nach Rebellion lebt. Das quicklebendige Kind will den Eltern, die wegen aller Pflichten und Verantwortlichkeiten ihre eigene Lebendigkeit auf Sparflamme halten, vermitteln, wie viel Bedürfnis nach Lebendigkeit auch in ihnen steckt. Eltern könnten von ihren Kindern ungeheure Anregungen bekommen, wenn da nicht das mangelnde Verständnis für die Zusammenhänge und die „Erziehungsverantwortung“ wäre.

Leider mögen die Eltern bestimmte Anlagen und Verhaltensweisen an sich nicht. Sie verdrängen sie und „geben sie weiter“ an ihre Nachkommen. Diese Betrachtung gilt selbstverständlich auch für angenommene Kinder. Wenn nun das Kind gerade diese Anlagen entwickeln will, verurteilen die Eltern das Kind und sorgen dafür, dass es diese ebenso verdrängt wie sie selbst. Diese Zusammenhänge hat Friedrich Nietzsche klar erkannt, indem er schrieb:

> „Die unaufgelösten Dissonanzen im Verhältnis von Charakter und Gesinnung der Eltern klingen in dem Wesen des Kindes fort und machen seine innere Leidensgeschichte aus.“

Unsere Kinder entsprechen zwar Teilen unserer verdrängten Anlagen, sie sind aber nicht unsere Anlagen, sondern vollkommen eigenständige Wesenheiten, die aus Gründen der Ähnlichkeit bei uns inkarnierten. Khalil Gibran hat das sehr schön zum Ausdruck gebracht (Der Prophet, S. 16 f.):

> Eure Kinder sind nicht eure Kinder.
> Sie sind Söhne und Töchter der Sehnsucht des Lebens nach sich selber.
> Sie kommen durch euch, aber nicht von euch, und obwohl sie mit euch sind,
> gehören sie euch doch nicht.
> Ihr dürft ihnen eure Liebe geben, aber nicht eure Gedanken,
> denn sie haben ihre eigenen Gedanken.
> Ihr dürft ihren Körpern ein Haus geben, aber nicht ihren Seelen,
> Denn ihre Seelen wohnen im Haus von morgen, das ihr nicht besuchen könnt,
> nicht einmal in euren Träumen.
> Ihr dürft euch bemühen, wie sie zu sein, aber versucht nicht,
> sie euch ähnlich zu machen.
> Denn das Leben läuft nicht rückwärts, noch verweilt es im Gestern. ...

Die Erziehung

Die Erziehung beschränkt die Entfaltung des Kindes. Eltern versuchen eben doch, ihre Kinder sich ähnlich zu machen. Sie glauben, dies sei notwendig, damit das Kind „GUT“ wird und später seinen Platz in der Gesellschaft finden kann. Das Kind dagegen empfindet die Erziehung oft als willkürlich und manche Erziehungsmaßnahme als psychisch oder gar körperlich verletzend. Die Schuld an der Beeinträchtigung seiner Lebendigkeit gibt das Kind seinen Eltern.

Nun ist es aber notwendig, den Kindern in ihrer Entfaltung Grenzen zu setzen. Nicht, dass diese Grenzen an sich etwas Sinnvolles seien. Nein, aus einem ganz anderen Grund wird die Grenzsetzung notwendig. Das Kind muss mit den Grenzen, welche es in seinem Unbewussten trägt, im Außen konfrontiert werden. Über die elterlichen Grenzen, Maßstäbe und Normen lernt das Kind dann seine eigenen inneren unbewussten Grenzsetzungen kennen. Die Strenge der Eltern korrespondiert mit der bis dahin unbewussten Strenge des Kindes. Es ist die Aufgabe der Eltern, diese dem Kind zu zeigen. Nur wenn sie diese Zusammenhänge begreifen, können Kind und Eltern sich annehmen, so wie sie waren und was sie sich gegenseitig zugefügt haben. Sie konnten sich nur das (hin-)zufügen, was ihnen noch fehlte!

Der elterlichen Erziehung können wir als Kind nicht ausweichen, weil wir gerade in den ersten Lebensjahren essenziell auf die Anerkennung der Eltern angewiesen sind. Wir werden als Kind alles tun, um diese Anerkennung zu bekommen, denn der Verlust wäre gleichbedeutend mit dem Verlust der Eltern. Ohne Eltern aber droht uns in der frühen Kindheit der Tod, da wir uns ja noch nicht selbst versorgen können. Und längst nicht jedes Kind landet wie Mose im Kästchen ausgesetzt auf dem Nil bei der Tochter des Pharao.

In unserer Gesellschaft, in der wir von Autorität zu Autorität (Eltern, Lehrer, Meister, Chef ...) weitergereicht werden, unterbleibt der eigentlich nötige Umstieg: Weg von der Anerkennung durch andere und hin zur Anerkennung dessen, was wir sind, durch uns selbst. Wir bleiben im Umgang mit der Anerkennung auf einer frühkindlichen Stufe stehen. Das führt dazu, dass wir selbst im Erwachsenenalter in Konfliktsituationen mit Autoritäten auf diese frühkindliche Stufe regredieren (*lat.* sich zurückziehen). In dieser Situation steigt die alte Angst wieder in uns hoch, nicht mehr anerkannt zu sein und deshalb ausgestoßen zu werden und sterben zu müssen. Schuld und Nichtanerkennung verbinden sich oft mit dieser Todesangst und sind daher in ihrer Wirkung nicht zu unterschätzen. Dies verfestigt unsere Position der Trennung von Gott, da sie ein Abweichen von den uns anerzogenen Normen und die Umkehr in der Entwicklung hin zur eigenen Mitte enorm erschwert. Strenge ist stets ein Ausdruck der Trennung von Gott und ein Wesenszug des EGO.

Heutzutage entfällt ein wesentlicher Teil der Erziehung auf die schulische Ausbildung. Dabei wirft die Schule schon ihre Schatten voraus auf die frühkindliche Erziehung, indem sie die Eltern verleitet, das Kind auf die Leistungsforderungen der Schule hin zu orientieren. Schule als Pflichtinstitution existiert erst seit der Neuzeit und entwickelte sich im Zusammenhang mit der Veränderung der Produktionsweisen. Im 17. Jh. entstanden die Manufakturen und im Weiteren entwickelten sich die industriellen Formen der Produktion. Beispielsweise wurde die allgemeine Schulpflicht in Preußen 1717 eingeführt. Bei der übermäßigen Bedeutung, die wir heute der Schule geben, müssen wir uns fragen, wie der Mensch ohne die Schule all die Jahrhunderttausende hat überleben können?

Da wir alles in uns tragen, was wir *ent*wickeln wollen, müssten wir es nur *aus*wickeln. Dazu benötigen wir an sich keine Schule. Auch macht das viele in der Schule oder im Studium erworbene Wissen aus uns noch keinen besseren Menschen. Der Zweck der Schule ist offenbar ein gänzlich anderer. Die Welt der Arbeit wurde durch ihre rasante Veränderung dem menschlichen Wesen immer mehr entfremdet. Folglich musste die Bereitschaft zur Arbeit durch eine stärkere Disziplinierung und Erhöhung der Leistungsbereitschaft erreicht werden. Das genau war und ist in zunehmendem Maße die Aufgabe der Schule. Denken wir doch nur an den Disziplinierungs- und Leistungsdruck im Rahmen des „Numerus Clausus“.

Darüber hinaus erzeugt schulische Erziehung ein menschliches Verhalten, das daran gewöhnt ist, sich ständig in seinen Leistungen überprüfen und beurteilen zu lassen, von welcher fragwürdigen Autorität auch immer. Dies behindert die Entwicklung des Kindes hin zu erwachsenen und selbstverantwortlichen Verhaltensformen. Die Autoritäten leben die Elternrolle und die Masse der Menschen bleibt Kind. Als eine weitere Folge der Beurteilung erhöht sich die zwischenmenschliche Konkurrenz. Dies zerstört auf die Dauer soziales Verhalten.

Bei all dem dürfen wir nicht vergessen: Auch bei der Schule handelt es sich um eine notwendige Erscheinung, deren Strenge und Leistungsforderungen lediglich die unbewusste Strenge und Leistungsfixierung in uns selbst spiegelt.

Die Verantwortung

Ursprünglich hatten wir die Verantwortung, mit den uns vom Schöpfer gegebenen Talenten zu wuchern, unser SELBST zu entfalten und zu leben. Dies geschieht am besten, wenn wir den inneren Entwicklungsimpulsen folgen, damit das Göttliche durch uns zum Ausdruck kommt. Seit dem Sündenfall spaltet unser EGO zunehmend Teile unserer Talente als „BÖSE“ ab. Sie treten uns als DU gegenüber. Da es Teile von uns sind, entsteht in uns ihnen gegenüber ebenfalls das Gefühl der Verantwortung. Wir wollen, dass das DU „GUT“ wird und beginnen, es zu beurteilen. Überall dort, wo das DU tätig wird, mischen wir uns ein. Nach bestem „Wissen“ und „Gewissen“ versuchen wir, den Anderen zu gängeln, als Vater, Mutter, Lehrer, Chef, Direktor, Soldat, Offizier, als Beamter in der Baubehörde, im Ordnungsamt, bei der Polizei, im Finanzamt, im Gesundheitsamt, im Eichamt, im Sozialamt, bei den Sozialversicherungen, im Arbeitsamt, als Prüfer und Kontrolleur. Diese Liste ließe sich beliebig fortsetzen. Überall dort glauben EGOs Verantwortung gegenüber DUs wahrnehmen zu müssen. Diese „Verantwortlichen“ beanspruchen aber immer, Anderen gegenüber in der Weise auftreten zu dürfen, wie es die Eltern taten. Sie erwarten von diesen, dass sie sich immer wieder wie folgsame Kinder ihnen gegenüber verhalten.

Das Problem, das uns aus der Elternrolle erwächst, ist, dass wir vor lauter Verantwortung anderen gegenüber keine Zeit mehr haben, uns um die Wiederaufnahme unserer verdrängten Anlagen und die Entfaltung unserer eigenen Schöpfungsimpulse zu kümmern. Dadurch verlieren wir zunehmend die Verantwortung gegenüber unserem SELBST. Man nennt uns dann selbstlos, und wir freuen uns noch über dieses vermeintliche Lob. Dabei ist die SELBST-losigkeit ein fast „lebensbedrohlicher“ Zustand. Die Listen der Selbstlosen sind lang: Helfer, Arzt, Seelsorger, Nonne, Mönch, Pfleger, Vater, Mutter, Soldat, Sozialarbeiter, Diener usw.

Überall dort, wo sich Menschen begegnen, stellt sich fast augenblicklich die Frage nach der Verantwortung. Sie führt dazu, dass einer glaubt, die Elternrolle übernehmen zu müssen, wobei er gleichzeitig den Anderen zum Kind macht. Der Volksmund spricht dann davon, dass Gegensätze sich anziehen. Selbstverständlich können diese Rollen je nach Kompetenz und Thema wechseln. Immer aber zerstören Menschen durch dieses Verhalten das Gleichgewicht und damit die zwischenmenschliche Harmonie und Liebe. Auch hier lässt sich eine lange Liste der unterschiedlichen Verantwortlichkeiten und Zuständigkeiten erstellen: Beruf, Arbeit,

Geld, Haus, Kinder, Ernährung, Erziehung, Durchsetzung, Repräsentation, Wohnung, Spiel, Sport, Sauberkeit, Spülen, Ordnung, Wissen usw.

Die Vererbung

Im Gegensatz zur Modellvorstellung der Reinkarnation bzw. der Seelenwanderung steht die Sicht der Vererbungslehre. Sie entstand in Verbindung mit einem rein körperbezogenen Wissenschaftsverständnis. Sie geht davon aus, dass in den körperlichen Genen auch die psychischen und geistigen Anlagen gespeichert sind. Diese Gene werden uns von unseren Vorfahren vererbt. Mit vererbt wird gleichzeitig, und das ist eine äußerst gewagte Annahme, deren psychische und geistige Problematik. Scheinbar ist diese Hypothese stimmig, denn die Probleme der Kinder gleichen offenbar in vielem denen der Eltern. Die Probleme der Eltern gleichen nun wiederum denen der Großeltern und so fort. Tatsächlich kann man beobachten, wie sich spezielle Themen in der Folge der Generationen immer wieder zeigen. Nach dem Gesetz der Affinität ist das natürlich verständlich, denn wir inkarnieren immer nur dort, wo uns unsere Thematik als Projektion begegnen kann.

Insofern ist es gleich, ob man der Modellvorstellung der Vererbung oder der Vorstellung der Reinkarnation anhängt. Da es Zeit in Wirklichkeit nicht gibt - sie ist ja eine Illusion unseres Bewusstseins - sind beide eben nur Vorstellungsmodelle. Die Konsequenzen aus beiden Modellen sind aber unterschiedlich. Während die Reinkarnation die Verantwortung für unser Leben bei uns selbst belässt, erlaubt uns die Vererbungslehre die Schuldprojektion auf die Vorfahren. Sie vererben uns ja ihre Unvollkommenheit. Dies stärkt das EGO, indem es behaupten kann, es kann für sein Verhalten nichts, schuld sind die Anderen, die es geprägt haben. Dies ist aber nichts anderes, als Verdrängung und Projektion. Auf diesem Wege landen wir nur wieder bei Adam, Eva und der Schlange, und wir erkennen nicht unsere eigene Bewusstseinsnot.

Kollektives Bewusstsein

Ebenso wie jeder Einzelne individuelle Muster entwickelt, bildet jede Gesellschaft gleichermaßen ihre eigenen Denk-, Glaubens- und Verhaltensmuster aus. Diese kollektiven Muster haben im Laufe vieler Inkarnationen Eingang in unser Verhalten gefunden. Wir tragen diese Prägungen unbewusst in uns. Sie bedingen, in welchen Kulturkreis wir inkarnieren oder mit welchen Kulturen wir im Laufe unseres Lebens in intensiven Kontakt kommen. Insbesondere durch Partnerschaften geraten wir oft in wichtige kulturelle Auseinandersetzungen. Hintergrundthema ist dabei immer Verständnis und Toleranz. Das Zusammentreffen zweier Kulturen ist denkbar, wenn zum Beispiel der Erfahrungshintergrund der weiblichen Seite in uns islamisch und der männlichen Seite in uns christlich geprägt ist. Oft zeigt sich diese unbewusste unterschiedliche Prägung schon in den Eltern, die eventuell selbst schon zwei verschiedenen Kulturkreisen entstammen. Sie sind dem Kind ja Spiegel seines Inneren. Dies führt recht früh zu ausgeprägten Interessen an bestimmten vermeintlich fremden Kulturen, zu langjährigen Aufenthalten in den unterschiedlichen Kulturkreisen oder beispielsweise zu Mischehen. Weit verbreitet, gerade im deutschsprachigen Raum, ist die zwiespältige Bindung an die katholische und an die evangelische Kirche.

Mit der Übernahme kollektiver Muster sind wir aber auch mit dem Bewusstsein und Schicksal der entsprechenden Gruppe aufs Engste verbunden. Kollektives Bewusstsein bedingt kollektives Wirken (Karma). So wie auf der individuellen Ebene Täter und Opfer eng miteinander verflochten sind, gibt es diese Verflochtenheit auch auf der kollektiven Ebene. Als extremes Beispiel sei hier die unbewusst enge Bindung, wir können sie als Hassliebe bezeichnen, zwischen Juden und Christen und hier insbesondere den Deutschen genannt. Sie ist so stark, dass viele in ihrer Zugehörigkeit von Inkarnation zu Inkarnation zwischen diesen beiden Kulturen hin- und herpendeln, um mit beiden und ihrem Verhältnis zueinander ihre spezifischen Erfahrungen zu machen. Historischer Hintergrund dazu ist die Entwicklung des Christentums aus dem Judentum.

Die kollektive Bewusstseinsbindung endet selbstverständlich nicht an den Grenzen der Völker, sondern sie reicht darüber hinaus ins Kollektiv der Erde, des Sonnensystems usw. Auf diese Weise sind wir ebenfalls mit dem Schicksal der Erde oder dem des Sonnensystems eng verbunden.

Vor 66,4 Millionen Jahren traf die Dinosaurier ein kollektives Schicksal. Ein vermutlich mindestens zehn Kilometer großer Asteroid traf die Erde. Dieses Ereignis setzte eine solch gigantische Energiemenge frei, dass die Dinosaurier mit einem Schlag ausgelöscht wurden. Etwa 7550 Jahre vor Christus traf die Menschheit ein ähnliches kollektives Ereignis: die Sintflut. Sie soll durch einen Kometeneinschlag hervorgerufen worden sein, bei dem die Energie von mehreren Millionen Hiroshima-Bomben freigesetzt wurde. Die Folgen waren unvorstellbare Erdbeben, Brände, Fluten und eine lang anhaltende Kälteperiode. Ein Großteil der Tiere und Menschen kam dabei ums Leben. Gleichzeitig mit dem Tod vieler Menschen verschwand deren hoch entwickelte Kultur. Nur noch sehr bruchstückhaft reicht die Kunde von Atlantis zu uns herüber.

Die Begegnung mit dem Kometen ist natürlich ebenfalls eine Begegnung mit einer kollektiven Projektion. Da Kometen im Wesentlichen aus gefrorenem Wasser bestehen, werden sie auch als „schmutzige Schneebälle" bezeichnet. Wir können hieraus ableiten, welche Anlage von der Menschheit kollektiv verdrängt wurde, so dass die Notwendigkeit der Begegnung im Außen entstand. Wasser ist ein Symbol für unsere Gefühle und der gefrorene Zustand deutet auf Verdrängungen der Gefühle hin.

Offenbar befand sich die Menschheit damals in einem ähnlichen Zustand wie wir heute. Auch in unserer Zeit spielen die Gefühle wegen der überragenden Bedeutung des Verstandes in den derzeit herrschenden Kulturen kaum mehr eine Rolle. Damit einher geht die Vernachlässigung unseres Wesens, unserer Natur. Die kollektive Dimension dieser Entwicklung zeigt sich beispielsweise im Sterben der Wälder, in der Vernichtung der Regenwälder, im Aussterben vieler Tierarten, im Umgang mit den Tieren schlechthin und an der zunehmenden Knappheit von sauberem Trinkwasser.

Die Rolle des Verstandes

Das Verständnis des Menschen, sein Verstand, basiert auf seinem Denken. Das Denken ist eine mentale Kraft in uns, die es uns ermöglicht, die von uns angetroffene Welt zu ordnen, die Sinnhaftigkeit ihrer Teile und deren Beziehungen zueinander zu verstehen. Sie ist es auch, die uns dabei helfen kann, unsere Projektionen zu durchschauen und zu verstehen.

Mit der Epoche der Aufklärung trat sie ganz in den Brennpunkt menschlichen Interesses. *„Cogito, ergo sum"* (*lat.* „Ich denke, also bin ich") sagte sich der französische Philosoph René Descartes zu Beginn des 17. Jahrhunderts. In dieser Aussage Descartes zeigte sich eine zunehmende Reduzierung des Menschen auf seinen Verstand. Wo bleibt dabei die Bedeutung des Körpers, der Psyche und vor allem der Spiritualität? Auch im Altertum gab es in Griechenland schon einmal diese Betonung des Verstandes: den Sophismus (ca. 500 v. Chr.). Protagoras und andere fanden damals heraus, dass das Denken ein gar treffliches Mittel ist, so gut wie jeden Standpunkt scheinbar plausibel zu verteidigen. Kernpunkt dessen, was es durch ihn zu verteidigen galt, war das jeweilig vordergründige Interesse des einzelnen Menschen, seines EGO. Das, was ursprünglich als Weisheit gedacht war, verkam zur Wortverdreherei und Klügelei. Eine ähnliche Perfektion entwickeln beispielsweise auch die modernen Sophisten der katholischen Kirche: die Jesuiten.

Das Denken ist ein äußerst flexibles Instrument und gerade darin besteht sein Problem. Es kann sich einerseits an der inneren Mitte, der göttlichen Quelle in uns, orientieren oder andererseits vollkommen an den Interessen unseres EGO, die dieses in der äußeren Welt scheinbar besitzt.

Orientiert an der inneren Quelle können wir uns mit einem Tempel vergleichen. Im Allerheiligsten sitzt, wie ehemals im Tempel zu Delphi, die Hohe Priesterin Pytia und empfängt auf der spirituellen Ebene die göttliche Vision. Diese Vision wird dann vom Hohenpriester - von unserem Verstand - vor dem „Vorhang" im Hauptraum des Tempels - in unserer Welt - als mentale Botschaft verkündet. Die Vision wird zum Gedanken.

An diesem „Tempelmodell" war die geistige Tätigkeit des Menschen bis zum Ende des Mittelalters orientiert. Wissenschaft und Philosophie fanden im Rahmen der Kirche statt. Die Universitäten waren bis dahin kirchliche Einrichtungen. Zwar hatte auch die Kirche die Verbindung zu Gott verloren, sie achtete aber darauf, dass sich menschlicher Geist an der „heiligen Schrift" als Quelle orientierte. Natürlich bestand dabei immer die Gefahr der sophistischen Mythologieauslegung, der Exegese (Bibelauslegung) durch die „Schriftgelehrten". Dennoch, das Denken war an einer Quelle orientiert. Auch der griechische Philosoph Platon orientierte seine Sicht der Welt nicht an der momentanen Erfahrung, sondern an den der Seele innewohnenden Urbildern, den göttlichen Ideen.

Da durch den Sündenfall jedoch die unmittelbare Verbindung zu unserer inneren Quelle unterbrochen ist, versucht der Verstand immer wieder seine Informationen aus anderen Bereichen zu beziehen. Mit der Aufklärung erlangte der menschliche Geist (Mentalität) seine endgültige „Freiheit" von den verborgenen, transzendenten Quellen. Er wurde zum ausschließlichen Werkzeug des EGO und vertrat fortan nur noch dessen Interessen. Als sichtbares Zeichen im Außen trennten sich die Universitäten von der Kirche. Unser Denken orientiert sich seit jener Zeit nur noch an der sichtbaren Welt und den damit verbundenen Erfahrungen. Akzeptiert wird ausschließlich, was durch wiederholbare Erfahrung (Experiment) „nachgewiesen" werden kann. Hieraus entstanden aber zwei fatale Probleme.

Zum ersten ist das Denken an die Teilung der Welt in GUT und BÖSE bzw. RICHTIG und FALSCH gebunden. Teile der Wirklichkeit fallen dadurch der Verdrängung zum Opfer. Diese Teile fehlen dann in den wissenschaftlichen Grundannahmen (Paradigmen). Die Einseitigkeit des daraus resultierenden Fundaments erweist sich immer nur für kurze Perioden als tragfähig. Aus diesem Grund kommt es zwangsläufig immer wieder zum Zusammenbruch der herrschenden Lehrgebäude (Paradigmenwechsel).

Zum zweiten lebt jeder Wissenschaftler und jeder Experimentator in seiner ganz eigenen Welt. Scheinbar objektiv, ist sie dennoch vollkommen subjektiv, weil diese Welt lediglich die Projektion des von ihm ins Unbewusste Verdrängten ist. Neben den persönlichen Verdrängungen existieren selbstverständlich auch Verdrängungen, die wir mit dem Kollektiv teilen. C. G. Jung nannte sie Teile des persönlichen und des kollektiven Unbewussten. Jedes Experiment ist nun eine Begegnung mit dem Unbewussten. Deshalb tragen experimentelle Ergebnisse immer Teile in sich, die sehr persönlich sind, und Teile, an die das Kollektiv ebenfalls glaubt. Fazit: Das Experiment bestätigt somit nicht die Wirklichkeit, sondern Überzeugungen und Glaubenssätze des Einzelnen und des Kollektivs! Andere Kollektive mit anderen kollektiven Glaubenssätzen kommen zu anderen experimentell bestätigten Erkenntnissen. Beispielsweise besitzt die Hummel eine Flügelfläche von 0,7 Quadratzentimetern und ein Gewicht von 1,2 Gramm. Nach den Gesetzen der Aerodynamik ist damit Fliegen unmöglich. Die Hummel kennt diesen unseren kollektiven Glaubenssatz nicht - und fliegt problemlos.

Wissenschaft kreiert lediglich Glaubenssätze. Da das Kollektiv an sie glaubt, bestätigen sie sich auch im Experiment. Hierin liegt die Ursache zum wissenschaftlichen Streit, und uns muss schmerzhaft gewahr werden, dass auf dieser Basis die absolute Wirklichkeit (Gott) nicht erkannt werden kann. Auch die Quantenphysik ist zu dieser Auffassung gekommen. Sie zeigt, wie stark jedes Ergebnis eines Experimentes mit den Erwartungen des Experimentators verknüpft ist.

Warum aber befreien wir uns nicht aus diesem Circulus vitiosus? Durch die Trennung von Gott haben wir den Zugang zum Fluss des Schicksals verloren. Schicksal erscheint für uns chaotisch, unverstanden zufällig und nur einer gewissen Wahrscheinlichkeit unterworfen. Hieraus entsteht eine gewaltige Angst vor dem scheinbar willkürlichen und unkontrollierbaren Schicksal. Wissenschaft soll nun dadurch die Angst bewältigen helfen, indem sie die verloren gegangenen Zusammenhänge aufdeckt, um auf diese Weise das Schicksal wieder einigermaßen berechenbar zu machen. Niemand kann die Massen mehr faszinieren als derjenige, der ihnen verspricht, dass sie Herr ihres Schicksals werden könnten. Aus oben genannten Gründen kann die Wissenschaft diesem Anspruch aber nicht gerecht werden. Die Gründe ihres Scheiterns sind uns aber nicht direkt einsehbar. Wir glauben vielmehr, dass wir die „richtige" Wissenschaft noch finden müssen und unser Problem dann für immer gelöst sei. Also tauchen wir noch tiefer in die Welt des Verstandes ein und konzentrieren uns noch mehr auf ihn.

Unbemerkt bekommt auf diese Weise unser Verstand, der „Kopf", immer mehr Macht in unserer Lebensgestaltung eingeräumt. Obwohl er illusionär ist und keine Basis in der Wirklichkeit hat, versuchen wir alle Entscheidungen mit seiner Hilfe „richtig" zu treffen. Der Verstand wird damit zum machtvollsten Instrument des EGO, das fast nur noch darauf ausgerichtet ist, Strategien zur Optimierung unseres Lebens und für unser Überleben zu entwickeln.

Bei der Meditation, dem Versuch, mit unserer inneren Quelle in Kontakt zu kommen, erkennen wir, wie schwer es ist, das Denken zur Ruhe kommen zu lassen. Entsprechend der Dominanz des Denkens kommt unserer Intuition, der aus ihr fließenden Inspiration und unserem Herzen kaum noch Bedeutung bei unseren Entscheidungen zu.

Vielleicht startet irgendwann eine neue historische Phase mit dem Satz: *„Ich fühle, also bin ich."* Erst dann dürfte die Hoffnung auf eine Gesundung der Natur in uns und außerhalb von uns berechtigt sein.

Evolution

Die Sehnsucht nach dem Paradies

Am Ende unseres Abstiegs, der *Involution*, angekommen, finden wir uns weit entfernt von unserer Mitte. Das Rad des Schicksals wirbelt mit maximaler Geschwindigkeit und wir sitzen ganz außen. Mal sind wir ganz oben, mal ganz unten. Triumphe wechseln mit Niederlagen. Unseren göttlichen Ursprung haben wir vergessen. Gefangen in der scheinbaren Sinnlosigkeit, entsteht eine ungeheure Sehnsucht nach dem Lebenssinn. Diese Sehnsucht überkommt uns besonders dann, wenn wir nächtens unter dem klaren Sternenhimmel stehen und unser Blick sich in der Unendlichkeit des Kosmos verliert. In uns entsteht die Erinnerung an unsere ursprüngliche Heimat, das Paradies, und unser tiefer Wunsch ist, dorthin zurückzukehren. Befinden wir uns dann wieder in unserer irdischen Wohnung, verblasst diese Sehnsucht wieder. Aber ganz los sind wir sie niemals.

Wieder in der Normalität, leiden wir unter der Verzauberung der göttlichen Schöpfung. Neid, Hass, Konkurrenz, Habgier, Krankheit und Krieg verhindern die Erkenntnis, dass wir nach wie vor in einer göttlichen Welt der Liebe leben.

Das Erleben des Glücks ist allzu kurz und mündet nicht in einer dauerhaften Zufriedenheit. Auch Siddhartha (Hermann Hesse) beginnt seinen Weg an diesem Punkt:

Siddhartha hatte begonnen, Unzufriedenheit in sich zu nähren. Er hatte begonnen zu fühlen, dass die Liebe seines Vaters und die Liebe seiner Mutter und auch die Liebe seines Freundes, Govindas, nicht immer und für alle Zeit ihn beglücken, ihn stillen, ihn sättigen, ihm genügen werde. Er hatte begonnen zu ahnen, dass sein ehrwürdiger Vater und seine anderen Lehrer, dass die weisen Brahmanen ihm von ihrer Weisheit das Meiste und Beste schon mitgeteilt, dass sie ihre Fülle schon in sein wartendes Gefäß gegossen hätten, und das Gefäß war nicht voll, der Geist war nicht begnügt, die Seele war nicht ruhig, das Herz nicht gestillt. Die Waschungen waren gut, aber sie waren Wasser, sie wuschen nicht Sünde ab, sie heilten nicht Geistesdurst, sie lösten nicht Herzensangst. Vortrefflich waren die Opfer und die Anrufung der Götter - aber war dies alles? Gaben die Opfer Glück? Und wie war das mit den Göttern? War es wirklich Prajapati, der die Welt erschaffen hat? War es nicht Atman, Er, der Einzige, der All-Eine? ... Und wo war Atman zu finden, wo wohnte Er, wo schlug Sein ewiges Herz, wo anders als im eigenen Ich, im Innersten, im Unzerstörbaren, das ein jeder in sich trug? Aber wo, wo war dies Ich, dies Innerste, dies Letzte? ... Ach, und niemand zeigte diesen Weg, niemand wusste ihn, nicht der Vater, nicht die Lehrer und Weisen, nicht die heiligen Opfergesänge!

Wir gleichen dem Prinzen im „Lied vom Prinzen und der Perle“ der Thomas-Akten (Apogryphen). Der Prinz wurde von seinen Eltern nach *Ägypten* (Synonym für die Welt der Dualität) geschickt, um von der schlingenden Schlange die Perle zurückzuholen. Da ihm dort Zaubermittel in sein Essen gemischt wurden, vergaß er seine Herkunft und seinen Auftrag. Erst eine Nachricht von seinen Eltern weckte ihn aus seiner Verzauberung, so dass er seinen Auftrag erfüllen und nach Hause zurückkehren konnte. Die Schlange, welche die Perle bewacht, kommt uns doch irgendwie bekannt vor. Seit dem Sündenfall ist sie unser steter Begleiter.

Wir fragen uns, was wir tun können, um diese unsere Situation von Grund auf zu verändern. Die Frage ist nicht neu. All die Mystiker, Kabbalisten, Mönche, Gnostiker, Philosophen, Gralsritter, Alchimisten, Geheimbündler und teilweise auch die Magiere haben sich in den Jahrtausenden vor uns die gleiche drängende Frage gestellt. Sie wollten aus Blei (verzaubertes Bewusstsein) „Gold“ (verwirklichtes und vollendetes Bewusstsein) machen, um ins Paradies zurückzukehren. Sie suchten nach dem „Stein der Weisen“. Sie hielten alle möglichen Rituale ab. Gar viele gingen den Weg mit Hilfe ihres EGO und kamen nie an.

Rückweg

Am Anfang des Rückweges stehen die Feststellungen:

- **Alles, was ist, ist göttlich, nur haben wir es vergessen.**
- **Alles, was passiert, hat unser SELBST durch seine Teilhabe an der göttlichen Kraft geschaffen.**

- **Die Verantwortung für das, was passiert, liegt alleine bei unserem SELBST. Niemand anderer ist dafür verantwortlich.**
- **Alles, was passiert, geschieht aus tiefer Liebe, ist sinnvoll und notwendig, nur erkennen wir die Liebe, den Sinn und die Notwendigkeit meist nicht.**
- **Alles, was außen ist, existiert auch unbewusst in unserem Inneren.**
- **Alles, was unbewusst in uns ist, begegnet uns wieder verzaubert im Außen.**
- **Alles gilt es anzunehmen und nichts ist zu verurteilen.**

Also müssen wir uns ebenso wie Siddhartha auf den Weg machen, um den göttlichen Schicksalsfluss wieder zu verstehen und aus den ZWEIfeln zurückzukehren zum EINverstandensein. Nicht *gelehrte* EINsamkeit und Askese brachte Siddhartha dieses Verstehen, sondern das Eintauchen in die Intensität irdischen Lebens und seine Hingabe an das irdische Leben.

Maximale Intensität unseres Lebens ist nur mit der *Entwicklung* unseres ursprünglichen SELBST zu erreichen. Entwicklung ist immer das Auswickeln des schon vorhandenen „Eingewickelten“. Das Wort Entfaltung sagt genau dasselbe. Im Grunde entwickelt sich jedes Lebewesen aus sich selbst heraus. Keine Rose muss jemals in der Schule lernen, wie sie ihre Duftstoffe herstellen kann. Jedoch ist der heutige Mensch der Überzeugung, dass ein Leben ohne Schulbildung kaum noch möglich ist. Dann stellt sich aber die Frage: Wie konnte der Mensch all die Jahrhunderttausende überleben? Schule dient offenbar anderen Zwecken. Sie bringt uns bei, unter Bedingungen zu überleben, die gerade die vollständige Entfaltung unserer Anlagen und Fähigkeiten verbieten. Es sind dies kollektiv neurotische Bedingungen.

Das, was wir in der neurotisierenden Phase der Involution versäumten zu entwickeln, war das Verzauberte, das scheinbar „BÖSE“. Der schweizerische Psychologe Carl Gustav Jung bezeichnete es als unseren *Schatten*. Es entstand aus unserem Drang, die göttliche Schöpfung in GUT und BÖSE zu zerreißen, und es ließ uns die Hälfte unserer göttlichen Anlagen verdrängen. Die Frau und Prinzessin verdrängte ihren männlichen Teil. Ihr innerer Prinz fiel in den Schatten und erschien ihr in der PROJEKTION als *verzauberte* hässliche Kröte. Die Zauberformel zur vollständigen Entwicklung lautete und lautet auch heute noch: Identifiziere dich wieder mit diesem Teil, lass ihn ganz nahe an dich heran und werde „BÖSE“, weil du als „GUTER“ niemals deinen „BÖSEN“ Teil annehmen und entwickeln wirst. Im Märchen vom „Froschkönig oder der eiserne Heinrich“ (Gebrüder Grimm) heißt es an der entscheidenden, oft unverstandenen Stelle:

> Als sie aber im Bett lag, kam er gekrochen und sprach: „Ich bin müde, ich will schlafen so gut wie du. Heb mich herauf, oder ich sag’s deinem Vater.“ Da ward sie **bitterböse**, holte ihn herauf und warf ihn aus allen Kräften wider die Wand: „Nun wirst du Ruhe haben, du garstiger Frosch.“
>
> Als er aber herabfiel, war er kein Frosch, sondern ein Königssohn mit schönen und freundlichen Augen. ...

Heilung geht immer einher mit der Zurücknahme und Entfaltung des Verdrängten, dessen, was uns noch fehlt. Aus diesem Grund ist seit alters her das Heilungssymbol der Äskulapstab, ein schlangenumwundener Stab. Warum wurde gerade er zum Heilungssymbol? Doch wegen der Schlange. Sie besitzt nämlich das, was uns seit dem Sündenfall fehlt, unsere „SCHULD", das „BÖSE", unsere verdrängten Anlagen. Adam projizierte ja seine „SCHULD" am Biss in die *Frucht der Erkenntnis* auf Eva, die wiederum projizierte ihrerseits ihre „SCHULD" auf die Schlange, und die trägt sie heute noch. Wir haben die „Schlange" in uns bis heute noch nicht entlastet und unsere „SCHULD" zu uns zurückgenommen. Also fehlt sie uns noch und wir sind somit nur „halb". „SCHULD" besteht aus den Schulden, die wir unserem SELBST gegenüber haben. Mehrfach wird die Schlange als Heilungssymbol in der Mythologie genannt (2. Mo. 4,2):

Da sprach der Herr zu ihm (Mose): Was ist das da in deiner Hand? Er sagte: Ein Stab. Und er sprach: Wirf ihn auf die Erde! Da warf er ihn auf die Erde und er wurde zu einer Schlange, und Mose floh vor ihr. Der Herr aber sprach zu Mose: Strecke deine Hand aus und fasse sie beim Schwanz! Da streckte er seine Hand aus und ergriff sie, und sie wurde in seiner Hand zum Stab: Damit sie dir glauben, dass dir der Herr erschienen ist, ...

oder (4. Mo. 21,8):

Und der Herr sprach zu Mose: Mache dir eine Schlange und tu sie auf eine Stange! Und es wird geschehen, jeder, der gebissen ist und sie ansieht, der wird am Leben bleiben.

Dass die Heilung etwas mit dem „BÖSEN" zu tun hat, erahnen wir instinktiv, denn wir glauben umso mehr an unsere Heilung, je bitterer („BÖSER") die verwendete Medizin schmeckt. Im Begriff *Medizin* steckt der Hinweis auf unsere Mitte (*lat.* media). Wenn wir von ihr abweichen, werden wir oder wird unser Leben „krank". Alle Bemühungen der Medizin müssten dann auf die Wiedergewinnung der Mitte ausgerichtet sein. Die heutige Medizin kennt diese Zusammenhänge kaum noch. Statt uns in die Mitte zu bringen, nimmt sie uns meist nur die Symptome, die uns gerade den Verlust unserer Mitte mitteilen wollen. Vielleicht soll und kann sie es ja auch nicht. Denn der Einzige, der uns in die Mitte bringen kann, sind allein wir selbst.

Der Prozess der Heilung läuft über die Partnerschaft zu anderen Menschen, Tieren, Pflanzen, Lebewesen und Mineralien, unseren unbewussten Anteilen, die uns im Außen, in der Projektion erscheinen. Also zu all denen, welchen wir normalerweise die „SCHULD" an unserem Elend geben. In ihnen begegnen wir uns SELBST. Wenn wir unseren Anteilen im Außen vergeben, begleichen sich unsere „SCHULDEN" gegenüber uns SELBST. Deshalb heißt es im „Vater Unser" (Mt. 6,12):

Und vergib uns unsere Schuld, wie auch wir unseren Schuldnern vergeben (haben); ...

Und weiter:

Denn wenn ihr den Menschen ihre Vergehungen vergebt, so wird euer himmlischer Vater auch euch vergeben; wenn ihr aber den Menschen nicht vergebt, so wird euer Vater eure Vergehungen auch nicht vergeben.

(Mt. 7,1):

Richtet nicht, damit ihr nicht gerichtet werdet! Denn mit welchem Gericht ihr richtet, werdet ihr gerichtet werden, und mit welchem Maß ihr messt, wird euch zugemessen werden.

Je mehr wir den anderen annehmen, desto mehr nehmen wir uns selbst an. Das „GUTE“ EGO und die abgespaltenen „BÖSEN“ Teile, unser Nicht-EGO, das DU, finden wieder zueinander und es entsteht unser ursprüngliches SELBST. EGO-Überwindung besteht nicht darin, sich selbst noch mehr zu verleugnen, weniger egoistisch und noch altruistischer zu werden, sondern im Gegenteil darin, alle Teile des SELBST in ihrer Göttlichkeit anzunehmen und sie zu leben. In Folge verschwindet das EGO und dessen Illusion, die darin besteht, dass es glaubt, es habe einen freien Willen und die Welt sei seine Schöpfung. Viele, die den Weg des EGO gehen, stärken das Prinzip der Nächstenliebe unter Verleugnung der Eigenliebe. Dementsprechend erkennen wir kaum noch unsere Göttlichkeit und geben uns aus ihr heraus auch nicht unseren Wert. Jesus verkündete deshalb die Notwendigkeit des Gleichgewichts zwischen Nächstenliebe und Eigenliebe. Nur so wird Liebesfähigkeit erst möglich, denn was wir an uns nicht lieben, lieben wir auch niemals am anderen. Deshalb heißt es (Mt. 19,19):

... du sollst deinen Nächsten lieben wie dich selbst!

Die uns am nächsten stehen, symbolisieren ja Teile unseres SELBST. Daher ist auch
die Aufforderung zur Feindesliebe verständlich (Mt. 5,43):

Ihr habt gehört, dass gesagt ist: Du sollst deinen Nächsten lieben und deine Feinde hassen. Ich aber sage euch: Liebet eure Feinde, ...

Die Wandlung gelingt jedoch nur dann, wenn wir erkennen, dass alles, was in unserer Welt geschieht, ganz alleine in der Verantwortung unseres göttlichen SELBST und nicht unseres EGO lag und immer liegen wird. Wir sind die Träger des Heiligen Geistes, und durch ihn ist unser SELBST der Schöpfer unserer Welt. Um der Liebe bewusst zu werden, erlaubte er, uns von unserer Mitte zu entfernen. Er wacht aber auch darüber, dass wir zu ihr zurückkehren. Er wird dann wieder in alter Herrlichkeit unser Leben gestalten können, wenn wir seine Impulse nicht mehr verurteilen. Alle Ereignisse geschehen nur, um uns zu unserem SELBST zu führen. Sie sind zunächst Erfahrungen und immer gleichzeitig Symbol und Wegweiser. Das Wichtigste, was wir in unserem Leben tun können, ist, wieder auf sie zu achten und die symbolische Sprache der Ereignisse verstehen zu lernen.

Unser Heimweg führt nicht über noch mehr Altruismus und das „GUT-Sein“. Nicht die Einhaltung von Moral und Gesetzen befreit uns (Gal. 2,16):

... der Mensch wird nicht aus Gesetzeswerken gerechtfertigt, sondern nur durch den Glauben an Christus Jesus, ...

Alchemie

Die Begegnung mit der Welt – die Partnerschaft – ist der Ofen (kosmischer Ofen, siehe nebenstehende Abb.) der Alchemisten. Dass es sich bei der partnerschaftlichen Anziehung um eine weibliche Energie handelt, bringt die Form des kosmischen Ofens zum Ausdruck: Sie ist unverkennbar weiblich! Die affektive Auseinandersetzung mit der Begegnung, die Leidenschaft, ist die erhitzende Energie, die aus dem gefallenen Bewusstsein (Blei) unter Abscheidung der Verfestigungen (Salz) wieder das reine Bewusstsein (Gold) destilliert. Mit dieser Bewusstwerdung erfüllt sich eines der Ziele der Alchemie, die „Conjunctio oppositorum", die Vereinigung der Gegensätze. Mann und Frau in uns müssen zusammenfinden zu einem Herzen in einem Fleisch bzw. in einem Körper. Durch die Vermählung von Mann und Frau *in uns* entsteht ein neuer Mensch, der Homunculus (*lat.* Menschlein). Durch die Vereinigung von GUT und BÖSE entsteht ein neues Bewusstsein (Gold), das es dem in ihm wohnenden Heiligen Geist erlaubt, wieder aus ihm heraus bewusst zu wirken. Aus Menschlein wird durch die Vereinigung mit dem Heiligen Geist (Unio mystica) aufs Neue der *wahre Mensch* geboren. Es ist dies die zweite Geburt des Menschen, die Geburt aus Wasser und Geist (Jh. 3,3):

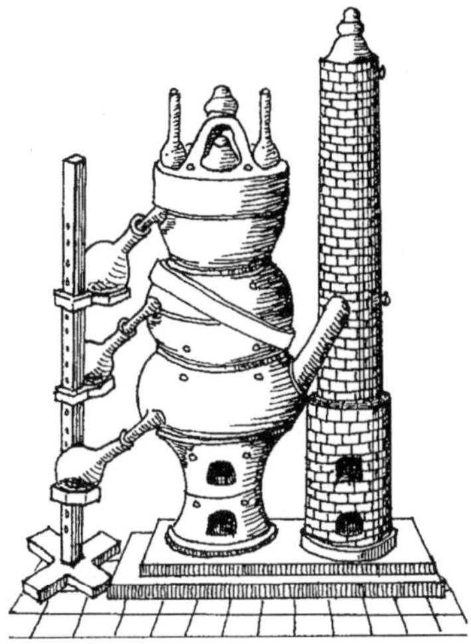

Abb.
Nachzeichnung:
Kosmischer Ofen, 1653

> Jesus sprach zu ihm: Wahrlich, wahrlich, ich sage dir: Wenn jemand nicht von neuem geboren wird, kann er das Reich Gottes nicht sehen. ... Wenn jemand nicht aus Wasser und Geist geboren wird, kann er nicht in das Reich Gottes hineingehen. Was aus dem Fleisch geboren ist, ist Fleisch, und was aus dem Geist geboren ist, ist Geist.

Im Evangelium nach Thomas wird der alchemistische Prozess sehr deutlich beschrieben (22):

> Sie fragten Jesus: Werden wir, wenn wir kleine Kinder sind, hineinkommen in die Herrschaft? Jesus antwortete: Wenn ihr zwei zu eins macht und wenn ihr den inneren Teil wie den äußeren Teil und den äußeren wie den inneren Teil und den oberen Teil wie den unteren Teil macht und wo ihr das Männliche und das Weibliche zu einem einzigen macht, ... dann werdet ihr in die Herrschaft hineinkommen.

Entstand unser Dilemma mit dem Sündenfall und der Teilung der Schöpfung in GUT und BÖSE, so geht es jetzt darum, die Teilung wieder aufzuheben. Die Teilung verschwindet umso mehr, je weniger wir urteilen. Heben wir die Teilung ganz auf, verschwindet auch die Dualität, die Illusion, vom Göttlichen getrennt zu sein.

Gefragt danach, wann wir den Sohn des Göttlichen (= Heiliger Geist) wieder sehen, antwortete Jesus im Evangelium nach Thomas (37):

> Wenn ihr eure Scham ablegt und eure Kleider nehmt und sie unter eure Füße legt wie die kleinen Knaben und darauf trampelt, dann werdet ihr den Sohn dessen sehen, der lebendig ist, und euch nicht fürchten.

Das ist exakt die Umkehrung dessen, was der Mensch nach dem Sündenfall tat: Sich zu beurteilen und infolgedessen, sich zu schämen und seine Blöße zu bedecken.

Doch hier stellt sich uns eine Falle. Das EGO versteht mit seinem Verstand recht bald die Notwendigkeit, mit dem Urteil aufzuhören. Urteilen wird als „BÖSE“ verurteilt und in Zukunft verdrängt. Wir geben uns urteilsfrei. Um eine weitere „GUTE“ Eigenschaft bereichert, fühlt sich das EGO erhaben über den Rest der Welt. Hochmut macht sich breit. Leider führt dieses Verhalten zu keinem Erfolg. Je mehr unser EGO das Urteil verdrängt, desto mehr nimmt die Verurteilung in unserer Außenwelt zu! Das Urteilen holt uns von außen kommend wieder ein. Wir sind damit keinen einzigen Schritt vorangekommen.

Da der „kurze“ Weg in den Himmel nicht funktioniert, müssen wir uns auf den „langen“ Weg machen. In der Konfrontation mit der verurteilten Anlage, die als DU wieder ins Spiel kommt, ist es zunächst notwendig zu erkennen, *dass* wir etwas verurteilt haben und *was* wir verurteilt haben. Diese Bewusstwerdung kann nur geschehen, wenn wir so ungeniert urteilen wie nur möglich. Und selbstverständlich geht das nicht ohne ein DU. Aber auch die Viren oder das Wetter, die wir für unseren Schnupfen verantwortlich machen, gehören dazu. Durch die Erfahrung, dass wir etwas verurteilten, hinterher aber feststellen mussten, dass alles ganz anders war, z. B. wenn sich das BÖSE als GUT herausstellt, relativiert sich unser Urteil und es rückt allmählich in den Hintergrund. Im gleichen Maß entsteht in uns eine heitere Gelassenheit. Die Relativierung des Urteils schildert sehr schön eine Geschichte über den Bauer, dem das Pferd davongelaufen war (Ramesh S. Balsekar, *Erleuchtende Gespräche*):

> Als die Nachbarn kamen, um ihr Mitgefühl zu zeigen, sagte der Bauer: „Unglück? Mag sein.“ Am nächsten Tag kam das Pferd mit sechs wilden Pferden zurück. Die Nachbarn gratulierten ihm sofort zu seinem Glück. Er antwortete: „Glück? Mag sein.“ Am folgenden Tag versuchte sein Sohn, eines der wilden Pferde zu satteln und zu reiten. Dabei fiel er herunter und brach sich ein Bein. Als die Nachbarn kamen und sein Pech bedauerten, war die Antwort des Bauern wieder: „Mag sein.“ Einen Tag danach kamen die Einberufungsoffiziere ins Dorf und nahmen alle jungen Männer mit zum Militär, nur der Bauernsohn wurde auf Grund seines gebrochenen Beins zurückgestellt. Zu den Nachbarn, die sich wieder versammelt hatten und sagten: „Jetzt hat sich doch alles zum Guten gewendet“, meinte der Bauer: „Mag sein.“

Verzeihung

Ein weiterer wichtiger Schritt besteht darin, das Verurteilte als Teil des SELBST zu erkennen und sich ihm zu nähern. Je mehr wir es in unsere Nähe lassen, desto mehr fürchten wir, für diesen Teil von den anderen verurteilt und ausgestoßen zu werden. Und die werden das auch tun, und zwar in dem Maß, in dem wir selbst noch verurteilen und ausstoßen.

Der Schlüssel für dieses Dilemma heißt: *Verzeihung*. Wir müssen dem anderen sein Verhalten verzeihen, zeigte er uns doch nur den verzauberten Teil von uns selbst. Er tat es aus einer tiefen Notwendigkeit heraus, um uns in unserer Bewusstseinsnot zu helfen. Dahinter verborgen stand die göttliche Liebe. Verzeihen wir wahrhaft, indem wir diesen Teil zu uns zurücknehmen, verzeiht uns der Vater im Himmel und mit ihm die ganze Welt, dass wir diesen Teil einst verurteilten und ins Dunkel des Unbewussten schickten.

Die Verzeihung kann gelingen, wenn wir uns jederzeit und immer wieder bewusst machen, dass niemals der oder das andere an irgendwas in unserem Leben SCHULD sind! Bei relativ harmlosen Ereignissen wird es uns vielleicht schon recht gut gelingen. Entscheidend ist aber unsere Haltung dann, wenn unsere Erfahrungen mit großen Schmerzen verbunden sind.

Zusätzlich stellt sich uns hier die nächste Falle. Das EGO versteht wieder sehr schnell den Sinn des Verzeihens. Es sagt sich: „Verzeihen ist GUT." Also beginnt es aus der Position des „Besseren" mit dem Spiel des Verzeihens. Es spricht in sich: „Ihr habt mir zwar weh getan, aber da ich so „GUT" bin, verzeihe ich euch."

Viele glauben, durch den anderen verletzt worden zu sein. So lange wir davon überzeugt sind, können wir nicht verzeihen! Wir haben uns am Anfang, als wir unsere Anlage verurteilten und sie verdrängten, selbst verletzt, und das DU hat uns schließlich in dieser schmerzenden Wunde berührt, um sie uns wieder bewusst zu machen. Dazu bekam das DU notwendigerweise den schicksalhaften Auftrag von unserem SELBST. Verzeihung heißt, die Verantwortung für alles bei unserem SELBST zu sehen und damit die „SCHULD" an allem auf uns zu nehmen. Das Symbol für die „SCHULD" ist das Kreuz und das Verzeihen ist identisch mit dem „das Kreuz auf sich nehmen" (Mt. 10,38):

> ... wer nicht sein Kreuz aufnimmt und mir nachfolgt, ist meiner nicht würdig.

Jesusnachfolge meint in diesem Zusammenhang, das Kreuz wie er selbst zu tragen (Jh. 19,17):

> Und er selbst trug sein Kreuz und ging hinaus ...

Verzeihen heißt auch, dem anderen für seinen oftmals für uns schmerzhaften Liebesdienst zu danken und das aus ganzem Herzen.

Nun ist aber unser Herz in zwei Aspekte zerrissen. In den Teil, der von Herzen gibt, den Mann in uns, und den Teil, der von Herzen annimmt, der sich im Herz berühren lässt, die Frau in uns. Diese beiden Teile werden in den alchemistischen Bildern durch die Sonne und den Mond symbolisiert. Beide müssen zusammen wieder eine EINheit bilden. Auf Grund unserer geschlechtlich polarisierten Körper identifizieren wir uns aber zunächst nur mit einer Seite und verdrängen die andere. Auf diese Weise begegnet der Mann seiner inneren Frau im Außen und die Frau ihrem inneren Mann ebenfalls im Außen, und scheinbar haben beide gegensätzliche Interessen. Im Märchen „Der Froschkönig oder der eiserne Heinrich" befindet sich die Prinzessin in genau diesem Zustand, als ihr innerer Mann (Prinz) in der verzauberten Gestalt eines hässlichen Frosches begegnet und dieser ihrem EGO scheinbar entgegenstehende Interessen geltend macht.

Die innere Sehnsucht, die beiden Teile in sich wieder zu vereinigen, wiederholt sich im Außen in dem Wunsch nach einer erfüllenden Partnerschaft und der Besiegelung dieser Verbindung durch die Heirat. Die innere Sehnsucht nach der Vereinigung drückt sich aber auch in unseren Tränen aus, wenn wir bei einer Eheschließung – der scheinbaren, weil äußeren Verbindung von Mann und Frau – dabei sind. Diese Ehe wird aber nur insoweit Bestand haben, wie sich die inneren Teile in beiden Menschen schon miteinander verbunden haben. Das Gelingen der Partnerschaft hängt damit in keiner Weise vom gegenseitigen Wohlverhalten ab, sondern ausschließlich von der eigenen Entwicklung.

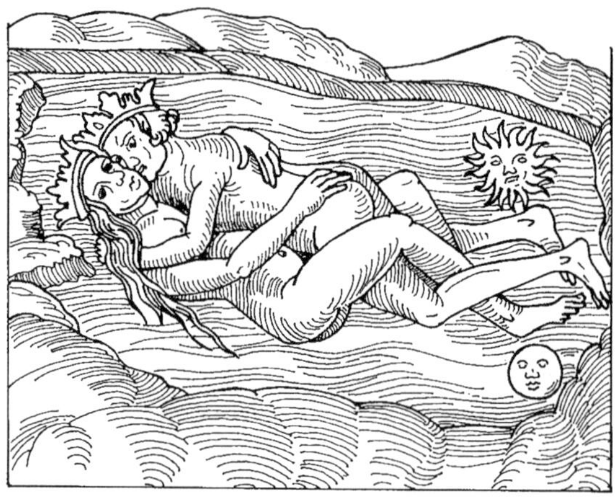

Abb.
Nachzeichnung: Rosarium philosophorum, 1550

Calcinatio

Die „Prima materia", die rohe Ausgangssubstanz der Alchemie, besteht immer aus zwei getrennt voneinander herrschen wollenden Teilen, den Partnern bzw. dem König, der in Trennung der Königin gegenübersteht (siehe obenstehende Abb.), und deren beider Interessen z. B. nach Aktivität und Ruhe oder Geben und Nehmen oft zueinander im Gegensatz stehen. Die Interessengegensätze resultieren aus unserem gefallenen Bewusstsein: Frau ist GUT versus Mann ist GUT. In jeder Bindung eines Mannes mit einer Frau (Solutio, Sol + Luna) begegnen sich diese trennenden Ansprüche unseres Bewusstseins. Aus ihnen werden Machtansprüche. Ausgangspunkt dabei ist immer das Spiel der beiden in uns, aus dem das spiegelgleiche Spiel zwischen Partnerin und Partner im Außen wird.

Zunächst kommt es wegen der gegensätzlichen Interessen der beiden in unserem Inneren und damit auch im Außen zu unzähligen gegensätzlichen Bindungen und Trennungen (coagula et solve, *lat.* gerinne und löse). Die Trennungen sind deshalb notwendig, um uns der noch in unserem Inneren vorhandenen Trennung bewusst zu werden. Bei jeder äußeren Trennung wird der Schmerz gefühlt, welcher der Wunde der inneren Trennung entspricht. Dieser Phase entspricht in der Alchemie die „Calcinatio". Kalzination bedeutet in der Chemie das Austreiben von Wasser aus festen Stoffen. Aus den gegensätzlichen Interessen in der Partnerschaft entstehen viele Täter- und Opfererfahrungen, die in uns als affektgeladene Bilder gespeichert werden. Diese Affektladungen bewirken immer wieder Hass und

Rache und verhindern die Vereinigung. Diese Gefühle (Affekte) entsprechen symbolisch dem belasteten und verschmutzten „Wasser“ in uns, das geklärt und aus unserem „festen Stoff“, den Bildern der Erinnerung, „ausgetrieben“ werden muss. Hieraus entsteht die Wandlung, die auch das Ziel jeder Psychotherapie ist.

Trennung von den Eltern

Auf dem langen Entwicklungsweg müssen wir uns in dem Maße, wie wir uns vom Urteil trennen, auch von unseren Eltern trennen. Die Eltern (die Älteren) repräsentieren ja die *alten* Normen und Maßstäbe, die Grundlage unserer Urteile sind. Deswegen sagt Jesus (Mt. 10,34):

> ...; ich bin nicht gekommen, Frieden zu bringen, sondern das Schwert. Denn ich bin gekommen, den Menschen zu entzweien mit seinem Vater und die Tochter mit ihrer Mutter ... und des Menschen Feinde werden seine eigenen Hausgenossen sein. Wer Vater oder Mutter mehr liebt als mich, ist meiner nicht würdig; ...

Gleichzeitig repräsentieren die Eltern die alte Art, mit Verantwortung umzugehen, nämlich die Verantwortung den Autoritäten zu überlassen und selbst Kind zu bleiben oder aber selbst Autorität zu werden, um für andere Verantwortung wie einem Kind gegenüber zu übernehmen. Dies steht natürlich unserem Ziel im Wege, die Verantwortung unseres SELBST, für alles was geschieht, zu erkennen. Und darüber hinaus führt das Spiel der Verantwortung zum Ungleichgewicht in der Partnerschaft zwischen Mann und Frau, außen wie innen. Die Elternrolle ist nicht *gleichgewichtig* mit der Kindrolle.

Conjunctio

Am Ende einer viele Leben dauernden Entwicklung steht die innere Vermählung von Mann und Frau oder symbolisch SOL und LUNA, die „alchemistische Hochzeit“ (conjunctio, *lat.* Verbindung). Fast alle Hochzeiten in den Märchen beschreiben diese innere Vereinigung. Danach herrschen sie über EIN Reich. Dieses Reich ist das SELBST, das sich aus der Verbindung von EGO und DU, Mann und Frau, Partnerin und Partner wieder gebildet hat. In dieser Herrschaft steckt kein Verlangen mehr, über den anderen zu herrschen. Unser Herrschaftsbedürfnis ent-

Abb.
Nachzeichnung: Stolcenberg, Viridarium chymicum, 1624

steht ja nur in Verbindung mit abgespaltenen Teilen von uns selbst, die uns im Außen, im DU begegnen.

Von dieser inneren Vereinigung von Mann und Frau heißt es (Mt. 19,4):

Habt ihr nicht gelesen, dass der, welcher sie schuf, sie von Anfang an männlich und weiblich schuf und sprach: „Darum wird ein Mensch Vater und Mutter verlassen und seiner Frau anhängen, und es werden die zwei **ein Fleisch** sein". ... Was nun Gott zusammengefügt hat, soll (der) Mensch nicht scheiden.

Hat nun die Vereinigung in uns stattgefunden, entsteht aus der Synthese von These und Antithese (Frau-Mann) etwas Neues mit neuen andersartigen Qualitäten. Das Ganze ist ja immer mehr als die einfache Summe der Teile. Die Alchemisten nannten dieses Neue in uns den *Homunculus*. Er ist ein „Menschlein" und noch nicht der ganze Mensch.

Ein weiterer Entwicklungsschritt auf dem Weg zur Vollendung muss noch getan werden. Bisher war das Herz und damit das Handeln von der Verwirklichung der Machtansprüche gegenüber dem DU bzw. dem Partner bestimmt. Wir wussten immer, was wir wollten: Nämlich immer die Macht und Autorität, die einem „GUTEN" Menschen über die „BÖSEN" Menschen zusteht. Der Sinn des bisherigen Lebens lag darin, die Welt beziehungsweise den anderen zu ändern, zu verbessern. Nun ist durch die Vereinigung dieses Wollen verschwunden und aufgelöst. Die bisherige Art zu leben ist damit gestorben, und wir sind scheinbar tot. Der Verlust des bisherigen Lebenssinns wird häufig als spirituelle Krise, als Depression, erfahren.

Abb.
Nachzeichnung: Stolcenberg, Viridianum chymicum, 1624

Unio mystica

Ein neuer Wille muss uns nun beseelen. Und der kann nur aus unserem Himmel, aus unserem Bewusstsein kommen. Im „Vater Unser" bitten wir (Mt. 6,10):

Dein Wille geschehe, wie im Himmel so auch auf Erden!

Nicht wir können ihn erzeugen, sondern er wird uns als Inspiration gegeben. Es ist der geistige Impuls aus unserem Himmel, der heil ist, weil er – vom Göttlichen kommend – nicht durch unser Urteil zerrissen wird: der Heilige Geist. In den alchemistischen Bildern kommt vom Himmel herab zum androgynen Homunculus ein gefiedertes Wesen. In der christlichen Mythologie ist es die Taube. Unsere Lebendigkeit ist zum zweiten Mal geboren, diesmal aus dem Geist, der aus dem Wasser kommt. Der ursprüngliche göttliche Geist (Atem) bestimmt wieder, was wir leben. Wir sind zum wahrhaften Menschen geworden, dem so oft missverstandenen Übermenschen, von dem Goethe oder auch Nietzsche sprachen.

Nach dieser Vereinigung von uns Menschen mit dem Göttlichen in uns, der „Unio Mystica" (*lat.* sinngemäß: die Vereinigung mit dem Geheimen), strahlt die *geistige Sonne* wieder unübersehbar aus uns in unserem Denken, Wollen und Tun. Im „Lied vom Prinzen und der Perle" (Thomas-Akten) zieht der Prinz sein ursprüngliches Strahlenkleid wieder an, das er bei seiner Reise nach Ägypten, in die Dualität, ablegen musste. Ein tatsächlicher Heiligenschein umgibt wieder den Menschen. Im Himmel wird ein Fest gefeiert, denn der verlorene Sohn (Mensch) ist wieder heimgekehrt (Lu. 15,11).

Abb.
Nachzeichnung: Rosarium philosophorum, 1550

Teil II, Astrologie

Grundlagen des astrologischen Systems

Wie funktioniert die Astrologie?

Die Schöpfung folgt dem recht einfachen Prinzip der *Selbstähnlichkeit.* Selbstähnlichkeit ist ein Begriff aus der Chaosforschung, der die Formentwicklung in der Natur beschreibt. Nach Auffassung der Chaosforschung entstand nach dem Urknall für einen kurzen Moment eine Welt völlig gleichmäßig verteilter Energie, ein Energiekontinuum (Chaos). Schon wenige Momente danach kam es zur Beeinflussung der Gleichverteilung. Welche Kräfte dabei wirkten ist noch nicht bekannt. Wir können in ihnen Schöpferkräfte sehen. Energetische Muster (z. B. Wirbel) entstanden, die ihrerseits selbstähnliche Unterstrukturen bildeten, die ihrerseits selbstähnliche Unterstrukturen bildeten, die ihrerseits selbstähnliche Unterstrukturen bildeten usw.

Nehmen wir beispielsweise einen Blumenkohl, so können wir bei ihm dieses Prinzip sehr gut erkennen, da dessen Blumensprossen unmittelbar sichtbar selbstähnlich gestaltet sind. Schneiden wir aus dem ganzen Kopf einen Teil heraus, so sehen wir, dass dieser Teil in seinem Strukturaufbau dem Ganzen gleichnishaft ähnelt. Schneiden wir aus diesem Teil wiederum einen nächstkleineren Teil heraus, so stellen wir fest, dass sich die Struktur des Ganzen im Kleinen wiederholt usw.

Diese Zusammenhänge hat ein weiser Altmeister schon vor vielen Jahrtausenden formuliert (Hermes Trismegistos, Tabula smaragdina, überliefert von Graf Bernhard, 1453 n. Chr.):

> Wahr ist, ohne Lüge und gewiss von allem das Wahrhaftigste; was unten ist, ist auch oben, was oben auch unten, zu vollbringen die Wunder eines einigen einzigen Dinges, und gleichwie alle Dinge von und aus dem Einen geschaffen sind durch den Ratschluss, den Willen und das Gebot des Einigen: also entspringen und kommen alle Dinge von diesem einzigen Dinge durch sonderbare Zuneigung und Fügung. Die Sonne ist sein Vater, der Mond seine Mutter, der Wind hat es in seinem Bauche getragen, seine Ernährerin und Säugamme die Erde; es ist der Urheber aller Vollkommenheit in der ganzen Welt. Also ward die Welt geschaffen und von ihm werden seltsame Wunder gewirkt, deren dieses ein Muster und Beispiel ist. Darum bin ich Hermes Trismegistos genannt, weil ich habe die drei Teile der Weisheit der ganzen Welt. Also hat sich erfüllet, was ich zu sagen hatte von dem Werk und der Wirkung der Sonne.

Wir bringen den Inhalt oft auf den kurzen, aber einprägsamen Nenner: *Wie oben, so unten.* Diese Sichtweise sieht die Welt in Analogien und nicht kausal, weshalb sie der zeitgenössischen Wissenschaft suspekt und unheimlich ist. Dennoch entnimmt ihr gerade selbige Wissenschaft, wenn sie mit ihrer kausalen

Betrachtung nicht mehr weiterkommt, ihre Modellvorstellungen. Eine der bekanntesten „Anleihen“ ist das Atommodell, das der dänische Physiker Niels Bohr entwarf. Er behauptete Anfang des 20. Jahrhunderts nichts anderes als „wie oben“ das Planetensystem, „so unten“ das atomare System. Nach seinen Vorstellungen kreisten die Elektronen auf bestimmten Bahnen um einen atomaren Kern, ebenso wie die Planeten um die Sonne. Der gleiche Physiker postulierte auch eine gewisse Ähnlichkeit zwischen den Gesetzen der klassischen Mechanik und denen der Quantenmechanik (Korrespondenzprinzip). Mittlerweile wurde das Bohr’sche Atommodell modifiziert. Die Elektronen umkreisen nicht mehr auf festen Bahnen den Atomkern, sondern in bestimmten Wahrscheinlichkeitsräumen. Dies stellt jedoch nicht die Grundannahme der Analogie in Frage. Die Welt unten besitzt ja auch nicht den *selben* Aufbau wie das Planetensystem, sondern einen *gleichnishaft ähnlichen* Aufbau.

Diese Ähnlichkeit lässt sich auf allen Ebenen verfolgen. So besitzt jede Zelle eines Lebewesens gleichnishaft ähnliche Organe wie das ganze Lebewesen. Man nennt sie auch ähnlich, nämlich Organellen (*Organ*[*e* der *Z*]*ellen*). In der medizinischen Diagnostik bedient man sich dieser Zusammenhänge. Beispielsweise ist die Iris des menschlichen Auges ein Abbild des ganzen Menschen. Deshalb lässt sich der Zustand des ganzen Menschen in ihr ablesen. Sie ist uns ein Zeichen für das Ganze. Der diagnostische Blick eines erfahrenen Arztes auf die Zunge des Patienten sagt ihm schon viel über den Zustand der Verdauungsorgane, weil die Zunge als Teil des Verdauungstraktes dem ganzen Verdauungssystem ähnelt. Auch in der Therapie begegnen wir diesem universellen Prinzip. Die Ohrakupunktur macht sich die Ähnlichkeit des Ohres mit dem Ganzen ebenso zu Nutze wie beispielsweise die Fußreflexzonenmassage die Ähnlichkeit des Fußes mit dem ganzen Menschen.

Zurück zur noch jungen Disziplin der Chaosforschung, die seit Beginn der achtziger Jahre des 20. Jahrhunderts auch von der etablierten Wissenschaft ernst genommen wird. Die selbstähnlichen Teile nennt sie *Fraktale*. Übertragen auf die Schöpfung bedeutet das: Wenn wir das Allumfassende GOTT nennen, dann ist die Galaxie oder das Sonnensystem ein Fraktal GOTTES und es ist ihm gleichnishaft ähnlich. Das Gleiche gilt für uns Menschen. Wir sind, wie es in der Genesis heißt, nach seinem Bild geschaffen, also ein Abbild, ein Fraktal von GOTT. Da sich in beiden die Struktur des „ALL-EINIGEN“ wiederholt, gleichen sich auch Sonnensystem und Mensch. Offenbar tragen wir die Sonne und die Planeten als Gleichnis in uns. Nur deshalb können sie für uns auch zum „Zeichen“ werden (1. Mo. 1,14):

> Und Gott sprach: Es sollen Lichter an der Fläche des Himmels werden, ... , und sie sollen dienen als **Zeichen** und Zeiten von Festen und Tagen und Jahren; ...

Die „Lichter“ haben damit zwei Aufgaben. Zum einen dienen sie als Zeichen, sie sind Symbol und Gleichnis, und zum anderen sorgen sie für die Einteilung der Zeit. Aus ihnen entstehen die Zeitrhythmen (Tag, Jahr, Weltenjahr).

Wie können wir uns die Planeten in uns vorstellen? Planeten sind starke Verdichtungen von Energien. Wie viel Energie in ihnen verdichtet ist, lässt sich mit der Einstein’schen Formel ($E = m{\cdot}c^2$) ausrechnen. So sind die Planeten in uns auch nichts anderes als energetische Verdichtungen bestimmter Fähigkeiten und Anlagen. Unser Lebenswille hat in uns, ebenso wie die Sonne auf der makrokosmischen Ebene, die höchste Energieballung. Die Kraft, diesen Willen in die Tat umzusetzen, bedarf der Konzentration von weit weniger Energie. Entsprechend ist die Energie, die sich im Mars konzentriert, ebenfalls geringer als die der Sonne. Das ist in unserem Sonnensystem so und gleichnishaft ähnlich in uns. Unser Verstand, der ja ununterbrochen tätig ist, benötigt wiederum mehr Energie. Entsprechend hoch ist die Energieansammlung des Jupiters. Jupiter führt ebenso wie unser Verstand ein energetisches Eigenleben. Er strahlt als „kleine Sonne" deutlich mehr Energie ab, als er von der Sonne empfängt. Die Energiestruktur des Sonnensystems ist ein Gleichnis für die energetische Struktur im Menschen.

Die Selbstähnlichkeit bezieht sich aber nicht nur auf energetische Strukturen und deren Körperlichkeit, sondern ebenso auf das Phänomen der Zeit. Auch in der Welt der Zeitrhythmen ist jeweils das Kleine Teil des Großen und ihm gleichnishaft ähnlich. Der Tag gleicht in seinem Aufbau dem Jahr und das Jahr einer größeren, von der Präzession der Erde bestimmten Zeitperiode, dem Großen Jahr (Platonisches Jahr, 25850 bzw. 25920 Jahre) usw. So, wie sich der Jahreslauf in Frühling, Sommer, Herbst und Winter teilt, gliedert sich der Tag in Morgen, Mittag, Abend und Nacht.

Auf Grund der Selbstähnlichkeit energetischer Strukturen können wir in der Astrologie Aussagen zur energetischen Natur einer Persönlichkeitsstruktur machen. Die Selbstähnlichkeit der Zeitrhythmen erlaubt uns Aussagen zur zeitlichen Entwicklung der Persönlichkeit. Aus deren Selbstähnlichkeit erhalten wir einen wichtigen Schlüssel zur astrologischen Prognose. Er lautet: Ein Tag ist gleich einem Jahr. Da auf den vielen in Beziehung stehenden Ebenen des Seins gleichnishaft ähnliche Abläufe stattfinden, kommt es zu zeitlich übereinstimmenden Ereignissen. Diese nicht durch Kausalität verbundene Gleichzeitigkeit nannte C. G. Jung Synchronizität[1].

Da das Ganze mit seinen Teilen über Analogien verbunden ist, folgt daraus, dass die astrologische Sicht des Seins eine *analoge*, gleichnishafte ist. Hierin unterscheidet sie sich grundlegend von der herrschenden Wissenschaft, deren Erkenntnissystem auf *Kausalität*, also Ursache und Wirkung aufgebaut ist.

---

[1] Parallel zur Psychologie bestätigt die Quantenphysik die Existenz der Gleichzeitigkeit von Erscheinungen, ohne gegenseitigen Informationsaustausch. Es handelt sich hierbei um ein von Einstein, N. Rosen und B. Podolsky formuliertes Argument, das seine Erklärung im Theorem von J. S. Bell und seine experimentelle Bestätigung durch Clauser fand. Zwei zusammengehörige Elektronen besitzen eine gegensätzliche Rotationsbewegung (Spin). Wechselt das eine Elektron zufällig seine Spinrichtung, so wechselt gleichzeitig auch das andere Elektron seine Spinrichtung. Dieser Spinwechsel findet auch dann seine Gleichzeitigkeit, wenn beide Elektronen extrem weit voneinander entfernt werden. Einstein konnte sich diese Gleichzeitigkeit nicht erklären, da die Information des Spinrichtungswechsels vom einen Elektron zum anderen seiner Auffassung nach maximal mit Lichtgeschwindigkeit erfolgen kann und daher Zeit für die Übermittlung benötigt. In diesem Versuch wurde zum ersten Mal in der Physik das kausale (Ursache-Wirkung) Verständnis durchbrochen und dem Phänomen der Synchronizität die Tür geöffnet.

Diese Spaltung in Analogie und Kausalität bei der Betrachtung der Welt reicht aber auch in die Astrologie hinein. Ein Teil der Astrologen bemüht sich um die Anerkennung der Astrologie als exakte Wissenschaft. Offenbar ist es für sie nur schwer zu ertragen, aus der Normalität derzeit herrschender wissenschaftlicher Erklärungsmuster herauszutreten. Sie propagieren deshalb ein kausales Wirkmodell, in dem die energetische Strahlung der Planeten prägend auf den irdischen Menschen wirkt. Es müsste sich dabei aber um eine ganz spezifische Energiestrahlung handeln, denn die Massenanziehungskräfte der Planeten sind zu gering, um gegenüber der Massenanziehung der Gegenstände unserer direkten Umgebung ins Gewicht zu fallen. Da solche Astrologen die Natur dieser Strahlung aber nicht beschreiben können, werden sie von der etablierten Wissenschaft nicht weiter ernst genommen.

Welche Erkenntnisse bringt uns die Astrologie?

Zunächst muss vorausgeschickt werden, dass die Astrologie, wie wir sie betreiben, nur auf der Erde ihre Gültigkeit besitzt und im Zusammenhang mit der Bewusstwerdung der Liebe steht. Sollte in der Zukunft im Zuge unserer Raumfahrt jemand auf einem anderen Planeten geboren werden, bestünde für ihn/sie ein anderes Ziel der Bewusstwerdung und sein/ihr Horoskop sähe anders aus. Andere Monde spielten eventuell eine Rolle. Der Erdenmond verlöre seine Bedeutung und die Erde wäre ein Planet unter anderen in seinem Radix (*lat.* Wurzel, Geburtshoroskop).

Der Mensch auf der Erde kann durch sein „gefallenes" Bewusstseins das Gewebe des Schicksals nicht mehr erkennen. Er glaubt an die Herrschaft des im Grunde sinnlosen und unbestimmbaren Zufalls. Über die Astrologie jedoch können wir in aller Deutlichkeit das Wirken einer numinosen (*lat.* göttlich) Kraft erkennen und die Sicht und das Verständnis unseres Schicksals vom Zufallsprinzip lösen. Gleichzeitig offenbart sich uns der im Schicksal verborgene Sinn. Jedes Ereignis kann in seiner Notwendigkeit sichtbar und begreifbar gemacht werden, sofern wir bereit sind, es urteilsfrei zu betrachten. Hierin liegt ein ungeheurer Trost, im Schicksal nicht allein gelassen zu sein, sondern zu erkennen, dass wir nach wie vor von Gott geführt werden.

Fast nebenbei ist es uns möglich, den Auftrag zu erkennen, den der Schöpfer in uns hineinlegte. Falls wir von ihm abgewichen sind, können wir zu ihm zurückfinden. Zu allen Fragen des Lebens (Sicherheit, Finanzen, Kommunikation, Familie, Wohnung, Eltern, Kreativität, Arbeit, Partnerschaft, Sexualität, Bildung, Beruf, Freunde, Krankheit, Schicksalsschläge, Träume usw.) kann die Astrologie uns Hinweise geben. Dabei lassen sich in beschränktem Maße auch über die *zeitliche* Entfaltung des göttlichen Auftrags Aussagen machen.

Natürlich kann die Astrologie auch in der zwischenmenschlichen Auseinandersetzung und damit im alchemistischen Entwicklungsprozess von uns Menschen eine große Hilfe sein, um die Suche nach der verlorenen Liebe zu fördern und die gestörte Harmonie wieder herzustellen.

Sie kann aber auch bei der Festlegung von Besprechungs-, Kauf-, Spekulationsterminen an der Börse, Kriegsbeginnen usw. scheinbar zum eigenen oder kollektiven Vorteil eingesetzt werden.

Grenze astrologischer Aussagen

Da die Ähnlichkeit die Grundlage aller Aussagen ist, können astrologische Aussagen niemals die Entwicklung eines Menschen konkret und eindeutig beschreiben, sondern eben nur gleichnishaft. Das Prinzip der Ähnlichkeit bedingt auch, dass eine persönliche Entwicklung auf vielen verschiedenen, eben nur ähnlichen Ebenen erfolgen kann. Wir können beispielsweise im Horoskop sehen, dass der Mensch in seiner Kindheit den Vater als verständnisvoll erfahren hat. Wie viel Verständnis dieser tatsächlich gezeigt hat und auf welcher Ebene, ob religiös oder wissenschaftlich motiviert oder aber wahrhaft menschlich, können wir nicht sagen. Wir können es nur bis zu einem gewissen Grad vermuten, da ja das SEIN des einzelnen Menschen von seinem BEWUSST-SEIN bestimmt wird. Wie weit aber die Entwicklung des Bewusstseins fortgeschritten ist, kann, ebenso wie übrigens auch das Geschlecht des Horoskopeigners, aus dem Horoskop nicht entnommen werden. Die Deutung der „Zeichen" finden hierin ihre Grenzen!

Ebenso wenig sagt das Horoskop etwas über die *konkrete* Idee aus, die der einzelne Mensch verwirklichen soll. Es sind lediglich Aussagen möglich, wo und in welchem Zusammenhang wir die Idee suchen und eventuell finden können. Der „Auftrag" des Heiligen Geistes bleibt also dem Auge des Astrologen verborgen und kann nur von jedem Einzelnen über das gelebte Leben selbst gefunden werden.

Aufbau des astrologischen Systems

Die Astrologie sieht die Schöpfung als Gleichnis. Die geschaffene Welt besteht aus vielen Teilen bzw. nachgeordneten Ebenen. Die größten uns bekannten Teile des Ganzen auf der stofflichen Ebene sind die Galaxien, deren Anzahl in die Milliarden geht. Teile der Galaxien sind die Sonnensysteme. Die Erde wiederum ist ein Teil unseres Sonnensystems. Der Mensch ist ein Teil der Erde, die Zelle ein Teil des Menschen und so weiter. Ob diese Kette in einem unteilbaren kleinsten Teil endet, ist für uns nicht erkennbar und eher unwahrscheinlich. Die alten Griechen nannten dieses fiktive unteilbare Teil: Atomos (*gr.* unteilbar). In den Atomen glaubten wir vor nicht allzu langer Zeit, dieses unteilbare Kleinste gefunden zu haben. Der Glaube war jedoch von kurzer Dauer, denn auch das Atom stellte sich in vielfältiger Hinsicht als teilbar heraus.

Alle Ebenen sind sich untereinander gleichnishaft ähnlich. In der Astrologie suchen wir uns nun eine Ebene als Gleichnis für die uns interessierende Ebene des Menschseins, die in ausreichender Genauigkeit über einen langen Zeitraum jederzeit beobachtbar oder gar im Voraus berechenbar ist. Hier bietet sich unser Sonnensystem als geradezu ideal an. Es wird zum Grundgleichnis der momentanen Qualität der Zeit. Alles, was sich ereignet, steht in Analogie zu dieser Zeitqualität.

Zum Zeitpunkt der Geburt steht die Qualität der menschlichen Anlagen in Analogie zur Qualität der Zeit und diese bestimmt deren Grundcharakter. Dieser

Grundcharakter steht dann in Wechselwirkung mit der sich wandelnden Zeitqualität, woraus sich die Vielfalt des lebenszeitlichen Geschehens entwickelt.

Ein Mensch wird folglich genau dann inkarnieren und seine Geburt wird zum Ereignis für ihn selbst und diese Welt, wenn die Zeitqualität mit der Qualität seines eigenen Energie- und Anlagensystems übereinstimmt. Der Geburtsmoment ist deshalb für den Menschen so entscheidend, weil dort seine Trennung vom Ganzen (Mutter) und damit sein individuelles Leben beginnt.

Die Astrologie unterscheidet sich mit ihrer *gleichnishaften* Sicht des Seins vollkommen von der zurzeit herrschenden Wissenschaft, die das Sein in seinem *kausalen* (*lat.* ursächlich) Zusammenhang untersucht. Der Unterschied wird an einem Beispiel am deutlichsten: Unsere Medizin sieht in ihrer kausalen Betrachtungsweise die Ursache für eine Infektionskrankheit im Krankheitserreger, beispielsweise in einem Bakterium oder speziellen Viren. Demgegenüber sieht die Astrologie in der Krankheit ein Symbol, das gleichnishaft auf ungelebte Anlagenenergien verweist. Die Bakterien oder Viren wurden vom SELBST nur dafür verwendet, dieses Symbol zu erzeugen.

Astrologische Bausteine

- Der Mensch ist eine vom Allumfassenden scheinbar getrennte Ganzheit. Wir sprechen in diesem Zusammenhang vom Individuum. Das Symbol der Ganzheit ist der *Kreis*. Wir sollten dieses Symbol nicht mit dem grenzenlos Allumfassenden gleichsetzen, denn der Kreis besitzt eine Grenze, mit der er sich vom Rest der Welt abtrennt. Der Kreis ist das Symbol eines *individuellen* Ganzen und als *Tierkreis* die Grundform des Horoskops. Dieses Ganze ist wiederum teilbar, und die Teile besitzen unterschiedliche Qualitäten. Finden diese Teile in den verschiedensten Kombinationen zusammen, ergibt sich hieraus die Vielfältigkeit des Seins.
- Da wir in einer polaren Welt leben, muss auch der oben genannte Kreis polarisiert werden. Wir teilen ihn in zwei Teile, in seine These und seine Antithese, in den männlichen und in den weiblichen *Pol*. Wie differenziert sich die Welt mittels zweier Pole beschreiben lässt, zeigt uns der Computer. Lediglich aus der unterschiedlichen Kombination der zwei elektrischen Signale „Ein“ und „Aus“ (binärer Code) gestaltet er seine Welt und speichert die Fülle an unterschiedlichsten Informationen.
- Da jede unserer Handlungen (a) aus einer flexiblen *Anpassung* an die Gegebenheiten, (b) einer *Fixierung* auf die Handlung und (c) dem *Vollzug* der Handlung im Jetzt besteht, findet diese Dreiteilung ihren Niederschlag in den *Kreuzqualitäten*: veränderlich, fix und kardinal.
- Der Tierkreis teilt sich in drei *Wirkebenen*, den Geist, die Seele und den Körper.
- Unser Leben ist eine Interaktion vier verschiedener Energiezustände (flüssig, gasförmig, fest, plasmatisch). Ihre Analogie finden wir in der Vierteilung des Kreises in die *Elemente*: Wasser, Luft, Erde und Feuer.

- Eine Vierteilung des menschlichen *Energiekörpers*, in spirituellen Körper, Mentalkörper, Emotionalkörper und physischen Körper, findet ihren Ausdruck in der Teilung des Kreises in die vier *Quadranten.*
- Die Sonne durchläuft scheinbar einen Kreis um unsere Welt, die Erde, in 365,242 Tagen. Hieraus resultiert mit einer gewissen Unschärfe die Teilung des Horoskopkreises in *360 Grad.* Ein zusätzlicher Vorteil der Zahl 360 ist ihre vielfältige rechnerische Teilbarkeit. Ihre Quersumme (3+6+0) ergibt 9. Die Zahl 9 ist ebenso wie die Zahl 3 eine wesentliche Grundlage des gesamten astrologischen Systems.
- Auf der scheinbaren Bahn um die Erde „trifft" die Sonne 12-mal den Mond. Natürlich treffen sie sich nicht körperlich, was ja eine kosmische Katastrophe nach sich ziehen würde. Dieses aus der irdischen Sicht scheinbare Zusammentreffen von „Mann" und „Frau" in der Neumondnacht lässt immer wieder neue „Kinder" gebären, die sich in den *12 Tierkreiszeichen* zeigen. Es sind die zwölf Kinder in uns, die entwickelt werden wollen.
- Jedes „Kind" besitzt eine ganz spezielle *Fähigkeit*, die sich aus einem der beiden Pole, einer der drei Kreuzqualitäten, einer der drei Wirkebenen, einem der vier Elemente, einem bestimmten Gradsegment und der Zugehörigkeit zu einem Tierkreisquadranten zusammensetzt.
- Jedem „Kind" (Tierkreiszeichen) ist ein *Planet* zugeordnet, also eine energetische Struktur, über die es sich mit seinem Anliegen zum Ausdruck bringen kann.

Die Astrologie kannte bis gegen Ende des 18. Jahrhunderts nur die sieben Planeten: Sonne, Merkur, Venus, Mond, Mars, Jupiter und Saturn. Dabei wurden und werden die so genannten „Lichter" Sonne und Mond der Einfachheit halber auch als Planeten bezeichnet. Mittlerweile sind noch drei weitere Planeten ins Bewusstsein des Menschen gelangt: Uranus (1781), Neptun (1846) und Pluto (1930). Daneben haben sich auch noch mehrere Planetoiden eingefunden, von denen insbesondere Chiron Eingang in die astrologische Deutung gefunden hat. Da die Planetoiden so klein sind, besitzen sie aber nicht den Status von Planeten.

- Den Tierkreiszeichen gleichnishaft ähnlich sind die astrologischen *Häuser.* Sie kennzeichnen unterschiedliche Lebensbereiche unserer körperlichen Existenz auf dem Planeten Erde und führen im Zusammenspiel mit den Tierkreiszeichen zu einer sehr individuellen Charakterbildung.
- Weitere wichtige Strukturelemente sind bestimmte Winkelabstände zwischen den Planeten: die *Aspekte* und die *Halbsummen.*
- Eher selten verwendet werden die *Bahnknoten* der Planeten, die Brennpunkte ihrer elliptischen Bahnen und die *arabischen Punkte.*

Aus den vielen einzelnen Strukturelementen können wir dann, wie mit Bausteinen, die Bedeutung der astrologischen Archetypen (*gr.-lat.* Urbild), der Tierkreiszeichen, zusammensetzen. In der Folge befassen wir uns im Detail mit diesen Bausteinen.

Eine Übersicht der Zuordnungen gibt nachfolgende Tabelle:

Tierkreiszeichen	Symbol	Planet (früher)	Polarität	Kreuzqualität	Element	Wirkebene	Quadrant Energie-Körper
Fische	♓	Neptun ♆ (Jupiter ♃)	weiblich	beweglich	Wasser	Geist	Spirituell
Wassermann	♒	Uranus ♅ (Saturn ♄)	männlich	fix	Luft	Geist	Spirituell
Steinbock	♑	Saturn ♄	weiblich	kardinal	Erde	Geist	Spirituell
Schütze	♐	Jupiter ♃	männlich	beweglich	Feuer	Geist	Mental
Skorpion	♏	Pluto ♇ (Mars ♂)	weiblich	fix	Wasser	Seele	Mental
Waage	♎	Venus ♀	männlich	kardinal	Luft	Seele	Mental
Jungfrau	♍	Merkur ☿	weiblich	beweglich	Erde	Seele	Emotion
Löwe	♌	Sonne ☉	männlich	fix	Feuer	Seele	Emotion
Krebs	♋	Mond ☽	weiblich	kardinal	Wasser	Körper	Emotion
Zwillinge	♊	Merkur ☿	männlich	beweglich	Luft	Körper	Physis
Stier	♉	Venus ♀	weiblich	fix	Erde	Körper	Physis
Widder	♈	Mars ♂	männlich	kardinal	Feuer	Körper	Physis

Polarität

Das ALLEINIGE teilt sich in ganzheitliche Unterstrukturen und all diese Teile wiederum in zwei Pole, aus deren Spannungsfeld sich das Leben entwickelt. Jedwedes Geschehen fordert die Fülle und die Leere, ein Oben und ein Unten, den Himmel und die Erde, das Helle und das Dunkle, die Hitze und die Kälte, das Licht und die Finsternis, Aktivität und Passivität, Leben und Erleben, Geben und Nehmen, Plus und Minus. Das I-Ging beschreibt die unendliche Fülle, die aus dem Spiel und der Mischung der Gegensätze entsteht: das Universum. Hier heißen die gegensätzlichen Kräfte *Yin* und *Yang* (siehe nebenstehende Abb.), das Weibliche und das Männliche. Es sind Energien, deren Wirkrichtungen (nach innen bzw. nach außen) gegensätzlich sind.

Ebenso teilt sich unser Tierkreis in gegenpolare Zeichen. Im Wechsel folgt ein männliches Zeichen einem weiblichen, um die Vielfalt des Seins darstellen zu können.

Männlicher Pol

Gott, in seiner Eigenschaft als Schöpfer, ist männlich.

Bei unserem männlichen Pol handelt es sich um eine Energie, die uns ideenreich und vital sein lässt. Sie ist in Fülle in uns vorhanden und strömt in die äußere

Aktivität. Es ist die potenzielle Energie in unserem Zentrum, die auf Grund ihrer inneren Spannung nach Auslösung drängt, um sich unserem Umfeld mitzuteilen und es zu gestalten. Sie will sich nach außen geben. Sie ist das tätige Prinzip in uns. Ausgehend von der Himmlischen Kraft gestaltet sie das Irdische. Wir erschaffen in ständiger Aktivität. Wir geben unsere Energie an die Welt, wir machen ihr unsere Lebendigkeit zum Geschenk. Wir versenden unsere Reize. Wir drücken uns aus und teilen uns mit unseren Ideen oder Taten mit. Wir gelangen zur Blüte und bringen Früchte. Da das Männliche Energie ausstrahlt, ist ihm die Wärme zugeordnet.

Das Männliche steht auch in Verbindung mit unseren Emotionen[2] (*lat.* herausbewegen), denn die Ideen, die Begeisterung, der Wille und die Kraft erzeugen in uns den Druck zu handeln (*psych.* Handlungsdruck) und tätig zu werden. Sie lässt uns *extrovertiert* sein.

Diese Energie kann dann zum Problem werden, wenn wir ausschließlich im Handeln verharren. Wir wirken zwar sehr lebendig, finden jedoch keine Ruhe mehr, das Leben auf uns wirken zu lassen, einfach nur zu erleben und uns zu besinnen. Wir sind dann vergleichbar mit einem ständig Brote backenden Bäcker, der aber verhungert, weil er vor lauter Aktivität nie zum Essen kommt. Auch die zwischenmenschliche Rollenverteilung wird unter diesen Voraussetzungen zunehmend polar: Wir geben ausschließlich, und die anderen nehmen ausschließlich. Was ist aber dann, wenn keiner mehr haben will, was wir geben? Auf die Dauer können wir dadurch die Harmonie zwischen uns und den anderen empfindlich stören.

Beim Geben zeigen wir uns, und die Angst begleitet uns, ob wir auch mit dem, was wir zu geben haben, angenommen werden.

Weiblicher Pol

Gott, der seine Schöpfung über uns reflektiert, betrachtet und erlebt, ist weiblich.

Wenn der männliche Pol sendet und gibt, dann muss es wie beim Rundfunk und Fernsehen eine gegenpolare Energie geben, die empfängt und nimmt. Hierzu tragen wir den weiblichen Pol in uns. Er ist die Kraft zu empfangen bzw. zu empfinden, was der Gegenpol an Reizen aussendet. Mit ihm nehmen wir wahr und erleben. Er ist bereit, sich von den Reizen berühren und sie auf sich wirken zu lassen. Zum weiblichen Pol gehört die Materie, die bereit ist, den Meißel zu akzeptieren, der ihr eine Form gibt. Zu ihm gehört das Wasser, das geduldig aufnimmt, was wir hineingeben. Dazu gehört die Vagina, die das männliche Glied in sich aufnimmt oder die Eizelle, die das Spermium empfängt, und all unsere Sinnesorgane, die sich von den Reizen der Welt beeindrucken lassen, allen voran unsere Augen.

Der weibliche Pol entspricht der Kälte. Nur wenn unsere Hände kalt sind, spüren sie die Wärme dessen, was wir anfassen. Frauen, die sich ganz auf ihren weiblichen Pol beziehen, haben oft kalte Hände und Füße, um die Wärme des

---

[2] Emotion wird von uns oft mit Gefühl gleichgesetzt. Gefühl ist aber die Reaktion auf das Erleben und damit das weibliche Gegenstück zur Emotion.

Mannes zu empfangen. Manchmal müssen sie sich aber mit einer Wärmflasche begnügen, was sie in manchen Fällen sogar bevorzugen.

Im weiblichen Pol steckt die Kunst, Geschenke mit all den feinen Schwingungen anzunehmen, mit denen sie gegeben wurden. Das Empfangende, das „Auge" unseres Herzens, allein kann erkennen, ob ein Geschenk von Herzen kommt. Um sich im Herzen berühren zu lassen, müssen wir uns öffnen. Wir müssen dabei ein scheinbar hohes Risiko eingehen, denn oft ist das, was uns gegeben wird und uns berührt, schmerzvoll oder enttäuschend. Oft glauben wir uns deshalb verschließen oder schützen zu müssen. Trotzdem können wir gar nicht anders, als uns immer wieder den Reizen zu öffnen, weil sonst der Drang und der Hunger nach dem Erleben ungestillt bliebe.

Alles Erleben lässt in uns Gefühle entstehen, die uns mitteilen, wie es um uns steht, und die uns nachhaltig bestimmen.

Um etwas auf uns wirken zu lassen, müssen wir zur Ruhe kommen, passiv sein. Die Energie der äußeren Reize kommt auf uns zu und wir lassen sie in uns hinein. Wir sind *introvertiert.* Verharren wir nur noch in der Position des Nehmens, bewirken wir die Polarisierung in der Begegnung und damit auf die Dauer die Störung der Harmonie. Ein weiteres Problem dieser aufnehmenden Energie entsteht dann, wenn wir zu dem, was wir erleben wollen, Ideale oder allzu feste Vorstellungen haben. Selten sind wir dann mit dem, was das Leben an Erlebnissen bietet, einverstanden bzw. zufrieden.

Gegenüberstellung: weiblich-männlich

weiblich	männlich
minus	plus
passiv	aktiv
nehmen	geben
introvertiert	extrovertiert
Afferenz	Efferenz
Innen	Außen
Frau	Mann
linke Körperseite	rechte Körperseite
rechte Kopf-/Gehirnhälfte	linke Kopf-/Gehirnhälfte
erleben	leben
betrachten	gestalten
Nacht	helllichter Tag
Kälte	Wärme
Base	Säure
unten	oben
Leere	Fülle

Zusammenspiel der Pole

Alle Menschen, egal in welchem Körper sie sich aufhalten, vereinigen in sich den männlichen und weiblichen Pol, das Geben und Nehmen, die Aktio und Reaktio. Männlicher und weiblicher Pol sind in uns aufeinander angewiesen. Sie dürfen in ihren Bedürfnissen nicht gegeneinander stehen. Die menschliche Entwicklung hat das Ziel, dass beide Pole in Liebe, Harmonie und Ausgewogenheit zueinander finden und so miteinander spielen, dass beide ihre Freude daran haben. Nur wenn unsere zwei inneren Persönlichkeitspole so zur gegenseitigen Freude miteinander spielen, wird das Spiel in Freude auch im Außen zwischen Mann und Frau stattfinden, da ja das Außen ein Abbild unseres Inneren ist. Deshalb müssen zunächst die beiden Teile, der „Mann" und die „Frau" in uns lernen, aufeinander zu hören und aufeinander einzugehen. In der Folge werden sie dies auch in den äußeren Beziehungen leben.

Mond und Sonne machen es uns in vorbildlicher Weise vor. Die Sonne (Mann) strahlt ihre Energie aus und der Mond (Frau) lässt sich bestrahlen. Niemals strahlt der (die) Mond aus sich selbst, sondern er reflektiert lediglich das, was die Sonne ihm sendet.

Ein wahrhafter Künstler, ob körperlich Mann oder Frau, wird bei jedem Schritt der Gestaltung (männlicher Pol) diesen Schritt von seiner inneren Frau begutachten lassen (weiblicher Pol) und sich von ihrem Gefühl zur Form, Farbe, Duft oder Klang bei jedem folgenden Schritt leiten lassen. Aus diesem Zusammenspiel entstehen wahrhaft identische Kunstwerke. Ist die innere Frau gar so weit, den göttlichen Schöpfungsimpuls zu empfangen, und lässt der innere Mann sich von ihr leiten, entstehen Kunstwerke göttlicher Schönheit.

Verzauberung der Pole

Solange wir nicht voll entwickelt sind, leben wir in einer verzauberten Welt. Wir drehen dann allzu oft die Energien in ihrer Richtung um. Statt uns um unsere eigenen Gefühle zu kümmern, vernachlässigen wir sie und richten sie nur noch auf die der anderen. Statt für uns zu sorgen, vernachlässigen wir uns und *umsorgen* andere. Statt uns zu leben, wollen wir den anderen bei der Entfaltung ihres Lebens *helfen*. Statt uns die Welt nutzbar zu machen, versuchen wir ausschließlich der Welt zu *dienen*. Statt für uns Verantwortung zu übernehmen, nehmen wir den anderen ihre Verantwortung ab, indem wir uns für sie *verantwortlich fühlen*. Wir pervertieren (*lat.* ins Gegenteil wenden) damit unsere Anlagen. Vielleicht finden wir diese Perversion normal und haben deshalb in unserer Sprache die Artikel[3] für Sonne und Mond vertauscht. An sich müsste es heißen: der Sonne, die Mond. Die Franzosen wissen das noch: le soleil, la lune.

In der heutigen Zeit und in unserer heutigen Gesellschaft bewerten wir den männlichen Pol höher als den weiblichen. Dieser unterschiedlichen Bewertung begegnen wir auch in der Astrologie. Von den zehn Planeten sind sieben Planeten durch ihre Namen als männlich charakterisiert, insbesondere die urweiblichen Planeten Neptun, Pluto und Mond. Nicht viel anders verhält es sich bei den Namen der Tierkreiszeichen. Bei der Einschätzung der archetypischen Bedeutungen und Wirkungen bleibt dies nicht ohne Wirkung und führt vielfach zu Fehlinterpretationen.

---

[3] Die Vertauschung der Artikel in der deutschen Sprache geht auf die Germanen zurück.

Qualitäten (Kreuze)

Jedes der vier Elemente (Wasser, Luft, Erde, Feuer) umfasst jeweils drei Tierkreiszeichen. Die entsprechenden Zeichen unterscheiden sich voneinander in ihrer Qualität (beweglich, fest, kardinal). Betrachten wir ihre Anordnung im Tierkreis, so sehen wir, dass jeweils vier Zeichen gleicher Qualität ein Kreuz bilden.

Bewegliche Qualität

(Fische, Schütze, Jungfrau, Zwillinge)

Um auf das Leben angemessen reagieren zu können und mit dem Fluss alles Lebendigen mitfließen zu können, müssen wir flexibel sein. Die Flexibilität zeigt sich in der Steuerbarkeit der menschlichen Bewegung, der Anpassungsfähigkeit an die materiellen Gegebenheiten, der Beweglichkeit unseres Verstandes und der Empfänglichkeit gegenüber dem Fluss des Schicksals. Sie ist notwendig, damit wir uns auf die Suche machen und auf ein Ziel ausrichten können.

Jedes Fahrzeug, ob Flugzeug, Schiff, Auto, oder Fahrrad, hat eine Steuerung und muss in Anpassung an die Bedingungen des Weges auf das Ziel hin gesteuert werden. Der Radioempfänger beispielsweise bedarf einer genauen Abstimmung auf den Sender. Jedes Unternehmen passt sich auf der einen Seite an die Bedürfnisse des Marktes an und auf der anderen Seite an die vorhandenen Ressourcen. Dies gilt auch für die körperlichen Organe. So hat etwa das Auge die Möglichkeit, sich an die Entfernung des Gegenstandes und an dessen Helligkeit anzupassen.

Nur durch die in den Dingen und Lebewesen enthaltene Flexibilität kann das Leben fließen oder sich aus dem undifferenzierten ein differenziertes Sein entwickeln, so wie sich aus ursprünglich gleichen Zellen unterschiedliche Organe bilden. Der Mensch lernt z. B. über die Ausdifferenzierung seiner Sprache und körperlichen Bewegungen, sich immer stimmiger mitzuteilen und mit der Welt zu kommunizieren. Der Mensch ist dann am Ende seiner Entwicklung, wenn er die beweglichen Tierkreiszeichen voll entfaltet hat. Gleichnishaft bringt dies der römische Dichter Ovid in seiner Erzählung von dem in uns lebenden Liebespaar „Philemon und Baucis“ (Metamorphosen) zum Ausdruck. Zu diesem Paar kamen einst Jupiter und Merkur, um ihnen die Vollendung und damit die Erlösung zu bringen. Jupiter und Merkur sind in der klassischen Astrologie die Herrscher der beweglichen Zeichen (Fische, Schütze, Jungfrau, Zwillinge). Ovid kannte den Planeten Neptun noch nicht. In der damaligen Astrologie herrschte daher Jupiter auch über das Zeichen Fische.

Anpassung an das Vorhandene ist eine Notwendigkeit, die in dem menschlichen Leben nur dann zum Problem wird, wenn wir uns in unserem Sein so weit an die Vorgaben, Wünsche und Befehle anderer Menschen anpassen, dass wir uns von unserem SELBST entfremden oder es verleugnen müssen. Beispielsweise stellt sich dieses Problem in besonderer Schärfe beim Militär, bei der lohnabhängigen Arbeit oder in unseren verpflichtenden Beziehungen und Partnerschaften zu anderen Menschen.

Der Nachteil der Beweglichkeit und Flexibilität kann in der Labilität, Unbeständigkeit und dem Ausweichen vor bestehenden Schwierigkeiten bestehen. Wenn wir aber in bestimmten Situationen einmal ausweichen, sollten wir uns dafür nicht verurteilen, denn unser Verhalten trägt immer, wenn auch oft verborgen, einen tiefen Sinn und eine eigene Weisheit in sich.

Fixe Qualität

(Wassermann, Skorpion, Löwe, Stier)

Trotz aller Vergänglichkeit hat alles im Leben auch seine Dauer. Der Aufenthalt in unserem Körper dauert ein Leben lang, ebenso wie der Wille zum Leben. Auch unser Herz schlägt ohne Unterbrechung ein Leben lang. Die im Leben gemachten Erfahrungen fixieren sich in unserem Gedächtnis. Sie begleiten und bestimmen uns für lange Zeit, manche bis zu unserem Lebensende. Auch der Prozess der Individuierung bedarf der Kontinuität und Standhaftigkeit.

Abb.
Die Evangelien in Zuordnung zum fixen Kreuzes (oben: Matthäus, Johannes; unten: Lukas, Markus). Nach A. Schmid, Christliche Symbole

Die Energien der fixen Zeichen geben uns Beständigkeit, Stabilität und Beharrungsvermögen, um die zentralen Themen unseres Lebens zu bearbeiten und zu bewältigen. Haben wir den Kurs auf unser Ziel bestimmt oder unseren Empfänger auf die Frequenz des Senders eingestellt, muss der Kurs oder die Frequenz auf eine bestimmte Dauer beibehalten werden. In der Welt der Physik entspricht die fixe Qualität dem Trägheitsmoment der Masse, das mit dafür verantwortlich ist, dass unser Sonnensystem in relativer Stabilität verharrt.

Die fixe Qualität beeinträchtigt dann unser Sein, wenn sie in Form von Hartnäckigkeit, Sturheit, Eigenwilligkeit, zwanghaften Eigensinn und steten Trotz gelebt wird. Es kann uns auch passieren, dass wir an „liebgewonnenen“ Situationen und Bedingungen festhalten, obwohl das Leben schon längst darüber hinweggegangen ist und das Schicksal von uns nach einer Veränderung verlangt. Aber auch dieses unser Verharren hat seinen tiefen Sinn. Die Schicksalskräfte in uns bewirken zur rechten Zeit den Bruch mit dem Alten oder die Zerstörung des Alten.

Das fixe Kreuz spielte in der sakralen Symbolik aller Zeiten eine herausragende Rolle. Die ägyptische Sphinx setzt sich aus dem Stierleib, den Löwenpranken, den Adlerflügeln (Skorpion) und einem Menschenkopf (Wassermann) zusammen. Ebenso zeigen Abbildungen des Mithras-Kultes diese vier Zeichen (siehe hierzu das Tierkreiszeichen Stier). Auch die vier christlichen Evangelien werden dem fixen Kreuz zugeordnet (siehe Abb. S. 68). Das Lukasevangelium entspricht dem Stier, das Markusevangelium dem Löwen, das Johannesevangelium dem Skorpion und das Matthäusevangelium dem Zeichen des Wassermanns.

Kardinale Qualität

(Steinbock, Waage, Krebs, Widder)

Die kardinalen Zeichen sind mit ihrer Energie auf das *Hier und Jetzt* ausgerichtet. Alles, was passiert, geschieht im ewigen Jetzt: unsere Taten, unsere Gefühle und unsere Begegnungen mit der Welt. Auch die Grenzen unseres Bewusstseins zeigen sich im jeweiligen Augenblick. Ja, das Bewusstsein begrenzt uns auf den jetzigen Moment. Wir nennen das Konzentration.

Das Tun im Jetzt ist verbunden mit der Initiative. Nur das, was im Jetzt geschieht, zählt. Auch die Zeit existiert nur im Jetzt. Daher ist das Zeichen der Zeit, der Steinbock, kardinal. Gestern ist vorbei und morgen existiert noch nicht. Eine Initiative geschieht also niemals gestern oder morgen, sondern immer nur jetzt! Um ihre Manifestation dreht sich unser Sein. Von dieser Qualität hängt es ab, ob das latent Vorhandene ausgelöst und zum Geschehen wird. Deswegen nannten die alten Astrologen diese Energiequalität kardinal (*lat.* Angelpunkt, Pol) und maßen ihr eine überragende Bedeutung[4] zu. Das heißt soviel wie: Sie steht im Mittelpunkt und bildet den Mittelpunkt des Seins.

Selbstverständlich gibt es die Initiative in zwei Formen: Nach außen, in die Aktivität (männlich, aktiv) gerichtet, oder aber auf uns selbst bzw. nach innen (weiblich, passiv) gerichtet. Wir dürfen daher Initiative nicht mit Aktivität gleichsetzen. Leuchtet die Initiative zur Aktivität unmittelbar ein, ist oft die weibliche Initiative unverstanden. Daher ein Beispiel: Haben wir Hunger, so drängt uns dieses Gefühl in die Initiative, Nahrung in uns aufzunehmen (Introversion), zu essen.

Entwicklung der Qualitäten

Unser frühkindliches Sein ist noch vollkommen auf das Jetzt ausgerichtet. Daher stehen die kardinalen Fähigkeiten am Anfang der kindlichen Anlagenentwicklung. Das erste Lebensjahr steht unter dem Zeichen der Entwicklung der Durchsetzung (Widder) der kindlichen Bedürfnisse nach Nahrung und Geborgenheit (Krebs) durch die Begegnung (Waage) mit der Mutter (Krebs). Die Kraft, die das Kind dabei einsetzt, ist sein Schreien (Widder). Auf diese Weise lernt das Kind schon früh, Verantwortung (Steinbock) für sich und seine Bedürfnisse zu übernehmen. Wird beispielsweise das Schreien des Kindes von den Eltern missachtet, kann dies die Entwicklung der kardinalen Anlagen empfindlich stören.

---

[4] Wir sollten es nicht den alten Astrologen gleichtun und diesen Zeichen und den von ihnen abgeleiteten Häusern (Eckhäuser) eine stärkere Bedeutung geben als den übrigen Häusern! Beachten wir nur die Untersuchungen von Francoise und Michel Gauquelin.

Im zweiten und dem größten Teil des dritten Lebensjahres beginnt das Kind mit der Entwicklung seines Willens und wird darüber zunehmend selbstständiger (Löwe). Es beginnt, über seine Ausscheidung (Skorpion) selbst zu bestimmen. Dabei erprobt es zum ersten Mal seine Macht gegenüber den Eltern (im Zusammenhang mit der Reinlichkeitserziehung) und versucht, diese zu manipulieren. Im Spiel entfaltet es seinen eigenen Willen (Löwe), was mit einem Erstarken des ICH-Bewusstseins einhergeht. Dazu braucht es genügend Platz (Stier), um sich entfalten zu können. Das Kind beginnt, individuelle Bedürfnisse zu entdecken (Wassermann), und es trotzt, wenn sie beschnitten werden.

Beweglich	**Fix**	**Kardinal**
genitale Phase	anale Phase	orale Phase
Flexibilität	Festigkeit	Initiative
Anpassung	Dauer	Aktionismus
Adaptation	Kontinuität	Vollzug
Steuerung	Beharrungsvermögen	Zeit des Augenblicks
Abstimmung	Standhaftigkeit	Hier und Jetzt
Differenzierung	Verbindlichkeit	Kürze
Unbeständigkeit	Sturheit	Entschiedenheit
Labilität	Trägheit der Masse	
Ausweichen	Hartnäckigkeit	
Möglichkeiten	Selbstbezogenheit	
	Eigensinn	

Beispiele ihres Zusammenwirkens:

Zielsuche ⇨	Zielfixierung ⇨	Aktion
Frequenzsuche ⇨	Frequenz eingestellt ⇨	Übertragung der Sendung

Die darauf folgenden Jahre dienen der Differenzierung, der Anpassung an die bestehenden Bedingungen. Die körperliche Beweglichkeit, u. a. das Sprechen, Greifen und Laufen (Zwillinge) werden weiterentwickelt. Das Kind erkennt, in welcher Vielfalt sich die Gegenstände in seiner Umgebung zum Spiel nutzen lassen (Jungfrau). Es beginnt, Zusammenhänge geistig zu erfassen und zu verstehen (Schütze). Es muss sich aber auch mit seinen Ängsten und mit seiner scheinbaren Verlassenheit (Fische) in dieser Welt auseinander setzen.

Diese Dreiteilung unserer frühkindlichen Entwicklung lässt Ähnlichkeiten mit der von S. Freud beschriebenen Entwicklung der Libido (*lat.* Begierde, Lust) erkennen. Diese Entwicklung ist mit dem Wechsel libidinöser Aufmerksamkeit des Kindes auf bestimmte Körperzonen verbunden. Von diesen Zonen leiten sich die Namen der Entwicklungsphasen ab. Liegt im ersten Jahr der Schwerpunkt der kindlichen Aufmerksamkeit auf dem Mund (orale Phase) und der mit der Nahrungsaufnahme verbundenen Befriedigung, wechselt er danach im zweiten und dritten Jahr zum After des Kindes (anale Phase) und der Kontrolle seiner Ausscheidung, um danach das Genital in den Mittelpunkt seines Lustinteresses zu rücken (genitale Phase).

Betonungen bestimmter Qualitäten im individuellen Geburtshoroskop lassen auf verletzende Erfahrungen in der entsprechenden Phase schließen. Die Verletzungen sind deshalb notwendig, um uns die Unentwickeltheit bzw. Verletztheit dieser Anlagen bewusst zu machen, damit wir uns in betontem Maße mit dieser Anlageenergie befassen und sie weiterentwickeln.

Wirkebenen

Geist, Seele, Körper

Die Welt, in der wir leben, gestaltet sich in der Wechselbeziehung dreier Wirkebenen, des *Geistes*, der *Seele* und des *Körpers*. Der Geist gibt den Gestaltungsauftrag und der Körper soll ihn in Form und Bewegung annehmen. Der Geist will damit in der körperlichen Welt sichtbar werden.

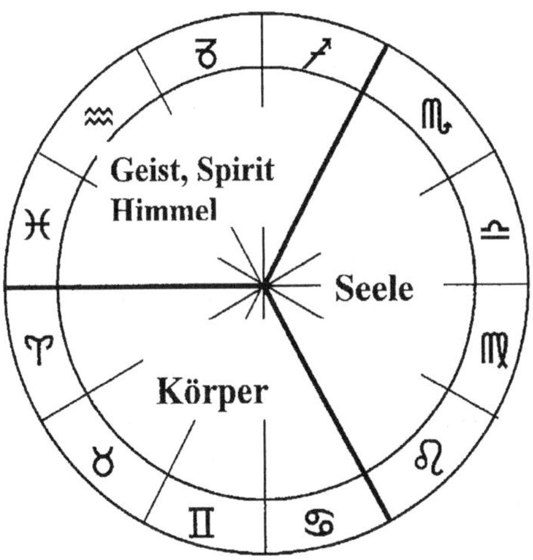

Der Körper übernimmt jedoch diesen geistigen Auftrag und die damit verbundene Struktur und Ordnung nicht so ohne weiteres. Die den Körper bildende Materie hat nämlich die Tendenz, die ihr aufgeprägte Ordnung zu verlieren, oder anders ausgedrückt, sie zerfällt ständig zu mehr Unordnung. Letztendlich steckt dahinter das Bestreben der Materie, zum ursprünglichen Zustand zurückzukehren, zum ursprünglich herrschenden Chaos. Im Chaos waren die Energien so gleichmäßig verteilt, dass es keinerlei energetische Dichteunterschiede und damit auch keine Strukturen, Formen und Ordnungen in unserem Sinne mehr gab. Die Zunahme dieser „Unordnung" bezeichnet die Physik mit dem Begriff der *Entropie*.

Will sich der *Geist* nun im *Körper* ausdrücken, so muss er gegen die Tendenz der Materie eine energetische Ordnung erwirken. Diese Kraft, welche die Materie unter Einsatz von Energie in die Ordnung zwingt, kann nicht in der Materie selbst gefunden werden, sondern sie muss außerhalb von ihr existieren. Aus chemischen Experimenten z. B. wissen wir, dass Bindungen zwischen den Atomen und Molekülen oft nur zustande kommen, wenn wir von außen Energie, beispielsweise durch eine Gasflamme, zuführen. Die Kraft wird damit zu einer neben der Physis vorhandenen, metaphysischen Kraft. Diese ordnende Kraft, die vorhandene Energien wie beispielsweise die Sonnenenergie, für die von ihr herzustellende Ordnung zu nutzen weiß, nennen wir *Seele*.

Überall, wo wir im Kosmos auf eine Ordnung treffen, treffen wir auf das Wirken *beseelter* Wesenheiten. Dies gilt für alle Lebewesen und ebenso für die Welt der Mineralien und im kosmischen Sinne auch für die Sonnensysteme bis hin zu den Galaxien. Überall, wo sich Ordnungen bilden, wirkt die Seele. Obwohl unsere Wissenschaft keine letztendliche Erklärung für das Zustandekommen der Ordnungen besitzt, verurteilt sie die Lehre der Beseelung als primitiven Animismus (anima *lat.* Seele).

Geist

Die Tierkreiszeichen, die uns die Fähigkeiten zur Bewusstwerdung und zum Umgang mit den uns von Gott eingegebenen Ideen verleihen, kann man zur geistigen Wirkebene zusammenfassen. Es sind dies die Zeichen Fische (Empfang), Wassermann (Uridee, Licht des Menschen), Steinbock (Lichtträger) und Schütze (Verkünder). Alle Inhalte, die sie vertreten, werden unweigerlich zum Auftrag für die Seele. Der Geist nutzt sowohl unseren spirituellen Körper (Fische, Wassermann, Steinbock) als auch unseren Mentalkörper (Schütze, siehe die vier Quadranten im Anschluss).

Überall, wo in den mythologischen Schriften die Rede vom *Himmel* oder vom *Olymp* ist, werden Inhalte und Energien dieser Wirkebene angesprochen. Sie beschreiben unsere spirituellen Fähigkeiten, die den Himmel in uns bilden. Das Himmelreich ist also nichts, das außerhalb von uns existiert. Dieser Himmel ist der Ort, an dem sich Gott aufhält. Er ist Gottes Thron (Mt. 5,34). Er ist aber nicht Gott selbst, sondern sein Aufenthaltsraum in uns.

Sind unsere spirituellen Fähigkeiten vollkommen entwickelt, dann ist uns das Wirken Gottes in und durch uns bewusst, und wir erkennen die Hintergründe unseres Seins. Wir führen dann ein vollkommen bewusstes SEIN und weilen wieder im Himmel bzw. im Paradies.

Der Herr unseres Himmels war der griechischen Mythologie zufolge Uranus (*gr.* Himmel), der Herrscher des Wassermannes. Er wurde aber in einer späteren Periode von seinem Sohn Chronos der himmlischen Macht beraubt. Für eine bestimmte Periode war Saturn, der griechische Chronos, Herrscher in unserem Himmel. Seine Macht errang er dadurch, dass er als verführerische Schlange in unserem Bewusstsein Grenzen (GUT, BÖSE) hat entstehen lassen, die uns die Bewusstwerdung unseres göttlichen Seins haben vergessen lassen und unser Wiedererinnern verhindern. Deshalb erfahren wir die uns nun unbekannten Kräfte unseres Bewusstseins, Neptun und Uranus, nur noch als undurchschaubares Schicksal. Aber auch Saturn wurde im Anschluss von Zeus (*gr.* Jupiter) entmachtet. Er ist der jetzige Herrscher in unserem Himmel (Olymp). Dies hat zur Folge, dass die Energie und Kraft Jupiters, unser Verstand mit seinen Denk- und Glaubenssätzen, der Auftraggeber unserer Seele ist und darüber die Welt körperlicher Erscheinungen und unser heutiges Verhalten bestimmt.

Seele (Psyche)

Alle Aufträge des Geistes verlassen den Olymp und werden zum Auftrag für die Seele. Diese ist nach Platon die Mittlerin zwischen der unserem Leben zu Grunde liegenden göttlichen Idee (Geist) und der körperlichen Erscheinung. In ihr besitzen wir die Fähigkeiten und Kräfte, dem Zerfall der materiellen Welt durch den *Willen der Seele zur schöpferischen Gestaltung* entgegenzuwirken. Hierzu müssen die vorhandenen Strukturen abgebaut werden, um an ihrer Stelle immer wieder neue entstehen zu lassen.

Der seelische Bereich im Tierkreis beginnt mit dem Skorpion (seelische Empfänglichkeit, Verbindlichkeit und Macht der Seele) und endet mit dem Löwen (seelischer Wille zur Verwirklichung). Dazwischen liegen die Waage (seelische Idee) und die Jungfrau (seelischer Wille zur Nützlichkeit).

Unsere Seele bedient sich sowohl des Mentalkörpers (Skorpion, Waage) als auch des Emotionalkörpers (Jungfrau, Löwe).

Körper

Der Körper ist der „Raumanzug" für uns geistig-seelische Wesenheiten, damit wir in der körperlichen Welt der Erde leben und wirken können. Er ist ein Produkt der Natur und besitzt deshalb nur eine begrenzte Haltbarkeit. Wir sollten ihn achten und seinen Bedürfnissen Rechnung tragen. Andererseits sollten wir seine Bedürfnisse nicht überbewerten, weil sonst die Gefahr besteht, dass wir unseren eigentlichen Auftrag aus den Augen verlieren. Unser Körper will einem *geistigen* Zweck dienen. Er ist nicht Selbstzweck.

Um seinen Zweck zu erfüllen, verfügt der Körper als wesentliches Instrument über eine *kraftvolle Beweglichkeit*, die wir gestaltend und ordnend einsetzen können.

Geist	**Seele**	**Körper**
„Gottes Thron"	Mittler	Matrix
Himmel, Olymp	Aufbau und Abbau	„Projektionsfläche"
„Obere Welt"	„Untere Welt"	„Untere Welt"
Bewusstsein	Umbau	Sichtbarkeit
Licht	Wille zur Lebendigkeit	Zerfall
Wirklichkeit	Wille zur Erfüllung	Sterblichkeit
der „verborgene" Hintergrund	Wille zur Verwirklichung	sichtbares Ergebnis
Schicksal	Verbindlichkeit gegenüber dem Geist	Verbindlichkeit gegenüber der Seele
Macht über die Seele	Macht über den Körper	

Obwohl sich in vielen unserer kirchlichen Religionen eine Geringschätzung des Körpers entwickelt hat, sollten wir nicht vergessen, dass unsere spirituelle Entwicklung ohne den Körper nicht stattfinden kann. Seine Situation und seine Probleme (z. B. Krankheit) sind für uns die einzigen Zeichen, aus denen wir entnehmen können, wo wir in unserer Entwicklung stehen. Nur im Zusammenhang mit ihm haben unsere verdrängten Teile die Möglichkeit, sich als Projektion körperlich zu zeigen. Allein auf diese Weise können wir unsere Projektionen durchschauen und das uns im Bewusstsein Fehlende (Verdrängte) integrieren.

Elemente

Die vier Elemente Wasser, Luft, Erde und Feuer stehen für vier verschiedene energetische Seinsformen. Wasser und Feuer sind dabei am stärksten polarisiert in rein weiblich, passiv und aufnehmend bzw. rein männlich, aktiv und gebend. Erde und Luft nehmen eher eine vermittelnde Position ein und sind damit weniger polar, obwohl bei der Erde die weiblich empfängliche Qualität überwiegt und bei der Luft die männlich gebende. Am Beispiel der Luft können wir die vermittelnde Position gut erkennen. Der Informationsaustausch besitzt stets zwei Richtungen, die Abgabe (männlich), aber auch die Aufnahme (weiblich). Ähnlich verhält es sich bei der Erde. Die Materie ist formbar und kann auf Grund ihrer inneren Struktur alle Formen, die wir ihr geben, annehmen. Insofern ist sie weiblich annehmend. Die geformte Materie, zum Beispiel die Skulptur eines Bildhauers, bringt aber in ihrer Form etwas zum Ausdruck. Sie ist damit auch männlich gebend, wenn auch nur in zweiter Linie.

In den seltensten Fällen sind in unseren Geburtshoroskopen die Elemente gleichgewichtig angelegt. Die Betonung bestimmter Elemente gibt uns die Aufgabe, uns in besonderer Weise mit diesen elementaren Energieebenen auseinander zu setzen und unsere Erfahrungen mit ihnen zu machen. Oft wird demgegenüber empfohlen, die unterbetonten Elemente durch besondere Anstrengungen auszugleichen. Dies kann aber nicht funktionieren, da wir nur entwickeln können, was und wie es in uns *eingewickelt* ist.

Wasserelement

Ohne Wasser gibt es kein körperliches Leben. Zwei Drittel des Menschen bestehen aus Wasser. Auch zu Beginn der Schöpfung, nachdem Himmel und Erde geschaffen waren, spielte Wasser eine große Rolle (1.Mo. 1,2):

> ..; und der Geist Gottes schwebte über den Wassern.

Wasser ist nicht nur H_2O, sondern vom Wesen her weiblich aufnehmend. Es ist stets bereit, wie z. B. bei der Schöpfung, den Geist Gottes zu *empfangen*.

In Wasser können wir viele Stoffe hineingeben, und viele lösen sich darin auf. Was auch immer es ist, das wir hineingeben, Wasser kann sich nicht dagegen wehren. Wasser ist *beeindruckbar*, es übernimmt und trägt energetische Informationen bis hin zur Wärmeenergie des Heizkessels. Im Wasser zu baden ist nicht nur ein äußerer Reinigungsprozess, sondern auch eine Übergabe von uns belastenden Informationen und Energien an das Wasser und damit eine energetische „innere" Reinigung. Im Wasser können wir uns auf diese Weise entspannen und uns von unseren Sorgen lösen. Auch für das magische Ritual der Weihung ist das Wasser empfänglich.

Sind im Wasser Stoffe gelöst, so müssen wir sie irgendwann wieder vom Wasser trennen. Solange die Stoffe in Lösung sind, besitzt Wasser die Tendenz, deren Konzentration durch Verdünnung zu verringern (Osmose). Der Vorgang der Trennung von den Stoffen geschieht durch die Destillation (Alchemie) oder eben in der Abwasserreinigung, bei dem über den Fäulnisprozess der Humus und der Dünger für neues Leben entsteht. Mit Hilfe der Elektrolyse können wir Wasser wieder in seine Grundbestandteile (Wasserstoff und Sauerstoff) zerlegen.

Wasser kann gefrieren und verdampfen. Wasser steigt zum Himmel auf und fällt als Regen wieder herab. Wasser fließt aus Quellen, bildet Bäche und Flüsse und vereinigt sich in Seen und letztendlich im Meer, aus dem es gekommen ist. Wasser besitzt den stärksten Bezug zum Weiblichen, zum Unten. In unserer Welt fließt Wasser meist in geordneten Bahnen und in Röhren. Dort steht es unter Druck.

Wasser kann aber auch ganze Landstriche verwüsten, die Fundamente unterspülen oder alles ertrinken lassen. Wenn es zur Mangelware wird, lässt es uns verdursten.

Dies alles betrifft gleichnishaft auch uns Menschen. Wasser ist das Symbol unserer *Empfänglichkeit*, die uns sowohl den Geist Gottes empfangen lässt als auch die Reize des alltäglichen körperlichen Lebens. In seiner fixen Qualität hat es die Möglichkeit, alle Erlebnisse und Eindrücke in Form von Bildern zu speichern, die in Abhängigkeit von der Intensität des Erlebten und ihrer anschließenden Verarbeitung mehr oder weniger mit Gefühlen aufgeladen sind. Diese weibliche Seite in uns, die vom Wasser repräsentiert wird, steht in Analogie zur Gestalt der „GROSSEN MUTTER“. Einer ihrer Namen ist *Lilith.* Sie besitzt drei Ebenen, ebenso wie sich das Wasserelement in drei Tierkreiszeichen auffächert: die spirituelle Empfänglichkeit (Fische), die mentale Kraft der Seele, die sich dem Empfangenen gegenüber verpflichtet (Skorpion) und das Erleben und die Fürsorge im körperlichen Hier und Jetzt (Krebs).

Alles Leben entstammt dem Wasser. Ebenso, wie es einer unüberschaubaren Vielfalt von Lebewesen Heimat ist, stellt es auch unsere ursprüngliche *Heimat* dar. In den späteren Entwicklungen lernte ein Teil der Lebewesen auch auf dem Festland zu überleben. Letztendlich sehnen wir uns aber danach, in unsere alte Heimat zurückzukehren.

Wasser, unsere *Empfänglichkeit*, lässt sich nur in Verbindung mit dem Erdelement sammeln (See), konzentrieren und strukturieren. Analog dazu entstehen aus dem Erleben in der Welt der Formen (Erde) *Gefühle* der Identifikation (*lat.* im übertragenen Sinn: Wesensgleichheit) oder der Ablehnung. Damit wird das Wasser zur Führerin hin zu unserer Wesenseinheit und zu unserer inneren Natur. Dabei ist es wichtig zu erkennen, dass das Gefühl zum Erleben im Hier und Jetzt (Krebs, Mond) oft von Identifikationen und Gefühlen aus der Vergangenheit (Skorpion, Pluto) überlagert wird. Am Ende des Bewusstwerdungsprozesses aber steht die Erfahrung, dass es die Trennung zwischen uns und der Außenwelt gar nicht gibt, sondern dass wir mit dem Rest der Welt identisch sind (Fische, Neptun).

Da das Wasser in uns passiv ist, hat es, einmal dem Leben hin geöffnet, keine Möglichkeit mehr, dieses abzuwehren. So ist es offen für jedweden *Eindruck*, ob zärtlich oder gewalttätig. Eindrücke der Gewalt und der Schmerzen haften lange Zeit und bestimmen unser Leben, solange wir sie nicht verarbeitet und das mit Eindrücken belastete Wasser in uns geklärt haben. Wir können uns natürlich aus Angst generell der *Berührung* entziehen und uns damit gegen unangenehme Gefühle schützen, so, wie wir Wasser in verschlossene Behälter geben oder es gefrieren lassen, um es vor Verschmutzung zu bewahren. Allerdings werden wir gleichzeitig zunehmend unberührbar und unser Hunger nach Erleben wird nicht gestillt. Die Folge dieses psychischen Hungers ist die Depression.

Die Intensität der auf uns wirkenden Reize führt zu einer mehr oder weniger starken Erhitzung unserer Gefühle bis hin zur „kochenden Wut". Wir werden zunehmend sauer bei gleichzeitiger Übersäuerung der Körperflüssigkeiten. Oder aber es entwickelt sich in uns ein „ätzender Hass". Gefühle können in uns wie ein Bach frei fließen, sich aber wie in einem Stausee stauen oder in Röhren gefasst, unter Druck stehend, vor der Sichtbarkeit verborgen werden.

Dass das Wasser zunehmend von der Oberfläche verbannt und in Röhren zu uns kommt und ebenso wieder von uns wegfließt, ist gleichnishaft Ausdruck davon, wie wir zur Zeit kollektiv mit unseren Gefühlen umgehen, nämlich unterdrückend, kanalisierend und stauend.

Die Angst vor den Gefühlen zeigt sich oftmals in unserer Wasserscheu. Die Sehnsucht aber, die wir als kleine Kinder nach Gefühlen hatten, ließen uns oft unbedacht ins Wasser laufen, so dass wir so manches mal Gefahr liefen zu ertrinken.

Luftelement

In der Schöpfung spielt auch die Luft eine große Rolle (1. Mo 2,7):

> … Da bildete Gott, der Herr, den Menschen ... und hauchte in seine Nase Atem des Lebens; so wurde der Mensch eine lebende Seele.

Luft ist der Träger des Lebens. Atman (Atem) repräsentiert nach hinduistischem Verständnis unser unsterbliches SELBST, von dem alles Leben und Erleben ausgeht. Hermes Trismegistos spricht davon, dass alle Dinge des EINEN im Bauch des *Windes* getragen wurden.

Die Luft ist im Bereich unserer Atmosphäre überall und füllt alle Zwischenräume. Sie verbindet alle Lebewesen miteinander. Sie dient der Übertragung von Informationen vom Mund zum Ohr durch Schallwellen. Ebenso überträgt sie Geruchsinformationen. Sie dient dem Austausch von Sauerstoff und Kohlensäure zwischen Mensch und Tier auf der einen Seite und der Pflanzenwelt auf der anderen Seite. Luft dient damit sowohl dem Geben als auch dem Nehmen. Beispielsweise geben wir mit unserem Atem Kohlensäure ab und nehmen Sauerstoff auf.

Das Feuer brennt nicht ohne Luft. Auch das körperliche „Feuer", die Oxidation der Zucker, findet nicht ohne Sauerstoff statt. Gleichzeitig sorgt die Luft für den Abtransport der aus der Verbrennung entstandenen Kohlensäure. Sowohl Aufnahme als auch Abgabe erfolgen über unsere Lungen. Bemerkenswerterweise geschieht das Aus- und Einatmen in einer täglichen Häufigkeit, die in etwa der Anzahl an Jahren des Platonischen Jahres (25 920) entspricht.

Luft besitzt ein geringes Beharrungsvermögen. Sie dient dem Transport und der Verteilung von Stoffen. Sie zirkuliert auf Grund unterschiedlicher Temperaturen und unterschiedlichen Drucks. Sie sorgt damit für den Wärmeaustausch und den Feuchtigkeitstransport, der uns wiederum den lebensspendenden Regen bringt. Luft kann auch verschmutzt und „verbraucht“ werden. Frischen Wind oder frische Luft in unser Leben zu bringen, gilt als Gleichnis dafür, neuen Ideen zu folgen.

Luft besitzt von allen Elementen den geringsten Widerstand, ermöglicht aber den Vögeln, unseren Ballons und unseren Flugzeugen das Fliegen.

Im Sturm (Orkan, Taifun) kann die Luft ungeheure Zerstörungen bewirken.

Luft entsteht im übertragenen Sinn immer aus der Vereinigung von Mann und Frau, so wie der Wind aus dem Zusammenspiel von Hoch- und Tiefdruckzonen entsteht. Die *Idee*, der Wind, ist deren Kind. Der Wind des Neuen rüttelt an den Mauern unserer fixen Vorstellungswelt, so wie Hänsel und Gretel an die Mauern des Hexenhäuschens rührten: „Der Wind, der Wind, das himmlische Kind.“

Luft ist die Trägerin der *göttlichen Ideen* (Heiliger Geist) ebenso wie die der *menschlichen Ideen*, die wir im Austausch mit unserer Außenwelt empfangen und weitergeben (Information). Die Inspiration bedeutet sowohl Einatmung als auch geistige bzw. göttliche Eingebung. Nach diesem *himmlischen Willensimpuls* suchen wir oft ein Leben lang. Luft verbindet sich mit dem biblischen „Wort“, welches das Licht und das Leben des Menschen ist. Eine der wichtigsten Fragen, die sich luftbetonte Menschen stellen, ist die: „Welcher *Idee* soll ich in meinem Leben folgen?“ In der Mythologie begegnet uns ein luftiger Vermittler, der die dreifache Gliederung des Luftelementes in seine drei Tierkreiszeichen (Wassermann, Waage, Zwillinge) in sich vereinigt: Hermes Trismegistos (*gr.* dreifach größter Hermes).

Neben dem Feuer bestimmt die Luft unsere Lebendigkeit, ebenso wie die Luft das Feuer anfacht. Es hängt von uns ab, ob wir frischen Wind in unser Leben bringen oder eben nur ersatzweise ständig die Fenster aufreißen. Menschen, die den frischen Wind in ihrem Leben meiden, haben ständig das Gefühl, wo immer sie auch sind, die Luft sei verbraucht.

Die Ideen sind die Vorläufer unserer Taten, so wie die Blüten (Luft) die Vorstufe der Fruchtbildung (Frucht = Feuer) sind. Blüten müssen befruchtend und befruchtet zugleich sein. In der Luft begegnen wir daher einer nicht eindeutig männlich polarisierten Energie. Obwohl die männlichen, zur Aktivität neigenden Eigenschaften überwiegen, trägt sie doch auch weibliche empfangende Eigenschaften in sich.

Luft verbindet uns Menschen und Lebewesen in lockerer Weise miteinander. Die Verbindung bleibt zu Gunsten der Vielfältigkeit an der Oberfläche und kann wie ein Luftzug vorübergehen und zu Ende sein.

Erdelement

In der Erde findet das Leben und damit das göttliche „Wort“, das Licht (die Idee), seine Struktur und Form. Die Erschaffung der Erde stand ganz am Anfang der Schöpfung (1. Mo. 1,1):

> Im Anfang schuf Gott die Himmel und die Erde. Und die Erde war wüst und leer, und Finsternis war über der Tiefe; ...

(1. Mo. 2,7):

> ... Da bildete Gott, der Herr, den Menschen, aus Staub vom Erdboden ....

Die Erde, die Materie (*lat.* Stoff), der Urstoff, war zunächst ungeformt (wüst und leer). Für Hermes Trismegistos ist sie die Ernährerin und Säugamme der Dinge. Aus mythologischer Perspektive ist sie Gaia oder Ge. Die Erde, das Material, besitzt eine innere Ordnung, die ihre Struktur, ob amorph oder kristallin, bestimmt. Diese innere Struktur bedingt, zu welchen Zwecken der Stoff benutzt werden kann, welche Form man ihm geben kann und wie dauerhaft diese einmal angenommene Form sein wird. Härte und Beständigkeit sind abhängig von diesen inneren Strukturgesetzen. Jede Form entsteht durch räumliche Ausdehnung einerseits und Begrenzung andererseits. Sie vereinigt in sich aber nicht nur die Begrenzung im Raum, sondern auch in der Zeit.

Materie dient in der Schöpfung als *Basis* und Grundlage, damit sich in ihr beispielsweise die Pflanzen verwurzeln können. Darüber hinaus dient sie vorzugsweise der Sichtbarmachung. Die Materie ist die „*Leinwand*", auf die wir unsere Schöpfungen projizieren. Sie ist die *Trägerin der Ideen, des Lichts*. Ihre Form ist das Echo und die dauerhafte *Antwort* auf den speziellen Schöpfungsauftrag. Sei es durch den Meißel des Bildhauers, den Schleifteller des Edelsteinschleifers oder die Presse, die das Stahlblech in eine Autokarosserie umformt. Keine Tat würde den Moment überdauern, fände sie nicht ihren Niederschlag in der Formung der Materie. Ihre innere Struktur bestimmt auch die Dauer der Formexistenz. Die Dauer ist immer begrenzt, denn die Materie unterliegt dem Zerfall (Entropie). Daher ist alles Körperliche mit dem Tod und der Vergänglichkeit verbunden.

Die materielle Welt ist dazu da, von uns gestaltet zu werden und uns über sie auszudrücken. Gleichzeitig ist sie aber auch Begrenzung und erzeugt vermeintliche Sachzwänge. Ein erdbetonter Mensch hat sich die Aufgabe gewählt, sich bewusst zu machen, dass seine *materielle Realität* von seinem Bewusstsein abhängt und damit relativ und veränderbar ist. Er ist aufgerufen, sie so zu gestalten, dass ihre Form ihn in seiner Lebendigkeit nicht einschränkt und dass er über sie seinen sichtbaren Ausdruck findet. Erde wurde als Träger des Lichts und des Lebens geschaffen. Im Schöpfungsakt ist sie der Lehm, dem die Idee eingehaucht wird.

Materie ist nichts anderes als relativ hoch verdichtete Energie und sie besitzt daher auch den Schwingungscharakter der Energie (Wellencharakter). Stoffe können miteinander Verbindungen eingehen. Man kann aus ihnen Legierungen herstellen oder sie miteinander vermischen. Der Fels zerfällt zu Steinen und Sand und darüber hinaus zu Staub. Erneut verdichtet entsteht wieder ein Fels.

Materie ist von ihrer Grundqualität kalt und trocken. Sie ist in erster Linie weiblich (kalt) und auf Grund ihrer inneren Spannung (trocken) bereit, dauerhaft eine Form anzunehmen. Daneben besitzt sie aber auch einen männlichen Anteil, da sie durch ihre Form etwas zum Ausdruck bringt. Erde trägt, begrenzt, konzentriert und formt durch ihre Ufer das Wasser. Ebenso formen sich aus unseren Begegnungen mit den Formen des Seins unsere Gefühle.

Ihre zerstörende Seite zeigt die Materie dann, wenn wir unter ihren Massen begraben werden oder wenn wir das Fundament unseres Hauses auf Sand gründen.

Feuerelement

Das Element Feuer spielt im Schöpfungsmythos der Genesis zunächst keine explizite Rolle. Feuer ist ein Symbol für die Lebensenergie (*gr.* Od, *W. Reich*

Orgon, *jap.* Reiki, Vril usw.), die uns unsere Lebendigkeit verleiht. Sie drückt sich in unserer *Vitalität* und in unseren Taten *auf der geistigen*, der *seelischen* und der *körperlichen Ebene* aus. Sie ist nicht die göttliche Schöpfungsenergie, sondern die schaffende Energie des Menschen.

Feuer erzeugt durch Verbrennung Wärme, Licht und Strahlung. Das Feuer im menschlichen Körper wird durch die Oxidation der Zucker in den Zellen erzeugt. Aus ihr deckt der menschliche Körper seinen Energiebedarf für die Körperwärme und die Kraft seiner Bewegungen. Feuer ist von der Grundqualität warm und trocken. Es drängt uns auf Grund der inneren Spannung (trocken) zum Ausdruck und zum Tanz des Lebens (warm, männlich). Dementsprechend erzeugt Feuer in uns einen starken *Handlungsdruck*, der uns mit Inbrunst zur Aktivität drängt. Es verleiht uns eine starke vitale *Ausstrahlung*.

Wird das Feuer zu stark, lässt es das Wasser verdunsten und die Natur verdorren. Feuer erschafft Leben und lässt uns lebendig sein, kann aber auch Leben zerstören. Deshalb verwenden wir es auch zur Abtötung von Leben bei der Sterilisation. So bewirkt eine übergroße Entfaltung von Lebensaktivität eine Vernachlässigung der Ruhe. Diese Ruhe jedoch ist ihrerseits die Voraussetzung für unser Erleben, Wahrnehmen und Fühlen.

Wärme führt zur Ausdehnung des Wassers, der Luft und der Erde. Feuer erzeugt Flammen, Glut und Funken. Seine Wirkungen sind immer nach oben auf den männlichen Pol gerichtet. Feuer überwindet die Massenanziehungskräfte, die zwischen Erde, Wasser und Luft wirken. Es lässt uns an die Spitze des Geschehens drängen und uns immer mehr ausbreiten. Seine Kraft überwindet die Tendenz der Materie, in Unordnung zu zerfallen (Entropie), indem sie die Materie erneut zusammenfügt zu immer wieder neuen Formen und Strukturen. Voraussetzung ist jedoch, dass wir unserem Feuer ausreichend Luft, das heißt Ideen, zuführen.

Feuer verwandelt die Stoffe, indem es die in ihren chemischen Bindungen enthaltene Energie durch Aufspaltung freisetzt. Feuer ermöglicht aber auch den Stoffen wiederum, andersartige Bindungen einzugehen. Feuer lockert die Bindungen, sodass, wie beim Schmieden der Metalle, die Umformung leichter wird. So formen auch wir mit Hilfe dieser Energie unsere Welt um und fügen sie wie in der Photosynthese zu immer wieder neuen Formen zusammen. Wir graben die Erze aus dem Schoß der Mutter Erde, schmelzen sie und verbinden sie zu immer neuen Legierungen. Im Anschluss daran geben wir ihnen die Form eines Zahnrades in unserer Armbanduhr oder prägen sie zum Kotflügel unseres Autos. Aus diesem Spiel resultiert eine schier unendliche Vielzahl der Gestaltung. Diese vielen Dinge, die wir mit Hilfe des Feuers gestalten, sind die Früchte, die wir im göttlichen Spiel hervorbringen. So steht auch die Frucht der Pflanze in Analogie zum Feuer.

Zusammenspiel der vier Elemente

Aus dem Miteinander der Elemente ergeben sich häufig Spannungen und Probleme, die wir an ihren Gegensätzlichkeiten erkennen können. Wasser kann das Feuer löschen, das Feuer seinerseits aber das Wasser verdunsten. Unter der Wasseroberfläche und unter der Erde bekommen wir keine Luft. Erde setzt dem Wasser Grenzen. Wasser vermag aber die Erde aufzuweichen und wegzuschwemmen.

Als Folge unserer Auseinandersetzung mit den vier Elementen bildet sich in einem sehr lange dauernden Prozess ein fünftes Element heraus, die „Quinta Essentia“ (Quintessenz), der „Stein der Weisen“. Dieses Element repräsentiert die Energie unseres vollkommenen Bewusstseins, das in der Lage ist, uns das Bewusstsein für das ewige Leben zurück zu geben, alle Krankheiten zu überwinden und alles in strahlende Lebendigkeit (Gold) zu verwandeln.

Überblick über die Elemente

Element	**Wasser**	**Luft**	**Erde**	**Feuer**
Polarität	--	+ (-)	- (+)	++
	Empfang, Eindruck	Information	mat. Antwort	Tat
	wahrnehmen	vermitteln	begrenzen	ausdrücken
	Empfindung	Idee	Gestalt	Vitalenergie
	Identität	Austausch	Materie	Lebendigkeit
	Nahrung		Matrix	
	Tiefe	Oberfläche	Körper	Strahlung
	Gefühl	Einfall	Sinnlichkeit	Emotion
	Sorge		Realität	Handlungs-druck
	Heimat		Form	
	Lösungsmittel			
Pflanze	Blatt	Blüte	Wurzel	Frucht
	kalt, feucht	warm, feucht	kalt, trocken	warm, trocken
Temperament	phlegmatisch	sanguinisch	melancholisch	cholerisch
	anziehend	vermittelnd	formbar	ausstrahlend
Lebensfrage:	„Was entspricht meiner Identität?“	„Welcher Idee soll ich folgen?“	„Welche Form will ich meinem Leben geben?“	„Wie werde ich am lebendigsten?“

Die Aufeinanderfolge der Elemente, Wasser, Luft, Erde, Feuer hat ihre Analogie im Handy. Wir empfangen mit ihm (Wasser) und aus seinem Hörer ertönt eine Information (Luft). Die Information kommt zu uns in einem Moment, der von unserer materiellen Situation (Erde) bestimmt ist. Unter diesen materiellen Bedingungen veranlasst uns die Information, in einer ganz bestimmten Art und Weise zu reagieren und zu handeln (Feuer). Auf der anderen Seite des „Telefonnetzes“ spricht der Schöpfer und auf dieser Seite befinden wir uns als wirkende Kräfte des Schöpfers. Wir sind Teile Gottes, nur sind wir uns dessen gewöhnlich nicht bewusst.

Es ist in diesem Zusammenhang wichtig, die Elementfolge unter einem weiteren Gesichtspunkt zu betrachten. Alle drei Wirkebenen (s. o.), Geist, Seele und Körper, bestehen aus jeweils diesen vier Elementen in gleicher Abfolge. Betrachten wir den Tierkreis im *Uhrzeigersinn*, gehen also „rückwärts“ durch den Tierkreis, so beginnt jede Wirkebene mit einem Wasserzeichen und endet mit einem Feuerzeichen. Diese Betrachtung entspricht unserer Wirklichkeit, in der alles mit der Empfängnis und der dazugehörigen Geburt (Wasser) beginnt und mit der Tat oder der Fruchtbildung (Feuer) endet. Auf der Bewusstseinsebene empfangen (Wasser) wir die Idee des Schöpfers und gebären sie (Wasser) als Idee (Luft) in uns. Diese Idee, unser inneres Kind, wird zum Odem (Luft), der sich dem „Klumpen Lehm“ (Erde) einhaucht. Wir könnten hier davon sprechen, dass die Materie in Resonanz mit der Idee gerät und dass sie die materielle Antwort auf die Idee ist. Hierdurch wird die Materie lebendig (Feuer). Diese Abfolge wiederholt sich auf der seelischen Ebene und letztendlich auf der körperlichen Ebene und findet dort ihre Vollendung und gleichzeitig ihr Ende.

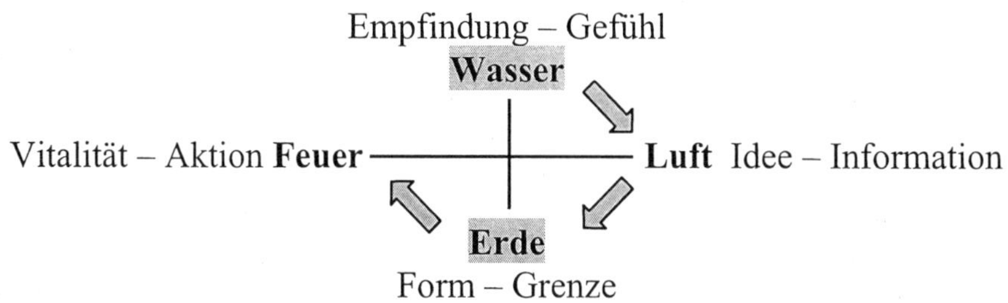

Elementkombination	Zusammenwirkung
Luft-Feuer	Die *Idee* als Voraussetzung zur *Handlung*; bei der Pflanze: die *Blüte* als Voraussetzung zur *Frucht*
Erde-Wasser	*Materielle Formen* bestimmen die *Wahrnehmung / Empfindung* und die damit verbundenen *Gefühle*; bei der Pflanze: die *Wurzeln* als Basis der *Blätter*

Die vier Energiekörper

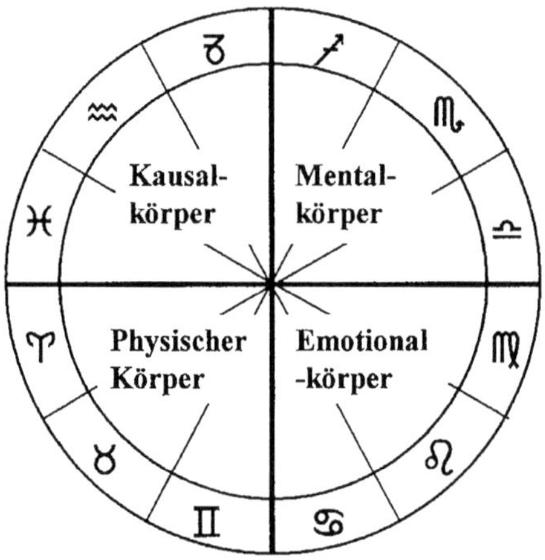

Der Tierkreis umfasst zwölf grundlegende Fähigkeiten, die jeder von uns in mehr oder weniger entwickelter Form besitzt. Sie verleihen uns die Möglichkeit, auf den unterschiedlichen Ebenen des SEINs zu wirken und das Bewirkte zu erleben. Diese unterschiedlichen Ebenen besitzen auch unterschiedliche Energiedichten. Das Spektrum umfasst die „feinstoffliche" Energie des Bewusstseins bis hin zur „grobstofflichen" Energie des Körpers. Diese energetischen Ebenen werden von jeweils einem Tierkreisquadranten, zu dem drei Tierkreiszeichen gehören, gebildet. Der IV. Tierkreisquadrant mit der geringsten Energiedichte gibt uns die Fähigkeit des *bewussten SEINs* (Bewusstsein, Spirit). Der III. Tierkreisquadrant, in seiner Energie schon dichter, gibt uns das Talent zur *mentalen* (*lat.* denkend, verstandesorientiert) Auseinandersetzung mit der Welt. Wiederum in seiner Energie eine Stufe dichter sind unsere *emotionalen* Energien des II. Tierkreisquadranten. Am stärksten verdichtet erscheinen uns die Energien der *körperlichen* Anlagen des I. Tierkreisquadranten. Diese vier Ebenen entsprechen den vier energetischen Körpern des Menschen: spiritueller Körper (Kausalkörper), Mentalkörper, Emotionalkörper (Astralleib) und der normalerweise einzig sichtbare physische Körper (siehe nebenstehende Abb.). Dabei wirkt die Energie des spirituellen Körpers auf den mentalen, die des mentalen auf den emotionalen und diese wiederum auf den physischen Körper. Die „Wirklichkeit" nimmt also immer ihren Ausgang vom spirituellen Körper gemäß der alten Erkenntnis: Das Bewusstsein bestimmt das Sein.

Jede dieser Ebenen erzeugt spezifisch eigene Erfahrungen und Handlungen, die sich nicht mit den Energien der anderen Ebenen wiederholen oder nachvollziehen lassen. Spirituellen (Bewusstsein) Erfahrungen begegnen wir nicht auf der mentalen Energieebene. Ebenso wenig sind dort die emotionalen Erfahrungen zu machen. Jede energetische Ebene umfasst drei Tierkreiszeichen und damit drei Fähigkeiten, die miteinander kooperieren.

Bei der Manifestation der Erscheinungen schreitet der alles bewirkende göttliche Impuls von Ebene zu Ebene in einen Zustand immer stärkerer energetischer Verdichtung. Letztendlich wird er in der grobstofflichen Sphäre sichtbar. Bei diesem Abstieg in die Stofflichkeit verliert der ursprüngliche Ideenimpuls zunehmend an erkennbarem Informationsgehalt. Das Hintergründige, Geistige wird zunehmend vom Vordergründigen, Körperlichen überdeckt. Beispielsweise lässt die körperliche Gestalt eines Tempels oder einer Kirche lediglich erahnen, aber nicht mehr direkt erkennen, aus welcher emotionalen Motivation, mit welchem mental weltanschaulichen Hintergrund und gar aus welchem spirituellen Bewusstsein heraus sie erbaut wurde. Deshalb haben unsere Archäologen und Historiker häufig ihre Probleme beim Verständnis alter sakraler Bauten, wie wir sie am Beispiel der Cheops-Pyramide beobachten können.

Spiritueller Körper - IV. Tierkreisquadrant

Es sind die spirituellen Energien, die uns ein bewusstes Sein ermöglichen. Unter dieser Bewusstheit erkennen wir, dass die *Kräfte unseres Bewusstseins* unser Sein gestalten. Egal, ob sie die Welt unseres Traumes oder unsere scheinbar so reale Welt des Alltags formen. Sie sind der Grund allen menschlichen Seins. Über sie stehen wir in Verbindung zu Gott. Hier können wir erkennen, dass alles Sein in zunächst feinstofflicher Form von Gott kommt.

Dieser Quadrant ist unserem Bewusstsein seit dem Sündenfall versperrt (siehe: Tierkreiszeichen Steinbock), sodass wir sein Wirken gemeinhin nur noch als schicksalhaft erleben. Wir erkennen nicht mehr die hintergründigen Zusammenhänge und sprechen im Zusammenhang mit dem Schicksal vom unergründlichen Zufall. Unter dieser bewusstseinsbegrenzten Perspektive erscheint uns der Zufall sinnlos.

Die Entwicklung des Menschen bezieht sich im Wesentlichen auf diesen Quadranten. Wir Menschen sind auf der Erde, um eine Bewusstseinsentwicklung und damit eine spirituelle Entwicklung zum Phänomen der Liebe zu machen. An deren Ende steht die Erkenntnis, dass unser gesamtes Sein nach wie vor aus der göttlichen Quelle fließt und immer floss, und unser Schicksal von einer allumfassenden Liebe getragen ist und immer war.

Mentalkörper - III. Tierkreisquadrant

In ihm besitzen wir die Energien, uns mental, d. h. mittels unserer Verstandeskraft mit der Welt, der wir begegnen, auseinander zu setzen. Wir können sie geistig ordnen, sie in Sinnzusammenhänge bringen und sie als Erfahrungen auf der mentalen Ebene speichern (Gedächtnis). Aus dem Nachdenken über unsere Erlebnisse und die mit ihnen verbundenen Ängste und Befürchtungen entstehen unsere geistigen Überzeugungen, Glaubenssätze und Weltanschauungen.

Unsere – häufig unbewussten – Glaubenssätze sind von entscheidender Bedeutung, da sich nach ihnen unser Leben gestaltet. Alles, was wir planen und auf Grund unserer Erwartungen im Leben anziehen, steht mit ihnen in direktem Zusammenhang. Bewusste Erfahrung können wir mit diesem Phänomen durch mentales Training und die damit verbundene Magie machen. „Positives Denken" funktioniert auf der Basis dieser Fähigkeiten.

Die Begegnung mit der Außenwelt wurde notwendig, als der Mensch begann, Teile von sich ins Unbewusste zu verdrängen. Damit sie nicht für immer verloren bleiben, kommen sie von außen wieder zu uns zurück (Projektion). Die Begegnung ist damit von dem bestimmt, was wir verloren bzw. verurteilt und verdrängt haben.

Emotionalkörper - II. Tierkreisquadrant

Im emotionalen Quadranten begegnen wir den Energien unserer Motivationen, dem ICH WILL! Ich will die materielle Welt, wie sie sich mir bietet, für den

Auftrag meines SELBST nutzen (Jungfrau), ich will leben und verwirklichen (Löwe), und ich will erleben (Krebs). Ihm entspringt unser Drang nach Lebendigkeit und gleichzeitig unser Erleben und die damit verbundenen Gefühle. Letztere zeigen uns, ob unsere Bedürfnisse befriedigt sind oder ob wir uns um deren Befriedigung kümmern müssen.

Physischer Körper - I. Tierkreisquadrant

In ihm finden wir die Energien, die wir benötigen, um in der körperlich manifesten Welt zu wirken. Unser Körper ist mittels seiner Kraft und seiner steuerbaren Beweglichkeit in der Lage, die Erde (Materie) in bestimmten Grenzen zu verändern. Er bringt in die Sichtbarkeit und führt aus, was Gott als Schöpfungsimpuls in unserem Himmel veranlasste oder was wir uns aus scheinbar „freiem" Willen, also in Abweichung von der göttlichen Absicht, auf der mentalen Ebene ausdachten.

Auch die körperliche Ebene besteht ausschließlich aus Energie, die jedoch auf Grund ihrer Dichte in uns die Illusion der Festigkeit und dauerhaften Körperlichkeit erzeugt.

Tierkreis-quadrant IV.	III.	II.	I.
Spiritus	Mens	Emotion	Physis
spiritueller Körper, Kausalkörper[5]	Mentalkörper	Emotionalkörper, Astralleib	physischer Körper, Ätherleib
Bewusstsein	Verstandeskraft	Lebens-Wille	Körper
geistige Energie	mentale Energie	emotionale Energie	körperliche Energie
feinstofflich[6]	Stoffdichte ↗	Stoffdichte ↗↗	grobstofflich
Schicksal	Denken, Glauben	Wollen, Begehren	mat. Wirkung
Hintergrund	in der Außenwelt Sichtbares, Begegnung	Motivation	für uns Sichtbares

Tierkreiszeichen

Symbolik des geteilten Kreises

Ist der Kreis ein Symbol der Ganzheit und der Verwirklichung und steht damit für die männliche Energie des Menschen, so drückt sich in der Teilung des Kreises die weibliche Dimension der Ganzheit aus. So ist es denn kein Wunder, dass der Mond im Zusammenspiel mit der Sonne die Teilung in zwölf Zeichen bestimmt.

---

[5] Im Sinne von: Gott, der in Verbindung mit diesem Körper wirkt, ist seine erste, letzte und einzige Ursache.

[6] Stoff ist Energie; er unterscheidet sich nicht nur in der *Energiedichte,* sondern auch in der *Art* der Energien.

Das Jahr mit seinen dreihundertfünfundsechzig (365,2422) Tagen zerfällt dadurch, dass Sonne und Mond ca. alle 30 Tage eine Konjunktion (Neumond) bilden, in zwölf Monate (Mondbereiche) und analog dazu in zwölf Tierkreiszeichen. Der Tierkreis beginnt bzw. endet am Tag der *Tag- und Nachtgleiche* mit null Grad Widder. Dieser Tag ist auf der Nordhalbkugel der Tag des Frühlingsbeginns um den 21. März und auf der Südhalbkugel der Tag des Herbstbeginns.

Die Tierkreiszeichen beschreiben archetypische *Fähigkeiten* und *Anlagen* des Menschen, der in die Natur der Erde eingebettet ist und ein Leben in dieser „sublunaren" Welt bewältigen will. Hierzu benötigt er auf der Erde zwölf verschiedene Fähigkeiten. Würde er auf einem anderen Planeten inkarnieren, so ergäben sich dort auf Grund anderer Mondumläufe andere Jahresteilungen und eine von der Erde abweichende Anzahl von Monaten, Tierkreiszeichen und dementsprechenden Anlagen.

Auch unser Körper zeigt diese zwölf Anlagen in Form verschiedener Organe und spezifischer Organfähigkeiten, die mit den Tierkreiszeichen korrespondieren.

Die zwei Richtungen im Tierkreis

Normalerweise beginnen wir die Betrachtung des Tierkreises mit dem Zeichen Widder und enden mit dem Zeichen Fische. Diese Art der Betrachtung wird noch dadurch unterstützt, dass wir bei der Erklärung der Zeichen diese den Jahreszeiten zuordnen. So entsteht der Eindruck, alles Leben beginne mit dem Widder. Die Zuordnung der Zeichen zu den Jahreszeiten entbehrt jedoch jeder Grundlage, wenn wir bedenken, dass die Jahreszeiten auf der anderen Hälfte unserer Erde, der Südhalbkugel, genau entgegengesetzt zu unseren verlaufen. Der Löwe beispielsweise wird dort im tiefsten Winter geboren und besitzt dennoch das archetypische Verhalten des Löwen. Die Bewohner der Südhalbkugel müssten nun, wenn sie es so machen wollten wie wir Menschen der Nordhalbkugel, den Löwe-Archetypus aus der Jahreszeit des Winters ableiten. Oder aber die Astrologie gilt nur für die Nordhalbkugel, dann steht aber ihre grundsätzliche Bedeutung in Frage.

Wenn wir dennoch deren Bedeutung als Wissenschaft von kosmischem Rang erhalten wollen, legen uns diese Überlegungen nahe, dass wir uns bei der Deutung der Tierkreisarchetypen von den Zuordnungen der Jahreszeiten[7] lösen müssen. Zum Beispiel Jungfrau als Zeichen und Zeit der Ernte zu deuten, fordert von uns, gutwillig die Augen davor zu verschließen, dass sogar in den nördlicheren Breitengraden zu *allen* Jahreszeiten geerntet wird. Denken wir nur an den köstlichen Rosenkohl und den beliebten Grünkohl in der Winterzeit.

---

[7] Welche Merkwürdigkeiten bei diesen Zuordnungen entstehen, zeigt uns z. B. das Lexikon der Symbole (Heyne Sachbuch). Dort finden wir zur Erklärung des Tierkreiszeichens Krebs: „Es beginnt nun die immer dunklere, kältere Hälfte der Monate." Und beim Löwen heißt es dann: „Der Löwe war das Bild des Sieges der Sonnenkraft, die im Hochsommer ihre höchste Zunahme erreicht hat ... , die aber, da die Hitze jetzt unerträglich steigt, selber zu einer Gefahr für alles Leben werden kann." Weiter beim Schützen: „In ihm vollzieht sich die Auferstehung und Zeugung der neuen Sonnenkraft, damit der Anfang des Wiederbeginns der warmen und hellen Jahreszeit." Diese Aussage bezieht sich ausgerechnet auf eine Zeit, der die tiefste Kälte und der kürzeste Tag noch folgen.

Der Weg der Entwicklung

Zwar hat die Betrachtungsrichtung gegen den Uhrzeigersinn mit Widder beginnend ihre Bedeutung, jedoch nur für die Abfolge unserer *Entwicklung*. Sie beginnt immer mit den kardinalen Fähigkeiten, zum Beispiel steht am Beginn der Entwicklung des Kleinkindes die Entfaltung seiner Durchsetzung mittels seines Schreiens (Widder), danach folgt die Entfaltung eines eigenen Raumes (Stier) und dann die Entwicklung einer differenzierten körperlichen Beweglichkeit (Zwilling). Auf das Zeichen Widder folgt also der Stier und darauf folgen die Zwillinge. Die normale Bahnrichtung der Planeten und Lichter beschreibt den „Weg der Entwicklung“.

Der Weg der Wirklichkeit

Betrachtet man jedoch den Ablauf eines Geschehnisses oder einer Handlung, so müssen wir die Betrachtung beim Zeichen Fische beginnen, im Uhrzeigersinn weitergehen und mit dem Widder enden. Wir beschreiten damit den Weg von der „Quelle“ (Fische) bis zur Tat (Widder). Es ist dies der „Weg der Wirklichkeit“, der Weg des Wirkens. Verschiedene Hinweise darauf existieren, dass dies die tatsächliche Richtung und Abfolge bei *allen* unseren Handlungen ist. Gehen wir bei unseren Betrachtungen „rückwärts“ und damit im *Sinne des Uhrzeigers* durch den Tierkreis, so eröffnet sich uns die *Wirklichkeit des Seins*.

Auf die Bedeutung dieser Wirkrichtung verweisen einige versteckte Informationen. Es verwundert beispielsweise, dass die Uhr als Zeitanzeige nicht der üblichen Bewegungsrichtung der Planeten gegen den Uhrzeigersinn folgt, obwohl sich die Zeiteinteilung und damit unser Kalender eng nach der astrologischen Ordnung richtet. Es liegt die Vermutung nahe, dass hier über große Zeiträume hinweg eine Information überliefert werden soll, welche die Bedeutung dieser U(h)r-Richtung betrifft. Natürlich können wir diese Richtung auch als Bewegungsrichtung des Tierkreises gegenüber unserem irdischen Horizont verstehen.

Einen weiteren Hinweis erhalten wir durch das Zeichen Wassermann. Er ist nämlich das *Männliche*, das dem *Wasser* entsteigt. Der Wassermann entsteigt dem Meer, dem Wasser des Tierkreiszeichens Fische. Er ist ein „Kind“ des Meeres. Auch hier zeigt sich die Ur-Richtung von Fische zum Wassermann.

Betrachten wir die griechische Mythologie, so begegnen wir wiederum dieser Richtung in der Generationenfolge der Götter, die wir zwanglos auf die Tierkreisfolge übertragen können. „Mutter“ von allem in der Verbindung zur Erde (Gaia) ist Chaos (Fische). Uranos (Wassermann) ist der Sohn des Chaos. Der Sohn des Uranos ist der Titan Kronos (Saturn, Steinbock). Gezeugt wurden sie mit Gaia, der Erde. Die Söhne des Kronos sind Zeus (Jupiter, Schütze) und Hades (Pluto, Skorpion). Diesmal jedoch ist die Mutter nicht mehr Gaia, sondern die Titanin Rhea. In ihrem Namen steckt der Begriff des Leichtsinns. Möglicherweise will der Name zum Ausdruck bringen, dass die mentale Welt, und für sie stehen ja u. a. Zeus und Hades, nichts ist, was in Wirklichkeit existiert.

Auch bei der Betrachtung des Handlungsverlaufes stoßen wir im Tierkreis auf die Uhrzeigerrichtung. Denn jeder körperlichen Handlung (Widder) geht der

Wunsch und Wille (Löwe), es zu tun, voraus und diesem wiederum die Vorstellung bzw. der mentale Plan (Skorpion). Unsere Pläne ihrerseits stammen aus Überlegungen und Denkakten (Schütze), die in Verbindung mit dem gerade Erlebten (Skorpion) und den gesellschaftlichen Bedürfnissen (Steinbock) stehen. Hier beginnt der Ablauf deutlich erkennbar im mentalen Quadranten (Gedanke, Plan, Idee), gefolgt vom emotionalen Quadranten, dem Willen (Löwen), was dann im physischen Quadranten zur körperlich sichtbaren Erscheinung bzw. Tat (Widder) wird.

Spirituelle Astrologie

Woher unsere Gedanken und damit der Anstoß zum Handeln letztendlich stammen, bleibt unserem Bewusstsein in der Regel verborgen. Plötzlich war der Gedankenimpuls da! Wir können nun zu Recht vermuten, dass er seinen Ursprung im IV., dem spirituellen Quadranten hatte und als Ideenimpuls des Wassermannes zum Ausdruck kommt. Da dieser Quadrant mit dem empfänglichen (Wasser) Zeichen Fische beginnt, liegt die Annahme nahe, dass wir diesen Impuls aus der transzendenten, der göttlichen Sphäre, empfangen haben. Im Zentrum des Uranus-Symbols (♅) steht der Punkt. Er wird in den Überlieferungen oft als Perle oder Geistfunken umschrieben. Der *Punkt* ist das Symbol der aus der Transzendenz in die zeitlich räumliche Erscheinung tretenden göttlichen Energie.

Die Konsequenz daraus stellt alles in unserer Zeit Geglaubte auf den Kopf und kann nur lauten: Nicht der Mensch ist Gestalter seines Lebens, sondern er lebt aus der Kreativität und Schöpfungskraft GOTTES. Alles menschliche Handeln ist das Handeln GOTTES. Aus dieser Sicht erweist sich unser EGO - das doch daran glaubt, der Schöpfer all seiner Handlungen zu sein - als eine Illusion unseres begrenzten Bewusstseins.

Spirituelle Astrologie betrachtet den Tierkreis unter diesen umgekehrten Bedingungen, die aber unserer *Wirklichkeit* entsprechen. Aus dieser Sichtweise erschließen sich uns neue und doch schon immer vorhandene Inhalte zu den Tierkreisarchetypen. Sie erstrahlen wieder in ihrer ursprünglichen Bedeutung. Spirituelle Astrologie besticht in ihrer Einfachheit des Ansatzes und unterscheidet sich dadurch entscheidend vom Ansatz der esoterischen Astrologie der Alice A. Bailey. Sie verzichtet im Gegensatz zur esoterischen Astrologie auf das Locken mit Geheimnissen, die uns dann doch nicht offenbart werden, weil wir „noch nicht so weit" sind.

Die spirituelle Astrologie sieht den Tierkreis als ein handelndes Ganzes. Sie zeigt uns, woher wir unsere Impulse beziehen und wie sie sich in unserem Persönlichkeitssystem von Stufe zu Stufe energetisch bis hin zur Körperlichkeit verdichten. Der Tierkreis zeigt und beschreibt den Abstieg des göttlichen „Wortes" (der göttlichen Energie) in die körperliche Manifestation (siehe nebenstehende Abb. S. 88). Der göttliche Geist wird zur körperlichen Erscheinung. Alles beginnt mit GOTT in seiner Eigenschaft als Schöpfer des „Wortes", welches das Licht des Menschen ist. In unserem Persönlichkeitssystem (Fraktal GOTTES) beginnt es mit dem Zeichen **Fische.** In ihm besitzen wir die Empfänglichkeit der Hohepriesterin gegenüber der göttlichen Schöpfungsenergie, dem göttlichen „Wort". Das Zeichen

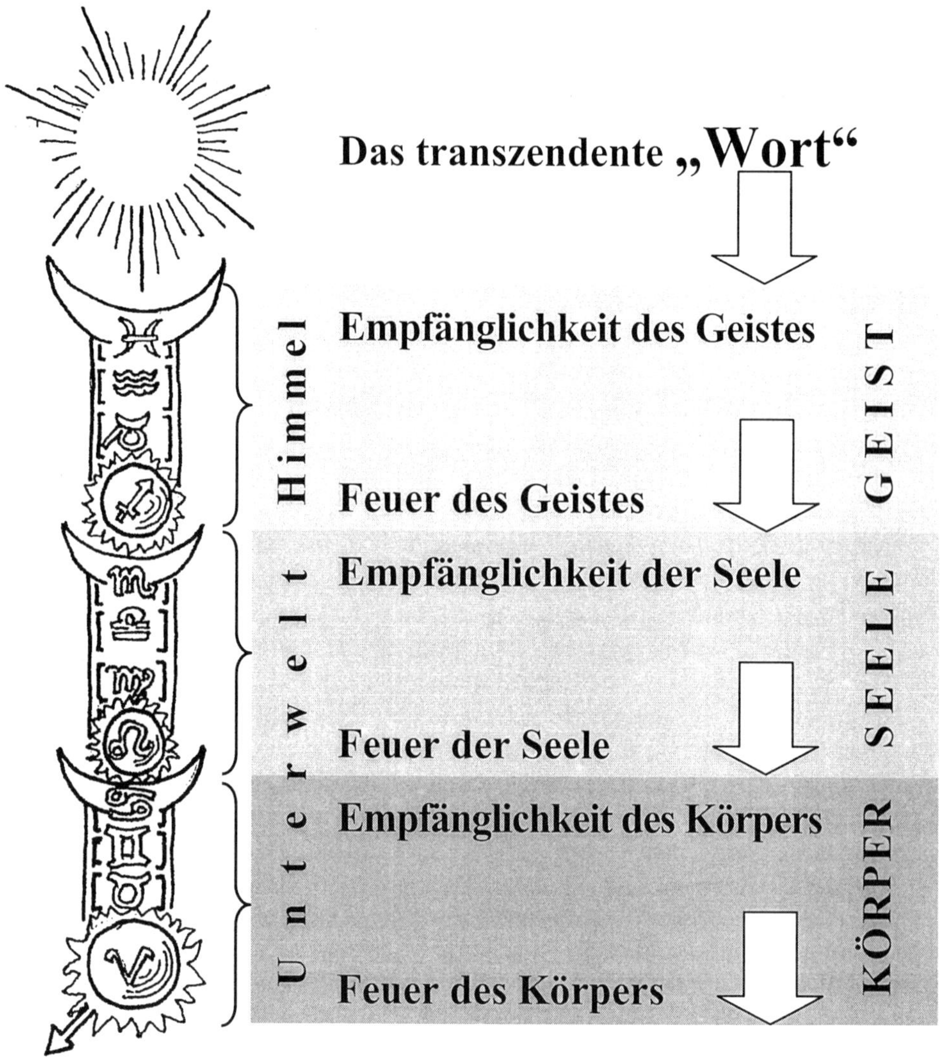

entspricht der „Nase“ des Menschen, in den der Schöpfer seinen Atem einhaucht (1. Mo. 2.7). Als weibliches Zeichen empfängt es die transzendente (noch nicht offenbarte) Idee und gebiert sie in uns.

Als männlicher Impuls entsteigt die Idee als **Wassermann** den Fluten unseres inneren Meeres. Der Wassermann ist damit das Kind und der Sohn der göttlichen Welt und der Heilige Geist in uns. Dieser ist unser Menschen Licht. Dieses Licht kann von der Materie auf Grund seiner inneren Strukturgesetze, die **Steinbock** repräsentiert, getragen und über ihre Formung sichtbar gemacht werden. Hierbei wird die ursprüngliche Bedeutung des Steinbockzeichens wieder offenbar. Er ist der Lichtträger, der Luzifer (*lat.* Licht tragen). Dieser wiederum überbringt es auf der geistigen Ebene dem **Schützen.** Dieser ist unser innerer geistig-mentaler Verkünder, der Hohepriester in uns. Er repräsentiert die Energie, die uns be-geist-ert. Sie zeigt sich uns in Form unserer Gedanken. Seine Gedanken verkündet er der Seele. Die Nahtstelle zwischen Himmel und Seele-Körper drückt sich auch in der Symbolgestalt des Schützen aus. Der *Zentaur* verbindet den Oberkörper des Menschen mit dem tierischen Leib des Pferdes.

Die Gedanken werden für die Seele zum Auftrag. Dabei verlassen sie die „Obere Welt" (Himmel, Olymp) und durchschreiten das Tor zur „Unteren Welt" (Unterwelt), zur Seele. Dort werden sie vom **Skorpion** empfangen, der sich dem Verkündeten gegenüber absolut verpflichtet fühlt. Er sorgt auf der mentalen Ebene für die verbindliche Erledigung des göttlichen Auftrags. Aus diesem weiblichen Zeichen gebiert sich der mentale Impuls, die im Jetzt aktuelle Idee des Zeichens **Waage.** Die Waage übergibt ihren Ideenimpuls an den seelischen „Lichtträger", die **Jungfrau.** Sie vertritt die Bereitschaft der Materie, sich beseelen zu lassen bzw. dem seelischen Auftrag zu dienen. Sie analysiert, inwieweit die verfügbare Materie für den Auftrag nutzbar ist und wie die aus der Nutzung der Materie entstehende Arbeit zu gestalten ist. Die Jungfrau erklärt die materielle Machbarkeit des Auftrages und übergibt ihn dem **Löwen,** unserem Herzen. Dieses lässt sich durch den Auftrag inspirieren. Der Auftrag wird damit zum zentralen Lebens- und Handlungsthema. Wir Menschen sagen auf dieser Ebene: „Ich will es von ganzem Herzen leben und verwirklichen!" Dieser seelische Verwirklichungswille ist mit einer ungeheuren Energie verbunden, der Sonnenenergie in uns.

Der Wille des Herzens durchschreitet das Tor zum Körper und wird dort vom **Krebs** empfangen. Dieser verkündet: „Ich will es im Körper erleben!" Gleichzeitig gebiert er die Bewegungsidee **Zwillinge,** die nötig ist, den Auftrag über die körperliche Bewegung zur Erscheinung zu bringen. Die Idee der Bewegung wird an den **Stier,** an die konkret sichtbare Materie bzw. an unseren Körper, weitergeleitet. Der Körper bzw. die Materie ist bereit, den Auftrag in ihrer Formgebung zu zeigen. Der Formauftrag gelangt zum Zentrum unserer körperlichen Kraft, zum **Widder,** der sie mittels seiner Kraft in die Tat umsetzt. Die göttliche Idee ist an uns zur körperlichen „Frucht" geworden nach der Bestimmung (Jh. 15,5):

> Ich bin der Weinstock, ihr seid die Reben. Wer in mir bleibt und ich in ihm, der bringt viel Frucht, denn getrennt von mir könnt ihr nichts tun. Wenn jemand nicht in mir bleibt, so wird er hinausgeworfen wie die Rebe und verdorrt; und man sammelt sie und wirft sie ins Feuer ...

All diese Früchte repräsentieren die Welt in ihrer Ganzheit und damit GOTT als das Allumfassende. „Es vollbringen sich die Wunder eines einigen einzigen Dinges" (Hermes Trismegistos).

Tierkreis-Archetypen

Bei der nachfolgenden Beschreibung der Tierkreiszeichen werden wir gemeinsam den Empfang und Abstieg des Göttlichen Lichts aus der Welt des Geistes über die Seele bis hin zu seiner körperlichen Sichtbarkeit und Wirkung kennenlernen.

Hinweis: Wer als Leser die astrologischen Grundlagen übersprungen hat, möge dennoch vorher die zwei Kapitel „Der Weg der Wirklichkeit" und „Spirituelle Astrologie" lesen. Er wird dann eher verstehen, warum wir mit dem Tierkreiszeichen Fische beginnen, also den Tierkreis von „hinten" her aufrollen.

Fische ♓

Der Fische-Archetypus setzt sich aus den nachstehenden Grundqualitäten, Verhaltensweisen und Eigenschaften zusammen. Der herrschende Planet und energetische Vertreter des Fische-Anliegens ist der weiblich polarisierte Neptun[8].

weiblich	beweglich	Wasser	Geist	spiritueller Körper
passiv	Anpassung	Empfang	„Gottes Thron"	feinstofflich
introvertiert	Steuerung	Wahrnehmung	Licht	geistige Energie
Frau	Differenzierung	Eindruck	Himmel	
nehmen	Unbeständigkeit	Gefühl	Bewusstsein	
erleben	Zielsuche	Sorge	Wirklichkeit	
betrachten		Heimat	Hintergrund	
Innen		anziehend	Schicksal	
Leere		Lösungsmittel		
		Nahrung		

In der Kombination ergeben sich folgende archetypische Merkmale:

- Die Zielsuche nach der himmlischen Heimat im Inneren = Paradies, die Mitte des SELBST, Sehnsucht
- Die Sorge um das Bewusstsein = die Suche nach der Erlösung, All-Liebe
- Die Anpassung an das Transzendente = das Fließende
- Das Empfangene steuert unser Sein = Lebensfluss, Schicksal
- Die Wahrnehmung und der Empfang des Göttlichen Geistes durch die Himmlische Frau = Empfang des Transzendenten, die himmlische Nahrung (Manna)
- Die Wahrnehmung der Hintergründe des Schicksals = Vertrauen, Einverstandensein

---

[8] Vor der Entdeckung des Neptuns herrschte der *weibliche* Jupiter über das Tierkreiszeichen Fische. Aus dieser Zeit stammen die Zuordnungen von Eigenschaften, die man heute auf den männlichen Jupiter des Tierkreiszeichens Schütze übertragen hat, die ihm aber nicht zustehen (beispielsweise die Fähigkeit der Intuition).

Neptun, als männlicher Gott der griechischen Mythologie, suggeriert fälschlicherweise männliche Eigenschaften bei diesem urweiblichen Planeten.

Das Symbol

Das Symbol zeigt zwei Fische, die mit einem Band verbunden sind. Einer der beiden schwimmt nach unten und der andere nach oben. Der eine symbolisiert den Abstieg (Involution) in unsere irdische Welt und den Beginn, das *Alpha*, irdischen Lebens und der andere dessen Ende, das *Omega*, und die Rückkehr (Evolution) in die ursprüngliche göttliche Heimat (Paradies). Analog dazu steht die Auffassung, alles Leben komme aus dem Meer, und alles Leben kehre ins Meer zurück. Damit wir bei unserem Abstieg nicht verloren gehen oder uns unrettbar verirren, sind wir stets mit einem Band an den Rückkehrimpuls gebunden. Diese Bindung nennen wir *Religio* (*lat.* zurückbinden) und wir fühlen sie ständig in unserer *Sehnsucht* nach GOTT. Diese Religio macht einen großen Teil der Fische-Welt aus. Der Abstieg des Theseus in das Labyrinth, um den Stier des Minos zu töten, war nur deshalb erfolgreich, weil ihm Ariadne, die Tochter des König Minos, einen „rückbindenden" Faden gab (siehe hierzu auch den unter dem Tierkreiszeichen Stier beschriebenen Mithras-Kult).

Fähigkeiten und Anliegen

Mythologisch entspricht die Welt der Fische dem *Chaos*, das zusammen mit Gaia den Uranus zum Sohn hat. Nach den Vorstellungen der Chaosforschung repräsentiert diese Welt das formlose Energiekontinuum, das die Grundlage zur Musterentstehung bildet und das zum Empfang von Mustern bereit ist. Sie ist vergleichbar mit der spiegelglatten Oberfläche des Meeres, in die dann der Schöpfer mit seinem „Finger" eintaucht und energetische Muster in Form von (Energie-) „Wellen" erzeugt.

Die in Fische angelegten Fähigkeiten geben uns eine kaum vorstellbare Sensibilität und Empfänglichkeit dem Sein gegenüber, die *Intuition*[9]. Mit der Intuition nehmen wir gefühlsmäßig das Zusammenwirken des Ganzen wahr, ohne darüber nachdenken zu müssen. Die Trennung zwischen ICH und der Außenwelt, der Welt des DU, ist aufgehoben. Wir *sehen* und „verstehen" den „Fluss" des Lebendigen (Hermann Hesse: Siddhartha), den wir auch als Schicksal bezeichnen. Wir erkennen die Zusammenarbeit des Ganzen, um das Gewebe des Schicksals, den „göttlichen Traum", zu wirken.

Zunächst sind es unsere Ahnungen zu unserem Schicksal, von dem, was ist und von dem, was kommen wird. Wir wachen langsam aus unserer Blindheit auf und werden zur wahren Seherin (weibliche Fähigkeit!) (Mt. 20,30):

> Zwei Blinde ... sprachen: ... Herr, dass unsere Augen geöffnet werden. Jesus ... rührte ihre Augen an; und sogleich wurden sie sehend, ...

Dies ist ein Zustand, bei dem uns unmittelbar das Spiel, die Zusammenhänge und der Sinn des Ganzen bewusst werden. Wir erkennen, dass es ausschließlich das Spiel unseres göttlichen SELBST ist. Die Welt, in der wir leben, und wir sind

---

[9] Unter Intuition versteht der Duden eine „unmittelbar ganzheitliche Sinneswahrnehmung" bzw. „Erkennung des Wesens eines Gegenstandes in einem Akt ohne Reflexion" oder aber als „ahnendes Erfassen".

EINS. Die Welt um uns herum ist mit uns identisch. Unser Schicksal erscheint zutiefst sinnvoll und optimal gestaltet. Wir sehen, dass es aus der Quelle des Göttlichen fließt. Diese Erkenntnis bewirkt in uns das Gefühl, zu Hause angekommen zu sein. Wir haben unsere Heimat, das *Paradies*, wiedergefunden, das wir ursprünglich verlassen haben. Die Sehnsucht und die Suche sind zu Ende. Wir „trinken“ bewusst aus der göttlichen Quelle im Vertrauen in das aus ihr fließende Schicksal und in der Erkenntnis, dass unser Schicksal von tiefer Liebe getragen ist. Grenzenloses Vertrauen und allumfassende Liebe, die Gefühle unserer ursprünglich paradiesischen Existenz breiten sich wieder als Grundgefühl in uns aus. Das Schicksal hat seine vordergründige Zufälligkeit verloren. Es ist nicht mehr ungeordnetes Chaos, sondern getragen von einer vom menschlichen Verstand nicht fassbaren göttlichen Ordnung. Die Gewissheit der Fische ist die Erkenntnis, dass alles, was ist, einen tiefen Sinn in sich trägt, sowohl die Freude als auch das Leid. Die daraus resultierende Weisheit trägt einen Namen: „Sophia“ (*gr.* Weisheit).

Aus dieser Erkenntnis entsteht die Fähigkeit, sich dem Fluss alles Lebendigen anzuvertrauen, mit ihm zu *fließen* und mit dem, was er bringt, *einverstanden* zu sein. Da wir im Einklang mit dem Ganzen leben, hören die Schicksalsschläge auf. Immer sind wir zur richtigen Zeit am richtigen Platz und tun das Passende. Wir erleben die Schönheit der Schöpfung und uns ist bewusst, dass unser ganzes Leben vom Göttlichen gestaltet ist. Die Illusion, dass das EGO Herr aller Gestaltungen unseres Lebens gewesen sei, hört auf zu existieren. Wir sind zum *paradiesischen Gefühl* zurückgekehrt: der allumfassenden Liebe.

Die weiblich empfängliche Kraft, das Wasser der Fische, stellt die Brücke[10] zu GOTT dar. Schon bei Beginn der Schöpfung heißt es in der Genesis (1Mo. 1,1):

> Im Anfang schuf Gott die Himmel und die Erde. Und die Erde war wüst und leer, und Finsternis war über der Tiefe; und der Geist Gottes schwebte über den Wassern.

Diese Kraft des Wassers, über welchem der Göttliche Geist schwebt, ist anziehend und auf Grund seiner Flexibilität in der Lage, sich ganz an das, was ihm gegeben wird, anzupassen und sich vom Gegebenen leiten zu lassen. Diese weibliche Kraft empfängt „unbefleckt“, ohne Makel, das GÖTTLICHE, wird von ihm schwanger und gebiert das göttliche Kind in uns. Sie gebiert in „Bethlehem“ (*hebr.* Brothaus). Es ist der Ort in uns, wo wir die göttliche „Speise“ bekommen. Auf diese „Speise“ wird in Mt. 4,4 hingewiesen:

> „Nicht von Brot allein soll der Mensch leben, sondern von jedem Wort, das durch den Mund Gottes ausgeht.“

---

[10] In der klassischen Astrologie ist die Funktion des Pontifex (*lat.* Brückenbauer) dem Jupiter zugeordnet, was sowohl in der Astrologie als auch in der Kirche zu dem Irrtum führte, dass dies die Aufgabe des Schützen und damit der männlichen Priester sei. Jupiter hat jedoch eine weibliche Seite in seiner Eigenschaft als klassischer Herrscher der Fische. Danach hat die Funktion des Pontifex - des Brückenbauers zu GOTT - der „weibliche Jupiter“, die Hohe Priesterin und damit heute Neptun. Sie, die Hohe Priesterin, fehlt heutzutage in vielen traditionellen Kirchen.

Das auf diese Weise empfangene Kind, *Jesus*, ist das Wort GOTTES in uns, unser Licht und Lebensimpuls. Dies ist der Hintergrund der Himmelskönigin Maria im christlichen Mythos. Der Name Maria lässt sich auf zwei Weisen deuten. Zum einen vom lateinischen „mare" herkommend, was Meer bedeutet und symbolisch auf die Welt der Fische verweist, und zum anderen aus dem aramäischen „miri-jam", was so viel wie die „Jahwe Liebende" heißt. Auch hierin wird ihre Nähe zu GOTT ausgedrückt. Im schwedischen heißt Maria Maja. In diesem Zusammenhang ist es interessant, dass auch die Mutter von Buddha Maya hieß. Maya verweist auf das Trügerische unserer materiellen Welt, die uns so festgefügt erscheint.

Auch in der jüdischen Mystik, der Kabbala, begegnen wir der gleichen Kraft, nur unter anderem Namen, im Baum des Lebens. Sie ist dort die Krone und wird Kether[11] genannt. Und tatsächlich symbolisiert die Krone den zum GÖTTLICHEN offenen Empfang. Den Baum des Lebens tragen wir in uns, und seine Krone stellt die Verbindung mit dem *GRENZENLOSEN LICHT* (AIN SOPH AUR) her.

Maria, die Empfängliche, ist immer Jungfrau, denn ihre Empfängnis findet auf der *spirituellen* Ebene und nicht auf der körperlichen Ebene statt. Diese Jungfrau darf nicht mit dem Tierkreiszeichen Jungfrau verwechselt werden (Erklärung siehe dort). Die Jungfrau Maria ist die *Hohe Priesterin* in unserem Allerheiligsten, unserer Mitte und erhält dort ihre Visionen. Sie, als Frau, herrscht in Wahrheit zusammen mit Uranus in unserem Himmel (Bewusstsein). Daher trägt sie den Titel Himmelskönigin zu Recht. Ihrer Bedeutung kommt die Hohepriesterin im Tarot sehr nahe. Deren Empfänglichkeit für das Transzendente wird durch den „Mond" (Schale) unter ihrem Fuß gezeigt. Die Schale als Grundsymbol der Empfänglichkeit verbindet sich hierbei mit dem Fuß, dem Symbolorgan der Fische und damit der Transzendenz. Ihr Empfang ist auf die transzendente Dimension ausgerichtet.

Der uns noch historisch erkennbare Urgrund all dieser Symbole kann in der Gestalt der Isis[12] der ägyptischen Mythologie gesehen werden, die befruchtet von Osiris in uns den falkenköpfigen Horus (Uranus, Jesus, Buddha) gebiert. Dabei steht Osiris für den zeugenden Aspekt der allumfassenden göttlichen Energie. Das Symbol für den Empfang des Göttlichen sehen wir in der Krone sowohl der Isis als auch der Hohen Priesterin, des Sonnenkreises zwischen den empfangenden Sicheln. Diese zwei Sicheln[13] sind Ausdruck davon, dass der Empfang nicht polar und einseitig, sondern bipolar ganzheitlich ist. Auch das Symbol des zu Fische gehörenden Planeten Neptun krönen diese beiden Sicheln. Die Kronen der weltlichen Herrscher haben zwar den gleichen geistigen Bedeutungshintergrund, jedoch leider nicht mehr die entsprechende Empfänglichkeit.

---

[11] Kether wird in der Literatur des öfteren Uranus zugeordnet. Dabei gilt es aber zu bedenken, dass Uranus männlich polarisiert ist und damit nicht empfangen kann.

[12] Die Silbe *Is* bedeutet nach Louis Charpentier „Die Geheimnisse der Kathedrale von Chartres": das Heilige.

[13] In den Sicheln und dem Kreis der Krone sehen manche die drei Mondphasen, zunehmender, voller und abnehmender Mond. Dadurch ergibt sich aber irrtümlicherweise der Bezug zum Mond, der jedoch in seiner natur- und körperbezogenen Wahrnehmung in keiner Weise der spirituell ganzheitlichen Empfänglichkeit entspricht.

Darüber hinaus sollte die Sonne, die hier von den Sicheln der Krone empfangen wird und die sich zwischen den beiden Sicheln befindet, nicht mit der körperlich sichtbaren Sonne verwechselt werden. Sie ist Symbol der göttlichen Schöpferkraft und damit der *transzendenten göttlichen Sonne.*

Aus unserer heutigen Perspektive sind unsere Forscher aber gerade der Meinung, unsere Altvorderen hätten in einem recht primitiven Kultus die *sichtbare* Sonne verehrt. Sie verkennen, dass auch damals die Sonne Symbol für eine ungleich größere Schöpfungskraft war, von der die Sonne nur ein materielles Abbild ist. Nicht die Auffassungen unserer Vorfahren waren primitiv, sondern die Interpretation unserer Forscher. Sie projizieren hier ihre eigene eingeschränkte Sicht. Das Gleiche machen sie mit allen weiblichen Gottheiten. Sie unterstellen ihnen häufig einen aus ihrer Sicht ebenfalls primitiven Fruchtbarkeitskult. Dass es hierbei aber um die Befruchtung durch den Schöpfer geht, wird in dieser Dimension aus dem eigenen beschränkten Verständnis nicht erkannt.

So verkommt aus der Hollywoodperspektive, und gerade die prägt heutzutage unser kollektives Verständnis und ist zugleich ihr Ausdruck, das ganze Pantheon unserer inneren göttlichen Kräfte zu einer Bande übelwollender Göttinnen und Götter, denen eine machthungrige, ränkeschmiedende, intrigante und korrupte Priesterschaft in von Fackeln erleuchteten und von Rauchschwaden durchzogenen Tempeln mittels (schwarz-)magischer Praktiken dient. Wenn das mal nicht der uns unbewusste Zustand bestimmter Facetten unserer eigenen heutigen kirchlichen Kultur ist, den wir da im Altertum zu erkennen glauben.

Die Welt der Fische bildet das Zentrum, die *heilige*, weil heile *Mitte* unseres Mikrokosmos, über die das Transzendente wie bei einer Quelle in uns einströmen kann. Mit dieser Mitte verbunden ist das siebte Chakra, das Kronen- oder Scheitel-Chakra. Aus dieser Quelle gestaltet sich unser Leben und der Fluss des Schicksals. Schicksal, richtig verstanden, ist die uns geschickte „Salus“ (*lat.* Heilung, Rettung).

In unserer Mitte existiert nach wie vor der Ort des Paradieses, unsere ursprüngliche Heimat. Das Gefühl, das wir dort in uns tragen, ist das Gefühl steter Wonne (Garten Eden = Garten der Wonne) und allumfassender Liebe (Agape). Leider ist es uns nicht mehr bewusst.

Alle wahren Tempel und Kirchen, da sie immer nur Gleichnis für unser Inneres sind, besitzen diesen heiligen Ort der Mitte, das Allerheiligste, wo die Himmelskönigin ihre Heimstatt hat. Im Tempel zu Delphi saß dort die weissagende Priesterin Pythia[14], um die göttlichen Visionen zu empfangen. Diese Königin ist auch Herrscherin über die Quelle des heiligen Wassers, aus der wir am Ende unseres Heldenweges wieder trinken, woraufhin unser EGO sterben muss. Auch Siegfried in der Nibelungensage musste sterben, als er aus dieser Quelle trank. Nur selten wurde der Recke Hagen in seiner Tat, Siegfrieds EGO zu töten, verstanden. Das Weihwasser unserer Kirchen ist ebenfalls ein Gleichnis für dieses heilige Quellwasser.

Ein weiteres Symbol, das des Kelches, begegnet uns in den Mythen. Wie aus der Quelle, trinken wir aus ihm das spirituelle Wasser. Symbol für dieses Wasser wurde der Wein, weil er auf der grobstofflichen Ebene die Analogie zum Spiritu-

[14] Pythia ist nach Python (*gr.*), einer Schlange mit prophetischen Kräften, benannt.

ellen besitzt, den Alkohol (Spiritus). Obwohl der Kelch uns im Außen, im Abendmahl, gereicht wird, so ist er doch nur Erinnerung an den Kelch in uns, und es existiert in uns weiterhin die Sehnsucht, aus diesem „wahren" Kelch zu trinken. Statt ihn in ihrem Inneren zu suchen, machten sich unendlich viele Menschen auf die Reise, zum Beispiel als Kreuzritter, um den Kelch, den „Heiligen Gral", in der weiten Welt zu suchen. Der „Heilige Gral" aber befindet sich in unserer Mitte. Dort lebt, wie in der keltischen Mythologie, eine (unsere) Jungfrau, die im Besitz des wahren Kelches ist. Bei Chrétien de Troyes wird sie beschrieben (zitiert aus M. Godwin „Der heilige Gral"):

„Zwei weitere junge Burschen erschienen, die Kandelaber trugen und von einer schönen Jungfrau gefolgt wurden, die einen mit Edelsteinen geschmückten, goldenen Gral in beiden Händen hielt. Sie war wunderschön, von großer Anmut und mit wohlgeschmückten Kleidern angetan, und als sie mit dem Gral vorwärts schritt, erfüllte den Saal ein so strahlendes Licht, dass die Kerzen ihren Glanz verloren, gleich den Sternen, wenn der Mond oder die Sonne aufgeht.

Nur leider haben wir die Achtung vor dieser wunderschönen inneren Frau verloren. Im keltischen Mythos heißt es, dass den Jungfrauen von Amangons Gewalt angetan wurde und sie ihrer heiligen Gefäße bestohlen wurden. Amangons lebt als die Kraft des „gefallenen" Saturn auch in unserem Bewusstsein und tut unserer Jungfrau Gewalt an (siehe Steinbock).

Jedoch existiert weiterhin diese Jungfrau des Meeres als Kraft mit einem spirituellen, bewusstseinsverändernden Anliegen in uns. Sie alleine kann uns wahrhaft heilen, und sie macht sich ständig Sorgen um unser Heil. Wir werden von ihr aufgerufen, in dem Haus über das die Fische regieren und in dem der Herr der Fische, der Neptun, steht, nach dem Verlorenen zu suchen und uns dort zu heilen. Unser Unheil besteht immer darin, dass wir von unserer Mitte, vom Zentrum unseres wahren Wesens abgewichen sind. Unsere Rückkehr zum Zentrum und damit unsere Heilung wird in dem Maße behindert, wie wir nicht bereit sind, zugunsten unserer Wirklichkeit das Normale, Konventionelle und gesellschaftlich Akzeptierte zu verlassen. Bezogen auf das Rad des Schicksals bedeutet das, dass wir nur sehr zögerlich von seinem äußeren Rand zur Nabe zurückkehren. Haben wir aber die fremden Autoritäten verlassen, dann wird unsere Mitte wieder zur Autorität, und wir haben gefunden, was wir einst verloren. Dann sind wir wieder heil und wahrhaft heilig. Ein Teil der Wiedergeburt aus Wasser und Geist ist erreicht, nämlich die aus dem Wasser.

Verzauberung:

Auf Grund unserer Bewusstseinsnot, die aus unserem Urteilen entsteht (siehe Steinbock), ist der bewusste Zugang zu unserer Quelle verloren gegangen. Sie fließt zwar noch, jedoch im Unbewussten. Die Energien der Fische wirken sich in unserem Leben nur noch einerseits als *Angst* vor dem schicksalhaften *Leid*, den *Enttäuschungen* und *Verlusten* und andererseits in dem Kampf gegen sie, in der *Helferrolle* und in einer tiefen inneren *Sehnsucht* nach Erlösung aus.

Unsere Entwicklung als Erdenbewohner beginnt mit vielen schicksalhaften Anstößen, die das einzige Ziel haben, dass wir auf die Suche gehen. Es sind dies die Enttäuschungen, die uns vermitteln wollen, dass wir etwas Essentielles verloren haben. Die Mitte, die Verbundenheit mit dem GÖTTLICHEN ist uns verloren gegangen und unser Vertrauen in sie. Wir trinken nicht mehr aus dieser Quelle, nicht mehr aus dem Kelch, dem heiligen Gral, den die Jungfrau Maria in uns bereit hält. Zu dieser unserer Quelle und Mitte aber wollen wir wieder vordringen. Hierin besteht unsere Heilung, unser Heil (Medi-a = Mitte, Medi-tation, Medi-zin). Hier sind wir wie Parzival Sucher.

Dass der Verlust unserer Mitte ein ungeheures Leid erzeugt, bleibt unserer bewussten Wahrnehmung verborgen. Wieso ist das so, haben wir doch im Neptun die Möglichkeit der höchst sensiblen Wahrnehmung? In uns sperrt sich unser EGO gegenüber der neptunischen Erkenntnis, dass wir als GUTE Menschen in keiner Weise heil und vollkommen sind. Es müsste erkennen, dass gerade der Weg des GUTEN das Leid des SELBST erzeugt, da die Verdrängung der von uns verurteilten „BÖSEN“ Teile zur Folge hat, dass sie unserem SELBST zu seiner göttlichen Vollkommenheit fehlen. Das Leid werden wir dadurch, dass wir es negieren, natürlich nicht los. Dieses uns unbewusste Leid begegnet uns als Projektion im Außen, im Leid der anderen. Dorthin richten wir unsere Sensibilität und wir glauben, durch unser Helfen das Leid in der Welt verringern zu können. Da wir dabei aber nichts gegen das Leid in unserer eigenen inneren Welt unternehmen, wird das Leid im Außen auch niemals wirklich abnehmen.

Hemmung[15]:

Die Quelle des Göttlichen ist in Vergessenheit geraten. Weder haben wir einen Zugang zu ihr, noch wissen wir, wo wir sie finden könnten.

Schon in der pränatalen Phase, also während der Schwangerschaft, in einer Situation im Mutterleib, die der unbewussten paradiesischen Situation am stärksten gleicht, kommt es zu den ersten Verlusterfahrungen, die uns zeigen wollen, dass wir etwas verloren haben. Es sind dies die Anlagen, die in Verbindung mit Fische / Neptun / 12. Haus stehen. Projiziert auf unsere Eltern erleben wir Leid, Enttäuschung, Auflösung und Verlust. Dabei ist die Intensität des Leidens davon abhängig, wie stark wir in den zurückliegenden Inkarnationen unser Bewusstsein gegenüber unseren Anlagen begrenzt haben und wie sehr wir dadurch etwas von unserem SELBST verloren oder verleugnet haben. Wir erleben, wie eng wir geworden sind, indem wir ausschließlich unserem EGO vertrauten und vorbehaltlos an es glaubten. In den Bereichen, in denen wir uns verloren haben, sind wir weitgehend hilflos gegenüber den wahren Bedürfnissen unseres SELBST.

---

[15] Die Teilung des Entwicklungszustandes der Anlagen in eine gehemmte (Minderwertigkeitskomplex) und eine kompensierte Form (Kompensation) entstammt der Individualpsychologie Alfred Adlers und wurde von Hermann Meyer in die Psychologische Astrologie eingeführt. Ähnlichkeit hierzu zeigen die drei ICH-Zustände (Kinder-, Eltern- und Erwachsenen-ICH) der Transaktionsanalyse nach E. Berne oder die Archetypen und deren Schatten nach C. G. Jung.

Die ins Unbewusste abgedrängten spirituellen Kräfte (u. a. Uranus, Neptun) wirken schicksalhaft, kommen also - scheinbar willkürlich – von außen auf uns zu und wir erkennen nicht mehr die in ihnen wirkende göttliche Liebe. Dieses Gefühl, von aller Liebe, von Gott abgetrennt zu sein, erzeugt ungeheure Angst (*lat.* Enge). Die Angst ist die Folge unserer Bewusstseinsenge.

Ein ständig vorhandenes Grundgefühl ängstigt uns, unsere Heimat, das Paradies, für immer verloren zu haben.

Im Fische-Archetypus drängt das Anliegen, sich mit dieser Angst auseinander zu setzen, sie zu überwinden und die hinter allem Leben verborgene Liebe wahrzunehmen. Um zu unserer Mitte zu kommen, sind wir gezwungen, uns von der äußeren Mitte, der Norm zu lösen und damit auch von den Eltern als Vermittler der Norm. Dieses Abrücken wird allzu oft von der Gesellschaft als Verrücktsein verurteilt. Wir werden zu Außenseitern und fühlen uns allein gelassen. Hilflos, verzweifelt und geschwächt warten wir voller Hoffnung auf die Retterin, die - wie die gute Fee in den Märchen - von außen zu uns kommen und uns helfen soll.

Kompensation:

Wir beginnen, den anderen zu helfen. Die Hilfebedürftigen, mit denen wir es dabei zu tun haben, werden bei diesem „Spiel“ zum Spiegel unserer innerseelischen Situation. Wir erfahren unser Leid, unsere Trennung von unserer Mitte, nach außen projiziert auf den Patienten (*lat.* Leidenden). Ihm geben wir die Medizin, derer wir selbst bedürften.

Die Gefahr, in die wir uns als *Helfer* begeben, liegt darin, dass unser Leben zunehmend von der Idee dominiert wird zu helfen, anstatt uns selbst zu helfen und zu heilen. In unserer Rolle erkennen wir für gewöhnlich nicht, dass wir dem Leid nur deswegen begegnen, weil wir unbewusst SELBST leiden (Projektion). Noch schwieriger dürfte der hier notwendige Bewusstwerdungsprozess für jene sein, die in der Heilmittelforschung tätig sind. Sie erleben das Leid der Menschen ja nicht unmittelbar in Projektion. Wichtig für sie ist es, sich darauf zu besinnen, nach welchem speziellen Heilmittel sie suchen. Es ist in Wirklichkeit *ihr* unbewusstes Leiden, für das sie das Mittel suchen! Bei all unserem Helfen vernachlässigen und vergessen wir mehr und mehr die Anliegen unseres SELBST. Durch dieses für unser SELBST katastrophale Verhalten erreichen wir es, von der Gesellschaft als SELBSTlos gelobt und ausgezeichnet zu werden.

Angesichts der Not unseres SELBST nimmt unsere Sehnsucht zu und wir entwickeln ein brennendes Interesse für alles Hintergründige, Verborgene, Mystische, Alchemistische. Wir suchen dort unser verlorenes SELBST. Manche tauchen in die Tiefen des Meeres und suchen es dort. Wiederum andere versuchen den Verlust durch ein Aquarium auszugleichen.

Gehen wir *nicht* auf die Suche nach uns SELBST, so verstärkt sich die Sehnsucht und sie kann sich zur Sucht entwickeln. Wir betäuben unsere nicht mehr zu ertragende Sehnsucht. Wir trinken Alkohol, nehmen Tabletten oder greifen gar zum Heroin. Auf Grund unserer Sehnsucht sind wir leicht zu verführen. Vieles leben wir heimlich gegenüber der Öffentlichkeit und den Eltern. Den Schein wahren wir durch Lügen. Wir verwirren, betrügen und täuschen die anderen.

Je schärfer die Verbote einer Gesellschaft sind, desto mehr fördern sie das Heimliche, das Kriminelle. Eine der „Großtaten" der USA war das Verbot des Alkohols, die Prohibition. Die Antwort darauf war die Explosion organisierter Kriminalität. Den gleichen Fehler begehen wir auch heute wieder im Umgang mit Drogen.

Unsere ursprünglich heilige Anlage pervertiert ins Neurotische. Führt uns der Weg der Täuschung und des Betrugs ins Umfeld des Kriminellen und damit ins Gefängnis, so kann uns der Weg des neurotischen „Erlösers" und „Heiligen" in den Wahn und in die Irrenanstalt bringen.

Wassermann ♒

Der Wassermann-Archetypus setzt sich aus den nachstehenden Grundqualitäten, Verhaltensweisen und Eigenschaften zusammen. Der herrschende Planet und energetische Vertreter des Wassermann-Anliegens ist Uranus[16].

männlich	fix	Luft	Geist	Spiritueller Körper
aktiv	Festigkeit	Idee	„Gottes Thron“	geistige Energie
extrovertiert	Kontinuität	Information	Licht	feinstofflich
Außen	Beharrung	Vermittlung	Himmel	
Mann	Eigenwille	Einfall	Bewusstsein	
gestalten	Zielfixierung		Wirklichkeit	
Fülle	Bindung		Hintergrund	
geben			Schicksal	

In der Kombination ergeben sich folgende archetypische Merkmale:

- Die Idee als Göttlicher Einfall = Vision, Genialität
- Die Göttliche Idee als Licht unseres Himmels und Bewusstseins = Originalität
- Die Idee, die aus dem Hintergrund unser Schicksal gestaltet
- Die Idee will in Kontinuität nach außen gestaltend wirken
- Die Bindung an das himmlische Licht = Nachfolge

Das Symbol

Wenn wir einen Stein ins Wasser werfen, entsteht um die Einschlagstelle ein lokales Wellenmuster, das sich ausbreitet und das mit der Zeit wieder verebbt. Ähnliche Wirkung erzielt die GÖTTLICHE IDEE, wenn sie in uns eintritt. Die Symbolik der Wellen bringen ein örtlich begrenztes Energiemuster zum Ausdruck, das im Rahmen des unendlichen Energiekontinuums existiert.

Der Wassermann ist der erste männlich aktive Impuls in uns. Er ist dem Meer (Maria) entstiegen (daher der Mann aus dem Wasser) und er leert aus, was die Jungfrau Maria in ihrem heiligen Gefäß, dem Gralskelch, empfangen hat. Daher wird er auf den Abbildungen immer mit Gefäßen dargestellt, aus denen er den heiligen geistigen Impuls ausschüttet.

Fähigkeiten und Anliegen

Im Wassermann werden wir uns der GÖTTLICHEN IDEE bewusst, die unserem jetzigen Sein zu Grunde liegt. Diese Uridee (Luft) ist sozusagen der „Gedanke“ des Schöpfers, den dieser im Zusammenhang mit unserer Existenz hegte. Die Uridee ist der „Atem“, den er dem Menschen einhaucht. Sie ist unser inneres LICHT und macht uns lebendig. Die Uridee (ursprüngliche Idee) ist ein Teil des Ganzen (Chaos) und in ihrer Getrenntheit vom Ganzen begründet sie unsere

[16] In der Vergangenheit herrschte der Saturn als männlich polarisierter Planet. Er vertrat die Idee (Luft), die als konkrete Struktur (Saturn) in die Aktivität (männlich) drängt.

Einmaligkeit (Individualität). Sie ist die Energie, die räumlich begrenzt dem Kontinuum ein Muster aufprägt, gleich dem ins Wasser geworfenen Stein. Der Punkt im Symbol des Planeten Uranus zeigt den Übertritt der transzendenten göttlichen Energie in die Welt der Manifestation. Für ihn ist der geworfene Stein ein Gleichnis.

Die GÖTTLICHE IDEE wurde von der Jungfrau Maria (Fische) in unserem Himmel (Geist) empfangen und als Wassermann in unser Bewusstsein (Himmel) hineingeboren. Sie ist damit der (hin-)eingeborene Sohn GOTTES in uns, und als Idee ist sie HEILIGER GEIST. Dieser SOHN und GEIST wiederum ist der eigentliche Herrscher und damit auch der VATER in *unserem* Himmel (Bewusstsein, IV. Quadrant). Dieser VATER ist nicht GOTT, sondern sein gleichnishaftes Abbild (Fraktal) in uns. Hieraus leitet sich die DREIEINIGKEIT der christlichen Mythologie ab. Dieser Energie in uns wurde der Name JESUS gegeben. Daraus wird auch klar, weshalb Jesus als Symbol ein Mann war und ist. Astrologisch ist er Vertreter des Luftelementes und als Ideenimpuls will er aktiv gestaltend, also männlich, in dieser Welt wirken. Es ist unser Auftrag, dieser Energie zu folgen (Jh. 8,12):

> Jesus redete ... zu ihnen und sprach: Ich bin das Licht der Welt; wer mir nachfolgt, wird nicht in der Finsternis wandeln, sondern wird das Licht des Lebens haben.

Der falkenköpfige Horus als Kind der Isis und des Osiris, der allumfassenden göttlichen Schöpfungskraft, ist das Symbol für den Geist des Wassermanns in der ägyptischen Mythologie. Der Falkenkopf verweist uns symbolisch auf den Vogel als Analogie zum Uranus.

Im Mithras-Kult (iranische Mythologie) ist es Mithras, der für den Wassermanntypus - den wahren Menschen - steht (siehe auch Tierkreiszeichen Stier). Gleichermaßen deutet der Menschenkopf der ägyptischen Sphinx auf die Dimension wahren Menschseins.

Im Wassermann begegnen wir dem Willen in unserem Himmel (Bewusstsein), und so bitten wir im „Vater Unser“ (Mt. 6,10):

> ... dein Wille geschehe, wie im Himmel so auch auf Erden!

Was astrologisch bedeutet: Lass unsere Sonne auf der Erde das verwirklichen, was unser Uranus an Inspiration in unserem Himmel (Bewusstsein) ausschüttet.

Das Symboltier des Wassermanns ist der Vogel, der in der unendlichen Freiheit der Lüfte lebt. Das Symbol für den Heiligen Geist ist ebenfalls der Vogel: die Taube. Auch in der Alchemie steigt auf das Paar nach der Vereinigung des Männlichen mit dem Weiblichen dieser Geist in Form eines gefiederten Wesens herab.

Dieser in unserem Himmel vorhandene spirituelle geistige Impuls (Geistfunken, Perle, Vision) ist noch unverfälscht, weil er noch nicht zwischen den Polen von „GUT und BÖSE“ bzw. „RICHTIG und FALSCH“ zerrissen ist (siehe Steinbock/Saturn). Deshalb ist er auf der Ebene des Wassermanns noch heil und damit heilig. Er repräsentiert das GÖTTLICHE WORT in uns, das alles Leben bewirkt und welches das Licht des Menschen ist (Jh. 1,1). Dieses Licht, dessen Geburt wir zu Weihnachten alljährlich aufs Neue feiern, ist die geistige (spirituelle) Sonne in uns. Sie strahlt unvergleichlich heller als unsere seelische Sonne bzw. deren materielle Projektion, die Sonne am Firmament. Alles, was da im Neuen Testament als Geschehen im Außen mitgeteilt wird, ist letztendlich reine Symbolik und geschieht in Wirklichkeit in uns selbst! Nicht nur einmal, sondern ständig. Die Fähigkeit, dieses Licht zu erkennen und aus ihm zu leben, nennen wir Inspiration[17] (*lat.* Einatmung, göttliche Eingebung).

Ohne diese Inspiration sind wir noch keine wahren Menschen. Um aus ihr zu handeln, muss unser ursprünglicher Zustand, so wie er vor dem Sündenfall war, wiedergeboren werden (Jh. 3,5):

> Jesus antwortete: ... Wenn jemand nicht aus Wasser und Geist geboren wird, kann er nicht in (die Königsherrschaft) das Reich Gottes hineingehen. Was aus dem Fleisch geboren ist, ist Fleisch, und was aus dem Geist geboren ist, ist Geist. Wundere dich nicht, dass ich dir sage: Ihr müsst von neuem geboren werden.

Diese zweite Geburt bedeutet, mit der Intuition (Fische, *Wasser*) *bewusst* zu empfangen und der aus ihr stammenden Inspiration (Wassermann, Luft/*Geist,* Vision) *bewusst* zu folgen. Diese Nachfolge verleiht uns eine ganz andere Ausstrahlung, die auf Grund der neuerlichen Aktivität der „geistigen Sonne" in uns unvergleichlich zunimmt. Wir gleichen dem Prinzen im „Lied von der Perle" (Apogryphen), der seine Perle zurückgeholt hat und nun sein *Strahlenkleid* wieder anlegt. Die Maler versuchen auf ihren Heiligenbildern ebendies durch den „Heiligenschein" zum Ausdruck zu bringen.

Da wir im Spirituell-Geistigen bewusst geworden sind, haben wir auch das Bewusstsein unserer *geistigen* Unsterblichkeit zurückgewonnen, wir sind zum *wahren Menschen* geworden.

Die christliche Taufe bringt den Prozess der Menschwerdung symbolisch zum Ausdruck. Das Kind wird in das „heilige Wasser" der Fische (Fluss) eingetaucht und entsteigt danach als wahrer Mensch (Wassermann) den Fluten. Was also materiell an *Wirklichkeit* wachsen und in Erscheinung treten will – dafür ist das Kind ein Symbol – muss aus der transzendenten Empfängnis (Wasser) stammen. Welche Idee auch immer wir verwirklichen, sie muss als Idee „aus der Taufe gehoben werden".

Setzen wir die Inspirationen in unserem täglichen Leben um, leben wir den Willen unseres Himmels auf der Erde, so werden wir zum Original, zum Individuum, das sich von allen anderen unterscheidet. Dies bedeutet in der christlichen Mythologie, Jesus nachzufolgen.

Zu dieser Lebensform bedürfen wir der Freiheit und Unabhängigkeit. Diese bekommen wir aus kosmischer Folgerichtigkeit in dem Maße, wie wir uns getrauen unsere Individualität[18] tatsächlich zu leben. Einem verwirklichten Original kann

---

[17] Die Begriffe Intuition und Inspiration werden oft in umgekehrter Weise Fische und Wassermann zugeordnet. Inspiration weist aber recht eindeutig von seiner Wortbedeutung „Einatmung" auf das Element Luft und damit auf das Zeichen Wassermann.

[18] Die wirkliche Individualität darf nicht mit der Individualität, wie wir sie heute oft verstehen, verwechselt werden. Heute ist ein Individuum derjenige, der in ziemlicher Beliebigkeit normale Verhaltensweisen miteinander vermischt. Die Individualität besteht dann lediglich aus der unterschiedlichen Mischung.

keine Macht der Erde diese Freiheit nehmen. Das spirituelle Anliegen des Wassermanns besteht darin, die „Blüten“ (Luft) des Schöpfers bis zur reifen Frucht zu entwickeln. Das heißt, die plötzlichen Einfälle, die in uns aus einer noch unbewussten Quelle auftauchen, ernst zu nehmen und sich die Freiheit zu nehmen sie zu leben.

Ein solches Leben ist ohne einen Individuierungsprozess nicht zu haben. Dieser fordert von uns, das in unser Leben zu integrieren, was uns zu unserer Einmaligkeit noch fehlt. Offenbar ist einiges davon, weil es von uns als „BÖSE“ verurteilt wurde, in den „Schatten“ (C. G. Jung) gefallen. Der Begriff der *Individualität* drückt sehr deutlich aus, um was es geht. Er kommt aus dem Lateinischen und bedeutet: das *Ungeteilte*. Wir müssen also den Teil, den wir verurteilt und abgespalten haben wieder dem Teil hinzufügen, den wir als GUT beurteilt haben und den wir daher bewusst leben. Die Synthese aus GUT und BÖSE fordert dabei nicht einen Kompromiss zwischen den beiden Polen, vielmehr lässt sie eine neue Qualität entstehen: den ursprünglichen wahren Menschen.

Jede Schattenintegration ist also mit dem Abenteuer der Grenzüberschreitung vom „GUTEN“ zum scheinbar „BÖSEN“ hin verbunden. Wir müssen mit dem Alten, dem Anerkannten, den Grenzen, der Moral und den Geboten die unser Bewusstsein verdunkeln, brechen und Neues, vermeintlich Verbotenes wagen. Hierzu gehört wahrhaft Mut, den aufzubringen nur wenige in der Lage sind, denn wir müssen die gesellschaftliche Normalität verlassen und uns auf unseren eigenen schmalen Weg machen (Mt. 7,13):

> Gehet ein durch die enge Pforte. Denn die Pforte ist weit und der Weg ist breit, der zur Verdammnis führt, und ihrer sind viele, die darauf wandeln. Und die Pforte ist eng, und der Weg ist schmal, der zum Leben führt, und wenige sind ihrer, die ihn finden.

Bleiben wir in der Normalität und unterwerfen uns der Tradition, dann gehen wir auf dem breiten Weg der „vielen“, die sich gegenseitig darin bestätigen, dass sie „RICHTIG“ sind.

Verzauberung:

Uranus ist der Herr unseres Himmels (griechische Mythologie) und er ist Jesus (christl. Mythologie). Aus Sicht der keltischen Mythologie vom Heiligen Gral entspricht Uranus dem Fischerkönig, an dessen Hof Parzival der Gralsjungfrau (Neptun) begegnet. Alle drei Gestalten haben eines gemeinsam: Sie sind verletzt. Uranus wurde von Chronos (Saturn) kastriert. Vom Fischerkönig erfahren wir nur, dass er in seinen Lenden verwundet und impotent ist. Jesus wurde und wird in uns ständig von dem Herren dieser Welt (Saturn) an das Kreuz geschlagen und damit seiner Potenz beraubt. Dasselbe Thema zeigt sich in verschiedenen mythologischen Gewändern.

Das Problem und die Wunde, unter denen der Wassermann leidet, werden sehr anschaulich im griechischen Mythos des Uranus geschildert. Uranus war ursprünglich Herr in unserem Bewusstsein (Himmel). Was er wollte geschah und wir lebten im Paradies. Der Nachteil dieses Lebens bestand darin, dass wir uns des paradiesischen Zustands nicht bewusst waren, denn Uranus verbannte all seine Schöpfungen

(Kinder) in die Welt des Unbewussten (Tartaros). Zur Bewusstwerdung musste also etwas geschehen.

Chronos (*röm.* Saturn) übernahm die Macht in unserem Bewusstsein (Himmel), indem er Uranus mit einer Steinsichel entmannte. Die Mythologie schildert etwas, das täglich in uns selbst geschieht. Grenzen entstanden und entstehen durch diese Machtübernahme in unserem Bewusstsein. Es sind die Grenzen, die im alttestamentarischen Sündenfallmythos - der ja eine Parallele zum Uranus-Mythos darstellt - genannt werden: Die Teilung der Schöpfung durch unser Bewusstsein in GUT und BÖSE, richtig und falsch. Wir trennten und trennen uns immer wieder vom Göttlichen und dem Paradies, indem wir die Schöpfung in diese zwei Aspekte zerrissen. Diese Absonderung (Sünde) von Gott und dem Paradies beinhaltet aber die Möglichkeit der Bewusstwerdung der paradiesischen Zustände. Wir selbst sind die GUTEN, und das BÖSE, unser zweiter Teil, begegnet uns in der Außenwelt (Projektion). In dieser „BÖSEN" Welt beginnen wir das Paradies zu vermissen und uns danach zu sehnen. Dadurch, dass wir das Fehlen des Paradieses und der damit verbundenen *All-Liebe* immer wieder erneut verspüren, lernen wir sie erkennen und schätzen!

Auch das Instrument, mit dem Chronos Uranus kastrierte, die Steinsichel, stellt ein Symbol dar! Die Sichel steht in Analogie zu unserer Empfänglichkeit und der Stein in Analogie zum Saturn. Hierin drückt sich aus, was unserem Uranus die Potenz raubt: unsere Empfänglichkeit für und unsere Identifikation mit den Grenzen zwischen GUT und BÖSE (Saturn). Die Entmannung des Uranus findet in uns permanent und so lange statt, bis wir mit dieser Identifikation aufhören. Leicht wird uns das nicht fallen, sind doch Recht und Ordnung unsere „liebsten Kinder". Die Erziehung durch unsere Eltern verknüpft Anerkennung mit der Einhaltung ihrer Vorstellungen von Recht und Ordnung. Und gerade auf diese Anerkennung ist das Kind in den ersten Lebensjahren essenziell angewiesen. Was da nicht hineinpasst, muss es zu Gunsten dieser Anerkennung in den „Schatten" fallen lassen.

Um unter diesen Bedingungen etwas Einmaliges zu sein, müssen wir uns mit einer besonderen Leistung aus dem Kollektiv herausheben. Je mehr wir uns aber mit Leistungen, die sich am Kollektiv und nicht am SELBST orientieren, über die anderen erheben, desto mehr gehen wir auf Distanz zu den wirklichen Leistungen, Bedürfnissen und Interessen unseres SELBST. Diese *Distanziertheit* sich SELBST, den eigenen Gefühlen und dem eigenen Wollen gegenüber ist bei Menschen mit Wassermann-Betonung deutlich zu erkennen.

Die Energien des Wassermanns wirken, ebenso wie die der Fische, scheinbar zufällig, wahllos und schicksalhaft, da sie uns nicht mehr bewusst sind. Wir erleben sie als Umbrüche, Brüche, Trennungen, Skandale und im Körperlichen als Nervenzusammenbrüche. Aber auch hier gilt: Das Schicksal ist das uns geschickte Heil. Es will, dass wir mit dem Alten (Älteren, Eltern) zu Gunsten des Neuen brechen. Da wir dies so gut wie nie freiwillig tun, erleben wir den Bruch als Schicksal, das scheinbar von außen kommt.

Das eigentliche Ziel von Jesus (Uranus) war es, uns Menschen durch die Kreuzigung zu zeigen, in welch schrecklicher Situation sich das uranische Prinzip und damit der Heilige Geist in uns befinden. Wir verurteilen ihn in uns, wie auch Jesus *ohne jegliche Schuld* durch die Menschenmassen und deren Obrigkeit (Saturn) verurteilt wurde. Durch die Situation von uns gefallenen Menschen war er geradezu gezwungen, sich ans Kreuz schlagen zu lassen, denn dem unheilen Uranus in uns Menschen kann kein heiler Uranus im Außen gegenübertreten. Das würde dem Gesetz der Projektion widersprechen. Erst nach erfolgter Kreuzigung konnte Jesus sagen (Jh. 19,30):

> Es ist vollbracht!

Um sich kreuzigen zu lassen, musste Jesus in unseren gefallenen Bewusstseinszustand schlüpfen. Deshalb sagte er bei der Kreuzigung das, was auch wir seit dem Sündenfall dachten und immer wieder denken (Mt. 27,46):

> Mein Gott, mein Gott, warum hast du mich verlassen?

Nicht die Kreuzigung Jesu hat uns geheilt, sondern das Erkennen unserer Not durch die Projektion auf Jesus *kann* zu unserer Heilung beitragen.

Hemmung:

Die Erziehung im Sinne von „GUT" und „BÖSE" hat ganze Arbeit geleistet. Die Inspiration ist jeglicher Macht beraubt (impotent). Allen göttlichen „Einhauchungen" begegnen wir mit unserem Urteil und (ur-)teilen sie in GUT und BÖSE. Wir fühlen uns außerstande, unsere Einfälle umzusetzen, weil hierzu die Überschreitung der von den Eltern gesetzten Grenzen erforderlich ist. Wir glauben, durch diese Grenzüberschreitung bei der Umsetzung unserer Einfälle Schuld auf uns zu laden. Wir stoßen an die Grenzen des Erlaubten. Es irritiert uns, dass immer die Hälfte dessen, was wir leben wollen, verboten ist. Die Unfreiheit nimmt immer mehr zu. Der Verlust unserer Originalität lässt uns durchschnittlich und mittelmäßig werden. Wir sind langweilig geworden, aber gut erzogen! Uns ist es langweilig. Unfreiheit und Langeweile lassen uns immer mehr in der Enge des Status Quo verharren. Frische Luft gibt es in unserem Leben nicht mehr, und die verbrauchte Luft bringt uns dem Ersticken nahe. Unser Lebensfeuer droht aus Luftmangel (Ideenmangel) zu ersticken. Im Urlaub sind wir ohne die Unterhaltungsangebote der Veranstalter und ihrer Animateure (*lat.* Beseeler) ein Nichts.

Die Zeugung durch unsere Eltern, ein uranischer Akt, war eher eine Pflichtveranstaltung als ein Ausdruck überschäumender Lebensfreude. Zum Mittelmaß gehörte es einfach dazu, ein Kind zu zeugen. Ein Gleichnis für diesen „Luftmangel" kann beispielsweise die Nabelschnurumschlingung bei unserer Geburt sein.

Statt unsere eigene Inspiration zu entwickeln, suchen wir das Inspirierte und Besondere im Außen. In den Sensationen, Kneipen, rasch wechselnden Begegnungen und Kunstveranstaltungen. Vieles im Außen nervt und irritiert uns.

Kompensation:

Nebelhaft ist in uns noch die Erinnerung vorhanden, dass wir auf die Welt gekommen sind, etwas Einmaliges zu leben. Was es war und ist, mussten wir auf Grund der Erziehung verdrängen. Der Drang jedoch, etwas Besonderes zu sein, bleibt, und so versuchen wir uns mit unserem Verhalten und unserem Äußeren aus der Masse herauszuheben und uns über sie zu stellen. Gleichzeitig entsteht hieraus eine Distanz zur als profan (*lat.* unheilig) empfundenen Existenz.

Wir tragen einen schwarzen Hut oder einen Bart, wenn andere ihn nicht tragen, wir suchen uns ein ausgefallenes Hobby, das möglichst nahe bei der Uranus-Symbolik liegt (Fliegen, Elektronik, Science-Fiction, Avantgardismus, Ufologie, Abenteuer). Wir wollen auffallen und auf gar keinen Fall normal sein. Versperrt unseren Weg ein Zaun, negieren wir diese Begrenzung und steigen über sie hinweg. Gleichzeitig gehen wir immer mehr zu allem Irdischen auf Distanz, was uns zunehmend unberührbar werden lässt.

In der Kindheit beginnen wir uns trotzig gegen die Normalität aufzulehnen. Wir protestieren, opponieren und stehen innerlich progressiven erneuernden Bewegungen (Revolution, Reformation, Renovierung) nahe. Angeborene Verwandtschaften finden kaum unser Interesse. Vielmehr suchen wir Gruppen und die Freundschaft gleichgesinnter Menschen, mit denen wir liebend gerne etwas gemeinsam unternehmen.

Der Enge der Räume versuchen wir dadurch zu entkommen, dass wir alle Türen und Fenster offen halten und uns möglichst viel im Freien aufhalten (Leben, Arbeiten und Schlafen auf dem Balkon oder der Terrasse). Der Enge der Kleidung versuchen wir durch die Nacktheit zu entkommen. Aus diesem Zusammenhang bezieht die Freikörperkultur ihre Faszination. Wir wohnen oben über den anderen in einer Penthauswohnung oder im Haus in Hanglage. Stets erscheint uns die Luft in den Räumen verbraucht, und wir lüften, lüften, lüften ... Der Hintergrund unseres Verhaltens liegt in der Aufgabe, unser Leben von frischen Ideen (= Luft) inspirieren zu lassen. Da wir uns dies jedoch in der Regel nicht erlauben, lassen wir ersatzweise frische Luft in unsere Räume.

Wir haben ein eigenartiges Interesse an Sprengstoff. Wäre dieser doch in der Lage, Begrenzungen und Widerstände recht plötzlich zu beseitigen. An Informationen lieben wir das Neueste, die Sensationen und Skandale.

Auf Grund einer steten inneren nervösen Spannung sind wir unruhig und stehen oft unter Stress. Wir versuchen, die in uns vibrierenden Nerven über rhythmische Bewegungen (Tanz, Trommel, Schlagzeug, Beine, Hände) auszugleichen.

Wir werden zum Animateur, zum Ideenlieferant für die Langweiligen. Wir unterhalten sie als Clown, Schalk, Till Eulenspiegel und Narr. Wir werden zum Erfinder, zum Daniel Düsentrieb in Walt Disneys „Donald Duck“.

In Partnerschaften haben wir Schwierigkeiten, diese über einen längeren Zeitraum aufrecht zu erhalten. Wir neigen zu raschen Wechseln hin zu immer wieder Neuem. Der Seitensprung bietet sich als Ventil an, dem Ersticken im Normalen zu entkommen.

Unser Leben ist von Brüchen gekennzeichnet, bis hin zum Bruch der eigenen Knochen infolge eines Unfalles. Ihn erleiden wir ersatzweise, weil wir es nicht wagten, mit dem Alten (Saturn = Knochen) zu brechen.

Die Zeugung neuen Lebens wird dann zwingend, wenn wir in der Entfaltung unserer Anlagen im Zustand der Verdrängung verharren, das Schicksal aber deren Lebendigwerdung fordert. Wir haben dann die Möglichkeit, unsere Anlagen im Kind lebendig werden zu lassen (Projektion, Wiederkehr des Verdrängten im Kind).

Steinbock, Ziegenfisch ♑,♉︎

Der Steinbock-Archetypus setzt sich aus den nachstehenden Grundqualitäten, Verhaltensweisen und Eigenschaften zusammen. Der herrschende Planet und energetische Vertreter des Steinbock-Anliegens ist der weiblich polarisierte Luzifer bzw. Saturn, der die römische Analogie zum griechischen Titanen Chronos darstellt (*gr.* Zeit, Alter).

weiblich	kardinal	Erde	Geist	Spiritueller Körper
passiv	initiativ	Materie	„Gottes Thron"	geistige Energie
introvertiert	Hier und Jetzt	Grenze	Licht	feinstofflich
Innen	Vollzug	Gestalt	Himmel	
Frau	Aktion	formbar	Bewusstsein	
erleben			Wirklichkeit	
nehmen			Hintergrund	
Leere			Schicksal	

In der Kombination ergeben sich folgende archetypische Merkmale:

- Die Materie nimmt das Licht auf = Lichtträger
- Die Materie lässt sich im ewigen Jetzt vom geistigen Licht formen
- Die geistige Energie vollzieht auf der feinstofflichen Ebene die materiellen Grenzen = Konzentration, Formbildung
- Das Bewusstsein bestimmt das materielle Sein
- Das Schicksal hängt von den Grenzen des Bewusstseins ab
- Der Vollzug des Geistes in der Materie

Das Symbol

Zu den zwei verschiedenen Symbolen bieten sich zwei Deutungen. Das erste Symbol gleicht dem griechischen Buchstaben Ny (ν) und Elementen des Wortes Nomos (νομος), was soviel bedeutet wie Brauch, Sitte, Regel und Gesetz.

Das zweite Symbol vereinigt das Symbol des Stieres (♉︎) mit einem stilisierten Schwanz. Es verweist uns auf die Materie (Stier), jedoch in Verbindung mit dem Fischschwanz (Ziegenfisch), der auf die spirituelle Ebene des Erdelementes hinweist.

Fähigkeiten und Anliegen

Bietet uns das Zeichen Fische die Fähigkeit, mit der Transzendenz in Verbindung zu treten und von ihr den geistigen Ideenimpuls, das Licht (göttliche Vision) zu empfangen, damit es in uns geboren werden kann (Wassermann), so liegt die Fähigkeit des Steinbocks darin, in der Materie die geistige Voraussetzung zu schaffen, dass das Licht sich über die Materie ausdrücken kann. Sein Anliegen und seine Fähigkeit bestehen darin, den chaotischen Urzustand der Materie (= vollkommen gleichmäßig verteilte und damit strukturlose Energie) in die *Struktur* und die *Ordnung* zu bringen, die dem Ideenimpuls entspricht. Er ist dazu in der Lage, weil er die der Materie zu Grunde liegenden Gesetze beherrscht. Auf der Basis der *Konzentration von Energie* lässt er materielle (energetische) Dichteunterschiede entstehen, die der Materie Struktur und Form verleihen. Damit ist er der Herr der materiellen Formen und Erscheinungen. Die materielle Struktur wird damit zum Echo und zur *Antwort* (Verantwortung) auf den Schöpfungsimpuls.

In der Materie verfügen wir also über eine Energie-Matrix, der wir die Ideen (Vision, Licht) aufprägen können. Ihre Aufgabe ist es, das Licht zu tragen, sie ist *Luzifer* (*lat.* Lichtträger). Dass dies auch in unserem Leben geschieht, dafür übernimmt unser innerer Luzifer die Verantwortung. Daraus entwickelt sich die Beziehung zwischen Jesus (Wassermann, Uranus) und Petrus (*gr.* Fels, Steinbock, Luzifer, Saturn) (Mt. 16,16):

... Petrus aber antwortete und sprach: Du bist der Christus, der Sohn des lebendigen Gottes ... Aber auch ich (Jesus) sage dir: Du bist Petrus, und auf diesem Felsen werde ich meine Versammlung (mein Ganzes) bauen, ...

In der ägyptischen Mythologie ist es Seth, der diese Kraft in uns symbolisiert. Folgerichtig bedrohte, ebenso wie Chronos den Uranos, Seth den Horus.

Das Verhalten der Materie ist von den Massenkräften (Anziehung, Trägheit) bestimmt, die aus dem Zusammenspiel energetischer Felder resultieren. Aus der Konzentration von Energie entstehen Zonen der energetischen *Fülle* neben Zonen der energetischen *Leere* und damit die Aufspaltung in zwei Pole (*Polarität*). Aus der Spannung zwischen den beiden Polen entsteht die Bewegung und damit das Leben, ähnlich dem Wetter, das sein „Leben" aus der Wechselwirkung zwischen Hoch- und Tiefdruckzonen erhält. Gleichzeitig mit dem Leben entsteht die *Zeit* (*gr.* Kronos/ Zeit = *lat.* Saturnus). Es war dies ursprünglich aber eine Zeit, die im Leben und Erleben auf das ewige *Hier und Jetzt* bezogen war. Es gab weder den *beurteilenden* Rückblick auf die Vergangenheit noch die sorgenvollen Erwartungen hinsichtlich der Zukunft.

Auch im Menschen entstand die Polarität, die Aufspaltung in den weiblichen und männlichen Pol. Dieser Zustand war nicht der Urzustand des Menschen. Ursprünglich bildeten in ihm Mann und Frau eine Einheit (androgyn, *gr.* anthropos = Mann, gynä = Frau), so dass er im unbewussten Zustand der Alleinigkeit lebte. Danach kam es zur Trennung von Mann und Frau durch die Entnahme der Rippe (1. Mo. 2,18). Die Rippe ist dabei nichts anderes, als ein Symbol für die Mondsichel, das Weibliche, das Empfängliche. Von da an existieren Adam und Eva in der Polarität. Es handelt sich dabei nicht um zwei unabhängig voneinander lebende Menschen sondern die beiden Teile – das aktiv Handelnde (Adam) und das Empfangende (Eva) - bilden vereint in einem Körper den ganzen Menschen (Mt. 19,5):

... und es werden die zwei *ein* Fleisch sein" ...

Eva ist in diesem Zustand mit der mythologischen Gestalt der Lilith gleichzusetzen, die dem Adam vollkommen *gleichberechtigt* war. Der Vorteil der beschriebenen Trennung bestand darin, dass der Mensch nun dem Geschaffenen (männlich) betrachtend und erlebend (weiblich) gegenübertreten konnte. Die Schöpfung konnte fortan vom Menschen erlebt werden. In diesem Zustand lebten die beiden unsterblich im Paradies. Uranus war zu jener Zeit noch der Herr ihres Bewusstseins (Himmel, Gleichberechtigung!).

Verzauberung

In dieser paradiesischen Welt war alles von göttlicher Liebe getragen. Da ein anderer Zustand nie erfahren wurde, war die Liebe etwas Normales. Sie blieb daher *unbewusst.* So stellte sich für die menschliche Entwicklung die Frage: „Wie werden wir der Liebe bewusst?" Erst die Entfernung von der Liebe lässt uns das Phänomen Liebe erkennen. So, wie wir die Gesundheit erst durch die Erfahrung ihrer Abwesenheit, der Krankheit, schätzen lernen. Die Absonderung (Sünde) aus dem Paradies wurde hierzu notwendig.

Luzifer, als Herr der Grenzsetzung und der Polarität, nahm diese schwere, aber notwendige Bürde auf sich, indem er in unserem Bewusstsein die Illusion einer zusätzlichen Grenze bzw. Polarität entstehen ließ: die zwischen „GUT" und „BÖSE"! Die Teilung der Schöpfung in GUT und BÖSE und in Folge in RICHTIG und FALSCH erzeugt in uns die Beurteilung der göttlichen Schöpfung und lässt uns diese in die beiden Seinsaspekte zerreißen. Luzifer stellt sich mit seinem Urteil über Gott und dessen Schöpfung und stürzt (Engelsturz). Aus Luzifer wurde Saturn (Satan), und in der Gestalt der Schlange vollbrachte er seinen Auftrag. Ob dieser Veränderung unseres Bewusstseins fühlten wir uns schuldig. Wir fürchteten die Strafe Gottes und verbargen uns vor ihm. In unserem Bewusstsein kam dies einer Trennung von Gott und von seiner Liebe gleich. Das Ziel war erreicht, aber zu welchem Preis!

- Unser Bewusstsein begrenzte sich auf das GUTE und verdrängte das BÖSE ins Unbewusste
- Hierdurch entstand das Unbewusste
- Wir be- und verurteilten die Schöpfung und damit GOTT
- Wir verloren unsere Mitte und damit das Paradies
- In uns entstand die Angst vor Verlassenheit
- Wir verloren die Liebe
- In uns entstanden Schuldgefühle
- Wir verdrängten die Schuld
- Wir projizierten unsere Schuld auf andere
- Im Rahmen der Abwehr kämpfen wir gegen die Projektion
- Wir entwickelten anderen gegenüber Konkurrenz
- Wir verloren das Bewusstsein von der SELBST-Verantwortlichkeit
- In uns entstand die Illusion eines unabhängigen EGO und dessen freien Willens
- Unser Leben bezieht sich immer mehr auf Vergangenheit und Zukunft
- Wir inkarnierten im irdischen Körper und wurden „sterblich"

Gleich nach dem „Sündenfall" begannen wir, uns mit anderen Augen zu betrachten. Waren wir im Paradies nackt, so empfanden wir uns jetzt im Zustand der Scham wieder. Bestimmte Körperzonen, wenngleich von Gott geschaffen, wurden von nun an als hässlich empfunden und hinter Blättern verborgen. Dies war der Beginn der Verdrängung. In diesem gefallenen Zustand des Bewusstseins wollte der Mensch nur noch GUT sein und verdrängte das vermeintlich BÖSE. Uranus, der die Schöpfung als Einheit beider Teile versteht, verlor dabei seine Macht. Diese Abspaltung des „BÖSEN" ließ das Unbewusste in uns entstehen. Dieses manifestiert sich in unserer Außenwelt (Projektion) und wir kämpfen gegen eben diese abgespaltenen Teile des eigenen Selbst (Verurteilung, Totschlag, Krieg). Das Töten in der Welt wird erst aufhören, wenn wir aufhören zu urteilen und zu verdrängen. Darum beten wir im „Vater Unser" (Mat. 6,12):

„Vergib uns unsere Schuld, wie auch wir vergeben haben unseren Schuldnern".

Oder an anderer Stelle heißt es (Mat. 7,1):

„Richtet nicht, damit ihr nicht gerichtet werdet".

Wir selbst haben es also in der Hand, nicht mehr verurteilt bzw. gerichtet zu werden. Aber nicht dadurch, dass wir „noch besser werden", sondern indem wir aufhören zu urteilen. Niemals war es Gott, der seine eigenen Geschöpfe für schuldig befand, sondern immer nur wir selbst. Der Einzige, der die Schuld von uns nehmen kann, sind wir selbst. Denn wir waren es, die Teile der göttlichen Schöpfung verurteilten und ins Unbewusste verbannt haben. Da diesen Teilen die Hälfte göttlicher Schönheit fehlt, begegnen sie uns im Außen in hässlicher, verzauberter Form (Projektion). Diesen, die uns nichts anderes zurückbringen bzw. zeigen, als das, was uns fehlt, sollen wir vergeben und sie nicht erneut richten.

Die Abspaltung des BÖSEN und sein Wiederauftauchen in der Außenwelt macht es uns unmöglich zu akzeptieren, dass das Außen zu unserem SELBST gehört und mit ihm eine Einheit bildet. Wir leben damit getrennt von einem großen Teil unseres SELBST. So erkennen wir nicht mehr, wenn es außerhalb von uns Krieg gibt, dass es alleine unser innerer Krieg ist, den wir da mit anschauen. Da dort draußen das vermeintlich BÖSE lauert, sind wir nicht mehr zur bedingungslosen Liebe (Agape, Neptun) bereit.

Mit der Teilung der Welt in GUT und BÖSE war die Gleichzeitigkeit von beidem nicht mehr vorstellbar. Das Gute konnte niemals gleichzeitig auch das BÖSE sein! GUT und BÖSE konnten nur voneinander getrennt und nacheinander wahrgenommen werden. Damit entstand im Zeichen des Saturn ein Leben in einer *Zeit*, in der die „bösen" Erfahrungen der *Vergangenheit* und die Furcht vor der *Zukunft* eine immer wichtigere Rolle spielen. Das Leben im ewigen Hier und Jetzt war vorerst zu Ende.

Mit dem Sündenfall und der Trennung vom Schöpfer teilte sich unser SELBST in einen bewussten und einen unbewussten Teil (siehe Abb. im Kapitel: Verdrängung und Projektion). Es entstand unser EGO und das so genannte UNBEWUSSTE. Scheinbar ist nun nicht mehr Gott Schöpfer unseres Lebens, sondern unser ICH ist davon überzeugt, dass es sein Leben getrennt von ihm gestaltet

(Dualität[19]). Hierdurch ist eine Schwelle, eine Blockade gegenüber der wirklichen Quelle unseres Seins entstanden. Der *Hüter dieser Schwelle* (Mauer um das Paradies) ist der Saturn (Cherubim), der darauf achten muss, dass keiner mit diesem gefallenen Bewusstseinszustand ins Paradies zurückkehrt. Das EGO versucht unter der Leitung des Saturn möglichst nur GUT zu sein. Unterlaufen ihm dabei scheinbare Fehler, verfestigt sich mit dem Gefühl der Schuld zunehmend die Bedeutung des EGO. Es sagt sich: ICH muss mich bessern, ICH muss es richtig machen, ICH habe etwas falsch gemacht. Fortan war das *Gewissen* nicht mehr das von *Gott Gewusste*, sondern das *Gewusste von GUT und BÖSE*. An die Stelle der himmlischen Gerechtigkeit tritt die vordergründige Moral des EGO.

Gleichzeitig entwickelt sich Konkurrenz unter uns EGO-Menschen. Jeder will der Beste sein, denn nur der Beste – so lautet unsere Überzeugung – wird vom „Vater" angenommen.

Den schalen Ersatz, den wir für all die Not geboten bekommen, sind die „Reichtümer" dieser Welt: Karriere hin zu Bedeutung, Ruhm, Ehre und Autorität. Hierzu wollte Satan (Saturn) auch Jesus (Uranus) in der Wüste verführen. Die Reaktion von Jesus darauf ist bekannt (Mt. 4,8):

> Wiederum nimmt der Teufel ihn mit auf einen sehr hohen Berg und zeigt ihm alle Reiche der Welt und ihre Herrlichkeit und sprach zu ihm: Dies alles will ich dir geben, wenn du niederfallen und mich anbeten willst. Da sprach Jesus zu ihm: Geh hinweg, Satan! Denn es steht geschrieben: „Du sollst den Herrn, deinen Gott, anbeten und ihm allein dienen."

Saturns Aufgabe ist zweigeteilt. Einerseits erzeugt er unseren Bewusstseinsfall, andererseits will er uns helfen, ihn zu überwinden. Deshalb konfrontiert er uns mit dem, was wir für GUT und richtig halten. Er bedient sich dabei des Phänomens der Projektion. Wie bei einem Diaprojektor wird das, was wir in unserem gefallenen Bewusstsein an unbewussten Geboten, Verboten und Urteilen tragen, nach außen projiziert. Wir begegnen ihnen in der Erziehung durch die Eltern und Lehrer, in der Maßregelung durch die Vorgesetzten, Polizei, Gerichte und den Staat.

Die Philosophie des Idealismus bringt dies zum Ausdruck: Das Bewusstsein bestimmen unser Sein! Die Energie der Materie folgt unserer geistigen Vorgabe. Unsere eigene Bewusstseinsenge erzeugt die Enge in unserer Welt! So wählen wir unbewusst nach dem Gesetz der Affinität die zu uns passenden moralisch engen Eltern. Das Bewusstsein des Kindes bestimmt damit seine Erziehung und das Maß elterlicher Grenzsetzungen und Strafen. Dabei erkennen wir nicht mehr unsere eigene Verantwortung für diese Situation. Im Gegenteil, wir machen die Eltern für die Einschränkungen verantwortlich (Projektion) und verurteilen sie dafür. Damit geben wir ihnen aber auch die Schuld an unserer solchermaßen eingeschränkten Entwicklung. Sie sind scheinbar dafür verantwortlich.

---

[19] Dualität bringt die Vorstellung zum Ausdruck, dass zwei Welten voneinander getrennt existieren: Die göttliche Welt und die menschlich irdische Welt, in welcher der Mensch in freiem Willen Schöpfer sein kann. Diese Vorstellung ist eine Illusion unseres gefallenen Bewusstseins. Der Begriff „Ägypten" steht in der Mythologie oft synonym für diese Dualität und für die irdische von Gott getrennte Welt.

Die Projektion von Verantwortung wird zur Normalität. Jeder versucht die Verantwortung für die andere Seite menschlichen Handelns, für das „BÖSE“, für die Schuld, dem anderen zuzuschieben. Jeder versucht aber ebenso, die Verantwortung für andere (Kind, Partner, Betrieb, Gemeinde, Staat) zu übernehmen und beraubt damit gleichzeitig diejenigen ihrer Eigenverantwortung.

Wir glauben, bei einem Verstoß gegen die Gebote unserer Eltern die Anerkennung aller „Eltern“, aller Autoritäten dieser Welt zu verlieren. Dieser Verlust suggeriert uns das Gefühl der Schuld. Da wir das Gefühl der Schuld vermeiden wollen, richten wir uns ganz nach den Eltern und Autoritäten. Deren Norm wird zu unserer neuen „Mitte“. Auf der „Bahn“ dieser neuen Mitte umkreisen wir unsere wahre Mitte, wie die Felge eines Wagenrads seine Nabe. Die gelassene Ruhe der Nabe ist verschwunden und das Rad des Schicksals (Tarot) ist entstanden und lässt uns herumwirbeln. Mal steigen wir auf, sind ganz oben, um dann mit Sicherheit wieder abzusteigen und uns ganz unten wiederzufinden. Die Norm steht immer in Verbindung mit der Vergangenheit. Wir bezeichnen sie als Tradition (*lat.* verraten, übergeben). Der indische Philosoph und Mystiker Jiddu Krishnamurti bezeichnete die Tradition als Verrat der Vergangenheit an der Gegenwart.

Schicksalsschläge (Wirkungen des Saturn, Uranus und Neptun) versuchen nun, diese enge, verfahrene und von uns SELBST entfremdete Situation aufzubrechen und uns zu unserer eigenen Mitte zurück zu bringen. Sie werden umso härter ausfallen, je weiter wir uns von uns SELBST distanziert haben.

Es gilt, die Eigenverantwortung zurück zu gewinnen. Eigenverantwortlich zu leben heißt, zunächst das anzuerkennen, was an Anlagen und Fähigkeiten in uns steckt und nicht mehr auf die Anerkennung der Autoritäten zu warten, die sie nur für das geben, was sie als rechtens und richtig definieren. Um dann dem eigenen materiellen Leben die Struktur und Ordnung zu geben, über die das Licht, die Originalität und Individualität zum Ausdruck kommen kann. Das ist nur möglich, wenn elterliche, autoritäre und kollektive Maßstäbe zumindest teilweise durchbrochen und verlassen werden. Gleichzeitig bedeutet Eigenverantwortlichkeit auch, zu erkennen, dass alle Erfahrungen mit der Außenwelt von unserem SELBST zum Zwecke der Bewusstwerdung arrangiert werden, sie also von uns selbst als Folge unserer Verdrängungen bewirkt werden. Folglich können wir niemandem eine Schuld an unserem Erleben geben, was immer wir auch erleben.

Die Trennung von den „Eltern“ (äußerlich und innerlich) ist einer der wichtigsten Schritte in dieser Entwicklung. Dies sieht auch Jesus so, indem er spricht (Mt. 10,34):

> „Ich bin nicht gekommen, Frieden zu bringen, sondern das Schwert. Denn ich bin gekommen, den Menschen zu entzweien mit seinem Vater und die Tochter mit ihrer Mutter“.

Das „Verlassen“ der Eltern (der „Älteren“, des Alten in uns) will bewirken, dass deren Vorstellungen von dem was GUT und was BÖSE sei, in uns zusammenbrechen. Die Norm und die Maßstäbe der Eltern verlieren ihre Gültigkeit. Wir fürchten damit aber auch das zu verlieren, was uns bisher Halt bot, ihre Anerkennung. Von da an müssen wir alleine (zu uns) stehen. Aber nur so werden Abweichungen, die zur eigenen Individuierung (Uranus, Jesus-Nachfolge) notwendig sind, möglich. Wie leicht wir bei allen guten Vorsätzen vor Autoritäten wieder einknicken und unsere Individuierung verleugnen, um der Verurteilung zu entgehen, wird uns gleichnishaft in der Person des Petrus (Fels, Saturn) geschildert (Mt. 26,33):

> Petrus aber ... sprach zu ihm (Jesus): Wenn sie auch alle Ärgernis nähmen an dir, so will ich's doch nimmermehr tun. Jesus sprach zu ihm: In dieser Nacht, ehe der Hahn kräht, wirst du mich dreimal verleugnen. Petrus sprach zu ihm: Und wenn ich mit dir sterben müsste, so will ich dich nicht verleugnen. Desgleichen sagten auch alle Jünger.

Aber schon kurz darauf verleugnete Petrus Jesus.

Es gibt nichts Schwereres im menschlichen Leben zu vollbringen, als diese Trennung von den „Eltern“, den Autoritäten bzw. von den eingefahrenen Geleisen der Gesellschaft. Aber wie anders wollen wir jemals Autorität für uns SELBST werden? Auf Grund der Erziehung wurden uns in der Kindheit bestimmte Fähigkeiten und Anlagen verboten, und uns blieb nichts anderes übrig, als sie zu verdrängen. Ihre Entwicklung wurde auf dieser frühkindlichen Stufe eingefroren. Und dies, um die Anerkennung der Eltern nicht zu verlieren. Der Verlust der Anerkennung wäre in dieser Kindheitsphase, in der ja das Kind essenziell auf die Eltern angewiesen ist, gleichzusetzen mit dem Aussetzen des Kindes bei den wilden Tieren des Urwaldes oder der Übergabe an die Fluten des Wassers. Beides ist mit dem sicheren Tod verbunden. In Situationen, in denen wir nun gegen die Gebote der Eltern verstoßen, um unserer ursprünglichen Anlage zur Entwicklung zu verhelfen, glauben wir, BÖSE zu sein. Gleichzeitig sehen wir uns zurückversetzt in die Zeit, auf der die Anlagenentwicklung stehen blieb. Wir regredieren also in unsere frühe Kindheit. Es entsteht das alte Gefühl völliger Abhängigkeit, und die Erwartung, ausgestoßen zu werden, erzeugt in uns Todesangst.

Wer aber diesen Gang durch die Schuld und die Angst, ausgestoßen zu werden, nicht bereit ist zu gehen, der unterlässt die Trennung von den „Eltern“. Er bewahrt das Alte (konservativ) und genießt den vermeintlichen Vorteil, als normal in die Gesellschaft integriert zu sein. Deshalb wandeln so viele auf dem breiten Weg, der in die Verdammnis führt, und nur wenige finden den schmalen Weg zum Leben (Mt. 7,13).

Das Kreuz als Symbol steht über die Zahl 4 in Analogie zum Saturn (rechter [richtiger] Winkel, Quadrataspekt). Die Herrschaft des Saturn in unserem Bewusstsein (Himmel) führt zur Kreuzigung des Uranus (Jesus). Darin alleine besteht unsere „Schuld“! In welch bejammernswertem Zustand sich unsere uranische Kraft befindet, kann uns durch die Betrachtung der an vielen Wegkreuzungen und auf Altären aufgestellten Gekreuzigten bewusst werden. Je konservativer (strenger) die Gegend, desto mehr Kreuze (Projektion).

Auch nimmt in solchen Umgebungen die Farbe Schwarz zu. Sie ergänzt den nur GUTEN um das, was ihm im Bewusstsein fehlt, nämlich seine eigene dunkle Seite. Gegenüber dem schwarz Gekleideten muss sich das Böse nicht mehr manifestieren, da es sich im Schwarz schon zeigt. Die schwarze Kleidung dient deshalb dem vermeintlichen Schutz vor dem „BÖSEN“. Aber alle Bösewichter der Filmwelt sind aus dieser Analogie heraus ebenfalls schwarz gekleidet.

Hemmung:

In dem vom Steinbock beherrschten Lebensbereich (Haus) und dort, wo sein Energieträger Saturn seine Wirkung entfaltet, aůch über seine Aspekte zu anderen Planeten, werden unser Anliegen und unsere Fähigkeiten beurteilt. Enge Verbote und Vorschriften behindern uns. Um die Anerkennung nicht zu verlieren, verdrängen wir Teile unserer Fähigkeiten, so dass deren Weiterentwicklung unterbleibt. Wir bleiben im Kindsein stecken. Die Konzentration auf das zu Entwickelnde darf nicht sein, damit kann unser Entwicklungsziel nicht erreicht werden und unsere Anlage bleibt unstrukturiert. Der Lebenserfolg, der mit dieser Anlage verbunden wäre, bleibt versagt. Von nun an sind wir gegenüber den „Großen“ die ewigen Verlierer. Wer verliert, glaubt aber auch, schuldig zu sein, denn er hat offenbar wieder etwas falsch gemacht. Wir fordern mit dieser Bewusstseinshaltung unsere ständige Verurteilung geradezu heraus. Das ICH findet sich in einer immer verzweifelteren Situation wieder, trotz abnehmender eigener Lebendigkeit wird es zunehmend mit Schuld konfrontiert. Ein Gefühl der Rechtlosigkeit stellt sich ein. Der Weg in die Depression der Lebendigkeit ist beschritten. Unser Leben erstarrt. Zugleich glauben andere, Verantwortung für uns übernehmen zu müssen. Die Entmündigung nimmt zu. Die rechtliche Entmündigung im Alter ist die letzte Konsequenz einer Entwicklung, bei der wir immer mehr die Eigenverantwortung scheuten. Die Eltern waren verantwortlich für unsere Existenz, der Arzt für unsere Gesundheit, der Lehrer für unsere Entwicklung, der Partner für unser Glück und Wohlbefinden, der Unternehmer für unsere Arbeit, der Vermieter für unsere Wohnung und der Staat letztendlich für den Rest.

Kompensation:

Wem die Auswirkung der Anlagenhemmung des Steinbocks klar wird, begreift sofort, dass es kaum Spaß macht, länger als nur irgend notwendig in dem Zustand der Hemmung zu verharren. Schon früh erkennt das Kind, womit es die Anerkennung der Eltern findet, konzentriert sich darauf und versucht dieses Verhalten zu perfektionieren. Da immer nur der Beste Anerkennung bekommt, versucht es dieser Beste zu sein. Es gewöhnt sich an, die anderen als Konkurrenten zu sehen. All seine Konzentrationsfähigkeit, Disziplin und Leistungsfähigkeit setzt es ein, das gesteckte Ziel zu erreichen. Es entwickelt sich zum Streber. Damit orientiert sich das Leben zunehmend auf die Zukunft, auf die Karriere. Der Erreichung des Zieles wird die Befriedigung der Bedürfnisse in der Gegenwart, im Jetzt, geopfert. Es muss um jeden Preis gewinnen. Aus dem ursprünglich lustvollen Spiel des Lebens wird bitterer Ernst.

In einer weiteren Stufe seiner Entwicklung wird das Kind versuchen, die Rolle der Eltern zu imitieren. So versucht es ebenfalls, Verantwortung für andere zu übernehmen, sei es für die Geschwister, den Freunden gegenüber oder durch Übernahme bestimmter Aufgaben im Zusammensein mit den Erwachsenen. Wenn es sich nur genau so verhält wie die Eltern, glaubt es, ebenso wie diese das Recht zu haben, andere zu beurteilen, in ihrem Verhalten einzuschränken und bestrafen zu können. Daraus entwickelt sich in ihm ein starker Bezug zu Recht, Gesetz, Moral und Ordnung. Dieser gewährleistet ihm, sich immer in der Rolle des GUTEN und

Rechtschaffenen zu wähnen. Der Mensch ist davon überzeugt, Schuld von sich fern halten zu können. Die Rechtschaffenheit wird zur Mauer um ihn herum, die ihn unangreifbar machen soll. Jedoch ist er hinter dieser Mauer von seinen Mitmenschen getrennt und nur noch schwer erreichbar. Im Erwachsenenalter wird der Hang zu Karriere und Autoritätsrollen (Meister, Lehrer, Erzieher, Richter, Anwalt, Politiker, Fachmann) unübersehbar. Sein stetes Bemühen gilt Diplomen, Ämtern, Würden und Auszeichnungen. In allem betont er die Leistung und die Verantwortung *anderen* gegenüber.

Da er nur noch das lebt, was in der Gesellschaft Anerkennung verspricht, verliert er seine Ursprünglichkeit und erstarrt ebenfalls im Althergebrachten. Er betrachtet sich geradezu als Bewahrer des Alten und ist stolz auf diese Rolle als Konservativer. Nach außen hin schuldlos, sammelt sich aber eine fortwährend wachsende „Schuld" der eigenen Entwicklung gegenüber an. Wer in den Märchen dem Satan (Saturn) folgt, bekommt zwar alle Reichtümer dieser Erde, gleichzeitig muss er aber seine Seele[20] (Seelenentwicklung) an ihn verkaufen.

Die Tendenz, am Alten (Eltern) festzuhalten, findet auch im Körper seinen Ausdruck, sei es im steifen Gang, in der verbogenen Wirbelsäule, in den versteiften Gelenken, in den Steinbildungen auf der Organebene oder in der Chronifizierung von Erkrankungen.

[20] Die Seele ist die Kraft, die unsere Entwicklung und Manifestation im Körper bewirkt.

Schütze ♐

Der Schütze-Archetypus setzt sich aus den nachstehenden Grundqualitäten, Verhaltensweisen und Eigenschaften zusammen. Der herrschende Planet und energetische Vertreter des Schütze-Anliegens ist der männlich polarisierte Jupiter.

männlich	beweglich	Feuer	Geist	Mentalkörper
aktiv	Flexibilität	Vitalität	Himmel	Verstandeskraft
extrovertiert	Anpassung	Lebendigkeit	Bewusstsein	Begegnung
gestalten	Steuerung	Ausdruck	Hintergrund	Außenwelt
geben	Differenzierung	Ausstrahlung	Schicksal	
Fülle	Abstimmung	Frucht	Wirklichkeit	
	unbeständig			
	Labilität			

In der Kombination ergeben sich folgende archetypische Merkmale:

- Geistige Vitalität und Lebendigkeit = Begeisterungsfähigkeit
- Die menschliche Verstandeskraft passt sich an den himmlischen Geist an = Demut
- Geistige Beweglichkeit und Fülle = geistiges Wachstum = Wissen
- Das Wissen ist unbeständig
- Geistige Aktivität und Gestaltung = geistige Synthese = Denken in Zusammenhängen = Sinnsuche
- Begeisterte Ausstrahlung, Verkündigung geistiger Inhalte = Vorlesung, Predigt
- Frucht geistiger Synthese = Denkgebäude, Weltanschauung, Religion, Wissenschaft
- Der Verstand steuert die mentalen Kräfte = Bestätigung des Geglaubten und Gedachten

Das Symbol

Schütze ist auf dem Weg von der göttlichen Idee zur menschlichen Tat das erste Zeichen, das dem Individuum durch sein Feuer eine eigene Vitalität, Lebendigkeit und Kreativität verleiht und zwar auf der mental-geistigen Ebene. Der Pfeil ist das Symbol eines eigenen geistigen Impulses, der von uns zur Verwirklichung ausgesandt wird und der auf ein festumrissenes Ziel ausgerichtet ist. Der Pfeil entspricht dem begeisternden Gedanken, der am Anfang einer jeden Handlung steht.

Fähigkeiten und Anliegen

Der Schütze repräsentiert das Feuer unseres Himmels und damit die Vitalität und Kreativität unseres Bewusstseins bzw. unseres Geistes. Seine ursprüngliche Aufgabe besteht darin, die von Luzifer überbrachte göttliche Idee in uns zu verkünden. Das Licht (Uranus), von der Jungfrau Maria (Neptun) empfangen und von dem Lichtträger (Luzifer / Saturn) überbracht, manifestiert sich in uns als *beglückender Gedanke,* der uns durch und durch begeistert. Der Gedanke ist das Gedenken an Gott. Schütze ist die Brücke, über die der geistige Impuls in Verbindung mit der Seele tritt. Ihm entspricht der Verkünder, der Hohe Priester[21]. Er ist geistig flexibel, im Verständnis offen und toleriert, was auch immer der Lichtträger ihm bringt. Auf diese Zusammenhänge verweist die griechische Mythologie. Jupiter (Zeus) ist Sohn des Saturn (Chronos) und damit die Frucht (Feuer) unseres Bewusstseins (Fische, Wassermann, Steinbock, Schütze). Die Symbolgestalt des Schützen ist der Kentaur. Er ist ein Wesen, in dem sich ein menschlicher Oberkörper mit einem Pferdekörper vereinigt. Dies charakterisiert die Nahtstelle zwischen wahrem himmlischem Menschsein, das in Verbindung mit der irdisch-körperlichen Existenz steht. Der Vermittler zwischen „Himmel" und „Körper" ist unsere Seele, die vom Hohen Priester ihre Anweisungen erhält. Die Empfänglichkeit der Seele für die geistigen Gedanken des Schützen besitzen wir im Tierkreiszeichen Skorpion.

Schütze geht auch in unserem gefallenen Bewusstseinszustand nach wie vor davon aus, dass das, was er zu sagen hat, aus der göttlichen Dimension stammt. Deshalb entbrennt sein Feuer der Begeisterung bei allem, was er verkündet und er erzeugt damit in uns eine stets positive und überzeugte Grundhaltung gegenüber dem Leben. Er ist von seinem Glück überzeugt und damit glücklich.

Die Fähigkeiten, die wir im Schützen entwickeln wollen, sind die unserer geistigen Lebendigkeit. Sie ist aktiv, energetisch und, da sie sich auf immer wieder neue Impulse aus dem spirituellen Bereich einstellen muss, sehr flexibel. Dadurch stellen wir sicher, dass sich die Fülle und die Vielfalt der Schöpfung im „Himmlischen Feuer", unseren Gedanken, manifestieren kann. Das Feuer des Geistes, der Verstand, das Verstehen, ist in uns entfacht. Ursprünglich jedoch nicht im Dienste unseres EGOs, damit es sich etwas ausdenken kann, sondern damit wir das aus dem Himmel Kommende gedanklich erfassen und geistig zum Ausdruck bringen können. Auf diese Weise war unser Verstand – unser wahres Denken – mit der Wahrheit, mit Uranus, verbunden.

Verzauberung:

Da in uns der Zugang zur spirituellen Dimension unseres Himmels durch den Fall Luzifers (Sündenfall) gesperrt ist – aus ihm entstand ja Saturn – ist unser Verstand, ohne es recht zu bemerken, von der wahren Erkenntnis (Fische, Wassermann) abgetrennt. Ihm fehlt die Verbindung zur Vernunft, zum „Vernehmen" des Göttlichen (Fische) auf der spirituellen Ebene. *Vernunft* im philosophischen Sinn gibt uns die Einsicht in die absolute Wahrheit, in den höchsten Zweck. Die sich im Schützen manifestierende Energie des Denkens und der Gedanken ist das, was uns von dem Bewusstsein des Himmels noch geblieben ist. Zu dieser geistigen Ebene haben wir noch bewussten Zugang. Da dieser Geist aber nicht mehr das Göttliche denkt, wurde aus ihm unsere vom Göttlichen getrennte „Mens" (*lat.* Denkkraft), unsere Mentalität.

Da der Geist des Schützen trotz der Trennung vom Spirituellen aktiv werden will, sucht sich unser Verstand ein neues Betätigungsfeld. Er beginnt, die sinnlich

---

[21] Der Priester ist entgegen kirchlicher Darstellung nicht die Brücke (Pontifex) bzw. der Vermittler zwischen Gott und dem Menschen (Dualität), sondern der Verkünder des von der Hohen Priesterin (Neptun) Empfangenen.

erfahrene Welt zu ordnen, indem er ihre Teile dem Sinn und der Bedeutung nach einordnet und sie miteinander verbindet. Er interpretiert, wie die biblischen Schriftgelehrten, die Erscheinungen (Hermeneutik) vor einem angenommenen weltanschaulichen Hintergrund. Die aus diesem Prozess gewonnene Erkenntnis ist letztendlich niemals objektiv, sondern hängt davon ab, welche Ideen die Begegnung mit der Außenwelt (Waage) in uns auslöst (Assoziation) und welche Bilder der Erfahrungen (Skorpion) in uns gespeichert sind. Auf der Basis dieser Ideen und Erfahrungen kreieren wir unsere Weltbilder, Überzeugungen und Glaubenssätze (Schütze). Unser Denken ist „eingeklemmt" zwischen Steinbock (Urteil) und Skorpion (Erfahrung aus der Vergangenheit; siehe nachstehende Abb.). Damit ist unser Verstand mit der Vergangenheit verbunden und blockiert dadurch das *wahre Verstehen des Jetzt*.

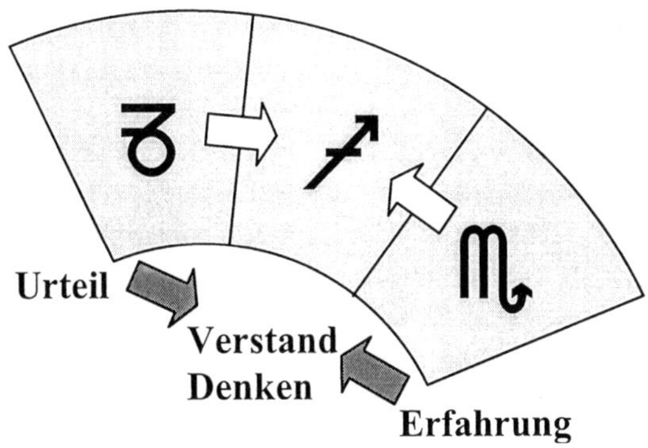

Abb.
Das „eingeklemmte" Denken

Unser Verstand konzentriert sich voll und ganz auf das materielle irdische Sein. Geistig „selbstständig" geworden, geht er in uns seit langer Zeit seine eigenen Wege. Durch selbstständiges Überlegen, das Nachdenken, das Sinnen versucht er, unsere Begegnungen mit der Welt zu verarbeiten und scheinbar ihre Sinnzusammenhänge zu durchschauen. Durch schlussfolgerndes, logisch verknüpfendes (Synthese) Denken möchte er zur geistigen Erkenntnis im Materiellen gelangen. Indem er einzelne geistige Bausteine miteinander verbindet, wachsen immer größere und komplexere Denkgebäude heran. Die Eigenständigkeit dieser Kraft des Denkens beherrscht fast vollkommen unser Bewusstsein.

Unser Verstand, angesiedelt im „Kopf", steht als nun eigenständige Macht mit ganz eigenen Erkenntnissen und Schlussfolgerungen oftmals im Widerspruch zu unserem „Herzen". Ludwig Klages (Philosoph, Anfang 20. Jh.) spricht daher vom „Geist als Widersacher der Seele". Es ist eher eine Illusion, die uns unser Verstand vermittelt, wenn er glaubt, beispielsweise andere Menschen, das DU zu verstehen. Unser Verstand wird zur Grundlage jeder philosophischen oder wissenschaftlichen Tätigkeit. Tolerierte ursprünglich das Feuer des Schützen unbesehen alles und jeden, so ist nun die Toleranz daran gebunden, ob wir etwas unter der Perspektive unserer Weltanschauung (Urteil + Erfahrung) annehmen können.

Darüber hinaus wird der Verstand zum mentalen „Sperrfeuer", das uns in seiner Eigenständigkeit vehement vom Spirituellen trennt. Dieses Feuer nährt sich von den Erfahrungen der Vergangenheit und hält uns damit in der Vergangenheit fest.

Spirituelle Erfahrungen sind aber ausschließlich mit der ganzheitlichen Wahrnehmung der Gegenwart (Bewusstsein) verbunden. Beim Versuch, wieder zur Mitte und zum Jetzt vorzudringen, bei der Meditation, erkennen wir, wie „laut“ dieses eigenständig gewordene „lärmende“ Feuer des Denkens ist, wie stark es unser Bewusstsein ausfüllt, so dass für das Bewusstsein der Wirklichkeit kein Raum mehr ist. Der Zugang zu unserer Mitte wird erst dann wieder möglich, wenn wir diesem Feuer seine eigenständige Macht nehmen. Wenn wir unser eigenständiges Denken abschalten und es wieder in den Dienst der Verkündigung des göttlichen Auftrages stellen.

Die Vormachtstellung des Verstandes in uns hat seine Parallele in der Entmachtung des Saturn durch Zeus. Dadurch wurde Zeus (Jupiter) absoluter Herr in unserem „Himmel“, der aber nun Olymp heißt. Ebenso wie Zeus mit den unterschiedlichsten weiblichen Wesen fremdging und Kinder zeugte, so geht auch unser Verstand mit den unterschiedlichsten Erfahrungen (Skorpion, weiblich) Verbindungen ein und zeugt dadurch die verschiedensten wissenschaftlichen und weltanschaulichen Überzeugungen.

Wie weit der Verstand eigenständig wurde, zeigt sich in unserer Wissenschaft. Vor der Aufklärung waren die Universitäten Teil der Kirche und in ihrem Denken an die Aussagen der Bibel gebunden. Im übertragenen Sinne bedeutete dies zumindest noch eine symbolische Bindung an die „himmlischen“ Mitteilungen, an die Transzendenz. Natürlich war dies keine wirkliche Bindung an den göttlichen Geist, da die Kirche schon seit langem in sich die weibliche Priesterschaft, und damit die empfangende Verbindung zu Gott, eliminiert hatte. Hieraus entstand in der Kirche die einseitige Macht des logischen Verstandes, die Macht der Männer. Mit der Aufklärung trennte sich die Wissenschaft und mit ihr unser Verstand endgültig von der Kirche und der transzendenten Dimension. Die Transzendenz wurde zum „Schatten“ der Wissenschaft und wurde zunehmend von ihr bekämpft (Abwehr). Aus den Geisteswissenschaften wurden materieorientierte Wissenschaften.

Dennoch schenkt uns das Feuer des Geistes weiterhin Optimismus und Begeisterungsfähigkeit. Schütze repräsentiert unseren geistigen Willen. Dieser Wille verwirklicht sich über den magischen Bereich (Skorpion) der Seele. Ist unsere Lebenseinstellung optimistisch, so setzt sich dieser Optimismus mental magisch in unserem Leben um. Deshalb steht Jupiter im Ruf, er repräsentiere das „große Glück“. In diesem Sinne ist Schütze auch das Zeichen des „positiven Denkens“. Aber nur selten ist der Optimismus in uns ungebrochen. Viele der menschlichen Weltanschauungen, Überzeugungen und Glaubensinhalte tragen eher das Gegenteil in sich. Ist unser geistiger Wille von ihnen bestimmt, so sorgt er dafür, dass das Leben auch diese Glaubenshaltung bestätigt. Im Schützen steckt also in Verbindung mit dem Skorpion die Macht, alles, von dem wir überzeugt sind, in der Welt der Erscheinungen sichtbar werden zu lassen. Deshalb ist es von so großer Bedeutung und Tragweite, was wir denken und glauben.

Aus dieser Perspektive stellen sich die „Wahrheiten“ unserer experimentellen Wissenschaft als zutiefst fragwürdig heraus. Bestätigt sich doch im Experiment immer nur das, woran der Wissenschaftler und mit ihm sein Kollektiv *glauben*!

Dennoch ist die Hinwendung zu unserem Verstand ungebrochen, denn er verspricht uns, unsere Angst vor dem unbekannten Schicksal, die mit der Blockade unseres Bewusstseins entstand, zu verringern. Indem wir durch den Verstand Erklärungen für die Naturzusammenhänge finden, können wir scheinbar vordergründig das Geschehen vom Schicksalhaften lösen. Aus dieser angstdämpfenden Funktion bezieht die Wissenschaft ihre Faszination für die Massen. Insbesondere seit Beginn der Aufklärung (17. Jh.) glaubt der Mensch in unserem Kulturkreis, sich über seinen Verstand von seiner Unmündigkeit und Ohnmacht dem Schicksal gegenüber befreien zu können. Dass diese Befreiung ihre Grenzen hat, zeigen uns die Krisen im ökologischen, gesundheitlichen, kirchlich-religiösen und wissenschaftlichen Bereich. Sie zeigen sich auch im turnusmäßigen Zusammenbruch wissenschaftlicher Grundthesen (Paradigmenwechsel).

Als Verstandesmenschen erkalten wir zunehmend gegenüber unserer inneren und äußeren Natur (s. o. L. Klages: Verstand als Widersacher der Seele). Depression und Öde sind die Folgen des Weges, den wir in den letzten Jahrhunderten beschritten haben. Im Vordergrund unserer heutigen Erziehung steht fast ausschließlich die zwei Jahrzehnte andauernde Schulung der Verstandestätigkeit (Vorschule, Schule, Gymnasium, Universität).

Wir unterliegen oft dem Irrglauben, dass Aus- und Weiterbildung die Voraussetzung für unser Verständnis sei. Nichts lässt diesen Irrglauben deutlicher werden als das Unverständnis und die Intoleranz, mit denen sich Theologen verschiedener Religionen oder Konfessionen begegnen. Genauso augenfällig ist das weit verbreitete Unverständnis, mit dem die westliche Wissenschaft der östlichen Wissenschaft begegnet. Beinahe könnte man die These wagen: je gebildeter, desto begrenzter das Verständnis und die Toleranz. Der Geistesadel droht allzu leicht umzuschlagen in geistige Arroganz.

Unser Verstand, abgekoppelt von der Wahrnehmung der Wirklichkeit (Intuition), hat dadurch gleichzeitig seine wahre Intelligenz (*lat.* wahrnehmen, verstehen, begreifen) verloren. Aus dem wahrhaftigen Verstehen (Intelligenz) wurde der von Urteil, Meinungen und subjektiven Erfahrungsbildern bestimmte Verstand. Diesen seinen Mangel erkennend, versucht er durch stets wachsendes Wissen seine Erkenntnisse zu optimieren. Es wird zu seinem Prinzip, durch stetes Wachstum das Optimum zu erreichen.

Weshalb entstehen solche Fehlentwicklungen menschlichen Geistes? Gleichnishaft wird uns die Antwort in der griechischen Mythologie des Prometheus[22] gegeben. Alle mythologischen Gestalten charakterisieren nach außen projizierte Kräfte, die in uns selbst vorhanden sind. So ist Prometheus eine Kraft in uns, die uns unerlaubterweise das Jupiter-Feuer gab und gibt, und die auf Grund des gefallenen menschlichen Bewusstseins an den Felsen gefesselt wurde. Der Felsen steht hierbei symbolisch für Saturn. In unsere Sprache übersetzt, bedeutet dies, dass

---

22 Unglücklicherweise ordnete der amerikanische Philosoph und Psychologe Richard Tarnas Prometheus dem Planeten Uranus zu. In der Folge übernahmen andere Astrologen diese These, insbesondere Liz Greene. Das Hauptargument war dabei, dass Prometheus ein Rebell war und Uranus für Rebellion steht. Es gab aber viele Rebellen in unserem Himmel, an vorderster Front Saturn und danach Zeus, und trotzdem wurden aus ihnen nicht der Herrscher des Tierkreiszeichens Wassermann. Zudem gibt es im Gegensatz zur Behauptung von R. Tarnas keine stimmigere Mythologie für das, was im Zusammenhang mit Wassermann in unserem Bewusstsein geschah, als den Uranus-Mythos.

unser „Verstandesfeuer“ an die Teilung der Welt in GUT und BÖSE bzw. RICHTIG und FALSCH (Saturn, Felsen) gebunden ist. Die Suche nach dem RICHTIGEN Wissen erzeugt aber automatisch Wissensbereiche, die als FALSCH abqualifiziert der Verdrängung anheimfallen. Das so erzeugte Wissen trägt damit nur die Hälfte der Wahrheit in sich. Die zweite Hälfte manifestiert sich dann außerhalb des wissenschaftlichen Lehrgebäudes als dessen „Schatten“ und stellt als bekämpfte Alternative (z. B. Allopathie gegen Homöopathie, Astronomie gegen Astrologie) dieses auf die Dauer in Frage.

Die Einseitigkeit der wissenschaftlichen Grundannahmen werden nach langer Zeit der Unbewusstheit immer offenbarer und das Lehrgebäude beginnt immer mehr in sich zusammenzubrechen (Paradigmenwechsel). Genau diese Zusammenhänge zeigen sich auch bei Prometheus. In der Nacht (des Unbewussten) wächst die Leber. Die Leber ist das Organ des Schützen und steht damit als Gleichnis für ein Wissenschaftsgebäude. Bei Tage besehen, also unter bewussteren Bedingungen, hat die Leber (das Wissenschaftsgebäude) keinen Bestand und wird von einem Adler (Skorpion) herausgefressen. Das notwendigerweise stete Entstehen und Wiedervergehen (Skorpion, Pluto) immer neuer Weltanschauungen (Schütze, Jupiter) unter Sündenfallbedingungen (Steinbock, Saturn: RICHTIG-FALSCH) wird in diesem Gleichnis wunderbar deutlich. Die Befreiung aus dieser misslichen Lage unseres Verstandes geschieht durch den Zentauren Chiron. Chiron ist die Kraft in uns, die als „Schlüssel“ in der Lage ist, ein Tor im Grenzbereich zwischen „RICHTIG“ und „FALSCH“ zu öffnen und damit einem von Uranus befruchteten Denken, das beide Pole wieder in sich vereinigt, Bahn zu brechen. Es wäre dies, wie Krishnamurti es bezeichnet, der *Durchbruch zur wahren Intelligenz*.

Mythologisch gesehen öffnen wir mit unserem Denken die „Büchse der Pandora“ (*gr.* All-geberin). In ihr waren alle Übel, welche die Menschheit seitdem plagen, eingesperrt. Pandora ist eine wunderschöne, aber böswillige Frau, die von Hephaistos auf Befehl des Zeus, als Rache für den Diebstahl des Feuers, geschaffen wurde. Sie wurde die Frau des Epimetheus (*gr.* „was dabei ist und nicht göttlich ist“), dem Bruder des Prometheus, und sie öffnete bei ihm ein Kästchen, das er von Prometheus, mit der Warnung, es geschlossen zu halten, erhalten hatte. Dieser „Büchse der Pandora“ entströmten alle Übel dieser Welt. Im übertragenen Sinn bedeutet das, dass alles, was zu unserer Überzeugung wird, uns gegeben wird. Der eine Teil des Übels dieser Welt entsteht aus unserer Überzeugung, dass wir sündig seien und dass wir dafür bestraft werden müssen (Steinbock). Der zweite Teil des Übels entsteht dadurch, dass die in uns eingeschlossenen leidvollen Erfahrungen (Skorpion) unsere Gedanken bestimmen. Aus diesem Denken, das seine Basis in unseren Leiderfahrungen hat, entsteht die Überzeugung, dass uns auch in Zukunft Leid erwartet. Selbstverständlich wird uns auch diese Erwartung erfüllt. So ist es denkbar, dass auch die leidvollen Erfahrungen unserer Vorfahren unbewusst in unserem Denken Eingang finden und sich auch in unserem Leben wiederholen. Auf diesem Zusammenhang baut die systemische Psychotherapie nach Bert Hellinger, das Familienstellen, auf.

Hemmung:

Wir werden in ein Milieu hineingeboren, das eine optimistische Sicht der Welt nicht zulässt. Es kann dies ein kirchliches, sektiererisches, sozial benachteiligtes oder weltanschaulich und politisch pessimistisches Umfeld sein. Die geistige Lebendigkeit kann nicht wachsen, sie verkümmert. Die Dynamik des Optimismus entfaltet sich nicht, und wir bleiben im Leben weithin glücklos. Die Fülle im Leben stellt sich nicht ein. Ebenso ist das Bildungsangebot stark eingeschränkt, so dass schon in unserer Kindheit die geistige Entfaltung unterbleibt. Wir gelten als einfältig, ungläubig im kirchlichen Sinn, ungebildet und oftmals als dumm. Schulfächer, wie z. B. die Mathematik, welche die Logik zur Grundlage haben, sind für uns ein Graus. Auch unsere Lebensgestaltung entbehrt der inneren Logik. Eine tiefe Sinnlosigkeit macht sich in uns breit.

Wir zeigen kaum Begeisterungsfähigkeit und Interesse gegenüber unserer Außenwelt. Ein Reisebedürfnis besteht nicht. Das Ausland und die Ausländer bleiben uns fremd. Fremdsprachen sind für uns bedeutungslos. Wir kommen auch im Kulturellen kaum über den eigenen Horizont hinaus. Dass Menschen in anderen Kulturen leben, will uns nicht einleuchten. Das fehlende Verständnis bewirkt Intoleranz und lässt Großzügigkeit nicht entstehen. Unsere Höflichkeit lässt zu wünschen übrig.

Wir unterhalten uns nur sehr selten mit unserem Partner. Sollte es aber doch einmal dazu kommen, mangelt es an gegenseitigem Verständnis. Sollte der Partner dazu neigen, sehr viel zu erzählen, bleiben wir unbeteiligt. Wir haben das Gefühl, dass er an uns vorbeiredet. Damit kann sich unsere Partnerschaft nicht weiterentwickeln und differenzieren.

Auch in der körperlichen Entwicklung zeigt sich nicht selten ein eingeschränktes Wachstum.

Kompensation:

Der Schütze-Kompensator lässt sich nicht von der Energie seines „Himmels" inspirieren, sondern er nutzt die geistige Kraft zum Nachdenken über die materielle Welt, wie sie sich ihm zeigt. Die Erfahrungen, die wir in ihr gemacht haben und machen, werden zur Grundlage unseres Verständnisses. Dieses Verständnis, angeblich objektiv, bleibt aber begrenzt. Tatsache ist nämlich, dass wir grundsätzlich nur die Welt kennen lernen können, die wir im Rahmen unseres begrenzten Bewusstseins gestalteten. Nichts anderes erklärt uns auch die Quanten-Physik, wenn sie erkennt, dass die Versuchsergebnisse lediglich die Grundannahmen desjenigen bestätigen, der die Untersuchung macht. Wir Menschen begegnen in den Quanten immer nur unserer eigenen Bewusstseinsstruktur. Diese ist aber „gefallen", an den Felsen gefesselt (s. o.) und damit einseitig. So verkommt unsere ursprüngliche „Freundschaft zur Weisheit", die Philosophie, zur Klügelei, ohne den Punkt wirklich zu treffen, zum Sophismus, dem von eigenen vordergründigen Interessen und unserem Vorteil bestimmten Denken.

Im Vordergrund der Lebensgestaltung steht der Verstand. Er wird in allen Belangen befragt, und aus ihm heraus treffen wir unsere Entscheidungen. Unsere Energie verlagert sich damit mehr und mehr in den „Kopf". Nach wie vor gibt sich unser Verstand optimistisch und ist von seinen Schöpfungen, den aus ihm resultierenden Weltanschauungen begeistert. An das Wachstum gebunden, optimiert er sie und versucht, andere ebenfalls davon zu überzeugen. Er wird zum Missionar seiner Anschauungen.

Schon früh wird beim Kind Wert auf die Entfaltung seines Verstandes gelegt. Aufforderungen der Eltern, wie z. B. „Denke nach, bevor du etwas sagst", geben oftmals unauffällig die Entwicklungsrichtung vor. Das Miteinanderumgehen wird geistig verfeinert, so dass wir auch mit Menschen, die wir im Grunde verachten, bekämpfen oder gar hassen, höflich umgehen können. Nirgendwo war die Verlogenheit und Intrige weiter entwickelt als in der Welt des Schützen: an den Höfen der Adeligen in der Barockzeit (17. und 18. Jh.). Höflichkeit leitet sich von diesem höfischen Verhalten ab. Die Barockzeit zeigt uns im Extrem die Kompensation des Jupiters in der absoluten Macht des Adels, dem Bau ihrer Schlösser (u. a. Versailles), der Prachtentfaltung der Kirchen, der Musik (u. a. Händel, Bach) und der Malerei (u. a. Rubens).

Das Verständnis von der Welt wuchs ins Große durch die Entwicklung des Fernrohrs und ins Kleine durch die Entwicklung des Mikroskops. Einen Schwerpunkt bildete seit jeher die Mathematik, die „Königin" der Logik. Mit dem Zeitalter der Aufklärung übernahm unser mentaler Geist die Macht. Die Macht der Kirchen wurde gebrochen. Die neue Kirche entstand in der Wissenschaft, ihre Tempel heißen heute Universitäten und ihre Priester Professoren.

In der Kompensation bemühen wir uns um Bildung und Weiterbildung. Schulische Leistung wird zur Voraussetzung, um den Weg zum Studium, zur Universität zu bahnen. Im häuslichen Kreis findet die Kultur ihren Eingang. Ein klassisches Musikinstrument zu beherrschen wird zum Muss. Lediglich die Musik der Klassik wird als echte Musik akzeptiert. Nicht mehr das Erleben des Bauches bestimmt den musikalischen Geschmack, sondern der Verstand wählt aus. In einer solchen Welt ist auch das Theaterabonnement eine Selbstverständlichkeit.

Neben dem „Tempel" der Universität spielt häufig der Tempel der Kirche in der Kindheit die prägende Rolle. Es ist die von Autoritäten und der Tradition geprägte Religion, die uns interessiert. Sie führt uns in die religiöse Gebundenheit. Aus der Schrift (Bibel) entnehmen wir, wie wir unser Leben sinnvollerweise gestalten sollen. Die wird uns interpretiert von den Schriftgelehrten, den Priestern. Letztendlich richten wir uns mittels unseres Verstandes nach deren Moralität und nicht mehr nach unserer inneren Stimme. Möglicherweise werden wir auch selbst zum Priester und beginnen zu predigen.

Wachstum wird immer wichtiger für uns. Unser Unternehmen, unsere Macht, unsere Stärke, unser Wissen, unsere Familie, unser Besitz, unsere Persönlichkeit, all dies soll immer mehr wachsen. Es findet sich kein Ende des Wachstums. Nicht erst wenn ein Tumor wächst, wird uns klar, dass Wachstum nicht nur positive Seiten hat. Das selektive Wachstum verdrängt die Vielfalt des Seins. An ihrer Stelle entsteht die verdrängende Einfalt. So versuchten unsere Vorfahren in der Vergangenheit, im politischen Rahmen durch Bildung von Kolonien ihre Einflusssphäre wachsen zu lassen und verdrängten dort, wo sie hinkamen, gleich einem wachsenden Tumor, die kulturelle Andersartigkeit.

Wissen oder beispielsweise die Zugehörigkeit zum Adel verleiht uns den anderen gegenüber das Gefühl der Größe. Privilegien sind uns etwas Selbstverständliches. Wir sind großspurig und arrogant. Arroganz aber ist der Ausdruck einer ungeheuren Angst. Der Angst vor dem unbekannten Schicksal, das trotz aller Wissenschaft nicht in den Griff zu bekommen ist.

Wir interessieren uns für das Ausland, für die Ausländer. Wir laden sie zu uns nach Hause ein oder wir reisen zu ihnen in die weite Welt. Aber auch dort sind unsere Interessen hauptsächlich auf deren Kultur gerichtet. Wir besichtigen ihre Schlösser, Tempel und Kultstätten, um letztendlich festzustellen, dass wir eben doch die bessere Kultur besitzen.

Die Partnerschaft versuchen wir meist darüber weiterzuentwickeln, indem wir viele Bücher zu diesem Thema lesen. Wir glauben dann ganz genau zu wissen, was zu tun ist, ohne dass es tatsächlich zur Konsequenz wird. Denn ein anderes Buch zeigt uns andere Zusammenhänge, so dass wir letztendlich nicht wissen, welcher Autor Recht hat. Überhaupt haben wir das Problem, dass das eine richtig erscheint, und wenn wir lange genug darüber nachdenken, das Gegenteil ebenso richtig ist. Diese Fähigkeit unseres Verstandes, je nach Interessenlage beide Seiten als richtig darstellen zu können, haben die Jesuiten und in der neueren Zeit auch die Juristen zur Perfektion entwickelt. Aus ihr beziehen sie ihre Macht. Dies zeigt uns aber auch, dass der mentale menschliche Geist ohne spirituelle Führung letztendlich orientierungslos ist, ebenso wie die Entscheidungen, die wir aus ihm heraus treffen.

In der materiellen Welt gilt unser Interesse auch häufig den Pferden. Beim Reiten entsteht besonders schnell das Gefühl der raumgreifenden Fortbewegung (Siebenmeilenstiefel) und des „auf dem hohen Ross sitzen“, nach dem sich die Jupiterenergie in uns so sehr sehnt.

Wir lieben das Große, die großen Städte, die Hochhäuser, die barocken amerikanischen Automobile, ja USA und deren „way of live“. In und am Haus lieben wir die Säulen, da wir uns zurücksehnen nach den Tempeln der Vergangenheit, um wieder in dem Gefühl eines Priesters zu schwelgen.

Innerlich zweifeln wir immer wieder an der Weltanschauung, die wir gefunden haben. Indem wir es aber schaffen, andere von dieser unserer Anschauung zu überzeugen, bewältigen wir die Ängste, die aus unseren Zweifeln wachsen. In diesem Sinne fördern wir die anderen, wir werden zu ihrem Mäzen. Die bewältigte Angst lässt in uns wieder den alten Optimismus wachsen und in uns breitet sich das Gönnerhafte aus.

Sofern die Kompensation über den Körper läuft, nehmen die „Schützebereiche“ (Becken, Oberschenkel, Gesäß) an Fülle zu.

Skorpion ♏

Der Skorpion-Archetypus setzt sich aus den nachstehenden Grundqualitäten, Verhaltensweisen und Eigenschaften zusammen. Der herrschende Planet und energetische Vertreter des Skorpion-Anliegens ist der weiblich polarisierte Pluto[23].

weiblich	fix	Wasser	Seele	Mentalkörper
introvertiert	Festigkeit	Empfänglichkeit	Mittler	mentale Energie
Innen	Dauer	Wahrnehmung	Auf- und Abbau	Begegnung
Frau	Beharrung	Eindruck	Lebenswille	Verstandeskraft
erleben	Bindung	Tiefe		
nehmen	Eigensinn	Sorge		
Leere	Zielfixierung	Gefühl		
		Nahrung		
		Heimat		
		Identität		
		anziehend		

In der Kombination ergeben sich folgende archetypische Merkmale:

- Die seelische Bindung an das Empfangene = Verbindlichkeit
- Die Wahrnehmung in der Begegnung verfestigt sich dauerhaft im Inneren als mentale Energie = Gedächtnis des Erlebten
- Die Wahrnehmung wird von der Erinnerung an das Erlebte beeinflusst = Erwartung
- Als Mittler empfängt die Seele den mentalen Eindruck und nimmt ihn dauerhaft als Ziel = Verpflichtung
- Die Seele sorgt dauerhaft für das mental Empfangene = Magie der Verwirklichung
- Die Seele bedarf der mentalen Energie als Nahrung

Das Symbol

Das Symbol zeigt wesentliche Teile des Skorpions, besonders seinen Stachel. Er ist ein Tier, dem man nachsagt, dass es den Stachel nicht nur gegen andere, sondern auch gegen sich selbst richtet. Dies bringt das Thema des Skorpions gut zum Ausdruck, welcher in uns dafür sorgt, dass wir nach unserer Täterschaft auch noch die dazugehörige Seite des Opfers erleben, also den Stachel der Tat gegen uns selbst richten.

Einige sehen in dem Symbol auch die Umkehrung der Man-Rune. Hieraus ergibt sich die Yr-Rune als Trägerin der weiblich magischen Kräfte der „Hexen" und Druiden (Lexikon der Symbole, Bauer, Dümotz, Golowin):

---

[23] In der klassischen Astrologie herrschte der weiblich polarisierte Mars. Leider wird auch heute noch das Triebhafte und die Sexualität dem Mars zugeordnet, aber nicht in seiner weiblich, sondern in seiner zum Widder gehörenden männlich polarisierten Form. So kommt es irrtümlicherweise zur Zuordnung des Triebhaften und der Sexualität zum Widder. Auch in den Organzuordnungen verursachte diese Verwechslung einige Verwirrung.

Die Rune verweist auf die Wurzeln, also auf das ganze unbewusste, von den Ahnen überlieferte Wissen.

Fähigkeiten und Anliegen

Aus der Homöopathie wissen wir, dass eine der Fähigkeiten des Wassers darin besteht, sich von Informationen prägen zu lassen und diese Imprägnierungen über lange Zeit zu speichern. Das Wasser des Skorpions steht für die Empfänglichkeit der Seele und die Bereitschaft, sich von den Gedanken des Schützen befruchten zu lassen. Es speichert den geistigen Auftrag so lange, bis er seine Verwirklichung im Körper gefunden hat. Das dazu notwendige, lang anhaltende Speicherungsvermögen resultiert aus der fixen Qualität des Zeichens.

Die ursprüngliche Aufgabe des Skorpion ist es, sich als die urweibliche Kraft der Seele mit der männlichen Kraft des Geistes (Schützen) zu vereinigen und dessen Gedanken zu empfangen und zu speichern. Im Skorpion entstehen mentale Eindrücke, Bilder und Vorstellungen vom Auftrag des Geistes an die Seele und von dem, was letztendlich in der Welt des Körpers verwirklicht werden soll. Der göttliche Impuls verlässt endgültig die „Obere Welt", den Olymp, und kann dorthin niemals wieder zurückkehren. Dies teilt uns recht eindeutig die mythologische Schilderung der „Unteren Welt" des Hades mit. Der Impuls muss letztendlich im Körper seine Erfüllung, sein Ende und damit seinen Tod finden. Denn alle fleischlichen Erscheinungen sind sterblich. Überspitzt formuliert bedeutet dies, dass der Impuls die „Welt des Todes" betritt.

Aus der Vereinigung mit dem Schützen gebiert Skorpion innerseelisch zahlreiche „Kinder", nämlich die Ideenimpulse des Tierkreiszeichens Waage. Skorpion sieht es als seine Pflicht, solange das Heranwachsen dieser „Kinder" zu kontrollieren, bis sie durch unsere Taten im Körper verwirklicht und damit erwachsen geworden sind. Er ist damit das *seelische* Planungs- und Kontrollzentrum in uns.

Skorpion besitzt die Kraft der Verbindlichkeit, der Pflicht und des „Schwurs" der Seele gegenüber den geistigen Aufträgen unseres SELBST und damit gegenüber uns selbst. Er besitzt die absolute Macht über unser Handeln. Solange die Aufträge an ihn vom Heiligen Geist (Wassermann) kommen und sie ihm unverfälscht vom inneren Priester (Schütze) überbracht werden, ist sein Wirken absolut unproblematisch. Unter diesen Bedingungen sind wir SELBSTbestimmt. Da der „Schwur" einzig und allein unserem SELBST (dem Geist) gegenüber Geltung haben sollte, dürfen wir ihn niemals anderen gegenüber leisten. Das ist der Hintergrund der Aussage (Mt. 5,34):

> Schwört überhaupt nicht! ... Es sei aber eure Rede: Ja, ja! Nein, nein! Was aber darüber hinausgeht, ist aus dem Bösen (*der Verdrängung; d. Verf.*).

Weil alles, was der Schütze überbringt, also all unsere Gedanken, auf diese Weise verwirklicht werden, ist es so wichtig, auf unsere Gedanken zu achten! Zur Verwirklichung zieht die magische Kraft des Skorpions über das Tierkreiszeichen Waage einerseits das im Außen an, was unseren Gedanken entspricht und sie bestätigt. Andererseits nimmt ein großer Teil durch unser eigenes magisches

Handeln Gestalt an. Die Kraft verleiht unserer Persönlichkeit Magnetismus und Charisma. Diese Kraft, die Magie, gestaltet auf diese Weise unbewusst unsere gesamte Existenz[24].

Alles, was der Skorpion empfangen hat, und dies sind unter den Bedingungen unseres gefallenen Bewusstseins neben den Gedanken des Schützen auch alle Erlebnisse aus der Begegnung mit unserer Außenwelt (III. Quadrant), speichert er in Form innerer seelischer Bilder. Gleichzeitig sind diese Bilder mit den Gefühlen zu dem Erlebten aufgeladen. Die Fähigkeit zur Speicherung ist Ausdruck der fixen Qualität. Skorpion ist unser *Gedächtnis,* mit dem wir sorgsam umgehen sollten. Es kann nämlich dann Schaden erleiden, wenn wir es, statt bildhaft zu speichern, zwingen, sich abstrakte formelhafte Inhalte zu merken. Auf diese Problematik wies schon der griechische Philosoph Platon hin.

Je mehr wir erleben, desto größer wird unsere Bildersammlung. Der Name des zum Skorpion gehörenden Planeten Pluto (*gr.*) leitet sich vom Reichtum ab und verweist auf diesen mentalen Reichtum an inneren seelischen Bildern. Dieses Gedächtnis besitzt in den Genen seine Analogie auf der körperlichen Ebene.

Das mentale Gedächtnis ist nicht an unser Gehirn und damit an unsere körperliche Existenz gebunden. Es umfasst somit die Erfahrungen aller Inkarnationen. Lediglich die Verbindung zu diesen Feldern stellen wir über unser Gehirn her. Wir können uns dieses Gedächtnis als ein energetisches Informationsfeld vorstellen, das losgelöst vom Körper existiert und nicht der räumlichen und zeitlichen Begrenzung unterliegt. Über dieses Feld sind wir nicht nur mit unseren individuellen Erfahrungen verbunden, sondern darüber hinaus mit den kollektiven Erfahrungen aller lebendigen Strukturen. Vor diesem Hintergrund ist Hellsichtigkeit recht einfach zu verstehen. Sie ist nichts anderes als die Korrespondenz mit diesen Feldern bei entsprechender Sensibilität.

Am wirklichkeitsnächsten wurde dieses energetische Informationsfeld von dem englischen Biochemiker Rupert Sheldrake in den achtziger Jahren des 20. Jh. beschrieben und als „morphogenetisches Feld" bezeichnet. Der Begriff des morphogenetischen Feldes stammt aus der Biologie am Anfang des 20. Jahrhunderts. Mit ihm wollten die Biologen die Zelldifferenzierung erklären. Bis heute ist nämlich ungeklärt, woher die Zelle eines Organismus weiß, wann sie sich in der Folge der Zellteilung in eine spezifische Richtung entwickeln muss, obwohl sie lediglich mit allen Zellen identische Informationen (Gene) in sich trägt. Diese Gene wiederum sind es, die eine Art körperliches Gedächtnis darstellen, das die Zelldifferenzierung und damit die Körperbildung sowohl kollektiv (Tier, Säugetier, Mensch, Rasse) als auch individuell (elterliche Merkmale) in Korrespondenz mit den morphogenetischen Feldern bestimmt.

Skorpion bestimmt unser genetisches Erbe, und seine Verzauberung können wir in Erbschäden oder in Viruserkrankungen erfahren. Diese Viren stehen deshalb

---

[24] Die Magie wurde und wird aber auch bewusst im Dienste des EGOs eingesetzt. Hierzu ist in der Regel ein mentales Training notwendig, das die Imagination mentaler Bilder und unsere absolute Konzentration auf sie entwickelt. Eine der scheinbar harmloseren Varianten der Magie ist das „positive Denken".

in Analogie zum Skorpion, weil sie nichts anderes sind als Träger von Erbinformationen.

Zu unseren Gedächtnisfeldern haben wir einen mehr oder weniger leichten Zugang. Die Erinnerung an frühere Existenzen sind meist im Unbewussten verborgen, und wir haben oft nur in der Tiefenentspannung oder unter Hypnose einen Zugang zu ihnen. Diese unsere Erfahrungen bilden aber gleichwohl Muster unseres Verhaltens heraus. Sie sind mit den Programmen eines Computers vergleichbar. Die inneren Bilder werden zu Vor- und Leitbildern unseres zukünftigen Handelns. Je stärker die in den Bildern gespeicherte Gefühlsenergie noch ist, desto zwingender beherrschen sie unser Verhalten. Unser Handeln in der Gegenwart wird dann entsprechend stark von der Vergangenheit bestimmt.

Verzauberung

In unserer polaren Welt spaltet sich jede Tat in zwei Teile. Dem aktiven Täter tritt die passive, erlebende Seite gegenüber. Der Täter trifft auf sein Opfer. Da der Täter nicht gleichzeitig auch das Erleben des Opfers in sich erfährt, sorgt der Skorpion dafür, dass in einer späteren Umkehr der Rollen auch diese Seite der Tat bewusst wird. Aus dem Täter wird das Opfer! Solange unsere Taten von Liebe getragen waren, entstand daraus kein Leid.

Da zudem unser Bewusstsein durch den Fall Saturns einseitig wurde, tun wir nur noch das bewusst, von dem wir überzeugt sind, dass es für uns oder die Welt GUT sei. Die zweite Hälfte, die BÖSE, den Schatten des GUTEN, tun wir aber unbewusst mit. Diese Seite aber entfaltet ihre Wirkung im DU, der Projektion unseres Unbewussten. Dieses DU wird zum Opfer unserer Tat. Da wir vorhaben, für uns ein privates Paradies zu errichten, das nur schön sein soll, projizieren wir und überlassen damit die unschöne Seite den anderen, dem DU. Unsere Freude wird damit zum Leid der anderen. Der Herr erfreut sich seiner Sklavin, und die Freude des Herren wird allzu oft zum Leid der Sklavin. Da das DU jedoch lediglich der Spiegel des in uns unbewusst Vorhandenen ist, entsteht das Leid auch in uns, jedoch unbewusst! So kommt es, dass unser seelisches Wasser mit dem „Schmutz“ unverarbeiteter Erlebnisse belastet wird.

Skorpion trägt aber die Verbindlichkeit gegenüber dem *ganzen* Auftrag in sich. Solange wir noch nicht erfahren haben, wie sich bei unserer Täterschaft das Opfer fühlte, wir also die zweite Seite noch nicht erlebt haben, behält sie Skorpion in seinem Gedächtnis. Die noch notwendige Erfahrung erzeugt er dadurch, dass er, vielfach in einer nachfolgenden Inkarnation, im Außen unter gleichnishaft ähnlichen Bedingungen einen Täter anzieht, der uns diesmal die Opferseite erleben lässt. Überfordert uns bei dieser Opfererfahrung der Schmerz des Erlebens, dann flüchten wir in die Betäubung (Ohnmacht) oder wir treten aus unserem Körper aus. So bleiben Teile der Opfererfahrung weiterhin unbewusst und unverarbeitet. Sie existieren dann als Bilder in unserem Unbewussten weiter, die mit Gefühlen aufgeladen sind. Im Hades existieren in Analogie hierzu die Straffelder, wo das Erleiden der „Strafe“ der vorausgegangenen Tat entspricht.

Die noch unverarbeiteten Bilder unserer Erfahrungen sind die Geister, die wir in der Vergangenheit gerufen haben. Sie bevölkern unsere Unterwelt und können aus ihr eine Hölle voller Schrecken machen. Es sind jene Geister des ES, deren Manifestation Sigmund Freud fürchtete. Von dort aus steigen sie ins Vorbewusste, in unsere Träume auf und lassen sie zu Alpträumen werden. Schweißgebadet wachen wir aus Angst vor diesen furchterregenden dunklen Gestalten auf. Manchmal sind sie aber auch so stark energetisch aufgeladen, dass sie sich als Erscheinung manifestieren und wir, wie Martin Luther, ein Tintenfass nach ihnen schleudern. Oft projizieren wir die Inhalte auf die recht harmlosen Spinnen oder Ratten und bilden ihnen gegenüber Phobien aus.

Ebenso wie wir kollektiv unsere Abwässer klären müssen, um nicht in einer zunehmend verschmutzten Welt zu versinken, müssen wir auch in unserem Inneren die Wasser klären.

Wie wir dies machen können, zeigte uns schon Herakles, der Sohn von Alkmene und Zeus, als er auf seinem Heldenweg die Aufgabe erhielt, den verschmutzten Viehstall des Augeias, der schon jahrelang nicht mehr gereinigt wurde, an einem Tag zu reinigen. Zunächst durchbrach er die Mauern um den Mist. Danach leitete er die benachbarten Flüsse durch den Stall und schwemmte ihn mit Hilfe dieses Wassers rein. Die Mauern in diesem Gleichnis symbolisieren die Abwehr, die wir der Bewusstwerdung der Inhalte (Mist) unserer Unterwelt (Hölle) entgegensetzen, und die Flüsse sind hierbei die Ströme unserer Gefühle, die wir durch unsere Unterwelt leiten müssen, um sie zu reinigen.

Für das „Ausmisten“ stehen uns zwei Wege offen. Beides sind Wege der Therapie. Auf dem einen konfrontiert uns Pluto im alltäglichen Leben ein weiteres mal mit einem Täter, wobei die Intensität der Opfererfahrung um das schon Erlebte und Verarbeitete verringert ist, oder wir unterziehen uns einer Psychotherapie, gehen in der Zeit zurück zum vergangenen traumatischen Erlebnis und lassen unsere unbewussten damaligen Schmerzerlebnisse nach und nach in unser Bewusstsein treten. Erst nachdem wir alles mit unserem Gefühl durchlebt haben, ist der Gefühlsinhalt unserer Bilder „verbrannt“ bzw. gelöscht, und wir können uns wie Phönix aus der Asche erheben. Der Phönix ist das altägyptische Symbol der Kraft, die uns zum Zwecke des Sterbens und Wiedergeborenwerdens durch unsere Unterwelt leitet. Er ist ein Symbol der Seelenreinheit.

Dieses Sterben und Wiederauferstehen ist ein lang anhaltender Wandlungsprozess, der absolut notwendig ist. Denn würden wir ihn nicht vollziehen, blieben wir in unserem Handeln immer mehr an alte Muster und Pflichten gebunden. Das Vergangene, die längst gestorbene Aufgabe, Vorstellung oder Erwartung, die wir glauben noch immer erfüllen zu müssen, würde dann mumifiziert „überleben“ und immer mehr Raum in unseren Lebensaktivitäten einnehmen. Zunehmend verbraucht dieses *Untote* zum weiteren Überleben unsere Lebensenergie, so dass wir immer weniger Energie zur Entfaltung unserer eigenen wirklichen Lebendigkeit zur Verfügung haben. Die Pflichten werden immer *lebendiger* und unser SELBST *stirbt* immer mehr ab. Im Sinne der Lebendigkeit „tot“ sind wir nicht mehr in der Lage, unserem Heiligen Geist (Wassermann) zu folgen. Dies ist auch der Hintergrund der Aussage von Jesus zur „rechten Nachfolge“ (Mt. 8,21):

> Ein anderer aber von seinen Jüngern sprach zu ihm (Jesus): Herr, erlaube mir, vorher hinzugehen und meinen Vater zu begraben. Jesus aber spricht zu ihm: Folge mir nach, und lass die Toten ihre Toten begraben!

Auch im Hades gibt es eine Region, die asphodelischen Felder, in der sich seelische Energien aufhalten, die sich nur lebendig fühlen, wenn sie einen Schluck Blut von Lebenden erhaschen. Aus diesem „Tal, das nicht zu Asche werden kann" (Phönix aus der Asche) gibt es kaum ein Entrinnen, zumal die Seelen vom Wasser des Flusses Lethe (Vergessen) getrunken haben. Seelen dagegen, die aus dem Teich der Erinnerung getrunken haben und die sich ihrer Existenz entsinnen, erreichen die Gärten des Elysiums. Ihnen steht es frei, nochmals wiedergeboren zu werden.

Oftmals kommen wir durch unsere Vorfahren in den Genuss einer reichen Erbschaft. In ihr stecken nicht nur die materiellen Werte, über die wir uns natürlich freuen, sondern mit ihnen sind Rollen und Erwartungen verbunden, die wir in Verbindung mit dem Erbe gezwungen sind einzugehen. Sie geben ein Leben vor, das eine Eigenentwicklung erschwert. Die Größe des Erbes ist dabei ein Symbol für die eigene Verflochtenheit mit der Größe und Vielfältigkeit der Muster und Pflichten unserer Vorfahren.

Haben wir uns unserer Erbschaft entledigt und unseren mentalen Speicher aufgeräumt, dann existiert in uns nichts mehr, was uns aus der Vergangenheit bestimmen könnte. Die Bilder der Vergangenheit sind zwar noch vorhanden, jedoch sind sie ohne weitere Wirkung, da sie nicht mehr mit Gefühlen aufgeladen sind. Wir sind frei wie ein Vogel, der dem Käfig entkommen ist. Weder Vorbilder, Vorstellungen, Erwartungen, Leitbilder, Verpflichtungen und Handlungszwänge steigen in uns hoch und binden uns, noch werden Vorstellungen, Erwartungen, Verpflichtungen und Forderungen nach Opfern von außen an uns herangetragen. Niemand will mehr über uns herrschen. Gleichzeitig haben auch wir kein Interesse daran, andere zu beherrschen. Wir müssen keinen Plan mehr erfüllen und können uns deshalb wieder in den Fluss des Lebendigen integrieren, indem wir uns voll und ganz unserem göttlichen Auftrag hingeben. Die Macht über die Gestaltung unseres Lebens liegt wieder ganz bei unserem SELBST. Wir leben selbstbestimmt! Da unser mentaler Speicher leer ist, sind wir „arm" geworden und für uns gilt (Mt. 5,3):

Glückselig die Armen im Geist, denn ihrer ist die Königsherrschaft der Himmel.

Leeren wir aber unseren Speicher bevor wir die Schwelle von GUT und BÖSE überwunden haben, wird er sich sehr schnell wieder durch unsere „GUTEN Taten" und unsere Verdrängungen des „BÖSEN Tatanteils" füllen. Wir kommen dann in eine schwierige Lage (Mt. 12,43):

Wenn aber der unreine Geist von dem Menschen ausgefahren ist, so durchwandert er dürre Orte, sucht Ruhe und findet sie nicht. Dann spricht er: Ich will in mein Haus zurückkehren, aus dem ich herausgegangen bin; und wenn er kommt, findet er es leer, gekehrt und geschmückt. Dann geht er hin und nimmt sieben andere Geister mit sich, böser als er selbst, und sie gehen hinein und wohnen dort; und das Ende jenes Menschen wird schlimmer als der Anfang.

Skorpion ist der Träger unseres Karma. Er lässt uns ganz neutral das ernten, was wir in der Vergangenheit gesät haben. Hier ist er wahrhaft Skorpion, indem er den

Stachel der Tat gegen sich selbst richtet. Wir werden zum Opfer oder wir opfern uns selbst. Dieser gegen uns selbst gerichtete Stachel schafft unser Leiden, unsere Leidenschaft. Deshalb ist es so wichtig für uns, das von Jesus verkündete Gesetz zu beachten (Mt. 7,12):

> Alles nun, was ihr wollt, dass euch die Menschen tun sollen, das tut ihr ihnen auch! Darin
> besteht das Gesetz ...

In der Regel jedoch verhalten wir uns ganz anders. Wir Opfer erkennen nicht unsere innere Verflochtenheit mit der Tat und versuchen uns bei der nächsten Gelegenheit am Täter zu rächen. Die Rache des Skorpions, auf die er manchmal ein Leben lang sinnt, kann fürchterlich sein. Ihm bedeutet es nichts, wenn darüber die Welt und er selbst zu Grunde gehen. Da ist er gnadenlos und kennt nur ein Gesetz: Auge um Auge, Zahn um Zahn! Er hat erst dann seine Genugtuung, wenn es den Täter getroffen hat. So dreht sich natürlich das Rad des Schicksals über lange Zeit. Beispielsweise gibt es noch in vielen Gegenden unserer Welt das Gesetz der Blutrache. Aus dem Täter wird das Opfer, und aus dem Opfer wird wieder ein Täter. Damit diese irrsinnige Abfolge der Rache ihr Ende findet, heißt es (Rö. 12,19):

> Rächt euch nicht selbst, Geliebte, sondern gebt Raum dem Zorn! Denn es steht geschrieben: „Mein ist die Rache; ich will vergelten, spricht der Herr“.

Aus der Opferrolle entsteht immer das Gefühl des Grolls und des Hasses, gerade dann, wenn wir uns aus vermeintlicher Liebe freiwillig geopfert haben. Irgendwann verlässt uns das Objekt unserer Liebe (Begierde) und wir fühlen uns im wahrsten Sinne als sein Opfer.

Als Täter und Opfer begegnen wir uns in den Inkarnationen immer wieder, um die Verflochtenheit unseres Rachespiels zu durchbrechen und um uns miteinander auszusöhnen. Dabei soll uns bewusst werden, dass das verfolgte und verhasste Wesen lediglich ein Teil von uns selbst war und ist, der vom Hass befreit werden will.

Die Kraft, die uns immer wieder zusammenbringt, obwohl wir am liebsten einen großen Bogen umeinander machen würden, ist die Sexualität. Ebenso, wie sich die beiden Schicksale für einen bestimmten Zeitraum miteinander verbinden, vereinigen sich im sexuellen Akt auch die mentalen Energien der beiden Persönlichkeiten.

Sexualität als urweibliche Kraft ist in unserer Kultur stark tabuisiert. Daher fällt sie nicht selten der Verdrängung zum Opfer und zeigt sich dann pervertiert in der Begegnung. Im Rahmen der Abwehr werden wir angeleitet, sie zu sublimieren (*lat.* sinngemäß: ersetzen durch Erhabenes). Die derart auf andere Ebenen verschobene Energie äußert sich dann in Treue, Verbindlichkeit, Opferbereitschaft, Pflichtgefühl, aber auch im Machtstreben, in der Unterdrückung, Zwanghaftigkeit, Gewalt bis hin zum Sadismus, Zerstörung und Mord, Manipulation, Erwartungshaltung, Forderungen, Kontrolle, Eifersucht sowie Autoaggression und Suizid.

Hemmung[25]

Der Grundtenor bei der Hemmung der Macht unseres SELBST zeigt sich in dem stets vorhandenen Erwartungsdruck und der Fremdbestimmung in allen unseren Handlungen.

Schon bevor wir auf der Welt waren, stellten sich die Eltern die Frage nach möglichen genetischen Schäden und überlegten sich, ob sie sich nicht für einen Schwangerschaftsabbruch entscheiden sollten. Versuche wurden unternommen, jedoch siegte letztendlich ein starkes Pflichtbewusstsein und sie brachten uns doch noch auf die Welt. Der Hintergrund dieser schon pränatalen Erfahrung einer versuchten Abtreibung liegt vordergründig in der Unverbindlichkeit der Eltern dem werdenden Kind gegenüber. Diese will aber in Wirklichkeit dem Kind bewusst machen, dass auch in ihm eine starke Unverbindlichkeit seinem SELBST gegenüber existiert. Die elterliche Unverbindlichkeit ist die Projektion der eigenen Unverbindlichkeit! Diese mag beispielsweise im Laufe der Inkarnationen dadurch entstanden sein, dass wir immer unter Opferung der eigenen Interessen die Bedürfnisse anderer in den Vordergrund gestellt haben. Diesen unseren eigenen Interessen gegenüber waren wir unverbindlich! Nun können wir nicht erwarten, dass die Außenwelt (Eltern) anders mit uns umgeht, als wir selbst unbewusst mit uns umgehen. Wir haben Angst, dass auch der Partner uns gegenüber unverbindlich ist und die Partnerschaft auflöst. Wir versuchen, dem zu entgehen, indem wir uns einen Partner suchen, der auf Grund eines Mangels auf uns angewiesen ist. Hieraus entsteht eine enge symbiotische Beziehung, in der keiner mehr etwas ohne den anderen tun kann und darf. Eine Trennung wird undenkbar und kommt dem Tode gleich.

Scheinbar sind wir Erbe der von unseren Vorfahren geprägten Verhaltensprogrammen, die den entschiedenen Nachteil haben, dass sie immer die Entwicklung eines spezifischen eigenen Verhaltens verhindern.

Im Vordergrund unserer kindlichen Erfahrung stand die Erfahrung, dass wir nicht so sein durften, wie wir aus uns heraus waren, sondern dass wir die Erwartungen der Eltern zu erfüllen hatten. In ihrer Erziehung versuchten sie, ihre Verhaltensvorstellungen mit Manipulation und Zwang bei uns durchzusetzen. Die Macht und Gewalt der Eltern ließ uns vielfältige Übergriffe bis hin zu regelrechten Vergewaltigungen erleben. In diesen sich ständig wiederholenden Erfahrungen wurde befohlen und von uns absoluter Gehorsam erwartet. Bei Ungehorsam gegenüber Befehlen konnte eine mögliche Strafe der Aufenthalt im Keller sein. Manchmal flohen wir vor der drohenden Gewalt auf die Toilette. Viele der nächtlichen Träume gestalteten sich zu Alpträumen. Der Dominanz der Erziehungspersonen fühlten wir uns ohnmächtig ausgeliefert und sie nutzten ihre Stellung vielleicht sogar dazu aus, uns in jeder nur erdenklichen Art und Weise zu quälen. Oft wurden wir mit Versprechungen vertröstet, die jedoch nie eingehalten wurden.

---

[25] Hemmung und Kompensation des Skorpions sind vielfach in der Vergangenheitsform geschrieben, da darüber zum Ausdruck kommen soll, dass die beschriebenen Verhaltensweisen stets versuchen, schon längst Vergangenes immer wieder lebendig werden zu lassen.

Ständig wurden uns irgendwelche Opfer abverlangt. Immer war von Pflichten die Rede. Deren Erfüllung wurde überwacht und kontrolliert. Nur selten hatten wir Zeit, unseren eigenen Bedürfnissen nachzugehen. Denn diese riefen im Gegenüber sehr schnell Eifersüchte und Misstrauen hervor.

Zu allen Zeiten konnte es sein, dass die Übergriffe einen stark sexuellen Charakter hatten. Da wir ihnen nicht ausweichen konnten, entwickelten wir auf die Dauer im Erdulden des Unausweichlichen masochistische oder autoaggressive Tendenzen. Viele, die wir kennen lernten, wollten immer nur das eine, Sex!

In späteren Jahren lieferten wir uns dem Partner in symbiotischer Abhängigkeit aus, wegen der Angst, verlassen zu werden. Stets war es der Partner, der den Tagesplan oder den Programmablauf gemeinsamer Unternehmungen festlegte und dabei Regie führte. Wehe, wir zeigten ein persönliches Interesse an anderen Mitmenschen. Eifersuchtszenen standen auf der Tagesordnung. Manchmal eskalierte der Konflikt bis hin zu Mord- und Suiziddrohungen. Die Menschen in unserem Umfeld neigten dazu, allzu vieles zu dramatisieren.

Beim Streit um die an sich reiche Erbschaft gingen wir leer aus.

Im gesellschaftlichen Bereich wurden wir Opfer extremer politischer Flügel, in deren Ideologien stets auch Rassismus oder die Zugehörigkeit zu einer bestimmten Klasse von Bedeutung war. Selbst die Mittel des Terrors und der Folter wurden uns als notwendig vermittelt, so dass wir uns fürchteten, etwas gegen die Führung zu unternehmen, um nicht selbst Opfer dieser Methoden zu werden. Oft war es aber auch die Zugehörigkeit zu einer Sekte, die von einem fanatischen Menschen geführt wurde, dem wir sklavisch ergeben waren. Vieles taten wir wie unter einem hypnotischen Zwang.

Viele Jahre unseres Lebens opferten wir uns in der Pflege und Betreuung Kranker auf, so dass das wirkliche Leben an uns vorbeiging. Im Zusammensein mit diesen Menschen hatten wir oft das Gefühl, von ihnen energetisch ausgesaugt zu werden. Wir sahen jedoch keine Möglichkeit, uns von den Fesseln der Pflicht zu lösen.

Lange Zeit lebten wir in Furcht vor einem Fluch oder magischen Angriffen auf unsere Person.

Kompensation

Schon früh in unserem Leben entschieden wir uns, wenn es um Unterdrückung und Macht ging, auf der Seite der Mächtigen zu stehen. Wir wollten diejenigen sein, welche Befehle gaben.

Hierzu übernahmen wir die Vorstellungen unserer Vorfahren und sorgten unsererseits, gestärkt durch die Macht der Ahnen (Erbe), in unserem Umfeld dafür, dass auch die anderen sich diesen unterwarfen. Das Erbe unserer Vorfahren stand selbstverständlich uns zu. Unser Leben orientierten wir zunächst an Vorbildern, unter denen sich viele Alleinherrscher befanden, oder an Völkern wie zum Beispiel Japan, deren Kultur Harakiri und Kamikaze hervorbrachte. Wir verehrten einen falsch verstandenen Nietzsche und schwärmten von dem Herrenmenschen und der Herrenrasse. All die daraus resultierenden Rollen übernahmen wir, um zu ähnlicher Machtfülle zu gelangen, wie sie unsere Vorbilder besaßen.

Auf Grund unserer magnetischen Ausstrahlung fesselten und suggerierten wir den anderen unsere Überzeugungen, manchmal ohne dass es von diesen bemerkt wurde, manchmal aber auch offen manipulativ und mit Druck. Geradezu hypnotisch zwangen wir den anderen unseren Willen auf. Wenn das nicht half, griffen wir zu den vielfältigen Mitteln der Gewalt.

Was die anderen an uns so faszinierte, war unser überragendes Planungs- und Organisationstalent vor dem Hintergrund unseres ausgezeichneten Gedächtnisses. Egal was jemand tat, wir haben es ihm nie vergessen, im „Guten“ wie im „Bösen“. Alles taten wir mit einer starken Intensität und Leidenschaft. Unser Tagesablauf war minutiös geplant und der Ablauf wurde peinlichst genau eingehalten, Tag für Tag. Es war wie ein Ritual, das uns heilig war. Wir glaubten, wenn es durchbrochen würde, käme Unglück über uns. In allem, was wir taten, hielten wir uns an den Zwang der Rituale und glaubten uns dadurch sicher.

Zu allem, was wir erleben wollten, hatten wir unsere Erwartungen, die aus unseren vergangenen Erfahrungen stammten. Was uns damals gefallen hatte, wollten wir wiederholen. Da sich aber niemals im Leben etwas genau so wiederholte, wurden wir zunehmend enttäuscht. Zudem behinderten unsere Erwartungen das Neue, Unvorhersehbare (Wassermann) im Leben. Die stete Wiederholung des Altbekannten (Ritual) ließ die Langeweile in unserem Leben immer mehr wachsen.

Eine ganz eigene Faszination übte die Magie auf uns aus. Sie war, ohne dass wir uns dessen recht bewusst waren, Teil unseres Handelns. Selbstverständlich setzten wir sie für unsere Zwecke ein. Wir entdeckten diese Fähigkeit in unserer Jugend eher zufällig, als wir merkten, dass sich alsbald erfüllte, was wir uns nur intensiv genug vorstellten. Bald kannten wir auch die gesamte Literatur, die es zu diesem Thema gab. Gruppen, in denen die Geister gerufen wurden, zogen uns in ihren Bann. Ja, wir beschworen die Geister und Dämonen oder trieben sie aus.

Vor der Gruppe stehend und eine Rede haltend, zogen wir aller Aufmerksamkeit in unseren Bann. Die Energie, die uns dabei durch die Aufmerksamkeit der Massen gegeben wurde, stärkte und belebte uns. Wie ein Vampir sogen wir diese Energie in uns hinein. Sie stärkte unsere Leidenschaft. Ausgesogen und müde verließen danach die Massen den Platz der Rede.

Damit gelangten wir recht schnell in unserer Gruppe in eine Machtposition. Unser Verhältnis zur Gruppe war das eines Sklaventreibers zu seinen Sklaven. Nun galt es, unsere Machtposition weiter auszubauen und zu festigen, da sie immer wieder von anderen in Frage gestellt wurde. Hierzu bauten wir ein ausgeklügeltes Netz der gegenseitigen Kontrolle auf und wachten eifersüchtig über unseren Einflussbereich. Wehe dem, der da eindringen wollte, er wurde gnadenlos am Boden zerstört. Wir waren leidenschaftlich davon überzeugt, dass jede gegen uns gerichtete Aktion mit unserer Rache geahndet werden musste. Wir nahmen das Gesetz des Karma selbst in die Hand: Auge um Auge, Zahn um Zahn.

Von den Gruppenmitgliedern erwarteten wir Treue und Verbindlichkeit bis in den Tod. Wir ließen sie allesamt auf uns schwören. Denjenigen, die diesen Schwur brechen sollten, drohte ein fürchterlicher Fluch. Mafiöse Strukturen bestimmten die Gruppe und führten sie zu ungeheurem, aus der Unterwelt wirkendem Einfluss. Besonders der Besitz der anderen hatte es uns angetan, und wir scheuten weder Raub noch Mord. Unser Vorbild hatten wir in den Raubrittern vergangener Tage.

Schon in unserem martialischen Gehabe und in unserer düsteren schwarzen, mit Elementen des Todes geschmückten Kleidung kam unser Machtanspruch zum Ausdruck.

Von Ideen, deren vermeintliche Richtigkeit wir einmal erkannt zu haben glaubten, waren wir wie besessen. Ihre Verwirklichung trieben wir mit allen nur erdenklichen Mitteln und mit einem „heiligen" Fanatismus voran. Wir führten dabei Regie. Die Ideen wurden uns zur absoluten Pflicht und wir setzten unser ganzes Leben ein, um ihnen zum Sieg zu verhelfen. Es gab nur eine Alternative: Siegen oder der selbstzerstörerische Untergang. Als letzter Ausweg blieb immer noch der Selbstmord. Ja, er konnte ebenso gut auch als Druckmittel eingesetzt werden, um das Scheitern unseres Unternehmens oder die drohende Untreue der anderen abzuwenden.

Viel „Lebensunwertes" zerstörten wir, um Platz zu schaffen für die Verwirklichung der Vorstellungen, von denen wir besessen waren.

Wir investierten in Verschrottungs- und Wiederaufbereitungsunternehmen. Auch der Mensch sollte sich seines „seelischen" Mülls entledigen können. Wir wurden Therapeuten, um ihnen dabei zu helfen. Eine eigenartige Mischung von Hilfe, Mitleid und der manipulativen Macht über den von uns zunehmend abhängigen Klienten faszinierte uns. Auch die letztendliche Wandlung im Tod weckte unser Interesse. Wir eröffneten Sterbehospize und Beerdigungsinstitute. Besonders angetan waren wir von den Möglichkeiten, die uns die Manipulation der Gene eröffnete. Auch die Möglichkeit, allen Computern dieser Welt das eigene Programm aufzwingen zu können, und gleichzeitig über verborgene Zusatzprogramme einen Schlüssel zur Kontrolle jedes einzelnen via Internet zu besitzen oder gleichzeitig durch bewusst eingeschleuste Viren die Programme wieder zerstören zu können, erschien uns reizvoll.

Eine ganz eigene Welt war die unserer Sexualität. Wir waren in der Lage, unsere ganze Leidenschaft in ihr zu konzentrieren. Unser Ziel war es, die letztendlichen Grenzen des nur Denkbaren auszuloten. Sehr früh war uns die Normalität langweilig und der Kick kam nur noch durch das Außergewöhnliche, in dessen Zentrum Qual, Folter, Zerstörung, Sadismus und letztendlich der Tod standen. Erschreckt standen wir oft vor dem, was wir in unserer rauschhaften, Leiden schaffenden Lust angerichtet hatten. Denn nur die ausgeklügelsten Spiele und Techniken konnten uns noch Befriedigung verschaffen. Auch hier hatten wir ein großes Vorbild: den Marquis de Sade.

Am Ende unseres Lebens stand aber die erschütternde Erkenntnis, dass alles, was in uns lebendig geworden war, nichts anderes war, als eine aus der Vergangenheit übernommene Rolle, und dass dabei die eigentliche Lebendigkeit unseres SELBST dieser Rolle geopfert worden war.

Waage ♎

Der Waage-Archetypus setzt sich aus den nachstehenden Grundqualitäten, Verhaltensweisen und Eigenschaften zusammen. Der herrschende Planet und energetische Vertreter des Waage-Anliegens ist die männlich polarisierte Venus.

männlich	**kardinal**	**Luft**	**Seele**	**Mentalkörper**
aktiv	initiativ	Idee	Mittler	mentale Energie
extrovertiert	Hier und Jetzt	Information	Auf- und Abbau	Begegnung
Außen	Aktion	Vermittlung	Wille zur Lebendigkeit	
Mann	Vollzug	Einfall		
leben	kurz			
gestalten				
geben				

In der Kombination ergeben sich folgende archetypische Merkmale:

- Die seelische Idee gestaltet die Begegnung = seelische Anziehung
- Die Seele ergreift die Initiative zur Gestaltung der Idee, die im Hier und Jetzt gelebt werden will
- Die Initiative zur Begegnung im Jetzt = Flirt
- Die Begegnung vermittelt der Seele mentale Informationen = Assoziation = Anstoß zur Erinnerung
- Die Begegnung aktiviert eine Idee = Erinnerung an das Verdrängte
- Der Wille der Seele zur Begegnung mit dem, was uns fehlt = Liebe zum Verlorenen
- Das Außen ist Gleichnis für die Idee im Inneren
- Die Vermittlung in der Begegnung = Ausgleich = Harmonie

Das Symbol

Im Symbol vereinigen sich ein Gleichheitszeichen (=) mit dem Symbol der untergehenden bzw. einem Teil der Sonne. Da wir ja durch die Energie Saturns die scheinbar bösen Anteile abspalten, fehlen sie uns bei der SELBST-Verwirklichung. Sie sind zwar nach wie vor in uns vorhanden, aber sie sind uns nicht mehr bewusst. Im übertragenen Sinn: Unserer Verwirklichung (Sonne) fehlt ein Teil. Dieser fehlende Teil führt zum Verlust der göttlichen Schönheit unserer Taten und Früchte. Zum Ausgleich (=) schenkt uns die Waage die Erinnerung an diesen fehlenden Teil durch die Begegnung mit ihm in der Außenwelt. Was unserer Schönheit fehlt, versucht sie zu ergänzen. Die Begegnung wird auf diese Weise zu einem Gleichnis (=) dessen, was uns fehlt, weil wir es ins Unbewusste verbannt haben.

Parallel dazu bietet das Waagesymbol eine weitere Sichtweise. Das zu Verwirklichende (O) betritt auf seinem Abstieg in die Materie die letzte seelisch-mentale Station, bevor er unter den Horizont (=) in die Welt der seelischen Emotionalität eintaucht.

Fähigkeiten und Anliegen

Aus der befruchtenden Zusammenkunft des männlichen Schützen mit dem weiblichen Skorpion entstehen geistig mentale Kinder: die Ideen der Waage. Die Ideen der Waage sind männlich polarisiert und von kardinaler Qualität. Sie drängen deshalb nach Ausdruck und Umsetzung im Hier und Jetzt. Sie stehen für unsere geistig-mentalen Initiativen.

Wir können uns das so vorstellen: Das, was der Schütze als geistig-mentale Frucht zu verkünden hat, wird im Skorpion zum Bild bzw. Plan. Dieser Plan umfasst zunächst all das, was zur Erscheinung kommen soll. Unter dem Zeitbewusstsein des Saturn können seine Teile jedoch nur nacheinander verwirklicht werden. Der Plan wird also in seine Teil-Ideen zerlegt. Planen wir den Bau eines Hauses, so umfasst der Skorpion den gesamten Entwurf. Die Waage spaltet nun den Teil ab, der vor allen anderen Teilen verwirklicht werden muss. Sie achtet dabei stets auf die Harmonie der zueinander gehörigen Teile, in der Musik ebenso wie in der Kunst und der Gestaltung von Gebrauchsgegenständen (Design), von der Kleidung über das Auto bis hin zum Haus. Zum Beispiel lässt sie uns beim Haus mit den Grundmauern beginnen. Ist dieser Teil verwirklicht, so initiiert die Waage in uns die nächste Teil-Idee. Der Skorpion gebiert nun so lange seine Ideen-Kinder, bis der ganze Plan verwirklicht ist. Der vom Schützen verkündete Gedanke, der sich ursprünglich aus der Idee des Wassermanns ableitet, erstrahlt dadurch nach und nach in seiner ganzen Schönheit und Ästhetik.

Verzauberung

Seit dem Fall unseres Bewusstseins (Sündenfall) zerreißen wir das göttliche Schöpfungslicht in zwei Seinsaspekte: einen GUTEN und einen BÖSEN. Den „guten" Teil leben und verwirklichen wir bewusst, den von uns verurteilten „bösen" Aspekt verdrängen wir ins Unbewusste. Bei all unseren Taten fehlt uns diese Hälfte. Sie erscheinen deshalb mehr oder weniger unvollendet. Auf jeden Fall sind sie, da ihnen etwas fehlt, von ihrer ursprünglichen göttlichen Schönheit entfernt. Die Aufgabe der Waage besteht nun darin, dafür Sorge zu tragen, dass der uns fehlende Teil durch die Begegnung mit der Außenwelt wieder auf uns zukommt. Diese *Ergänzung* bringt uns das zurück, was unserer ursprünglichen Schönheit fehlt. Das also, was uns fehlt, erfahren wir auf unsere Umwelt „projiziert". Die Sehnsucht nach Ergänzung, der Eros, lässt die *Liebe zu dem, was uns fehlt* bzw. die *Liebe zur verlorenen Schönheit*[26] entstehen.

Da wir Frauen möglichst nur unsere versorgenden, fühlenden, harmonisierenden und Geborgenheit vermittelnden Fähigkeiten entwickeln sollten, spielten wir

---

[26] Wir Menschen projizieren das Phänomen der Schönheit kollektiv auf die Frauen. Aus diesem Grunde wurde das Symbol der Venus zum Symbol der Frau schlechthin. Dies führt aber zu dem Verkennen des wahrhaft Weiblichen in uns, das aus den Wasserzeichen Fische, Skorpion und Krebs gebildet wird. Auch die Differenzierung in den Mond als die Mutter und Ehefrau einerseits und in Venus als die Geliebte andererseits, wie sie von einigen Astrologen vorgenommen wird, führt da nicht weiter. Die Zeichen des Luftelementes sind nun mal männlich polarisiert und beschreiben damit keine urweiblichen Fähigkeiten.

mit Puppen und mussten gleichzeitig die männlichen Eigenschaften des logischen Verstandes, des Eigenwillens, der Durchsetzung und der Aggression verdrängen. Wir erachteten sie als BÖSE. Wer liebt schon ein „Mannweib“? Wir verlieben uns dann in den Mann, der diese von uns verdrängten männlichen Eigenschaften lebt. Er versorgt uns mit dem, was uns auf Grund der Erziehung und der daraus resultierenden Verdrängung fehlt. Wir Männer sollen möglichst nur unsere Fähigkeiten der Stärke und Selbstständigkeit entwickeln und werden deshalb in der Erziehung zur Verdrängung unserer Gefühle und unserer Sensibilität angehalten. Diese Anlagen gelten uns als BÖSE. Logik ist alles, Intuition ist nichts! Ein Mann weint nicht! Was ihn nicht umbringt, macht ihn nur noch härter! Wer will schon als „weibisch“ gelten? Folglich suchen wir die Fürsorglichkeit, Zärtlichkeit, Weichheit und das Gefühl in den Frauen. Die Waage bewirkt, dass wir uns immer wieder in die uns fehlenden Teile verlieben.

Alles „BÖSE“ ist ein fehlender Teil von uns selbst, der wieder in unser Bewusstsein zurück will, damit wir wieder ganz werden. Er erscheint uns häufig als unser Feind. Jedoch ist er nicht in Wahrheit „BÖSE“, sondern durch die Trennung vom „GUTEN“ verzaubert und hässlich, wie der Frosch im Märchen. Vergessen wir jedoch nicht, in ihm steckt der Kern des wunderschönen Prinzen.

Vor diesem Hintergrund wird auch die Aussage von Jesus verständlich (Mt. 5,44):

> Ich aber sage euch: Liebt eure Feinde, und betet für die, die euch verfolgen, damit ihr Söhne eures Vaters seid, der in den Himmeln ist! Denn er lässt seine Sonne aufgehen über Böse und Gute und lässt regnen über Gerechte und Ungerechte.

Darüber hinaus bekommt auch eine weitere Aussage Jesus′ eine umfassendere Bedeutung (Mt. 19,19):

> ... und: Du sollst deinen Nächsten lieben wie dich selbst!

Der Nächste ist immer der fehlende Teil unseres SELBST. Ihn, als Teil unseres SELBST, sollen wir lieben!

Diese Zusammenhänge sind auch der Hintergrund der griechischen Mythologie von der Entstehung der Aphrodite, die ja der römischen Venus entspricht. Sie entsteigt dem Schaum des Meeres, der sich gebildet hatte, als Chronos (Saturn) Uranos entmannte und dessen Genitalien ins Meer warf. Da die Entmannung des Uranos im übertragenen Sinn durch die Teilung der Schöpfung in GUT und BÖSE geschieht, was dem Chronos (*gr.; lat.:* Saturn) zur Macht verhalf, begann mit ihr auch die Verdrängung der „dunklen“ Aspekte der Schöpfung in unser Unbewusstes. Da wir durch die Verdrängung einen Teil des Geschaffenen für immer verlieren würden, musste konsequenterweise ein Rettungsinstrument geschaffen werden: Die Aphrodite - als Begegnung mit dem Verdrängten. Da das Fehlen eines Teils die göttliche Schönheit zerstört, vertritt Aphrodite, die uns diesen Teil wiederbringt, das Prinzip der Schönheit. Die anziehende Wirkung, die sie in uns gegenüber den uns fehlenden Teilen entfaltet, bezieht sie aus einem magischen Gürtel, also in Verbindung mit der magischen Kraft des Skorpions, der Sexualität.

Die römische „Aphrodite" ist die Venus der Waage. Manche geben ihr wegen ihrer Herkunft aus den Genitalien des Uranos auch den Namen (Venus-)Urania.

Das DU begegnet uns immer in seiner von seinen Taten bestimmten Persönlichkeit. Diese Taten repräsentieren den Widder-Mars-Aspekt des DU. So ist es denn nicht verwunderlich, dass Aphrodite, obwohl mit dem lahmen Schmiedegott Hephaistos verheiratet, sich in Wahrheit mit Ares (*gr.; lat.:* Mars) einließ und ihre Kinder von ihm stammten. So entstehen auch unsere uns ergänzenden Ideen im Zusammentreffen mit der Persönlichkeit (Widder-Mars) unseres „geliebten" Gegenüber. Die Kinder von Ares und Aphrodite sind auf der einen Seite Phobos (*gr.* Furcht) und Deimos (*gr.* Grauen), auf der anderen Seite aber auch Harmonia! Furcht und Grauen ruft die Begegnung mit unseren Schatten hervor. Allzu oft sehen wir in den Schatten unsere Feinde und kämpfen gegen sie. Daher ist das Waage analoge 7. Haus auch das Haus der Feinde und der Zivilprozesse. Gleichzeitig führt die Begegnung mit ihnen aber auch zum Ausgleich, daher das weitere Kind Harmonia. Da vielen die direkte Konfrontation mit ihren verdrängten Anteilen zu gefährlich erscheint, ihre Furcht und ihr Grauen vor ihnen zu groß sind, projizieren sie diese Anteile auf Tiere. Ihre Liebe oder aber ihre Phobie richten sie dann u. a. auf die Katzen, Hunde oder Vögel. Aber auch da gilt: Die Probleme der Tiere, mit denen wir konfrontiert werden, sind auch die unsrigen.

Das, was wir in diesem Zusammenhang unter Liebe verstehen, unterscheidet sich grundsätzlich von der allumfassenden Liebe, der Agape. Sie ist im Gegensatz zur *Liebe zu dem uns Fehlenden* (Aphrodite) die *Liebe zu allem Geschaffenen*, die alles annimmt und deshalb keine Angst mehr kennt, nicht angenommen zu werden. Die Agape entsteht deshalb nicht aus der Waage, sondern aus der voll entwickelten Fähigkeit der Fische.

Fehlt uns ein Teil, so geht das innere Gleichgewicht verloren. Indem wir das uns Fehlende im außen suchen, versuchen wir, dieses Gleichgewicht wieder herzustellen. Finden wir das uns Fehlende, entsteht für kurze Zeit die Illusion des Ausgleichs. Bald stellen wir jedoch enttäuscht fest, dass die Harmonie zwischen ICH und DU auf die Dauer nicht zu haben ist.

Warum müssen wir immer wieder diese Erfahrung machen? Weil wir diesen uns fehlenden Teil eben nur im Außen haben und wir ihn noch nicht wieder in uns integriert haben. In unserem Persönlichkeitssystem fehlt er nach wie vor. Unsere Unvollkommenheit bemerken wir dann in aller Deutlichkeit, wenn sich der Partner wieder von uns trennen sollte. Beispielsweise besteht allzu oft in uns Männern, trotz äußerem Ausgleich durch die Frau, kein Gleichgewicht zwischen *innerem Mann* und *innerer Frau*. Letztere leidet in uns ja an ihrer Verdrängung in unser Unbewusstes. Obwohl außen eine Frau da ist, handeln wir (innerer Mann) weiterhin, ohne auf unsere Gefühle (innere Frau) zu achten. In Anlehnung an den Volksmund könnten wir sagen: „Da weiß die Rechte (männliche Seite) nicht, was die Linke (weibliche Seite) will!" Das in uns fehlende Gleichgewicht zwischen diesen beiden Energien zeigt sich nun auch in unserer äußeren Beziehung, denn: wie innen, so außen! Auch hier fühlt sich die Frau nicht vom Mann geachtet. Und wieder sind wir um eine Liebesenttäuschung reicher.

Zu Beginn der Beziehung glauben wir oft, uns die Zuneigung des Partners „kaufen" zu können. Wir versuchen, den Preis dafür durch unsere

Opferbereitschaft (Skorpion) zu begleichen. Scheitert die Beziehung aber, entsteht in uns ein Groll, der umso größer ist, je mehr wir von uns geopfert haben, denn das, was wir opferten, scheint uns dann vergeudet. Noch ein weiterer Nachteil zeigt sich als Folge unserer Opferbereitschaft. Der Partner gerät unter Druck, seinerseits Opfer zum Ausgleich bringen zu müssen. So können wir verstehen, dass die Venus-Liebe, je leidenschaftlicher sie war, umso stärker in Hass umschlagen kann. Nur ein einziger Weg führt aus diesem Hass heraus: Zu integrieren, was wir über die Begegnung kennengelernt haben und in Zukunft Teile unseres SELBST nicht mehr zu opfern. Allein hierin liegt die Chance zur persönlichen Weiterentwicklung.

Eine weitere Illusion in der Partnerschaft besteht darin zu glauben, wir würden unseren Partner, je länger unsere Bindung zu ihm andauert, immer besser kennen. Niemals jedoch werden wir erkennen, wer und wie unser Partner in Wirklichkeit ist, da wir immer nur die Seiten an ihm wahrnehmen können, zu denen wir eine Affinität haben. Alle anderen Seiten bleiben in uns ohne Resonanz.

Wirkliche Harmonie im Zusammensein mit einem anderen Menschen können wir nur dann erwarten, wenn wir diese Harmonie zwischen unseren „GUTEN“ und unseren „BÖSEN“ und deshalb in die Verzauberung gefallenen Persönlichkeitsanteilen wieder hergestellt haben. Nehmen wir unsere Schattenanteile wieder an, so werden wir feststellen, dass sie, wie der Prinz im Märchen, in Wirklichkeit niemals BÖSE waren.

Kurz gesagt gibt uns die Waage die Liebe zur Schönheit der Schöpfung. Dass wir dabei die Schönheit nur im Außen suchen und nicht in uns selbst, wo sie uns verloren gegangen ist, ist das Missverständnis, das im Zusammenhang mit ihr aufkommen kann.

Eines der grundlegendsten Werkzeuge der Alchemie ist die Begegnung mit dem fehlenden zweiten, scheinbar gegensätzlichen Teil. Der daraus folgende Prozess ist dann erfolgreich, wenn er in der Schattenintegration endet und damit in der harmonischen Vereinigung der Gegensätze (conjunctio oppositorum) in uns selbst. Das Ergebnis ist die chymische (alchemistische) Hochzeit zwischen innerem Mann und innerer Frau (Mt. 19,5):

„ ... Und es werden die zwei **ein** Fleisch sein“, ... Was nun Gott zusammengefügt hat, das soll der Mensch nicht scheiden. *(Hervorhebung vom Verfasser)*

Die Schattenintegration gelingt jedoch nur dann, wenn wir das Urteil: „BÖSE“ in uns überwinden und in diesem Sinn selbst „BÖSE“ werden. Das Märchen „Der Froschkönig oder der eiserne Heinrich“ gibt uns auch da den entscheidenden Hinweis. Die Entzauberung des hässlichen Frosches gelang der Prinzessin erst dann, als sie sich entschloss, das Liebsein aufzugeben und ihrerseits „BÖSE“ zu werden, indem sie den Frosch gegen die Wand schmetterte. Derjenige, der sie zwang, den Schatten in ihre Nähe zu lassen, war der Vater und König. Diesen Vater und König gibt es auch in unserem Himmel (Bewusstsein) in der thematischen Gestalt des Wassermanns bzw. in der energetischen Gestalt des Uranus. Ihm arbeitet Aphrodite, die Begegnung, in die Hand. Aber gerade der Gegensatz zum BÖSE-Sein, das Liebsein, ist der Waage liebste Beschäftigung!

Hemmung

Schon im Mutterleib erlebten wir die Liebesproblematik der Eltern. Sei es, dass das Verhalten der Eltern untereinander wenig liebevoll war, sei es, dass die Mutter oder der Vater sich während der Schwangerschaft in jemand anderen verliebte oder einer von beiden einer großen Jugendliebe nachtrauerte. Schon als heranreifende Leibesfrucht dämmerte es uns: Liebe ist in dieser Welt kaum zu haben.

In der Erziehung arbeiten unsere Eltern oder Erzieher mit Liebesentzug. Oft ziehen wir uns unter diesen lieblosen Bedingungen in uns zurück und lassen kaum mehr jemanden an uns heran. Bei jeder Begegnung haben wir Angst. Die Frage, die wir uns immer wieder stellen, lautet: Warum liebt uns niemand? Sind wir zu böse? Sind wir nicht schön genug?

In der Begegnung mit den anderen stehen wir am Rande. Wir blühen, einem Mauerblümchen gleich, im Unscheinbaren und haben doch Sehnsucht, dass uns der andere entdeckt. Aber das Ungleichgewicht zu den anderen ist zu groß. Immer sind sie älter oder jünger, schöner, bedeutender, reicher, sind einfach schwergewichtiger und stehen über uns. Die Reklame bestätigt uns noch in unseren Selbstzweifeln, indem sie unsere Ideale bestätigt.

Aus Angst, abgelehnt zu werden, bleiben wir zu Hause in der Begegnungslosigkeit. In der Öffentlichkeit wagen wir es kaum, jemanden anzusprechen, geschweige denn mit jemandem zu flirten. Treffen wir doch einmal mit jemandem zusammen, haben wir keine Idee, wie wir uns bewegen und was wir sagen sollen. Wir finden uns einfallslos, hilflos und langweilig. Immer wieder sind wir das Opfer und fühlen uns schuldig. Wir glauben, nur weil wir irgendwie böse oder nicht richtig waren, konnte uns das passieren.

Die fehlende Liebe ließ uns aggressiv werden. Auf diesem Wege zahlten wir es der Welt zurück, dass sie für uns keine Liebe übrig hatte. Am Ausgleich mit den anderen war unsere Wut nicht interessiert. Undiplomatisch stellten wir unsere Forderungen.

Eine weitere Erschütterung erwartet uns in der Pubertät, wenn die erste große Liebe zerbricht. Erneut fühlen wir uns darin bestätigt, dass es für uns auf dieser Welt keine Liebe gibt. Wir beschließen, alleine zu bleiben, um nicht noch einmal den Schmerz der Enttäuschung erleben zu müssen.

Schon immer mangelte es in unserem Umfeld an Schönheit. Zu Hause in der Wohnung passte nichts so recht zusammen. Es mag praktisch gewesen sein, aber schön war es nicht. Das Gleiche galt für unsere Kleidung. Immer waren die anderen schöner und geschmackvoller gekleidet. Sie fielen auf, aber keiner schaute nach uns. Unsere Musik war laut und schrill, aber ohne Schönheit und Harmonie.

Voller Sehnsucht nach der „besseren“ Hälfte verbrachten wir unser Leben in der Einsamkeit. Unsere Schönheit verwelkte unbesehen und ungelebt im Verborgenen des Unbewussten.

Kompensation

Unsere ganze Sympathie gilt der Schönheit und der Ästhetik. Wir sind Ästheten in allem, was wir in unserer Umgebung zulassen. Da wir davon überzeugt sind, dass unser Geschmack einzigartig ist, gestalten wir auch für die anderen deren Ambiente, beispielsweise beruflich als Architekt oder Designer.

In der Begegnung mit anderen Menschen legen wir Wert auf einen ausgeglichenen und friedvollen Umgang miteinander. Unsere Forderungen an die „lieben“ Mitmenschen tragen wir stets diplomatisch vor, um ja nicht die Harmonie zu stören. Dabei bekommt unsere Stimme einen leicht süßlichen Klang. Aus dem gleichen Grund schließen wir oft genug faule Kompromisse. Wir sind da ganz wie die staatlichen Diplomaten. Wir tun fast alles, um beliebt zu sein und geliebt zu werden.

Da uns die wahre Schönheit fehlt, machen wir uns auf die Suche nach ihr. Bei jeder Gelegenheit versuchen wir, dem schönen Gegenüber durch einen Flirt näher zu kommen. All unsere Verführungskünste setzen wir dazu ein, wie Don Juan an unser Ziel zu kommen. Mal sind wir lieb, mal leidenschaftlich. Stets sind wir offen, uns zu verlieben und den anderen zum Geliebten oder die andere zur Geliebten zu machen.

In dieser stetigen Eigen-Werbung um den anderen setzen wir alle Künste der Verschönerung ein, trauen wir doch kaum unserer natürlichen Schönheit. In der Kleidung und dem, was wir darunter tragen, wählen wir das Modischste und Verführerischste, was wir bekommen können. Auffällig oder subtil verweisen wir dabei auf die auserlesene Herkunft unserer Accessoires. Immer müssen wir im Spiegel überprüfen, ob wir noch schön genug sind. Wir sind durch und durch eitel.

Wir versuchen, den anderen dadurch auf uns aufmerksam zu machen, indem wir uns bemühen, einem bestimmten Schönheitsideal zu entsprechen. Schmuck, Kosmetik und die Frisur werden entsprechend darauf abgestimmt. Auch die Schönheitschirurgie nehmen wir in Anspruch, um dem Ideal näher zu kommen. Im Alter versuchen wir, chirurgisch dem Verfall Einhalt zu gebieten. Dabei bleibt jedoch ein ständiger Stachel in der Wunde unserer Schönheit: So sehr wir uns auch bemühen, wir erreichen unser Ideal niemals ganz.

Niemals kann das DU unsere Bedürfnisse dauerhaft befriedigen. Wir glauben, dies läge daran, dass wir den Richtigen oder die Richtige noch nicht gefunden hätten. So entstehen in uns die romantischen Träume von der Märchenprinzessin oder dem Märchenprinzen, der irgendwo auf uns wartet. Unsere Suche führt uns in viele heimliche und wechselnde Liebschaften.

Verzichten wir auf Grund der Moral oder aus anderen Ängsten auf die Begegnungen, so suchen wir den Ausgleich in Süßigkeiten. Besonders am Ende des Tages, wenn wir erkennen, dass wieder ein Tag ohne befriedigende Begegnung verstrichen ist, nimmt der Heißhunger auf Süßes, Gebäck, Schokolade oder Pralinen zu.

Die Wohnungseinrichtung, die Kunstwerke und Bilder, die wir aufstellen bzw. aufhängen, die Musik, die wir hören, und die Literatur, die wir lesen, bringen unsere Liebessehnsüchte, orientiert am Geschmack der jeweiligen Zeit, deutlich zum Ausdruck.

Die Ehe soll ein für alle Mal dem Mangel abhelfen. Wir glauben, wenn wir den Partner dauerhaft an uns binden, seien wir vollständig und blieben es auch. Wenn da nicht bald wieder diese kleinen, sich häufenden Enttäuschungen wären, die uns in die Arme der anderen treiben, um uns dort über unser Missgeschick zu beklagen.

Jungfrau ♍

Der Jungfrau-Archetypus setzt sich aus den nachstehenden Grundqualitäten, Verhaltensweisen und Eigenschaften zusammen. Der herrschende Planet und energetische Vertreter des Jungfrau-Anliegens ist der weiblich polarisierte Merkur.

weiblich	**beweglich**	**Erde**	**Seele**	**Emotionalkörper**
introvertiert	Flexibilität	Matrix	Mittler	emotionale Energie
Innen	Anpassung	Realität	Auf- und Abbau	Wollen
Frau	Steuerung	Gestalt	Wille zur Lebendigk.	Motivation
erleben	Abstimmung	Körper		Begehren
nehmen	Differenzierung	Formbarkeit		
Leere	Zielsuche			

In der Kombination ergeben sich folgende archetypische Merkmale:

- Die Materie will auf der seelischen Ebene Gestalt annehmen = Beseelung der Materie
- Die Flexibilität und Formbarkeit gibt der Materie die Möglichkeit, sich an den seelischen Auftrag anzupassen = Nützlichkeit = Dienst
- Die Seele steuert die materielle Nutzung = Betriebswirtschaft
- Der Wille zur Lebendigkeit in Anpassung an die materiellen Bedingungen = Ökonomie

Das Symbol

Das Symbol besitzt, wie das Symbol des Skorpions, Ähnlichkeit mit der Yr-Rune (Sterberune). Die Materie dient durch ihre Formbarkeit der vielfältigen Erscheinung der Idee. Verbunden damit ist immer wieder eine Neuformung, die gleichzeitig den Tod der alten Form bedeutet.

Fähigkeiten und Anliegen

Der Verwirklichungsimpuls ist als seelisch-mentale Idee der Waage unter den Horizont in die seelisch-emotionale Welt getreten. Dort wird er von einer Kraft empfangen, die weiß, wie man die materiellen Gegebenheiten für die Verwirklichung der Idee nutzen kann. Sie wird dort von einem Götterboten (Merkur) empfangen, der die Idee auf eine materielle, realistische und damit realisierbare Basis stellt und dann an den Löwen weiterleitet.

Die Basis besteht in der vielseitigen Verwendbarkeit, der Verformbarkeit und Nutzbarkeit der Materie. Aus der Perspektive dieses Zeichens ist jedwede Materie zwar schon geformt, sie besitzt jedoch darüber hinaus die Fähigkeit und Bereitschaft, sich immer wieder umformen zu lassen. Der Name des Zeichens, Jungfrau, bringt dies zum Ausdruck. Die Materie, obwohl schon geformt, ist im Sinne der Idee, die über sie in naher Zukunft zum Ausdruck kommen soll, noch ungeformt und deshalb jungfräulich empfänglich.

Wir begegnen hier der zweiten „Jungfrau“ im Tierkreis. Die erste ist als Empfängerin des Göttlichen dem Wasser und dem Tierkreiszeichen Fische zuzuordnen. Sie ist die Hüterin der Quelle. Die zweite, personifiziert als Vertreterin des Elementes Erde, steht für die Empfänglichkeit der Materie. Wie die Erde bereit ist, sich umpflügen zu lassen, um den Samen des Sämanns aufzunehmen, empfängt der Stoff die Idee der Seele und ist bereit, ihr zu dienen. Die Materie lässt sich beseelen und erhält hierdurch ihre Fruchtbarkeit. Die Vielfalt der Nutzungsmöglichkeiten, die in der Materie stecken, haben ihre Analogie in der beweglichen Qualität des Zeichens. Aus dieser Flexibilität ergibt sich auch die Möglichkeit, sich als Träger an die unterschiedlichsten seelischen Ideen (Waage) anzupassen. Die Anpassungsfähigkeit der Jungfrau wirkt also in zwei Richtungen, an die zu verwirklichende Idee und an die materiellen Gegebenheiten, so wie der Bauer die Bedürfnisse des Samens und die Qualität des Ackerbodens berücksichtigen muss. Die Jungfrau handelt vom Standpunkt der Sachlichkeit und der Zweckmäßigkeit. Sie sucht die ökonomischste Lösung. Die *Arbeit* der Seele besteht darin, die Idee mit der Nutzbarkeit der Materie zu verbinden.

Um den Stoff bestmöglich im Zyklus der Verwirklichung auszuwählen und zu nutzen, hat die Jungfrau die Fähigkeit der kritischen Bewertung. Sie kennt sich darin aus, zu was auch immer die Dinge nützlich sein können. Ihr Spezialgebiet ist die Stoffkunde. Dabei umfasst ihr Spektrum nicht nur die Welt der unbelebten Materie, sondern auch die Welt der Pflanzen und der Tiere in ihrer materiellen Körperlichkeit und Nutzbarkeit. Denken wir an die „Nutztiere“ und „Nutzpflanzen“ (1. Mo. 1,27):

> Und Gott schuf den Menschen ... und Gott sprach zu ihnen: ... füllt die *Erde*, und macht sie (euch) *untertan*; und herrscht über die Fische des Meeres und über die Vögel des Himmels und über alle Tiere, die sich auf der Erde regen. ... Siehe, ich habe euch alles samentragende Kraut gegeben, und jeden Baum, an dem samentragende Baumfrucht ist: ... zur Nahrung ...

Indem wir die Materie *nutzen*, machen wir sie uns untertan.

Der Götterbote Hermes (*gr.*), der mit dem römischen Merkur identisch ist, gilt in seiner Zugehörigkeit zur Jungfrau als Gott aller Viehzüchter und Schafhirten. Durch ihn in uns erhalten wir die Fähigkeit, Tiere zu Nutztieren umzuzüchten. Gleichzeitig fordert dies jedoch auch unsere Fürsorge für diese Tiere. Im übertragenen Sinn gilt das für alles, was wir nutzten. Hermes war es auch, der, kaum als Sohn des Zeus und der Nymphe Maia geboren, die vielfältige Nutzbarkeit der Dinge erkannte und beispielsweise den Panzer der Schildkröte und die Schafsdärme für den Bau eines Musikinstruments nutzte. Viele andere Materialien verwendete er für seine Zwecke. Kaum hatte er die von ihm erfundene Leier an Apollon gegeben – Apollon war darüber erzürnt, dass Hermes ihm sein Vieh stahl – um ihn zu besänftigen, erfand er schon wieder ein neues Instrument, die Hirtenflöte. Hierzu nutzte er das Schilf. Von dem Apollon gestohlenen Vieh tötete Hermes nur zwei und opferte sie allen zwölf Göttern. Dies bringt zum Ausdruck, dass die Verwendung des Körperlichen letztendlich allen zwölf Tierkreiszeichen von *Nutzen* ist.

Die stoffliche Welt ist bereit, Diener von uns Menschen zu sein, um gemeinsam mit uns der göttlichen Schöpfung zur sichtbaren Erscheinung zu verhelfen. Dabei ist es wichtig zu erkennen, dass die Erde neben ihrer Dienerschaft gegenüber uns Menschen gleichrangig zur Verwirklichung der göttlichen Schöpfung beiträgt. Ohne sie könnten wir überhaupt nichts bewirken! Dementsprechend tun wir gut daran, sie zu achten.

Der Stoff zeigt auf der psychischen Ebene seine Bereitschaft, sich nutzen zu lassen und wird damit zu einer Art „seelischem Lichtträger"[27]. Die seelischen Kräfte im Menschen bewirken die Bereitschaft und den Willen, die geistige Idee in die körperliche Erscheinung umzusetzen. Auf der Ebene der Jungfrau sind wir motiviert, der Idee auf dem Wege ihrer Verwirklichung *nützlich* zu sein und für sie zu *arbeiten*. Dabei ist die Erde bereit, sich nutzen zu lassen. Wir werden auf dieser Ebene zum *Diener* unseres göttlichen SELBST. Die Verwendung der Materie für unseren Auftrag wird zu unserer Arbeit.

Zwei Beispiele sollen die Funktion der Jungfrau zusätzlich verdeutlichen. Das eine Beispiel gibt uns unser Verdauungstrakt, der Darm, und das andere Beispiel stammt aus der Betriebswirtschaft.

Der Darm, das der Jungfrau zugeordnete Organ, bekommt vom Magen ein reichhaltiges Angebot an materieller Nahrung, das für unsere körperliche Existenz genutzt werden kann. Er zerlegt zunächst den Speisebrei mit Hilfe der Enzyme in seine Bestandteile (Analyse) und entscheidet dann, welche Stoffe er nützlich findet und welche Stoffe unverdaulich und damit reiner Ballast sind. Die einen führt er der Verwertung (Resorption) und die anderen der Ausscheidung zu. Er nutzt dabei die Nahrung bestmöglich (ökonomisch) aus. Seine Arbeit dient dem Ganzen.

Ebenso, wie der Magen (Krebs) den Darm beliefert, wird alles, was wir wahrgenommen (Krebs, Mond: Augen) haben, in uns zur kritischen Auswertung auf Nützlichkeit an die Jungfrau gegeben. Sie *steuert* unsere Wahrnehmung (Krebs) hin zu den uns nützlichen Dingen.

Stellen wir uns vor, wir einzelnen Menschen sind jeweils ein Unternehmen, das „Göttliches" herstellt. Dabei handelt es sich um einen Betrieb, in dem etwa 100.000.000.000.000 (hundert Billionen) Individuen (Zellen) beschäftigt sind! Nach Auftragserteilung (Wassermann/Schütze) wird zunächst ein Gesamtplan (Skorpion) erstellt und danach dieser in Einzelideen (Waage) aufgeteilt. Im Anschluss sorgen die Betriebswirte (Jungfrau) dafür, dass alles, was zur Produktion nützlich ist und gebraucht wird, auch beschafft wird (Raum, Maschinen, Energie, Rohstoffe usw.). Anschließend steuern sie den Fluss der Energien und Materialien. Sie nutzen die eingesetzten Ressourcen unter ökonomischen Gesichtspunkten, passen den Verbrauch an das Vorhandene und die Nachfrage an und dienen damit dem Unternehmen (Löwe) und steuern es.

Die große Kunst der Jungfrau besteht darin, selbst bei begrenzten Ressourcen diese optimal zu nutzen. Ein Bauherr verwendet in unseren Breitengraden Holz und Steine zum Hausbau. Diese Materialien gibt es aber kaum in den Lebensbereichen

---

[27] Luzifer als geistiger Lichtträger ist unter dem Tierkreiszeichen Steinbock beschrieben.

der Eskimos. Dafür gibt es dort umso mehr Schnee und Eis. Also nutzt der Eskimo diese Stoffe für seinen Hausbau, und aus ihnen entsteht der Iglu.

Verzauberung

Während die Jungfrau in der erlösten Form ausschließlich dem SELBST dient, kommt es vor dem Hintergrund unseres gefallenen Bewusstseins zur Perversion (*lat.* Verkehrung) ihrer Wirkung. Um ihren Beitrag dazu zu leisten ein GUTER Mensch zu sein, richtet sie - obwohl eine weibliche und damit auf uns selbst gerichtete Kraft (Introversion) - ihre Energie nicht mehr auf das SELBST, sondern nach außen (Extroversion). GUT, so lautet unsere Überzeugung, ist der Mensch, der sich anderen gegenüber nützlich macht und ihnen dient. Damit richten wir uns nicht mehr nach den Aufträgen unseres SELBST, sondern arbeiten im Auftrag fremder Wesenheiten. An diese passen wir uns an und verlieren uns mehr oder weniger selbst. Oder anders ausgedrückt, nicht wir selbst beseelen die Materie, sondern wir lassen uns wie ein Stück Materie nutzen und uns dadurch von anderen Wesenheiten „beseelen".

Die meisten Menschen befinden sich in dieser Situation. Sie lassen sich als Arbeiter und Angestellte für die ihrer Seele fremden Vorhaben ausnutzen. Selbst hochrangige Manager werden zum *Sklaven* ihrer Unternehmen. Das Missempfinden und die Fremdbestimmung, die damit verbunden sind, nehmen sie in Kauf, weil sie der Meinung sind, dass sie für ihr „GUT-Sein" spätestens am Ende der Existenz belohnt werden. Es geht ihnen jedoch wie der Marta (Lu. 10,38):

> Es geschah ..., dass er in ein Dorf kam; und eine Frau mit Namen Marta nahm ihn auf. Und diese hatte eine Schwester, genannt Maria, die sich auch zu den Füßen Jesu niedersetzte und seinem Wort zuhörte. Marta aber war sehr beschäftigt mit vielem Dienen; sie trat aber hinzu und sprach: Herr, kümmert es dich nicht, dass meine Schwester mich allein gelassen hat zu dienen? Sage ihr doch, dass sie mir helfe! Jesus aber antwortete und sprach zu ihr: Marta, Marta! Du bist besorgt und beunruhigt um viele Dinge; eins aber ist nötig. Maria aber hat das gute Teil erwählt, das nicht von ihr genommen wird.

Um das „Eine" zu verwirklichen, nämlich unseren individuellen Auftrag, sollten wir dem Wort unseres inneren Jesus (Uranus) zuhören und folgen und uns nicht vielen anderen nützlich machen und uns an sie anpassen.

Manche von uns wollen sich ein „Paradies" auf Erden schaffen. Hierzu ist viel Geld und noch mehr Arbeit notwendig. Arbeit gehört aber nicht zu den Tätigkeiten, die wir uns als paradiesisch vorstellen. Deshalb übertragen wir sie anderen, damit sie diese Arbeiten für uns erledigen. Wir lassen andere für uns arbeiten, lassen uns bedienen und nutzen sie, Sklaven gleich, für unsere Zwecke aus. Unser Schloss oder Paradies hat damit die Fremdbestimmung und das Leid vieler zum Fundament. Oftmals zahlen wir ihnen gerade so viel, dass sie sich am Leben erhalten können und manchmal noch weniger.

Der Mensch wird und macht sich in vielen Fällen selbst zum Nutztier anderer Menschen. Er vergisst darüber und vernachlässigt dabei seinen göttlichen Auftrag, dessen Erfüllung ihn ja erst zum wahren Menschen macht. Dieses Verhalten ist seiner göttlichen Abstammung unwürdig. Hierauf verweist das Märchen vom

Aschenputtel. Aschenputtel, die verzauberte Prinzessin, muss den Stiefschwestern dienen und diese nutzen sie rücksichtslos aus. Beide Seiten, sowohl Aschenputtel als auch die Stiefschwestern, können unter diesen Bedingungen nicht als Auserwählte am Fest des Königs und dessen Sohn teilnehmen. Ebenso ergeht es uns, solange wir den anderen dienen und nicht unserem SELBST. Glücklicherweise besinnt sich Aschenputtel doch noch auf das, was ihr SELBST will, sodass das Märchen sein Ende in der Erlösung finden kann.

Leider wird das Dienen in vielen religiösen und gesellschaftlichen Institutionen als das Erlösende schlechthin gepriesen. Menschen, die zweifellos ein intensives Leben gelebt haben, wie z. B. Mutter Theresa, werden uns zur Nachahmung empfohlen. Dabei wird uns nahe gelegt, die gegen das Dienen auftauchenden inneren Widerstände mit einer falsch verstandenen Demut zu überwinden. Demut bedeutet aber nicht, unsere Lebendigkeit im Dienst an den anderen zu opfern, sondern sich der Führung durch das Göttliche bewusst zu werden und die Hybris (*gr.* Hochmut) des EGOs, es sei der Gestalter des Lebens, aufzugeben. Nicht der Dienst am anderen bringt unsere Welt weiter, sondern der Dienst im Rahmen unseres SELBST bringt letztendlich dem Ganzen am meisten, da hierüber die Göttlichkeit jedes Einzelnen wirkt und die Welt bereichert. Jedes Lebewesen trägt zu dem Ganzen gerade dadurch am meisten bei, indem es sich im Rahmen des göttlichen Impulses so lebendig wie möglich lebt. Die daraus resultierende Lebensfreude und Ausstrahlung eines solcherart lebendigen Menschen ist unendlich wertvoller, als alle denkbaren Verantwortlichkeiten, Pflichterfüllungen und Opfer (Mt. 5,14):

> Ihr seid das Licht der Welt; ... Man zündet auch nicht eine Lampe an und setzt sie unter den Scheffel, sondern auf ein Lampengestell, und sie leuchtet allen, die im Hause sind. So soll euer Licht leuchten vor den Menschen, damit sie eure guten Werke sehen und euren Vater, der in den Himmeln ist, verherrlichen.

Viele versuchen, ihre Liebe zum Partner dadurch zu zeigen, dass sie ihm jeden Wunsch von seinen Augen ablesen, sich an dessen Bedürfnisse anpassen und ihm nützlich sind. Hierdurch bewirken wir jedoch unbemerkt die Störung der Liebe zwischen ICH und DU. Wir geben uns durch die Anpassung teilweise selbst auf und verlieren dadurch die zwischenmenschliche Balance und Harmonie und damit die Liebe selbst. Uns sollte klar sein, dass das Verhältnis zwischen Herr und Knecht oder noch deutlicher, das zwischen Sklavenhalter und Sklave, niemals ausgeglichen ist. Das Gefühl, das sich einstellt, wenn wir uns vom Partner (aus-) nutzen lassen, sollte uns vor diesem Verhalten warnen.

Hemmung

Die Fähigkeit und das Selbstverständnis, die Materie für unsere eigenen Zwecke zu nutzen, haben wir verloren. Über unsere Erziehung bekommen wir vermittelt, dass der Mensch dann am BESTEN ist, wenn er sich gegenüber anderen so nützlich wie nur möglich zeigt. Zunächst gegenüber den Eltern und den Familienangehörigen, später dann gegenüber dem Partner, den eigenen Kindern oder dem gesellschaftlichen Kollektiv. Oft wird uns auch der Dienst am anderen Menschen als eine besonders edle und „gottgefällige“ Lebensweise angepriesen und wir folgen so großen Vorbildern wie Albert Schweitzer u. a. Unsere Seele muss sich dementsprechend an die Befehle, Wünsche und Forderungen anderer anpassen. Wir verhalten uns wie ein Stück Materie, das sich von anderen „beseelen" lässt.

Da der Erfolg und die Anerkennung von unserem Arbeitseinsatz und dem bewältigten Arbeitsvolumen abhängt, versuchen wir so viel, so hart und so effektiv wie möglich zu arbeiten. In Konkurrenz zu den Kolleginnen und Kollegen bemühen wir uns, diese zu übertreffen. So entsteht oftmals, ohne dass wir es recht bemerken, aus konzentrierter Arbeit eine Arbeitssucht (Workoholismus). Der Volksstamm der Schwaben bringt diese Lebenseinstellung auf den Punkt: „Schaffe, schaffe, Häusle baue, Hund verkaufe, selber belle".

Auf der anderen Seite kann es passieren, dass wir, wenn wir uns nützlich machen wollen, uns so ungeschickt anstellen, dass keiner auf unsere Mitarbeit Wert legt. Ständig werden wir von den anderen kritisiert. So verlieren wir am Arbeitsmarkt eine Stelle nach der anderen. Wir sind arbeitslos, fühlen uns nutzlos und verlieren unsere Lebensperspektive, die ja in nichts anderem besteht, als zu dienen. Vielfach werden wir wie ein Stück nutzloses Vieh hin- und hergeschoben und man erwartet von uns, dass wir uns klaglos noch mehr anpassen und selbst die unwürdigsten Arbeitsbedingungen akzeptieren.

An den unterschiedlichsten Stellen erbringen wir unsere Dienstleistung. Ob als lohnabhängiger Gepäckträger, KellnerIn, ArbeiterIn am Fließband in der Fabrik, Angestellter im Büro, Knecht auf dem Bauernhof, DienerIn in herrschaftlichen Häusern und Beamter in irgendwelchen Ämtern.

Immer müssen wir uns in unserem Handeln an die Befehle anderer und die vorgegebenen Arbeitsbedingungen anpassen. Auch der Partner kann uns zu seinem „Sklaven" machen. So finden wir uns allzu oft in der Rolle des Aschenputtel wieder und lassen uns fast grenzenlos ausnutzen.

Wir nehmen zwar die Welt und ihre Bedingungen wahr (Krebs, Mond), können aber das Wahrgenommene kaum auswerten und für uns nutzbringend verwerten. Wir haben zudem Schwierigkeiten, uns beim Sehen und Hören an die gegebenen Umstände wie z. B. an die Licht-, Entfernungsverhältnisse oder an die vorherrschende Lautstärke anzupassen.

Kompensation

Schon in unserer Kindheit gab es für alle anfallenden Arbeiten jemanden, der dafür zuständig war. Nicht die Mutter umsorgte uns, sondern dafür gab es extra ein Kindermädchen, das für unser Wohlergehen zu sorgen hatte. Es gab einen Gärtner, einen Chauffeur, eine Köchin und viele andere dienstbare Geister mehr. So war es für uns selbstverständlich, alle anfallenden Arbeiten zu delegieren. Daraus entwickelte sich unser Selbstverständnis, uns auch zukünftig bedienen zu lassen, und wir erwarten, dass sich die Dienstboten ganz an unsere Wünsche anpassen. Da wir nie die Mühe der Arbeit kennen gelernt haben, steigen unsere Erwartungen auf Erfüllung unserer Befehle weiter, so dass wir unsere Angestellten, sei es zu Hause oder im Betrieb, zunehmend ausnutzen.

Um die für uns arbeitenden Menschen noch effektiver einsetzen zu können, unterwerfen wir unsere Mitarbeiter, deren Leistungen und Arbeitsbedingungen wiederholt einer kritischen Analyse und üben allzu oft an ihnen Kritik. Dazu liefert uns oft ein Betriebswirtschaftsstudium die notwendigen wissenschaftlichen Grundlagen.

Auch mit den materiellen und natürlichen Ressourcen gehen wir, um den Profit zu steigern, unbedenklich und oftmals rücksichtslos um. Regenwälder lassen wir ohne Bedenken abholzen, die Weltmeere mit kilometerlangen Treibnetzen leer fischen, das Wasser verschwenden und zehntausend Hühner in engen Batterien zusammenpferchen, um nur einige krasse Beispiele zu nennen.

Manchmal trauern wir der Zeit der Sklaverei nach, da wir damals andere Menschen, ob jung oder alt, unbegrenzt für unsere Zwecke, und waren sie noch so pervers, nutzen und ausbeuten konnten.

Löwe ♌

Der Löwe-Archetypus setzt sich aus den nachstehenden Grundqualitäten, Verhaltensweisen und Eigenschaften zusammen. Der herrschende Planet und energetische Vertreter des Löwe-Anliegens ist die Sonne.

männlich	fix	Feuer	Seele	Emotionalkörper
aktiv	Festigkeit	Tat	Mittler	Wollen
extrovertiert	Kontinuität	Vitalität	Auf- und Abbau	Motivation
Außen	Beharrung	Lebendigkeit	Wille zur Lebendigk.	emotionale Energie
Mann	Bindung	Ausstrahlung		Begehren
leben	Eigenwille	Frucht		
gestalten	Zielfixierung			
Fülle				
geben				

In der Kombination ergeben sich folgende archetypische Merkmale:

- Der seelische Wille zur Lebendigkeit gestaltet in Kontinuität = Selbstständigkeit
- Die seelische Vitalität lebt sich in ständiger Aktivität = Kreativität
- Das seelische Feuer gestaltet in Fixierung auf ein Ziel = Verwirklichung
- Die Verbindlichkeit der Seele gegenüber der Lebendigkeit = Lebenswille
- Der seelische Wille zur gestalterischen Lebendigkeit = Spiel

Das Symbol

Es zeigt uns die männlich polarisierte Handlung als eine von einem Zentrum (kleiner Kreis) ausgehende Bewegung, die in einer Gegenbewegung verebbt. Dem entspricht der kreative Impuls, der von unserer Seele ausgeht und unsere Lebendigkeit erzeugt.

Wir können in dem Symbol gleichermaßen eine Schlange sehen, die im alten Ägypten ein Zeichen der Herrschaft der Pharaonen war. Ebenso wie die Seele Mittlerin ist zwischen göttlichem Geist und irdischer Erscheinung, stand der Pharao als Vermittler zwischen Himmel und Erde.

Natürlich können wir in ihm auch die wehende Mähne eines in Aktion befindlichen Menschen (Löwen) sehen.

Fähigkeiten und Anliegen

Die Sonnenenergie ist die Voraussetzung für alles körperliche Leben auf unserem Planeten. Sie ist der energetische Träger des Lebens. Wir als geistige Wesenheiten sind auf sie, solange wir in einem Körper leben, angewiesen. Jedoch ist sie nicht die Ursache unserer Existenz und bewirkt auch nicht ihre Bestimmung. Die Fülle der lebendigen Erscheinungen (allein bei den uns bekannten Pflanzen unterscheiden wir etwa 360.000 verschiedene Arten) richtet sich vielmehr nach der geistigen Ideenvielfalt, dem Geist. Folglich ist es nicht die Sonne, von der es abhängt, welche Lebens*formen* und Lebens*inhalte* unter ihrer Mitwirkung in Erscheinung treten.

Der Löwe repräsentiert in sonnengleicher Weise auf der seelischen Ebene den uns tragenden Willen und die Energie zur Lebendigkeit. Er verleiht uns unsere Selbstständigkeit, die es uns erlaubt, unser Leben in gewisser Unabhängigkeit von anderen zu leben.

Dieses motivierende seelische Feuer der Lebendigkeit und Vitalität will sich in der Verwirklichung von etwas zum Ausdruck bringen, wobei dieses etwas nicht aus dem Feuer der Sonne selbst stammt. Vorrangigstes Ziel des Löwen ist: Ich will leben! Und Leben heißt verwirklichen, gestalten und handeln. Der Wille dazu paart sich, sofern er sich ausleben kann, mit einer ungeheuren Lebensfreude. In ihm steckt die Kraft der Seele, den unaufhörlichen Prozess der Materie, zu immer mehr Unordnung (Entropie) zu zerfallen, in ein Ordnung erzeugendes Handeln umzukehren. Jeder schöpferische Akt in unserer materiellen irdischen Welt trägt die Neuordnung von Teilen in sich. Hierzu ist Energie erforderlich, und die Sonne liefert uns diese Energie! Auch beim Schreiben dieses Buches entsteht eine neue Ordnung der Worte zueinander. Überall in der belebten Natur begegnen wir dieser Willenskraft zur Neuordnung. Es ist die Seele der Pflanze, welche die Sonnenenergie dazu nutzt, geordnete Zellstrukturen aufzubauen.

Das Grundanliegen des Löwen gleicht dem eines Kindes: Es will spielen! Spielen heißt gestalten. Sein Spiel macht seine Lebendigkeit aus. Für das Kind ist es keine Frage, ob sein Spiel wichtig ist. Aus seiner Perspektive ist sein Spiel der Mittelpunkt seiner Welt und damit von absolutem Wert. Es ist der König seiner Spielwelt und wen gibt es wichtigeren als den König? Doch nur noch neben ihm die Königin! In unserem „kindlichen" Spiel sind wir ganz alleine die kreativen Schöpfer unserer Welt und unseres Seins. So wundert es nicht, dass der Selbstwert eines Löwen dem eines Königs gleicht.

So sollte auch unser Auftritt in der „göttlichen Komödie" hier auf der Erde, in der ja jeder sein eigener „Hauptdarsteller" ist, nichts anderes sein, als ein mit großer Lebensfreude verbundenes Spiel. Die Gestalt des Alexis Sorbas, des neugriechischen Schriftstellers Nikos Kazantz´akis, bringt dieses mit Freude verbundene Spielerische in der Lebensführung wunderbar zum Ausdruck. Das Spiel hat an sich ein einziges Ziel, nicht die erhabenen Leistungen zu vollbringen, nicht den Nobel-Preis zu erringen, sondern die körperlichen Erscheinungen tanzen zu lassen, wie es dem Traum des Schöpfers entspricht. Dies ist der wahre Quell unserer Lebensfreude.

Dieses Spiel hat als Inhalt unseren „Willen auf Erden", das, was wir von Herzen wollen. Wenn wir uns dahin entwickeln, dass wir tatsächlich die Inhalte unseres Herzens, unsere Herzenswünsche, leben, dann springen wir wieder, wie die Kinder, frühmorgens voller Vorfreude auf den kommenden Tag aus dem Bett, und unser Herz hüpft voller Lebensfreude in unserer Brust. Kein Wecker muss uns mehr morgens an das lästige Aufstehen erinnern.

Der Löwe symbolisiert die männliche (aktive, extrovertierte) Seite unseres Herzens und ist Teil des Herz-Chakras. Dieses gibt uns die Hingabe an das lebendige Sein, an das „kindliche" Spiel. Wir *geben* uns von Herzen.

Wie aber die Kinder sich Tag für Tag von neuem fragen, was sie spielen wollen, so stellt sich unser Herz in uns dieselbe Frage. Der Löwe ist ja nur der Wille zum Spiel, was gespielt werden soll, weiß er nicht aus sich heraus. Das Feuer bedarf der Luft, wenn es brennen will! Unser Herz bedarf der Inspiration (Wassermann). Das zum Löwen gehörige Sonnensymbol trägt in seiner Mitte einen Punkt[28], der fälschlicherweise suggeriert, dass sich über die Sonne das Transzendente in Raum und Zeit manifestiert. Die ursprüngliche Manifestation des Transzendenten geschieht aber nicht im Löwen, sondern auf der spirituellen Ebene im Wassermann. Der Punkt der Inspiration in der Mitte der Sonne hat nur dann seine Berechtigung, wenn der Bote (Merkur) der Jungfrau, realitätsbezogen den inspirierenden Auftrag überbringt, der aus der himmlischen Welt des Wassermanns stammt. Dann erfüllt sich das, worum wir im „Vater Unser" bitten (Mt. 6,10):

.. dein Wille geschehe, wie im Himmel so auch auf Erden!

Ein Kindergebet drückt dasselbe aus:

Ich bin klein,
mein Herz ist rein,
soll niemand drin wohnen,
als Jesus allein.

In diesem Sinn ist es notwendig, dass unser Herz (Löwe, Sonne) rein und offen bleibt für den himmlischen Willen (Wassermann, Uranus, Jesus) (Mt. 5,7):

Glückselig die Barmherzigen, denn ihnen wird Barmherzigkeit widerfahren. Glückselig, die reinen Herzens sind, denn sie werden Gott schauen *(im Sinne von empfangen, d. Verf.).*

Die Funktion des Herz-Chakras haben in sehr anschaulicher Weise S. Sharamon und B. J. Baginski in ihrem Chakra-Handbuch am Beispiel des siebenarmigen Leuchters gezeigt. Die sieben Kerzen entsprechen dabei den sieben Chakren. Die mittlere Säule, die beide Leuchterseiten miteinander verbindet, entspricht dem Herz-Chakra. Das Herz wird damit zum zentralen Vermittler zwischen den beiden Seiten. Da bei uns, wenn wir aufrecht stehen, die Chakren übereinander liegen, wird das Herz zum Vermittler zwischen oben und unten, zwischen der göttlichen Inspiration (Wassermann, Himmel) und der menschlichen Tat (Widder, Körper/Erde), und genau das ist die Aufgabe der Seele in uns. Hinter der körperlich sichtbaren Sonne steht die geistige Sonne!

Das über das wahre Herz zum Ausdruck kommende Handeln ist wie ein zärtliches Streicheln auf der Haut der Mutter Erde.

---

[28] E. C. Kühr spricht im Zusammenhang mit der Sonne vom geistigen Wesenskern; für T. Ring geht die Selbstbestimmung von der Sonne aus; R. Ebertin ordnet die Sonne dem Geist-Prinzip zu. Diese Einordnungen stimmen jedoch nicht mit dem Prinzip der Seele überein, deren Aufgabe es ist, als neutrale vermittelnde Kraft das geistig Gegebene zur körperlichen Erscheinung werden zu lassen. Jedoch ordnen sie die Seele alleine dem Mond-Prinzip zu. Der wiederum fehlt als aufnehmende Kraft (Introversion) die Kraft, etwas zum Ausdruck zu bringen (Extroversion).

Verzauberung

Mit der Sperre in unserem Bewusstsein durch den Fall des Steinbocks wird die inspirierende Idee zwischen GUT und BÖSE zerrissen und Teile davon fallen in den Schatten. Der göttliche Auftrag wird damit unvollständig. Das Bewusstsein veranlasst nun bewusst nur die Verwirklichung der Teile, die ihm GUT erscheinen. Damit wird auch unser Herz in den Dienst des GUT-Seins gestellt. Aus dem Spiel des Lebens wird nun bitterer Ernst, denn GUT-Sein fordert Leistung, Karriere, Disziplin, Selbstbeschränkung, Verantwortungsübernahme (verzauberter Steinbock). Den Lebenssinn beziehen wir beispielsweise aus einer institutionalisierten Religion und unseren entsprechenden Denk- oder Glaubenshaltungen (verzauberter Schütze). Rollen werden zur Verpflichtung und Opfer (verzauberter Skorpion) der wahrhaften Herzenswünsche und der Lebensfreude sind mit ihnen verbunden. Als extremer Ausdruck dieser religiösen Haltung schnitten die Priester in früheren Zeiten das Herz lebender Menschen heraus und brachten es den jeweiligen Gottheiten zum Opfer. Die Nächstenliebe wird verordnet (verzauberte Waage) und die Eigenliebe verteufelt (verzauberter Stier). Das Kollektiv bestimmt immer mehr mit seinen Trends unsere Lebensinhalte, unterstützt durch die tägliche Berieselung mit Reklame (verzauberte Waage). Fremdbestimmte Arbeit (verzauberte Jungfrau) wird zum Hauptlebensinhalt. Aus dem Willen auf Erden, der bereitwillig den Willen im Himmel verwirklicht, wird der *Eigenwille des EGO*.

Dabei spielt unser Verstand (Schütze) die alles entscheidende Rolle, denn er ist der Herrscher unseres Geistes. Seine Glaubenssätze und Denkmuster sind es, die auf dem Weg über Skorpion, Waage und Jungfrau Eingang in unser Herz finden. Das Herz als seelische Instanz wird zum Vermittler der mentalen geistigen Einfälle und nicht mehr der göttlichen Impulse. Was der Verstand für sinnvoll erachtet, geschieht (Mt. 6,19):

> Sammelt euch nicht Schätze auf der Erde, wo Motte und Fraß zerstören und wo Diebe durchgraben und stehlen; sammelt euch aber Schätze im Himmel ... ! Denn wo dein Schatz ist, da wird auch dein Herz sein.

Die irdischen Schätze sind meist Ruhm und Ehre, Schönheit, Macht und Einfluss sowie Geld und Besitz. Und so ist unser Herz mehr oder weniger von diesen Inhalten besetzt. Sie werden uns zum Herzensanliegen und unser ursprünglich warmes Herz erkaltet und verhärtet sich. Unter diesen Bedingungen gibt es in unserem Leben kaum noch echte Lebensfreude. Dafür sind wir umso mehr auf die kurzfristige Ersatzfreude angewiesen, die dann aufkommt, wenn wir eines der oben genannten irdischen Ziele erreichen. Da diese Freuden jedoch nur von kurzer Dauer sind, nimmt das Bedürfnis nach Ersatz immer mehr zu. In der Folge treibt unser Leben immer tiefer in die „Existenzform des Habens".

Da der Auftrag an unser Herz vom Merkur (Jungfrau) überbracht wird und dieser in der verzauberten Form immer nur Aufträge zum Nutzen der Gesellschaft und nicht mehr zum Nutzen des SELBST übermittelt, tritt an die Stelle unseres Unternehmens „Leben" ein Unternehmen, das Stoffe, Maschinen, Dienstleistungen, Unterhaltung u. a. für das Kollektiv produziert. Als *Unternehmer* stecken wir dann unsere ganze Herzensenergie in dieses von den Bedürfnissen des

Kollektivs bestimmte Unternehmen. Dieses wird lebendig, wächst und entwickelt sich. Parallel dazu unterbleibt das persönliche Wachstum und die eigene Entwicklung. Unser Selbstbewusstsein steht und fällt mit unserem Unternehmen. Was wären wir noch ohne unsere Firma? Deshalb fällt es uns auch so schwer, dieses am Lebensabend in die Hände anderer zu geben. Bis zuletzt versuchen wir unseren Einfluss und damit unsere Bedeutung aufrechtzuerhalten und alles im Namen der Verantwortung.

Der Wert des unternehmerischen Wollens und Handelns wird dabei vollkommen überschätzt. Daraus resultiert ein Verhalten, das dem französischen König Ludwig XIV. gleicht. Überall, wo der Löwe hinkommt, sieht er sich automatisch als Mittelpunkt, um den sich alles dreht.

Auf der anderen Seite ist es nicht verwunderlich, dass uns vor dem Hintergrund unserer missachteten eigenen Herzensbedürfnisse morgens der Wecker nur noch schwer ins Leben zurückrufen kann. Kein Wunder, dass wir bei einer solchen Lebensweise ausbrennen (Burnout-Syndrom), depressiv werden und der „Lebenskonkurs“ sich im Herzinfarkt zeigt.

Bei all dem geben wir uns nach außen hin „herzlich“. Nur, dass diese „Herzlichkeit“ nicht mehr von unserem Herzen stammt. Sie wird von unserem Verstand verordnet, weil wir dann „GUTE“ Menschen sind.

Der Bereich des Löwen ist die Domäne des Mannes. Vom Mann erwarten wir und besonders die Frauen, dass er einen starken unternehmerischen Willen entfaltet, an den man sich ob der eigenen Schutzbedürftigkeit anlehnen kann. Dabei bleibt meist die weibliche weiche Seite im Mann unentwickelt. Für sie hat er in seiner Welt kein Verständnis. Dadurch verharrt der Mensch in seiner „Halbheit“ und die Frau im Außen wird ebenso wenig mit Verständnis bedacht wie die Frau im eigenen Inneren. So entsteht eine langandauernde Partnerschaftsproblematik, die als zusätzlicher Konflikt bestimmt, worum das Spiel des Lebens kreist: Der Kampf zwischen den beiden Hälften des Menschen wird zum Kampf zwischen Mann und Frau um die Balance, Harmonie und Liebe.

Hemmung

In der Kindheit fehlte uns der Vater. Es mag sein, dass er sich früh von der Familie löste oder aber durch seine beruflichen Belastungen kaum zu Hause war. Der fehlende Vater im Außen will uns als unsere Projektion darauf hinweisen, dass in uns das Willensprinzip abhanden gekommen oder geschwächt ist.

In unserer Kindheit wurde das Spielen wenig gefördert und oftmals kamen wir überhaupt nicht zum Spielen, weil wir Pflichten und Verantwortlichkeiten übernehmen oder weil wir schon als kleine Kinder bei der Arbeit helfen mussten. So wurde unser Leben immer weniger von unserem eigenen Willen bestimmt. Die Entfaltung unserer Lebendigkeit, Kreativität und Selbstständigkeit verkümmerte zunehmend. Wie man etwas anpackt, um es aus eigenem Willen zu verwirklichen, blieb uns unbekannt. Deshalb waren wir schon immer bei unseren Spielen die Verlierer. Wir gewöhnten uns daran, und es machte uns scheinbar nichts mehr aus.

Gleichfalls gewöhnten wir uns immer mehr an, unsere Herzenswünsche zurückzustellen. Auf diese Weise verstärken sich Unlust und Freudlosigkeit in unserem Leben. Nur schwer sind wir morgens aus dem Bett zu bringen. Unser Kreislauf liegt danieder. Nichts bringt uns mehr dazu, etwas zu unternehmen. Für manche Frau, die einen unternehmungslustigen Mann erwartete, wurden wir als Mann zur Enttäuschung. Immer fragen wir zuerst den Partner, was er will und passen uns dann an ihn an. Bei dem, was wir daraufhin unternehmen, fehlt es uns an der Beteiligung unseres Herzens und unsere Lebendigkeit verkümmert. Nur noch selten geht von uns die ursprüngliche vitale, herzlich warme Ausstrahlung aus. Eher sind wir halbherzig und treiben langsam hin zu immer weniger Lebendigkeit, hin in die Depression.

Unser Interesse am Spiel des Lebens kommt vor dem Fernseher zum Ausdruck. Wir lassen spielen und identifizieren uns mit den jeweiligen Akteuren. Was uns in unserer Verzweiflung ausharren lässt, ist häufig das Betäubungsmittel Alkohol.

Kinder sind uns ein Gräuel, denn so wenig, wie unser Vater etwas mit uns anfangen konnte, so wenig wissen wir mit Kindern umzugehen. Die Kinder spüren das und machen einen großen Bogen um uns.

Kompensation

Unser Vater war mit seinem starken Willen allseits präsent, und er demonstrierte uns, wie man seinen Willen, oft ohne Rücksicht auf die anderen Familienmitglieder, durchsetzt. Er zeigte uns durch sein Handeln, wie man in dieser Gesellschaft etwas erreichen kann. Wenn er mit uns spielte, spielte er so gut und perfekt, dass er der ewige Sieger war. Wir strengten uns an, ihm ebenbürtig zu werden und wenigstens gegenüber unseren Geschwistern, Kameraden und Mitschülern der Gewinner zu sein. Besonders auch unserer Mutter gegenüber versuchten wir, als Söhne so aufzutreten wie unser Vater. Und obwohl die Mutter dabei zurückstehen musste, freute sie sich insgeheim über ihre „Männer".

So sind wir von Kindesbeinen an gewöhnt, einen eigenen, selbstständigen, an Leistung und Erfolg orientierten Willen zu entwickeln. Kaum im Berufsleben, setzen wir unsere Fähigkeiten ein, um an die Spitze einer Abteilung und schließlich des ganzen Unternehmens zu gelangen. Wir sind diejenigen, die in dieser Gesellschaft den Ton angeben, als Macher, Rudelführer, Alpha-Rollenspieler, Manager oder gar als König. Wir sind die Vatertypen unserer Gesellschaft und sammeln all die Vaterlosen um uns. Da lässt es sich leicht regieren.

Wir errichten uns unser Imperium, indem wir uns selbstständig machen und ein eigenes Unternehmen aufbauen. Um die Ziele der Gesellschaft zu erreichen, Macht, Bedeutung und Reichtum, müssen wir allzu oft mit Härte und Rücksichtslosigkeit unseren Willen verfolgen. Darüber erkaltet unser Herz immer mehr und wird zunehmend enger. Alles opfern wir unserem Unternehmen und im riskanten Spiel gibt es für uns immer nur eines: gewinnen und der Beste sein. Einen anderen Sinn und Spaß am Lebensspiel kennen wir nicht. Und dieses Spiel versuchen wir bis ins hohe Alter durchzuhalten. Denn wehe dem, der aufhört zu siegen. Er kann nur noch verlieren und wir fürchten immer noch, obwohl selbst schon alt geworden, wie damals in unserer Kindheit den vernichtenden Tadel unseres Vaters. Auch wenn er schon längst gestorben ist.

Gelingt uns der große Durchbruch nicht so ganz, so sind wir es, die versuchen, den Königen ebenbürtig über die Ebene der Unternehmensberatung und des Managertrainings zu begegnen.

In unseren Kindern sehen wir diejenigen, für die wir all diese Opfer bringen. In ihnen sehen wir unsere Zukunft. Deshalb machen wir uns Gedanken, wie wir sie am geschicktesten in unserem Sinne beeinflussen können. Wir verfolgen da unsere ganz eigenen pädagogischen Auffassungen und Konzepte. Eine davon lautet mit Sicherheit: Was uns nicht umbringt, macht uns nur noch härter! Und wer umkommt, war einfach nicht hart genug!

Krebs ♋

Der Krebs-Archetypus setzt sich aus den nachstehenden Grundqualitäten, Verhaltensweisen und Eigenschaften zusammen. Der herrschende Planet und energetische Vertreter des Krebs-Anliegens ist der weiblich polarisierte Mond.

weiblich	kardinal	Wasser	Körper	Emotionalkörper
introvertiert	Initiative	Empfang	Matrix	emotionale Energie
Innen	Hier und Jetzt	Wahrnehmung	Projektionsfläche	Lebenswille
Frau	Aktion	Eindruck	Sichtbarkeit	Motivation
nehmen	Vollzug	Gefühl	Zerfall	Begehren
erleben		Sorge	Sterblichkeit	
Leere		Tiefe		
		Heimat		
		Nahrung		
		Lösungsmittel		

In der Kombination ergeben sich folgende archetypische Merkmale:

- Wahrnehmung des körperlichen Begehrens
- Die Sorge um den Körper im Augenblick = Hunger-, Durst-, Unwohlgefühl
- Initiative, das körperliche Bedürfnis durch Aufnahme zu befriedigen = Ernährung
- Der Wille zum körperlichen Erleben = Erlebnishunger
- Die Identifikation mit dem Hier und Jetzt = das Erleben im Moment
- Die Sorge nach einer körperlichen Aktion = Ruhebedürfnis
- Die Sorge um das körperliche Wohlgefühl = Heimat, Geborgenheit
- Die Identifikation mit dem Körper als Heimstatt der Seele und des Geistes

Das Symbol

Das Krebssymbol vereinigt in sich zwei weiblich polarisierte Verwirklichungsimpulse (kleine Kreise). Der untere Teil zeigt in der Form der Schale die Bereitschaft zum Aufnehmen und der obere Teil des Symbols bringt komplementär dazu das Behütende und Beschützende zum Ausdruck.

Daneben können wir es uns auch als zwei stilisierte Hände vorstellen, bei der die untere Hand nimmt, was auch immer von der oberen gegeben wird.

Natürlich ist es auch möglich, im Symbol den Panzer des Krebses mit der oberen und unteren Schale oder die Scheren des Krebses zu sehen.

Fähigkeiten und Anliegen

Der göttliche Impuls trifft bei seinem Abstieg in die körperliche Erscheinungswelt zum dritten und letzten Mal auf das Wasserelement. Der Krebs lässt sich vom inspirierten Spiel des Löwen berühren und reflektiert es. Reflektieren bedeutet wahrnehmen und erleben, und der Krebs als körperlich-emotionales Zeichen nimmt das Leben in seiner körperlichen Erscheinung wahr (sehen, hören, tasten, schmecken, riechen). Die kardinale Qualität des Zeichens konzentriert die Wahrnehmung und das Interesse am Erleben auf das Hier und Jetzt. Das Erleben des „Spiels“ lässt im Krebs, als emotionales Zeichen, das Gefühl der Freude und der Lust am Erlebnis entstehen, solange es ein göttliches Spiel ist. Er hat gute Laune und wir sehen es ihm am Munde an, er lacht, seine Mundwinkel sind nach oben gezogen.

Vereint spielen Löwe und Krebs ihr Spiel. Er, der Löwe, gibt und „sie", der Krebs, nimmt. Sind sie nicht ein wahrhaft königliches Paar? Aus der befruchtenden Vereinigung entstehen die Kinder: die Bewegungsimpulse des Tierkreiszeichens Zwillinge. Sie werden vom Krebs ausgetragen, geboren und umsorgt. *Jetzt* sollen sie sich entfalten. Dass gestern ebenfalls Kinder geboren wurden, interessiert den Krebs nicht mehr und morgen ist noch nicht in seinem Blickfeld. Das Gleiche geschieht auch in der grünen Natur. Die Blätter (Krebs) nehmen die Sonnenenergie (Feuer) und die Säure (Feuer) der Luft (Kohlensäure) auf und geben dafür den Sauerstoff (Luft) ab, den wiederum wir zum Leben brauchen.

Wie es den Willen zum Leben (Löwe) in der Seele geben muss, muss es auch die Empfänglichkeit des Körpers für das, was die Seele verwirklichen will, und die Bereitschaft des Körpers zum Erleben (Krebs) geben. An der Nahtstelle zwischen Seele und Körper bilden beide gemeinsam das Herz des Menschen und der Krebs steht für die Fähigkeit, sich im Herzen berühren zu lassen und mit den Augen des Herzens wahrzunehmen.

Im Löwen lernten wir die aktive Hälfte unseres inneren Kindes kennen. Im Krebs begegnen wir nun der zweiten Hälfte unseres Kindes, das neben Hunger und Durst auch seinen Erlebnishunger nach dem lebendigen Spiel mit seinem Körper stillen möchte, und das seinen Genuss aus der Befriedigung dieser Bedürfnisse zieht. Sein Anliegen ist es zu empfinden, zu fühlen und zu erleben. Fühlt es sich nicht zufrieden gestellt, verleiht es seinen Wünschen lauthals Ausdruck. Aber es erkennt auch, wann sein Körper genug hat, es satt ist und Ruhe braucht. So ist es dem Löwen, der nur stete Aktivität kennt, ein gegenpolarer Ausgleich. Vieles lässt sich ja erst erleben und wahrnehmen, wenn unser Schaffensdrang zur Ruhe gekommen ist. Darüber hinaus sorgt der Krebs auch dann für Ruhe, wenn der Körper auf Grund der Anstrengungen der Erholung bedarf.

Die Wahrnehmung und das Erleben in der körperlichen Welt lässt im Krebs Gefühle entstehen, die uns mitteilen, wie wir uns in der jeweiligen Situation des Jetzt fühlen. Fühlen wir uns körperlich wohl, dann stimmt unser Sein mit dem, was unser Körper leisten kann, und damit mit unserer Natur überein. Fühlen wir uns jedoch unwohl, dann stellt die momentane Situation körperliche Anforderungen, denen unsere Natur nicht entsprechen kann oder will. Dies ist für uns das Signal dafür, entweder die Situation zu verändern oder aus der Situation herauszugehen. Auf diese Weise sorgt der Krebs dafür, dass wir im Einklang mit der inneren und äußeren Natur leben. Wir sind uns durch unsere *Fürsorglichkeit* selbst eine „gute Mutter". Wir erkennen durch unsere Gefühle unsere körperlichen Bedürfnisse und sorgen dafür, dass sie befriedigt werden. Nicht mehr eine äußere Mutter muss uns wie in der Kindheit stillen, sondern als selbstständige Menschen „stillen" wir uns selbst.

Die Welt des Krebses gleicht der Gebärmutter, in der für das heranwachsende Kind gesorgt ist. Sie ist zu Beginn unseres Lebens unsere Heimat. Nach neun Monaten verlassen wir diesen Ort der Geborgenheit und gelangen mit der Geburt in eine unvergleichlich größere Gebärmutter, in die der *Mutter Natur*. Wie ursprünglich die Gebärmutter sorgt diese ebenfalls für uns. Sie ist unserem Körper ein Leben lang Heimat. Sie bietet uns Schutz durch die Häuser und die Kleidung, die wir aus ihren Materialien herstellen. Sie liefert uns die Nahrung für unsere körperliche Lebendigkeit. Letztendlich ist alles, was sie erzeugt, in irgendeiner Form Leben spendende Nahrung. Sie erzeugt sie, indem sie einerseits die Sonnenenergie aufnimmt und andererseits anderes Leben verschlingt. Unser körperliches Leben bedingt, dass wir Pflanzen, also Leben, essen. Das ganze *körperliche* Leben erhält sich damit unter Beteiligung der Sonne aus sich selbst heraus aufrecht. Die Natur bringt dadurch Leben hervor, indem sie Leben verschlingt. Das mythologische Symbol hierfür ist der UROBOROS, die Schlange, die sich vom Schwanz her selbst auffrisst und daraus Leben und Wachstum erzeugt. Sie symbolisiert den Kreislauf und das Zyklische in der Natur. Dem Krebs und damit der Natur obliegt die Sorge um unsere körperliche Existenz.

Auch auf der körperlichen Ebene zeigt sich, dass wir nicht vom Brot alleine leben. Die Nahrung, die wir brauchen, sind zwar einerseits die Lebensmittel, andererseits aber auf der emotionalen Ebene unsere Erlebnisse. Im Krebs werden alle Ebenen körperlich-sinnlichen Erlebens angesprochen. Die Schönheit der Natur verzückt unsere Augen, die Musik berauscht unser Gehör, der Duft der Welt betört unsere Nase, die Zärtlichkeit des oder der Geliebten beglückt unsere Haut und der Wohlgeschmack der Speisen ist Labsal für unseren Gaumen. Ist es da nicht schön, sich dem Leben zu öffnen, vom Leben berühren zu lassen und zu *erleben*?

Verzauberung

Auf Grund des Sündenfalls und der damit verbundenen Teilung der Welt in GUT und BÖSE fallen Teile unserer Gefühle in den Schatten. In der Erziehung wird uns beigebracht, GUTE Laune zu zeigen und die schlechte (BÖSE) zu verdrängen. So lernen wir, GUTE Mine zum oftmals BÖSEN Spiel zu machen. Beispielsweise werden wir gezwungen zu essen, was auf den Tisch kommt. Wir verlieren dadurch die Fähigkeit, auf unseren Geschmack und Appetit zu achten. Bei der Nahrungsauswahl spielen fortan nicht mehr unser Appetit oder der Geschmack und Geruch der Speise die entscheidende Rolle, sondern es ist wichtig, das nach neuesten wissenschaftlichen Erkenntnissen „Richtige" zu essen. Wir müssen alles aufessen, was zur Folge hat, dass wir das Gefühl für unsere natürliche Sättigungsgrenze verlieren. Wenn wir Musik hören, folgen wir bei der Auswahl nicht mehr unserem Gefühl, da uns nur „GUTE" Musik erlaubt ist. Auch die Höflichkeitserziehung verbietet uns so manches primäre Bedürfnis, das uns unsere Gefühle signalisieren. All dies lässt die Fähigkeit, auf unsere Gefühle zu achten und aus ihnen Verhaltenskonsequenzen zu ziehen, mehr oder weniger verkümmern. Dies hat seine Wirkung in unserer Außenwelt. Stecken wir in einem weiblichen Körper, so wird auch uns als „Frau" wenig Achtung entgegengebracht. Als Mann dagegen begegnen wir unseren Gefühlen mit Geringschätzung und entsprechend wenig achten wir die Frauen in unserer Außenwelt.

Wir erkennen daher häufig nicht, wann und in welcher Situation wir gegen unsere Natur leben, unseren Körper überfordern und ihn nur noch ungenügend versorgen. Wir sind jedoch dadurch in der Lage, in Situationen auszuharren, die unserer Natur widersprechen, und üben uns in Disziplin, Leistung, Enthaltsamkeit und Kargheit. Situationen also, in denen wir glauben, auf das Bedürfnis nach *Lust am Erleben* verzichten zu müssen, um längerfristig zu Erfolg, Ehre und Anerkennung zu kommen.

Unsere Wahrnehmung richtet sich nun auf die Außenwelt. Da ja dort unsere Missgefühle als Projektion unserer eigenen verleugneten Missgefühle wieder auftauchen, stellen wir jedem, der uns begegnet die Frage: „Wie geht es dir?“ Unsere Sorge kreist nun um ihn. Bekommen wir Besuch, fragen wir sofort nach seinem Befinden, seinen Sorgen, seinem Hunger und Durst und versuchen, seine Bedürfnisse zu befriedigen. Unbemerkt schlüpfen wir in die Rolle der Bemutterung. Wir machen uns zur „Mutter“ der anderen und hören auf, uns selbst „Mutter“ zu sein.

In diese Rolle geraten die meisten Frauen, ohne es richtig zu bemerken, wenn sie Kinder haben. Meist wird auch der eigene Partner zu einem weiteren Kind. Sie glaubt, es sei ihre Rolle als Frau, den anderen Geborgenheit geben und sie versorgen zu müssen. Sind die Kinder noch klein, so ist deren Versorgung unumgänglich, jedoch schaffen wir es nur schwer, aus der einmal angenommenen Rolle wieder auszusteigen. Die Folge davon ist, dass wir uns um alle Launen der Welt bemühen, nur um unsere eigene nicht. Wir lassen uns unversorgt. Der auf diese Weise über lange Zeit ungestillte „Hunger“ nach all dem, dessen wir bedürfen, erzeugt in uns eine latente Frustration.

Wir glauben nun, je besser wir die anderen versorgen, desto bessere Menschen seien wir, und wir erkennen darüber nicht, wie wir selbst langsam verhungern. Die über Jahre angesammelten und angestauten Missempfindungen finden in einer zunehmend depressiven Stimmung ihren Ausdruck. Parallel dazu nimmt unser Mund chronisch den Ausdruck von schlechter Laune an.

So wie wir zu unserer ureigenen Natur auf Distanz gegangen sind, so gehen wir auch auf Distanz zur äußeren Natur. Im Namen der Leistung, der Produktion und des Fortschritts muten wir ihr immer mehr zu. Diese Belastung kann die Natur um uns herum nur bis zu einem gewissen Grad ertragen. Wird er überschritten, so geht Mutter Erde zu Grunde.

Eine wesentliche Rolle spielt dabei der innere Mann in uns. Normalerweise muss er sich in Gleichberechtigung und Harmonie mit der inneren Frau zu allen Dingen der Lebensgestaltung „beraten“ und „absprechen“. Lebt er aber nach seinen Vorstellungen und aus seinen Pflichten, ist er bestrebt, über besondere Leistungen auf der Karriereleiter emporzusteigen, dann kann er nicht mehr auf die momentanen Gefühle achten. Sein Berater ist dann nicht mehr das Gefühl zum Hier und Jetzt, sondern zunehmend sein Verstand, der stets bereit ist, die Sinnhaftigkeit dessen zu begründen, was wir gerade glauben tun zu müssen, egal wie sehr die Natur darunter leidet. Dieser Widerspruch zeigt sich besonders eklatant bei den Tierversuchen in unserer wissenschaftlichen Forschung. Die durch nichts zu rechtfertigende Qual der Tiere verschwindet im Hintergrund scheinbar erhabener wissenschaftlicher Ziele.

Zur Entschädigung dafür und zum Ausgleich für das unserer Natur entfremdete Erleben wird unsere innere Frau auf das zu erwartende Erfolgsgefühl und die zu erwartenden Gewinne vertröstet. Dabei fühlt sie sich immer mehr missachtet oder gar vergewaltigt. Zunehmend schützt sie sich dadurch, dass sie zum Leben auf Distanz geht oder indem sie zurückgezogen hinter schützenden „Mauern“ immer unberührbarer wird. Die Mauern aber verhindern die Nähe, und das Gefühl erkaltet in uns. Die Erlebnisfähigkeit verkümmert und der Hunger nach Erleben wird immer weniger gestillt. Hieraus kann sich eine *Depression* als Ausdruck des ungestillten Hungers entwickeln. Ersatzweise versuchen wir ihn suchtartig über das Essen zu stillen (Esssucht) oder wir weigern uns vollends, Frau zu sein und hungern uns zu Tode (Magersucht).

Immer seltener liegt der Schwerpunkt unseres Erlebens im Hier und Jetzt. Immer mehr leben wir aus dem bereits Erlebten oder wir blicken in Erwartung einer Besserung oder in Sorge der Zukunft entgegen und ertragen still die erlebnislose Gegenwart.

Haben wir in dieser Art die Fürsorge für uns SELBST im Leben vernachlässigt, dann werden wir im darauf folgenden Leben einem Gleichnis für unser bisheriges Verhaltensmuster begegnen. Möglicherweise haben wir dann eine überforderte, leidende Mutter, die ebenso wenig für uns sorgt, wie wir ehedem für uns gesorgt haben. Sie gleicht darin unserer inneren Frau. Später im Leben als Mann verlassen uns die Frauen, weil sie sich gleich unserem Inneren zu wenig von uns be- und geachtet fühlen. Neben all der Enttäuschung sollte dies für uns der Anlass sein, unsere innere Frau dadurch zu ehren, dass wir wieder mehr auf unsere Gefühle[29] achten und als Konsequenz daraus uns mehr um uns selbst sorgen. Sorgen wir mit allem Selbstverständnis wieder für uns, so sorgt die ganze Welt für uns!

Diese Entwicklung kann jedoch nur stattfinden, wenn wir die Teilung unseres Bewusstseins (Himmel) in GUT und BÖSE überwinden und dadurch „Gottes Gerechtigkeit“ in unserem Himmel (Bewusstsein) wieder herstellen. Dann erst hört die fremdbestimmte Lebensgestaltung auf, und wir können uns wieder erlauben, auf unsere Gefühle achten. Erst dann gilt für uns (Mt. 6,31):

> So seid nun nicht besorgt, indem ihr sagt: Was sollen wir essen? Oder: Was sollen wir trinken? Oder: Was sollen wir anziehen? ... Denn euer himmlischer Vater weiß, dass ihr dies alles benötigt. Trachtet aber zuerst nach dem Reich Gottes (*Himmel, der Verf.*) und nach seiner Gerechtigkeit! Und dies alles wird euch hinzugefügt werden. So seid nun nicht besorgt um den morgigen Tag! Denn der morgige Tag wird für sich selbst sorgen.

Welch erhabenes Versprechen! Und wie gering ist dagegen unser Vertrauen in das Ganze und in den Fluss des Lebens.

Hemmung

In unserer Kindheit ist niemand da, uns zu versorgen. Die Mutter signalisiert uns schon im Mutterleib, dass sie uns nicht bekommen will oder sich durch die Mutterschaft überfordert fühlt. Bei der Geburt lässt sie uns dann vollends alleine. Vielleicht lässt sie sich betäuben. Plausible Gründe dafür gibt es immer. Und so setzt sich die enttäuschende Erfahrung, dass die Mutter für uns nicht da ist, auch nach der Geburt fort. Auch wenn wir eine Mutter haben, die scheinbar perfekt für uns sorgt, so sind wir doch immer wieder über ihre Gefühlskälte und ihre Distan-

---

[29] Oft ist es schwierig, das Gefühl zum Hier und Jetzt (Krebs) zu erkennen, da es von Gefühlen aus der Vergangenheit (Skorpion) oder allgemeinen Ängsten und Sehnsüchten (Fische) überlagert sein kann.

ziertheit, mit der sie uns begegnet, bestürzt. Wir fühlen es, sie handelt nicht aus Liebe und Zuneigung, sondern aus Pflicht und Verantwortung.

Immer wenn wir Bedürfnisse haben, sei es Hunger, Durst oder das Verlangen nach trockenen Windeln, und wir unsere Bedürfnisse lauthals kundtun, kommt niemand, sie zu befriedigen. Das prägt beim Sohn sein Bild von den Frauen: Sie sind leicht zu überfordern und enttäuschend unzuverlässige oder aber harte und distanzierte Wesen. Als Tochter wollen wir uns mit der Mutter nicht identifizieren und wir schämen uns, überhaupt Frau zu sein. Lieber wären wir ein Knabe geworden, und das bringen wir in unserer Kindheit in der Verachtung der anderen Mädchen und der Kumpanei mit den Jungs deutlich zum Ausdruck. Unsere Puppen, so wir überhaupt welche geschenkt bekommen, finden wenig Beachtung und fliegen in hohem Bogen in die Ecke.

Vielleicht haben wir aber auch gar keine Familie und wachsen statt dessen in einem Heim auf. Dort müssen sich unsere Bezugspersonen um viele andere Kinder ebenfalls kümmern, so dass wir oft mit unseren Bedürfnissen nach Fürsorge und Zuwendung zu kurz kommen.

Wir dürfen beim Essen nicht das auswählen, was uns schmeckt, sondern müssen aufessen, was auf den Tisch kommt. Allzu häufig gibt es nur wenig, und wir hungern.

So entwickeln wir in unserer Not eine scheinbare Bedürfnislosigkeit. Wir achten einfach nicht mehr darauf, ob wir Hunger, Durst oder anderweitige Missgefühle haben. Das, was für unsere Ernährung gilt, trifft auch für unseren Erlebnishunger und unser Bedürfnis nach Nähe, Wärme und Zärtlichkeit zu. Nicht gewohnt, auf das eigene Befinden zu achten, und damit wenig wählerisch, lassen wir uns immer weniger vom Leben berühren. Dies hat natürlich seine Auswirkung auf den Umgang mit anderen Menschen und auf die Bereitschaft, sich auch im Sexuellen berühren zu lassen.

Wir verharren in einer unerfüllten Versorgungs-, Geborgenheits- und Erlebnissehnsucht. Unsere Bedürfnisse bleiben unbefriedigt. Unser Wesen hungert, und der Mensch, der hungert, wird zunehmend depressiv. Wir haben zwar keine schlechten Launen mehr, aber auch keine guten. Unsere Gefühle dem Leben gegenüber verkümmern zusehends.

Auch in der Familie kommt kaum das Gefühl der Geborgenheit auf, unsere Wohnung ist ungemütlich, unser Bett wenig komfortabel. Unsere Kleidung schützt uns nur unzureichend vor der Witterung. In Extremfällen haben wir gar kein Zuhause, wir leben unter der Brücke.

Kompensation

Früh schon macht uns unsere Mutter unübersehbar klar, dass es für eine Frau nichts Wichtigeres gibt, als in der Mutterschaft und in der Versorgung der Familie aufzugehen. Stets ist sie damit beschäftigt, uns mit Nahrung und Kleidung zu versorgen und darauf zu achten, dass es uns körperlich gut geht, dass wir genügend Ruhe bekommen und bequem sitzen oder liegen. Und wenn wir hinaus an die frische Luft wollen, ruft sie uns noch nach, ob wir auch warm genug angezogen sind. Dabei verfestigt sich in uns der Eindruck, dass es vorrangig ist, Kinder zu gebären und für Essen, Trinken und eine kuschelige Wohnung zu sorgen.

So integrieren wir diese Seite der Mutter schon früh in unsere Spiele. Große Freude haben wir daran, unsere Puppen zu umsorgen. Wir stellen uns dabei in unserer Phantasie vor, was ihnen alles fehlt und wie wir sie verwöhnen können. Wir kochen für sie auf einem kleinen Herdchen, füttern sie und betten sie weich in ihr Wägelchen.

Später dann suchen wir einen Beruf, in dem wir diese frühe Rolle weiterspielen können. Ob als Kindergärtnerin, als Gemeindeschwester, Restaurantbesitzer oder Hotelier, wichtig ist, dass wir für andere sorgen können. Oder aber wir befassen uns ausgiebig mit dem Thema Ernährung, sei es in der Theorie als Wissenschaftler, sei es in der Praxis als Gärtner, Landwirt, Bäcker oder Koch. Auch die Milchwirtschaft hat es uns angetan.

In der Partnerschaft erscheint es uns als Mann selbstverständlich die Rolle des Hausmanns zu übernehmen.

Wir lieben die Natur und unsere Heimat und machen uns um sie ebenso viele Sorgen wie um unsere Kinder. Um unser Interesse an der Natur zu stillen, studieren wir möglicherweise Biologie.

Im Mittelpunkt unseres Interesses steht die Familie, ohne die wir uns ein Leben kaum vorstellen können. Dies gilt sowohl für die ursprüngliche als auch für die zukünftige eigene Familie. Selbstverständlich benötigen wir hierzu auch ein eigenes Haus. Da uns das Bedürfnis nach einer Wohnung oder einem Haus selbstverständlich ist, gestalten wir als Architekt die Wohnungen und Wohnhäuser der anderen.

... bis dann bei uns Frauen die Zeit der Mutterschaft kommt und wir dem eigenen Kind unsere Fürsorge angedeihen lassen können. Daneben gilt es noch für den Vater der Kinder zu sorgen, und wenn er Besuch mitbringt, auch für dessen Wohlbefinden zu sorgen. Generell ist die Sorge um die anderen unsere Lieblingsbeschäftigung, und sie begleitet uns noch in die Zeit vor dem Einschlafen. Über diese Fürsorge glauben wir, die Anerkennung und die Liebe der uns Nahestehenden zu gewinnen.

Bei der Kleidung achten wir besonders darauf, dass sie bequem ist und unseren Kindern und Schutzbefohlenen möglichst viel Schutz und Behaglichkeit bietet.

Zwillinge ♊

Der Zwillinge-Archetypus setzt sich aus den nachstehenden Grundqualitäten, Verhaltensweisen und Eigenschaften zusammen. Der herrschende Planet und energetische Vertreter des Zwillinge-Anliegens ist der männlich polarisierte Merkur[30].

männlich	beweglich	Luft	Körper	Phys. Körper
aktiv	Flexibilität	Information	Matrix	körperl. Energie
extrovertiert	Anpassung	Idee	Projektionsfläche	grobstofflich
Außen	Steuerung	Einfall	Sichtbarkeit	mat. Wirkung
Mann	Differenzierung	Vermittlung	Zerfall	
leben	Unbeständigkeit	Oberfläche	Sterblichkeit	
gestalten	Zielsuche	Blüte		
geben				
Fülle				

In der Kombination ergeben sich folgende archetypische Merkmale:

- Aktive Steuerung der Körperbewegung = körperliche Geschicklichkeit
- Vermittlung von Ideen über die Körperbewegung = Gestik, Mitteilung, Rede
- Die zu vermittelnde Information gestaltet die materielle Oberfläche = Projektion des Geistes auf die Leinwand der Materie = SELBST-Darstellung
- Das Ziel der Idee ist ihre Wirkung in der Materie = Ausdruck
- Die Idee zeigt sich und stirbt = Vergänglichkeit des Ausdrucks
- Die flexible Gestaltung materiellen Austauschs = Handel, Transport

Das Symbol

Die Göttliche Idee betritt auf ihrem Weg in die Manifestation als Bewegungsimpuls den körperlichen Tempel, der Oben mit Unten, der den Himmel, ruhend auf zwei Säulenreihen, mit der Erde verbindet. Die beiden Säulen symbolisieren die beiden gegensätzlichen Pole, aus denen sich die körperlich sichtbare Welt zusammensetzt.

Im Körper wird etwas sichtbar, das seinen einzigen Sinn darin findet, dass es von einem Gegenüber gesehen und erlebt wird. So steht das Zeichen auch für zwei Menschen, die sich im Geben und Nehmen, also im Austausch gegenüberstehen. Besonders deutlich wird das Prinzip des Austauschs beim Atmen. Wir atmen Kohlendioxyd aus, das von der Pflanze „eingeatmet" wird. Diese „atmet" dafür Sauerstoff aus. Ihn wiederum atmen wir ein und verwenden ihn für unseren Stoffwechsel.

---

[30] Merkur herrscht gleichzeitig weiblich polarisiert über das Zeichen der Jungfrau.

Fähigkeiten und Anliegen

Damit wir in der körperlichen Welt die göttliche Idee zum Ausdruck bringen können, benötigen wir einen Körper, der beweglich ist und dessen *Beweglichkeit* entsprechend der Idee *steuerbar* ist. Unser *willkürliches motorisches Nervensystem* ist das steuernde Instrument. Es ist Teil der Welt des Tierkreiszeichens Zwillinge. Die bewegliche Qualität des Zeichens gibt ihm die Fähigkeit dazu. Diese Steuerung ist im Gegensatz zum autonomen Nervensystem (Jungfrau) unserem Willen unterworfen. Im Zeichen der Zwillinge kreieren wir also nichts Neues, sondern überbringen unserem Körper die vom Krebs empfangenen Botschaften unseres Herzens (Löwen). Der Wille des Herzens wird zur Idee der Bewegung, zum Bewegungsentwurf. In der griechischen Mythologie entspricht dies der Aufgabe und der Funktion des Götterboten Hermes (*gr., röm.* Merkur). Er triggert (*engl.* auslösen) die Nerven, die wiederum die Kraft und die Bewegungen unserer Muskeln (Widder) steuern, damit die Idee, die Hermes an den Körper überbringt, zur Tat (Widder) wird. Die geflügelten goldenen Schuhe, die er als Bote trägt, zeigen, woher letztendlich seine Botschaft stammt. Die Flügel symbolisieren die Ebene des Wassermanns und die Schuhe stellen die Verbindung zu den Fischen (Füße) her. Die Idee des Hermes entspricht der göttlichen Idee des Wassermann, die von der Himmelskönigin (Fische) empfangen wurde. Das Gold der Schuhe bringt in seiner Eigenschaft als Edelmetall das unverändert Göttliche zum Ausdruck. Der Atem Gottes wird zum „Atem" des Menschen.

So, wie wir die Idee „ausatmen", müssen wir auch wieder einatmen. Einatmen bedeutet aber gleichnishaft, dass wir die Ideen der anderen einatmen und damit im Ideen-Austausch mit den anderen stehen. Die Beweglichkeit des Körpers wird zur Geste des Göttlichen und zur Kommunikation mit der Welt. Die Geste ist die *körperliche Darstellung des SELBST*, die ihren Sinn im Austausch mit einem Gegenüber findet. So ist das Anliegen der Zwillinge der *Austausch* auf allen körperlichen Ebenen.

Diesem Tierkreiszeichen unterstehen der *Informationsaustausch*, die *Medien* ebenso wie der Austausch von Gegenständen, der *Handel*. Um auszutauschen, müssen die Informationen und Waren zwischen ICH und DU befördert werden. So fallen auch der *Transport* und die hierzu erforderlichen Verbindungswege sowie Transportmittel in den Bereich der Zwillinge. Der Körper besitzt alle hierzu notwendigen Eigenschaften. Er gibt uns die Kraft, etwas zu transportieren, und seine Bewegungen lassen uns die dazu notwendigen Wege zurücklegen. So viel wir auch in unserer Welt vermitteln, stets handelt es sich um die zur körperlichen Erscheinung gewordene göttliche Idee!

Die Grundlage jeder Vermittlung ist die *Gebärde* als Sprache des Körpers. Sie muss von beiden, vom Vermittler und vom Empfänger, gleichermaßen gedeutet und verstanden werden. Jede Gebärde bekommt damit, je nachdem was sie inhaltlich zum Ausdruck bringen möchte, einen spezifischen Inhalt zugewiesen. Wir vereinbaren gewissermaßen wie in einem Vertrag deren Bedeutung. Stand am Anfang die *Körpersprache*, entwickelte sich hieraus die *Sprache*, wie wir sie heute kennen, als Bewegung und Ausdruck unseres Kehlkopfes. Die Sprache hat ihre einheitliche Bedeutung in den ihr zu Grunde liegenden Symbolen, den Buchstaben und Worten. Obliegt dem Zwilling der *verbale Ausdruck*, die *Rede*, so obliegt ihm auch die *Benennung der Erscheinungen*. Hierzu ist es notwendig, Kriterien für die Benennung zu schaffen, also die Dinge in ihrer Größe über Maß, Zahl und Gewicht zu erfassen. Im Zeichen der Zwillinge fassen wir die Gegenstände mit unseren Händen an, wir „begreifen" sie und bilden daraus den passenden *Begriff*.

So ist es denn kein Wunder, dass Hermes (*gr.* Merkur) Gott all dieser Eigenschaften ist. Ihm wird die Erfindung der Maße und Gewichte zugeschrieben, auch das Alphabet stammt von ihm. Er ist der Gott des Handels und besitzt das Recht über alle irdischen Wege. Er ist darüber hinaus Herr unserer inneren Kommunikationswege, der Nerven, aber auch unserer Gefäßsysteme. Die jeweiligen Nervenimpulse, denen er zur Weiterleitung verhilft, stammen aber vom Wassermann. So ist das körperlich gesprochene Wort immer nur Träger des über uns Ausdruck suchenden göttlichen Wortes (Wassermann)!

Die intellektuelle (*lat.* verstehen) Leistung, die dem Tierkreiszeichen Zwillinge so gerne zugeschrieben wird, ist eng auf das Erkennen und Benennen der Informationsteile begrenzt, die in den Dingen, Gesten und Worten stecken. Er entspricht dem rechnenden Menschen, der dazu unter dem Tisch oder in Gedanken seine Finger benutzt, nicht dem Mathematiker, der mittels seiner Logik über abstrakte Formeln versucht, die Zusammenhänge der Welt zu erfassen (Schütze). Das Erkennen und Benennen ist auch der Hintergrund beim Erlernen von fremden Sprachen. Wir lernen in den Vokabeln die andersartigen Bezeichnungen und anderen Lautkombinationen und erlernen im Zusammenhang mit deren Grammatik, in welcher Folge sie zu verbinden sind. Die Erkenntnis der Zusammenhänge und des Sinns der Informationen aber ist Sache des Schützen (Jupiter). Beispielsweise tragen wir mit unserer Zwillinge-Fähigkeit ein Gedicht verbal stimmig vor, dessen Sinngehalt erfassen wir aber nur über unsere Schütze-Fähigkeiten. Würde dem Götterboten Hermes das eigenständige Denken zugeordnet, wie wir es in der klassischen Astrologie so gerne tun, so wären wir niemals sicher, dass die Botschaft des Herzens auch unverfälscht dem Körper übermittelt wird. Immer bestünde die Gefahr, dass er sich unterwegs noch etwas anderes ausdenkt und damit unser Herzensanliegen verfälscht.

Die Beweglichkeit und Steuerbarkeit verleiht unserem Körper und besonders den Händen und Füßen ihre Geschicklichkeit. Sie findet ihren Ausdruck im Reden und Schreiben, im Handwerk, im Turnen und im Gehen auch schwierigster Wege (z. B. klettern). Damit wird sie aber auch zur handwerklichen Grundlage aller Künste, die zum Ausdruck ihrer Kunst unbedingt diese Geschicklichkeit benötigen. Denken wir an den Tänzer, Bildhauer, Zeichner, Maler, Musiker, ob Leierspieler, Flötenspieler, Geiger oder Pianisten u.v.a.m.

Damit wir Meister unserer Beweglichkeit werden, bedarf es der vielfach wiederholten Übung. Wie lange brauchten wir in unserer Kindheit, um das Greifen, Gehen, Sprechen und später in der Schule das Erkennen der geschriebenen Worte, das Lesen auch nur einigermaßen zu beherrschen? Ebenso erging es uns mit dem Schreiben. Jahrelange Übung der entsprechenden Handbewegungen war hierzu notwendig. Erinnern wir uns daran, dass noch vor wenigen Jahrhunderten die meisten Menschen weder lesen noch schreiben konnten.

Beim Üben der Bewegungen bilden sich in unserem Gehirn, im Unterschied zu unserem mentalen Gedächtnis (Skorpion), fixe Bewegungsprogramme aus, auf die wir bei jeder späteren Bewegung zurückgreifen. Diese Programme werden tatsächlich auf der hirnorganischen Ebene in Form neuronaler Verknüpfungen in speziellen motorischen Hirnrindenfeldern (Bewegungszentrum, Sprachzentrum) gespeichert. Deshalb können sie auch durch Hirnblutungen (Schlaganfall u. a.) oder Sauerstoffmangel zerstört werden[31]. Nach einer solchen Erkrankung bedarf es über längere Zeit stetig wiederholender Übungen, bis sich die Bewegungsprogramme in Ersatzbereichen der Hirnrindenfelder erneut gebildet haben.

Verzauberung

Da wir glauben, dass nur der GUTE ins Paradies zurückkehren darf, stellen wir die Fähigkeiten der Zwillinge in den Dienst des GUTEN. Damit verliert unsere Darstellung einen wesentlichen Teil dessen, was das SELBST ursprünglich zum Ausdruck bringen wollte.

Die Selbstdarstellung reduziert sich allzu oft auf den Austausch von Informationen und Waren, bei dem wir ständig kontrollieren, ob wir auch mit dem, wie wir uns zeigen und was wir darbieten, Erfolg haben. Erfolg hat in unserer Gesellschaft aber nur der, der das kollektiv Akzeptierte zeigt. Daher unterwerfen wir uns fast alle mehr oder weniger der Norm. In den Austausch und die Kommunikation schleicht sich dadurch, oftmals unbemerkt, das Urteil ein. Auf der einen Seite beurteilen wir uns ständig selbst, überprüfen aber auf der anderen Seite stets auch unser Gegenüber, ob es nicht doch besser ist als wir selbst. Da uns diese Vorstellung unerträglich ist, suchen wir unablässig nach Fehlern im anderen, um uns zu beruhigen, dass im Zweifel doch wir es sind, die besser sind und Akzeptanz vor Gott finden. In der Unterhaltung entsteht dadurch immer mehr Konkurrenz.

Auch der militärische Drill bemüht sich sehr um die Verdrängung individueller Verhaltensweisen. Bei aller normierenden Übung unserer Bewegungen können wir es jedoch niemals ganz verhindern, dass unser Stand, Gang, unsere Mimik und Gestik vieles von dem mitteilt, was wir oftmals unbewusst in unserem Charakter tragen.

In unserer Rede und Präsentation versuchen wir, unser Besser-Sein dadurch auszudrücken, dass wir unserem Gegenüber Tipps zur Besserung geben oder ihn gar mit der Autorität des Lehrers, der von der Richtigkeit seiner Informationen absolut überzeugt ist, zu belehren. Von Lehrern aber erfahren wir kaum noch etwas von ihrer persönlichen Betroffenheit oder dem, was ihr Herz zum Ausdruck bringen will, was sie sich ersehnen, was sie fürchten, wo sie geirrt haben, worüber sie sich freuen oder was sie bedrückt. Alles Persönliche verschwindet hinter der RICHTIGEN Information, dem sachlichen Inhalt und dem in Noten gekleideten Urteil, das sie über uns sprechen.

---

[31] Experimente haben gezeigt, dass sich die mentalen Erinnerungen an spezifische Erfahrungen und Ereignisse in bestimmten Hirnzonen lokalisieren lassen. Entfernt man jedoch diese Zonen operativ, verschwindet damit aber keineswegs die Erinnerungen an diese Erfahrungen. Dies ist einer der Hinweise darauf, dass die mentale Speicherung im Gegensatz zur Speicherung der Bewegungsprogramme *nicht* hirnorganisch und lokal umrissen ist.

Auch im Austausch der Waren verliert sich der persönliche Charakter. Wir verteilen kaum mehr Waren, die von unserem SELBST stammen, die wir selbst mit unseren Händen gefertigt haben. Meist stammen sie aus einer mehr oder weniger anonymen Großproduktion. Unser Beitrag zum Austausch der Waren zersplittert in kleine Details. Im Rahmen des Ganzen zeigen wir uns als Konstrukteur, Designer, Zeichner, Facharbeiter, Lagerarbeiter, Transportarbeiter, Kaufmann oder Verkäufer. Was in der Ware zur Darstellung kommt, ist das Produkt von vielen. Die persönliche Note des Einzelnen verliert dabei weitgehend an Bedeutung. Wir lassen die Regale unseres Handelsgeschäftes von den Großhändlern oder Herstellerfirmen füllen und dort holt sich der Kunde diese ab. Als Händler reduziert sich unser Interesse am Austausch zunehmend auf den Gewinn, den wir durch ihn erzielen können.

In den Medien, ob in Zeitungen, Büchern, Tonträgern, Videos, im Radio oder Fernsehen, treten die Persönlichkeiten ebenfalls in den Hintergrund. Aus dem Selbstdarsteller wird der Schauspieler, der teilweise beliebig in die gewünschte Rolle des GUTEN oder BÖSEN schlüpft. In Rededuellen oder Kämpfen bekommen wir dann den ideologisch gewollten Sieg des GUTEN vorgeführt. Wer in der Show gewinnt, suggeriert, dass er der Bessere ist. Unsere Logik dabei ist, wäre er nicht der Bessere gewesen, hätte er verloren. Daraus resultiert der fatale Fehlschluss: Wer gewinnt, ist GUT. Dies gilt für die kleinen Auseinandersetzungen ebenso wie für die großen Kriege. Auch in den Nachrichten, die ihren Reiz in der Berichterstattung aller Bosheiten der Welt besitzen, bekommen wir ebenfalls bestätigt, dass wir ja doch die Besseren sind. Nachrichten über das GUTE in der Welt finden selten unser Interesse. Dabei erkennen wir nicht, dass gerade die Nachrichten über das BÖSE etwas mit unseren eigenen Schattenseiten zu tun haben. Niemals wird in Wirklichkeit das GUTE siegen, immer nur das GANZE, das die Synthese aus GUT und BÖSE ist und von Gott stammt.

Medien fungieren darüber hinaus zunehmend als Paradiesersatz. Über die Bücher tauchen wir in eine ganz eigene Welt ein, in die wir auch einen Teil unserer Visionen und Träume mitnehmen können. Die Musik entführt uns in ihre erhabenen Sphären und die Filme zeigen uns eine Welt voller Lebensintensität, die wir in unserer Realität nicht selten vermissen. Sie bestätigen uns ebenfalls nur, dass wir die GUTEN sind, indem sie uns in Kriegs- und Kriminalfilmen zeigen, wie BÖSE die anderen sind.

Lediglich einige Künstler lassen sich nicht von der Norm und dem Zeitgeist einfangen. Sie vermögen etwas ganz Persönliches in den Austausch einzubringen.

Aus dem Aufsuchen der Nachbarn oder befreundeter Menschen, um mit ihnen ein Schwätzchen zu halten, werden die Fahrten im eigenen Auto hin zu den Stätten der Unterhaltung, zu den Einkaufszentren und den weit entfernten Urlaubsorten. Aus dem Verlust nachbarschaftlicher Unterhaltung entsteht das anonyme Treffen Tausender auf den Datenhighways des Internet.

In jüngster Vergangenheit hat die rasante Entwicklung der Computer eine ganz eigene Dimension der Kommunikation eröffnet. Obwohl in den virtuellen Welten vollkommen alleine, haben wir dennoch die Illusion, im Austausch mit der Außenwelt zu stehen. Auch der Waren- und Informationsaustausch via Internet unterstützt unsere Anonymität in früher kaum denkbarer Weise. Wir geben uns der

Anonymität hin, um dem ungeheuren Druck in der Kommunikation nach dem noch BESSER-Sein in Aussehen, Fitness, Bildung, modischer Kleidung, gehobener Sprache und souveräner Körperbeherrschung auszuweichen. Mittlerweile erscheint es vielen angenehmer, alleine zu sein, als diesen Leistungsdruck zu ertragen. Wir bewundern einerseits die Perfektion der professionellen Darstellung und fürchten andererseits immer mehr unser Unvermögen, sie zu erreichen. Die Bereitschaft, uns in der Kommunikation so zu zeigen, wie wir sind, nimmt vor dem Hintergrund dieser Entwicklung immer mehr ab.

Auch beim Tanzen besteht die Gefahr, dass der Ausdruck unserer Lebendigkeit unter dem vorgeschriebenen Tanzverhalten (Standardtänze) und der in den Medien zur Schau gestellten Perfektion immer mehr erstickt. In Tanzturnieren zeigen sich uns nur noch auf perfekte Bewegungen hin abgerichtete Marionetten.

Die Geschicklichkeit mit der wir unseren Körper bewegen wird dabei sehr unterschiedlich bewertet. Entweder wird sie im Handwerk kollektiv unterbewertet. Der Handwerker findet sich in der Wertschätzung weit unter dem geistig arbeitenden Menschen. Oder aber sie wird im Sport in überzogenen Einzelleistungen, ob nun als Rennfahrer, Turner, Läufer, Springer oder in der Handhabung eines Instrumentes oder der Stimme als Sänger, vollkommen überbewertet. Gibt es doch Tausende, die ebenso gut, vielleicht sogar noch besser singen oder spielen können, aber wegen vorgegebener Geschäftsinteressen der Musikbranche und des dort bestehenden Beziehungsgeflechts nicht zum Zuge kommen.

Die Sprache bedient sich einer sehr starken Reduzierung der zu vermittelnden Inhalte auf nur wenige Buchstaben und Worte. Da der individuelle oder kollektive Erfahrungsschatz sehr unterschiedlich ist, gibt jeder Einzelne oder eine Bevölkerungsgruppe dem Wort eine etwas abweichende Bedeutung. In der Kommunikation führen diese unterschiedlichen Bedeutungsinhalte zu unterschiedlichen Deutungen der Informationen. Daraus entwickeln sich in unseren Unterhaltungen vielfältige Missverständnisse, die uns meist nicht bewusst sind. Dieses Phänomen fand schon in der babylonischen Sprachverwirrung im Alten Testament (1. Mo. 11,11) seinen Ausdruck. Bezeichnenderweise war Babylon einer der Kulturträger des Zeitalters der Zwillinge. Auch heutzutage werden Verträge zwischen den Völkern, trotz sorgfältigster Ausarbeitung, unterschiedlich ausgelegt. Beispielsweise verstehen die unterschiedlichen Machtblöcke unter dem Begriff der Menschenrechte etwas vollkommen Verschiedenes. Während die USA einen Schwerpunkt auf die unternehmerische Freiheit des Einzelnen (Kapital) legen, rückt in China mehr das Recht auf Arbeit in den Mittelpunkt. So glauben beide Seiten mit Recht, sich eine Verletzung der Menschenrechte vorwerfen zu können. Darüber hinaus verschiebt sich mit der Zeit der Informationsinhalt, den wir einem Wort geben. War in früheren Jahrhunderten z. B. das Wort „Weib“ eine normale und gängige Bezeichnung für die Frau, so an ihm in der neueren Zeit eher der Charakter des Abfälligen.

Hemmung

Wir wuchsen in einem Umfeld auf, in dem die Unterhaltung wenig galt. Zudem machten wir als Kinder die Erfahrung, dass das, was wir zu sagen hatten, wenig oder kaum beachtet wurde. Oft wurden wir schlichtweg übersehen. Insbesondere, wenn sich die Erwachsenen unterhielten, hatten wir zu schweigen. Auch gegenüber unseren Geschwistern konnten wir uns nicht behaupten. Sie wurden uns meistens vorgezogen.

Später in der Grundschule machen wir ähnliche Erfahrungen. Wir bringen im Lesen, Schreiben und Kopfrechnen nur mäßige Leistungen, weil keiner der Lehrer und Lehrerinnen Zutrauen in unser Können zeigt. Deshalb ziehen wir uns immer mehr von der Teilnahme am Unterricht auf uns selbst zurück. Wir sitzen im Klassenraum dort, wo am wenigsten mit der Aufmerksamkeit der Lehrer zu rechnen ist. Auf diese Weise verlernen wir es, uns mitzuteilen und am Austausch teilzunehmen. Unsere Gestik und Sprache bleibt unbeholfen und wir werden oftmals mit dem, was wir sagen, nicht verstanden. Ja, es fällt uns jedes Mal schwer, die richtigen Worte zu finden. Auch mit der Rechtschreibung stehen wir von Anfang an auf Kriegsfuß. Um das Erlernen fremder Sprachen machen wir einen großen Bogen. Es kommt immer wieder in unseren Unterhaltungen, so sie überhaupt stattfinden, zu Missverständnissen. Es ist uns unmöglich, vor einer Versammlung eine Rede zu halten. Seit der Kindheit ist es uns am liebsten, wenn wir schweigend im Hintergrund bleiben können. Stehen wir vor unserem Chef oder einer sonstigen Autorität, so verschlägt es uns buchstäblich die Sprache. Auf Konferenzen glänzen wir mit unserem Schweigen.

In der Körperbewegung zeigen wir wenig Geschick und uns wird nachgesagt, wir hätten zwei linke Hände. Deshalb trauen wir uns auch kaum an Aufgaben heran, die handwerkliches Geschick erfordern. Um ein Musikinstrument zu lernen, fehlt es uns an der notwendigen Fingerfertigkeit. Die Tanzschule wird uns zur traumatischen Erfahrung, weil niemand wegen unserer linkischen Bewegungen mit uns tanzen will.

Schon das Erlernen des Fahrradfahrens fällt uns schwer. Wir trauen es uns danach kaum zu, den Führerschein zu machen und ein Auto zu fahren, zudem wir die Erfahrung machen, dass wir uns allzu leicht verfahren. Überhaupt haben wir Angst vor der Technik, so dass wir es uns kaum zutrauen, ein Gerät auch bedienen zu können. Wir sind hier ganz auf die Hilfe der anderen angewiesen.

Wollten wir etwas verkaufen oder kaufen, sind es immer die anderen, die ein vorteilhaftes Geschäft dabei machen.

Kompensation

Die Unterhaltung spielte bei unseren Eltern eine wichtige Rolle. So bemühten auch wir uns schon früh, an ihr teilzunehmen. Wichtig war es, sich einzubringen. Auch wenn wir nichts von uns mitzuteilen hatten, konnten wir dennoch die vielen Nachrichten, Informationen und Tratschgeschichten in der Nachbarschaft dazu verwenden, uns wichtig zu machen.

Es fiel uns schon früh auf, dass wir umso mehr Aufmerksamkeit auf uns ziehen konnten, je komischer die Rolle unserer Darbietungen war. Mal wurden wir zum Clown, mal zum tragischen Schauspieler und manchmal zum gewichtigen Politiker, der sein Wort an seine Wähler richtet. Viele schöne Worte um nichts zu machen war die Kunst, die wir entwickelten. Und wenn uns sonst nichts mehr einfiel, so wussten wir doch die anderen durch einen der zahlreichen Witze aus unserem Repertoire zu unterhalten und zu belustigen. Wir werden zunehmend wegen unserer Redegewandtheit geschätzt. Um jederzeit über die aktuellen

Informationen zu verfügen und uns damit in die Unterhaltungen einbringen zu können, verschlingen wir Zeitungen und Zeitschriften und lassen möglichst keine Nachrichtensendung aus. Wir verfügen stets über die neuesten Kommunikationsgeräte und nutzen sie ausgiebig.

Die Grundschule ist für uns kein Problem, denn reden können wir, und die mündliche Beteiligung nimmt jeden Lehrer für uns ein. Das kleine und große Einmaleins beherrschen wir in kurzer Zeit. Lesen, Schreiben und fremde Sprachen zu lernen begeistert uns, und mit unserem Elan machen wir rasch Fortschritte. Bald verfügen wir über einen recht großen Wortschatz. Auf Grund dieser guten Erfahrungen mit der Schule entschließen wir uns, selbst den Lehrerberuf zu ergreifen, um unsererseits die Kinder mit den scheinbar notwendigen Informationen zu versorgen.

Schon früh entdecken wir die Geschicklichkeit unserer Hände beim Basteln oder Zeichnen. Technik fasziniert uns, wo immer sie uns begegnet. Wir zerlegen alle Geräte, die uns in die Hände fallen, und bauen sie anschließend wieder zusammen. So ist es kein Wunder, dass uns die Bedienung auch komplizierter Geräte leicht fällt. Unsere Geschicklichkeit lässt uns recht mühelos lernen, ein Musikinstrument zu beherrschen, zumindest dessen bewegungstechnische Seite.

Schon bald erkennen wir, dass bei all unseren informellen Beziehungen sich leicht eine rege Handelstätigkeit entfalten lässt. Dieses Verkaufstalent bestimmt ganz entscheidend unsere Berufswahl. Mehrere Sparten stehen für uns offen, der Journalismus, der Handel, das Entertainment, die Welt der Automobile und der Transportunternehmen. Auch das Ingenieurwesen weckt unser Interesse. Vielleicht entscheiden wir uns aber auch dafür, als Lehrer all die Informationen an die Kinder weiterzugeben.

Privat tanzen wir gerne, so dass wir an dem einen oder anderen Tanzwettbewerb teilnehmen. Daneben interessiert uns die Schauspielerei. Wenn schon nicht professionell, so bietet sie sich uns wenigstens als abwechslungsreiches Hobby an.

Stier ♉

Der Stier-Archetypus setzt sich aus den nachstehenden Grundqualitäten, Verhaltensweisen und Eigenschaften zusammen. Der herrschende Planet und energetische Vertreter des Stier-Anliegens ist die weiblich polarisierte Venus[32].

weiblich	fix	Erde	Körper	Phys. Körper
passiv	Festigkeit	Matrix	Matrix	körperl. Energie
introvertiert	Kontinuität	Realität	Projektionsfläche	grobstofflich
Innen	Beharrung	Gestalt	Sichtbarkeit	mat. Wirkung
Frau	Bindung	Körper	Zerfall	
erleben	Massenträgheit	Formbarkeit	Sterblichkeit	
Leere	Hartnäckigkeit	Sinnlichkeit		
nehmen	Eigenwille	Grenze		
	Zielfixierung	formbar		

In der Kombination ergeben sich folgende archetypische Merkmale:

- Die Materie als Projektionsfläche, die in Kontinuität die Idee sinnlich erfahrbar zeigt = Formbarkeit der Materie
- Die Beharrlichkeit des Körpers wirkt dem Zerfall entgegen = Sicherheit, Beständigkeit
- Die Annahme des Körpers und seiner Energien = Wertschätzung, Eigenliebe
- Die dauerhaft angenommene Form des Körpers = Skulptur
- Die Sichtbarkeit ist an den Körper gebunden
- Der Körper hat Grenzen = Eigenraum, Abgrenzung

Das Symbol

Die Schale, Symbol der Empfänglichkeit, befindet sich über dem Kreis, dem Symbol der Verwirklichung. Das Empfangene verwirklicht sich in der Materie. Im Stier findet es seine endgültige energetische Dichte und Form. Die Energien sind hier so stark konzentriert, dass wir ihre Erscheinung als Verkörperung begreifen.

Die massige Körperlichkeit findet ihr Gleichnis im Stier, der daneben aber auch die innere Spannkraft und das Beharrungsvermögen der Materie zum Ausdruck bringt. So können wir in dem Symbol auch den Kopf eines Stieres oder einer Kuh erblicken.

Fähigkeiten und Anliegen

Die Göttliche Idee erreicht auf dem Weg ihrer Manifestation ihre vorletzte Station, den materiellen Körper. Er ist der endgültige „Lichtträger“. Durch den Körper und durch die Materie wird die Idee sinnlich erfahrbar gleich der Beschreibung im Neuen Testament (Jh. 1,..):

1 Im Anfang war das Wort, ..., und das Wort war Gott.

---

[32] Sie ist als Herrscherin der Waage männlich polarisiert.

4 In ihm war Leben, und das Leben war das Licht der Menschen.
14 Und das Wort wurde **Fleisch** ... (*Hervorhebung v. Verfasser*)

Die geistige Idee bestimmt auf dem Weg über die Seele die Körperform und den Körperzustand. Die Form des Körpers wird zum Reiz für unsere Sinnesorgane. Wir können sie auf Grund ihrer materiellen Eigenschaft sehen, ertasten, hören, schmecken und riechen. Die fixe Qualität des Zeichens gibt der Materie Beharrlichkeit und Dauer in der einmal angenommenen Gestalt.

Auch der griechische Philosoph Platon sieht als Urgrund alles Seins die Idee, die durch den veränderbaren materiellen Träger ihre Wahrnehmbarkeit erhält. Diese Vorrangstellung der *Idee* gegenüber der Materie prägte den Namen seiner Philosophie: Idealismus.

Unser Körper ist die *Basis* unserer Bewegungen und unserer Kraftentfaltung. Im Zusammenspiel der drei Faktoren (Körper, Bewegung, Kraft) bringen wir uns zum Ausdruck. Da dieser Ausdruck letzten Endes nichts weniger als göttlich ist, liegt hierin sein und damit unser *Wert*, ohne dass wir zusätzlich noch Leistungen vollbringen müssen, um unseren Wert darüber hinaus zu beweisen.

Schon im Altertum sprach Archimedes sein bekanntes „heureka" (*gr.* ich habe gefunden), als er erkannte, dass dort, wo sich ein Körper aufhält, nicht noch ein zweiter Körper sein kann. Unser Körper bedarf also eines eigenen Raumes, den er ganz für sich alleine hat und in dem er sich entfalten kann. Dieser *Eigenraum* ist unser Revier, dessen Grenzen wir notfalls verteidigen müssen. Dies werden wir umso souveräner tun, je mehr wir vom Wert unserer körperlichen Existenz überzeugt sind.

Unser Körper ist der „Raumanzug", den wir als geistig-seelische Wesen für unsere Existenz und unser Wirken unter irdischen Bedingungen unbedingt benötigen. Ohne ihn könnten wir nichts bewirken. In seiner ungeheuer vielfältigen Funktionalität gleicht er einem Wunder. Genetisch ist er aufs Engste mit dem Affenkörper verwandt. Unsere Erbanlagen stimmen zu 99 % mit denen der Schimpansen überein. Der menschliche Körper entstammt der vom Mond beherrschten Natur und, da er dem Werden und Vergehen unterworfen ist, besitzt er nur eine begrenzte Haltbarkeit. Über kurz oder lang stirbt er und dient wie alles in der Natur, indem er anderen Lebewesen als Nahrung dient (Prinzip des Uroboros), der Entstehung neuen Lebens. In der Zeit, in der er uns zur Nutzung zur Verfügung steht, sollten wir ihm dankbar sein und genussvoll und pfleglich mit ihm umgehen. Dabei geht es ihm besser, wenn wir ihn ausgiebig nutzen, statt ihn in Bequemlichkeit zu unterfordern.

Unser Körper gibt unserer Freude Ausdruck, aber auch unserer Not. Letztere zeigt er meistens - aus der Sicht des EGO unerwünscht - als Unpässlichkeit oder gar als schwere Krankheit (Somatisierung). Da der Körper nur Ausdruck des Geistes ist, ist die Ursache der Erkrankung nicht, wie es die heutige Medizin sieht, im Körper zu suchen, sondern sie ist nichts anderes als der Ausdruck unserer geistigen (Bewusstseins-) Not.

Der Stier als venusisches Zeichen steht für die *Liebe* zu unserem *körperlichen* Teil des SELBST. Ist sie entwickelt, so entsteht daraus ein materieller Lebensstil, bei dem wir uns die vom Schöpfer gegebenen sinnlichen Freuden gönnen. Da wir unseren Wert kennen, wird auch das, was wir zu geben haben, im Wert hoch eingeschätzt. In der heutigen Welt sehen wir im Geld unser Werteäquivalent. So fließen uns die Beträge zu, derer wir bedürfen, und wir sollten sie, um im Fluss zu bleiben, für *unsere* materiellen Bedürfnisse wieder ausgeben. Auf diese Weise entstehen in uns keine energetischen Blockaden. Auch hier gilt Ähnliches wie für das Tierkreiszeichen Krebs. Wir sollen uns nicht um unsere materielle Sicherheit sorgen, da der himmlische Vater unsere Bedürfnisse kennt und entsprechend für uns sorgt. Nur selten wird er das Geld vom Himmel regnen lassen, dafür wird er uns aber in Situationen stellen, die uns teilhaben lassen an all dem, dessen wir bedürfen. Dabei ist zu bedenken, dass ein mit uns im Einklang stehender Lebensstil eine große Erfüllung in sich trägt, so dass unsere materiellen Wünsche im Rahmen bleiben. Erst ein entfremdetes Leben lässt Frustrationen entstehen, die zum Ausgleich enorm teuere Ersatzwünsche entstehen lassen.

Zum anderen steht das Stierzeichen für alle materiellen Stoffe und Körper, die dauerhaft[33] die Formen annehmen können, die man ihnen gibt. Denken wir hierbei an den Bildhauer, der dem Stein mit seinem Meißel eine neue Form gibt. Geduldig ist der Stein bereit, die ihm zugedachte Form anzunehmen und die in ihm steckende geistige Botschaft für lange Zeit zu vermitteln. Auch unser leiblicher Körper, alleine schon in seiner Formgebung, bringt Individuelles und Wesenhaftes zum Ausdruck. Die Bedeutung des Körpers wird auch dadurch betont, dass er das entscheidende Medium für unsere Bewusstseinsentwicklung ist. Spirituelle Entfaltung geschieht nicht im körperlosen Zustand im Jenseits! Egal welches spirituelle Ziel angestrebt wird, sei es die Bewusstwerdung der Eigenverantwortung, der Individualität oder des angstfreien Urvertrauens in den Schicksalsfluss und damit das Erkennen der göttlichen Liebe (Agape), immer ist hierzu die körperliche Existenz die Grundvoraussetzung.

Abb.
Nachzeichnung: Mithras

Im Mithras-Kult, der um die Zeitenwende eine ernsthafte Konkurrenz zum aufkeimenden Christentum darstellte, steht der Stier im Mittelpunkt der uns noch zugänglichen Darstellungen (siehe nebenstehende Abb.). Auf ihm sitzt Mithras, den Kopf hat er vom Stier abgewandt nach hinten gewendet.

[33] Die Dauerhaftigkeit ist selbstverständlich relativ und auf Grund der Entropie (Zunahme der Unordnung) begrenzt.

Sein Dolch ist gegen den Hals des Stieres gerichtet und in manchen Darstellungen wachsen Ähren aus der Halswunde des Stieres. Der Wundort am Hals betont zusätzlich die Stier-Thematik, da der Hals, die dem Tierkreiszeichen Stier zugeordnete Körperzone ist. Dort setzt die Handlung des Mithras an, in der manche einen Tötungsvorgang sehen. Sichtbar werden auf den Bildern zusätzlich der Skorpion, der Löwe und eine unter der ganzen Szene liegende Schlange. In den ersteren Symbolen bildet sich das fixe Kreuz ab, bestehend aus Wassermann (Mithras, synonym mit Jesus, der Sohn des Göttlichen in uns, der wahre Mensch, Geist, Uranus), Skorpion und Löwe als Seelenkräfte und dem Stier als körperliche Basis. Im letztgenannten Symbol, der Schlange, zeigt sich die Verfassung des Dargestellten, der Bewusstseinszustand von uns Menschen, der gegenwärtig durch den Sündenfall (Steinbock, Schlange) in GUT und BÖSE gespalten ist. Dieser Zustand führte zur Notwendigkeit der Verkörperung. Dass Mithras den Kopf vom Stier abgewandt hält, will uns zeigen, dass der eigentliche Mensch als geistige Wesenheit nicht mit dem Körper identisch ist. Solange aber der Mensch auf der Erde lebt, trägt ihn sein Körper (Mithras sitzt auf dem Stier). Darüber hinaus zeigen uns die Abbildungen, dass der Körper mit dem Tod verbunden ist, während die geistige Existenz ewiges Leben bedeutet (Rö. 8,5):

> Denn die, die nach dem Fleisch sind, sinnen auf das, was des Fleisches ist; die aber, die nach dem Geist sind, auf das, was des Geistes ist. Denn die Gesinnung des Fleisches ist Tod, die Gesinnung des Geistes aber Leben ...

Die Tötung des Stieres durch Mithras macht uns darauf aufmerksam, dass der eigentliche Mensch in uns als geistige Wesenheit die körperliche Existenz überwinden will, um in seine ursprüngliche Heimat, ins Paradies zurückzukehren. Der zurückgewandte Blick des Mithras verweist in die Vergangenheit, auf unsere paradiesische Herkunft, die gleichzeitig unser zukünftiges Ziel ist.

Das Messer am Hals des Stieres kann aber noch anders gedeutet werden. Das Messer als Mars-Symbol steht für die Tatkraft des Menschen. Aus ihr entstehen seine „Früchte". Analog wachsen dort, wo das Messer ansetzt, die Ähren. Diese Taten aber können in der irdischen Existenz immer nur in Verbindung mit der Körperlichkeit (Stier, Hals) geschehen. Alles jedoch, was dabei entsteht, zerfällt und geht letztendlich wieder zu Grunde. Nach erfolgter Tat wird also der Stier, die körperlich sichtbare Form, sterben.

Verzauberung

Bei der Bewertung des Körpers unter den Bedingungen unseres gefallenen Bewusstseins, schneidet der Körper schlecht ab. Da das GUTE schon dem Geist vorbehalten ist, Gott ist ja reiner Geist, bleibt für den Körper die generelle Bewertung als BÖSE. Alle Not, die aus unserer Bewusstseinssituation entstanden ist, sehen wir nun in unserer Verblendung aus dem Körper kommend. Zumal wir unsere irdisch-körperliche Existenz mit dem Sündenfall verbinden. Körper rückt da in bedrohliche Nähe mit der Sünde und unser Leid sehen wir als Strafe. Dies aber ist eine gigantische Verwechslung von Ursache und Wirkung! Auch in der Philosophie wirkte sich dieser Irrtum aus. Nicht mehr das Bewusstsein bestimmte das

Sein, sondern, so die Meinung vieler Philosophen, umgekehrt, das körperliche Sein bestimmt fortan das Bewusstsein. Der *Materialismus* als philosophische Richtung war geboren. Diese Philosophie wurde zur Grundlage vieler unserer Gesellschafts- und Wissenschaftssysteme. Mit zur Verwechslung und Umkehrung hat auch die folgende missverstandene Aussage beigetragen (Mt. 26,41):

> Wacht und betet, damit ihr nicht in Versuchung kommt! Der Geist zwar ist willig, das Fleisch aber schwach.

Ursprünglich beschreibt diese Aussage einfach die tatsächlichen Machtverhältnisse. Das Fleisch und damit unser Körper als Offenbarungsmittel hat keine Macht. Die hat ausschließlich der Geist, denn nach ihm gestaltet sich ja die Materie. Der Mittler zwischen beiden ist unsere Seele. Nun hat aber der Körper seine ureigenen Bedürfnisse nach Existenzerhaltung und Existenzsicherung. Sie sind des Fleisches Lust und Begierde (Begehren). Die Aussage macht uns lediglich darauf aufmerksam, diese körperlichen Sorgen um Sicherheit nicht in den Vordergrund unserer Existenz zu stellen und sie nicht zur alles beherrschenden Begierde werden zu lassen. Ebenso missverständlich ist ein Satz des Apostel Petrus (1. Pt. 2,11):

> Geliebte, ich ermahne (euch) ... , dass ihr euch der fleischlichen Begierden, die gegen die Seele streiten, enthaltet, ...

Unser Körper hatte und hat unter solch falsch verstandenen Aussagen schwer zu leiden. In unserer Kultur führte das über viele Jahrhunderte zur Missachtung des Körpers. Da mit ihm aber unser Wert in der materiellen Welt verbunden ist, leidet gleichzeitig unser Eigenwert. Für den solcherart gesunkenen Eigenwert suchen wir nun nach einem Ausgleich. Wir finden die Kompensation in der Ansammlung von äußeren Werten, im materiellen Reichtum und damit im Geld. Um den Wert zu steigern, ist es notwendig, jede Menge davon anzuhäufen. Das uns vom Schöpfer Gegebene geben wir nun nicht mehr für uns als seine Wesen aus, sondern wir blockieren diesen Energiefluss und halten das Gegebene zurück. In diesem Zusammenhang droht eine weitere Falle: Sparsamkeit gilt seit dem Sündenfall als GUT, während eine SELBST-bezogene Körperlichkeit und die daraus entstehende *Eigenliebe* als Egoismus verteufelt werden. Unser Verhalten ist nahezu grotesk. Auf der einen Seite verurteilen wir den Egoismus und gehen sparsam mit unserem Geld und Besitz um, auf der anderen Seite raffen wir gigantische Besitztümer zusammen und erkennen dabei nicht mehr ob unserer Sparsamkeit unseren fast grenzenlosen Egoismus.

Aber noch eine ganz andere Kraft sahen und sehen wir im Fleisch wirken: die Sexualität. Für uns wird die Sexualität gleichbedeutend mit der fleischlichen Lust und Begierde. Damit kommt es zu einer weiteren gigantischen Verwechslung. Wir erkennen nicht mehr, dass die sexuelle Energie (Skorpion) ein notwendiges Instrument der Seele und nicht des Körpers ist, um hoch geordnete Körper für die menschliche Inkarnation zu erzeugen und um Menschen zu verbinden, die noch karmische Themen miteinander zu bearbeiten haben. So wurde und wird der Körper gequält und gegeißelt und doch siegt die Sexualität, da man den Falschen – den Körper anstelle der Seele – quält und geißelt.

Der Besitz vom Eigentum war nicht immer von derselben enormen Bedeutung wie heutzutage. Der Mensch lebt nach heutigem Verständnis seit ca. einer Million Jahren auf der Erde. In unserer Kultur entwickelte sich das Eigentum an Boden und Gütern aber erst im Stierzeitalter (ca. 4680 – 2520 v. Chr.). Aus mythologischer Perspektive fing alles in der ägyptischen Kultur an. Es begann mit dem Traum des Pharao von den sieben fetten und den sieben mageren Kühen (1. Mo 41). Gedeutet wurde der Traum von Josef. Er sagte dem Land sieben fette Jahre und daran anschließend eine Dürreperiode von ebenfalls sieben Jahren voraus. Daraufhin bereitete der Pharao das Land Ägypten auf die zu erwartende Hungersnot vor, indem er das gesamte Land zu seinem Eigentum machte und von seinen Bauern für dessen Nutzung den fünften Teil der Ernte forderte, die er einsammeln und speichern ließ. Es war dies ein typischer Stier-Akt der Absicherung. Nebenbei können wir erkennen, dass das Eigentum damals noch sozial gebunden war und die Abgaben an den Staat im Vergleich zu heute mit 20% traumhaft niedrig lagen.

Es gibt auch heute noch Kulturen, die das Eigentum an Grund und Boden ablehnen. Er ist aus ihrer Sicht Eigentum des Schöpfers. Solange sie ihn nutzen, sehen sie sich lediglich als vorübergehende Besitzer. In unserer westlichen Kultur jedoch wurde das Grundeigentum zur unantastbaren „Heiligen Kuh“.

Die Begrenzung unseres Bewusstseins zeitigt noch eine weitere Folge. Durch sie verlieren wir unser Vertrauen in die Existenz und es entsteht die Angst vor dem Schicksal. Mit ihr wächst auch die Angst, dass wir in Zukunft nur ungenügend materiell abgesichert sein könnten. Zum einen versuchen wir deshalb, den bestehenden Besitz abzusichern, zum anderen wollen wir darüber hinaus noch Sicherheit für die Zukunft schaffen. Das eine lässt die Banken und in ihrem Kielwasser die Börsen entstehen, und das andere führt zum Aufbau der Versicherungen. Auch die Versicherungen haben natürlich Angst um ihre Sicherheit und sichern sich ihrerseits bei den Rückversicherungen ab. Der Boom dieser Branchen ist ungebrochen. Auf der einen Seite erlauben sie einer Minderheit, eine ungeheure Machtfülle auf sich zu konzentrieren und über den Weg des Zinseszinssystems und der Spekulation unermessliche Reichtümer anzuhäufen. Auf der anderen Seite haben sie den Nachteil, dass große Teile der Bevölkerung wegen ihres übersteigerten Sicherheitsbedürfnisses immer weniger bereit sind, das Risiko individueller Entwicklung auf sich zu nehmen und Eigenverantwortung (Steinbock) zu entwickeln.

Die zunehmende Betonung körperlicher Bedürfnisse wird dadurch zusehends zum Widersacher und Verhinderer der Seele. Eigenverantwortung in diesem Sinne meint, dass bei allem, was passiert, uns bewusst ist, dass es von unserem SELBST inszeniert wurde, wenn auch unbewusst, und dass demzufolge niemand anderes verantwortlich bzw. schuldig ist als wir selbst. Es bedeutet aber auch gleichzeitig, dass uns ohne das Einverständnis unseres SELBST niemals etwas zustoßen kann. Aber ganz im Gegensatz hierzu suchen wir immer, egal was uns passiert, einen Schuldigen, um von ihm bzw. seiner Versicherung abkassieren zu können. Auf diese Weise wird das Geld und Kapital immer mehr zum Beherrscher aller Lebensbereiche. Dies hat nun wiederum Auswirkungen auf unser Herz und damit auf das, was wir wollen. Zunehmend wird es vom Geld und Eigentum abhängig. Beides aber sind Reichtümer, die vom „Rost und den Motten gefressen werden“ und die leider keine ewigen Schätze in unserem Himmel sind.

Hemmung

Wir wurden in ärmliche Verhältnisse hineingeboren. Es mag sein, dass sich die Eltern mit Sozialhilfe oder einem Studienstipendium durchschlugen. Auf jeden Fall war Geld immer knapp. Es kann aber auch sein, dass zwar genug Geld und Besitz vorhanden war, die Sparsamkeit oder gar der Geiz der Eltern es nicht zuließen, etwas davon für die eigenen Bedürfnisse auszugeben.

Der Körper fand in unserer Erziehung kaum Beachtung. Eher wurde ihm gegenüber eine latente Verachtung gezeigt. Er war nicht wichtig. Jede Beachtung, die wir ihm und seinen Bedürfnissen schenken wollten, wurde als ein zu starker ICH-Bezug oder als unziemliche Eigenliebe verurteilt.

In der Wohnung wie auch in der Nachbarschaft war kaum ein Platz vorhanden, an dem wir hätten leben und spielen können. In der Frühzeit beengte uns ein Laufgitter und später hatten wir unseren Platz in einem Durchgangszimmer oder in einem Raum, der von vielen gleichermaßen genutzt wurde. Vielleicht hatten wir aber auch gar keinen eigenen Platz.

Diese Verhältnisse zeigten uns, dass wir offenbar in den Augen der anderen recht wenig Wert besitzen. Entsprechend litten wir unter unserer Minderwertigkeit. Wir grübelten und versuchten, den Grund unserer Minderwertigkeit zu entdecken. Vielleicht liegt er ja in unserer mangelnden körperlichen Schönheit. Aber da gab es andere, die noch weniger schön waren und sich dennoch nicht so wertlos fanden wie wir. Vielleicht war es ja auch unser Geschlecht, das wir über unseren Körper ausdrückten. Wir erfuhren, dass die anderen Familienmitglieder offenbar eine andere Geschlechtszugehörigkeit erwartet hatten. Eine andere Möglichkeit kam uns in den Sinn. Vielleicht lag es auch daran, dass unsere Mutter aus armen Verhältnissen stammt und von den begüterten Eltern und Verwandten unseres Vaters gering geschätzt wurde. Viele Gründe waren denkbar.

Später in der Schule litten wir darunter, dass sich unsere Klassenkameradinnen und Kameraden mehr leisten konnten als wir. Insbesondere war deren Taschengeld unvergleichlich höher als das unsrige. Auf Klassenfahrten konnten wir sie nur noch beneiden.

So kommt es, dass wir bei unserer Berufs- und Stellensuche recht kleinmütig vor den allgewaltigen Personalchefs sitzen und wir froh sind, dass sie uns eine Stelle anbieten. Sicher, sie ist vollkommen unterbezahlt, aber es ist wenigstens eine Stelle, und wir sind ja auch nicht so viel wert wie die anderen.

Mit diesem geringen Wertebewusstsein tauchen wir in der Gesellschaft auf und die Reaktion der anderen bestätigt uns, dass wir von minderem Wert sind. Auf unsere Anwesenheit legt keiner so richtigen Wert. Selbst in den Restaurants fällt es uns auf, dass die besseren Plätze immer gerade schon vergeben sind oder dann frei werden, wenn wir am Tisch neben dem Ausgang oder neben der Tür zur Toilette Platz genommen haben. Wir sind froh, überhaupt noch einen Platz in diesem zweitklassigen Restaurant zu bekommen. So kommen wir auch nicht auf die Idee, den Platz gegen einen besseren einzutauschen, zumal uns der Kellner das Gefühl gibt, es sei für uns eine große Ehre, überhaupt bedient zu werden. Wir gönnen uns nur wenig. Der Aperitif, eine Vor- oder Nachspeise sind für uns undenkbar. Unser Geldbeutel gibt das auch kaum her. Zudem verletzt uns der geringschätzige Blick des Kellners bei unserer kargen Bestellung. So beschließen wir, uns dadurch zu rächen, indem wir das Trinkgeld klein halten.

Auf Reisen buchen wir selbstverständlich zweite Klasse und allzu oft finden wir keinen freien Platz oder müssen mit einem Notsitz vorlieb nehmen.

Es ist uns unbegreiflich, wie die Reichen an all das Geld kommen und sich so viel leisten können. Neidisch ruhen unsere Blicke auf ihnen. Wir trösten uns mit einer Weltanschauung à la Heinz Rühmann, dass das Glück des kleinen Mannes und der kleinen Frau in der stillen Bescheidenheit zu finden sei und die Reichen letztendlich ebenfalls nicht glücklicher seien.

Die Selbstbehauptung und Abgrenzung anderen gegenüber ist für uns äußerst schwierig. Unsere Grenzen scheinen für sie nicht zu existieren, denn sie überschreiten und verletzen sie permanent. Die Übergriffe gehen sogar so weit, dass die anderen versuchen, uns das Letzte, was wir noch besitzen, wegzunehmen. Sie scheuen selbst vor Betrug, Einbruch, Diebstahl und Raub nicht zurück.

Letztendlich verlieren wir auch unsere letzte Verdienstmöglichkeit und selbst der Platz unter der Brücke ist schon von einem anderen Obdachlosen besetzt.

Kompensation

Egal ob wir in eine Welt althergebrachten Reichtums oder in neureiche Verhältnisse hineingeboren wurden, eines wird uns schon sehr bald klar: Der Wert des Menschen wird an seinem Eigentum gemessen. So ist es für uns recht früh selbstverständlich, einen Beruf zu ergreifen, der das weitere Wachstum des Vermögens garantiert. Die Erziehung stand unter dem Motto: „Hast du was, bist du was". In der Kindheit war uns ein eigenes Zimmer selbstverständlich, ja wir hatten sogar das Gefühl, dass alle Räume mehr oder weniger zu unserer Verfügung zu stehen hätten. Es ärgerte uns, wenn unsere Geschwister uns ihren Raum nicht geben wollten.

Unsere finanziellen Forderungen an die Eltern sind hoch. Zusätzlich versuchen wir, unser Taschengeld dadurch aufzubessern, indem wir anderen unser Geld zu hohen Zinsen ausleihen. Wenn sie nicht zurückzahlen können, müssen sie uns all das geben, was sie noch besitzen. Das Geld besitzt überhaupt einen so hohen Stellenwert für uns, dass wir immer weniger bereit sind, es aus den Händen zu geben. Die anderen werfen uns Knauserigkeit und Geiz vor. Wir jedoch verachten einfach diese Habenichtse. Auch die Methoden, an das geliebte Geld heranzukommen, werden nicht selten fragwürdig. An letzter Stelle steht, es durch eigenes Handwerk zu verdienen. Viel einfacher lässt es sich durch „günstige" Geschäfte, Spekulationen oder an der Börse beschaffen.

Wenn wir auf dieser Welt einen schönen Platz entdecken, ruhen wir nicht eher, bis wir ihn unser Eigen nennen können. Mächtige Zäune sollen dann verhindern, dass noch andere dieses Grundstück betreten können. Sollte sich der ursprüngliche Besitzer weigern, uns seinen Grund und Boden zu überlassen, so scheuen wir uns nicht, mit all unserer finanziellen Potenz, und wenn es sein muss, mit unlauteren Mitteln, dem Verkauf nachzuhelfen. Oft haben wir gar keine Zeit, das neue Eigentum auch tatsächlich für uns zu nutzen. Aber das war ohnehin nicht unser Anliegen. Es war vielmehr unser Streben, durch Besitz der schönsten Objekte und

Immobilien, unseren Wert und Status gegenüber den anderen, aber auch gegenüber uns selbst zu verbessern und herauszuheben.

Trotz unseres großen Vermögens plagt uns die Sorge, ob wir auch in Zukunft abgesichert bleiben. Auch diese Überlegungen heizen unseren Drang an, noch mehr Eigentum zu erwerben. So ist es denn kein Wunder, dass wir uns einen Beruf in der Welt der Finanzen suchen, ob als Banker oder als Makler. Geschickt lancieren wir unser Vermögen an der Börse, so dass es ohne eigene Wertschöpfung an Wert zunimmt. Dass andere diese Werte für uns miterarbeiten müssen, stört uns dabei nicht im Geringsten.

In der Mühle der Eigentumsvermehrung übermäßig eingespannt, benötigen wir wenigstens einen Ausgleich für unsere Last. Wir umgeben uns mit allen nur denkbaren Luxusgütern, seien es Villen, Yachten, exklusive Autos, Privatflugzeuge, Sammlungen ausgewählter Kunstwerke oder teuerster Schmuck. Letzteren überreichen wir unseren Geliebten, damit sie einen Eindruck von unserem Wert erhalten.

Unter diesen Bedingungen vergessen wir immer mehr unseren seelischen Auftrag und sind Gefangene unserer „fleischlichen Begierden“.

Widder ♈

Der Widder-Archetypus setzt sich aus den nachstehenden Grundqualitäten, Verhaltensweisen und Eigenschaften zusammen. Der herrschende Planet und energetische Vertreter des Widder-Anliegens ist der Mars[34].

männlich	**Kardinal**	**Feuer**	**Körper**	**Phys. Körper**
aktiv	Initiative	Tat	Matrix	körperliche Energie
extrovertiert	Hier und Jetzt	Vitalität	Projektionsfläche	grobstofflich
Außen	Aktion	Lebendigkeit	Sichtbarkeit	mat. Wirkung
Mann	Vollzug	Ausdruck	Zerfall	
leben		Ausstrahlung	Sterblichkeit	
gestalten		Frucht		
geben				
Fülle				

In der Kombination ergeben sich folgende archetypische Merkmale:

- Die Körperenergie lebt sich in der Aktion im Hier und Jetzt = Tat, Frucht
- Die körperliche Vitalität gestaltet die materielle Wirkung = Kraft
- Über die Aktion findet die Idee ihren sichtbaren Ausdruck = Durchsetzung

Das Symbol

Im Symbol des Tierkreiszeichens Widder zeigt sich ein stilisierter Widderkopf mit dessen Gehörn. Es verweist auf die ungestüme, vorwärts drängende Kraft des Zeichens, die sich mit dem Kopf voran durchsetzen will. Dabei ist es bereit, ohne Rücksicht von seinen Waffen, den Hörnern, Gebrauch zu machen, um das einmal Beschlossene in die Tat umzusetzen und zu vollenden.

Fähigkeiten und Anliegen

Der göttliche Impuls findet seine Vollendung in der körperlichen *Tat*. Sie wird zur körperlichen und damit sinnlich erfahrbaren Frucht. Damit sind wir zur fruchtbringenden Rebe am Weinstock des inneren Herrn geworden (Jh. 15,5). Unsere Frucht ist unwiderruflich und unumkehrbar. Sie bildet mit den Früchten all der anderen Lebewesen die Gesamtheit der materiell sichtbaren göttlichen Schöpfung.

Es ist die *Kraft des Körpers*, erzeugt von unserer Muskulatur, die uns in die Lage versetzt, in der materiellen Welt etwas zu bewegen und sie damit zu verändern. Veränderung aber bedeutet auch immer Gestaltung. Gestaltung gibt der Materie eine neue Ordnung, über die sich die Schöpfung in immer wieder neuen Formen

[34] Der Mars war vor der Entdeckung des Planeten Pluto in weiblich polarisierter Form Herrscher auch des Tierkreiszeichens Skorpion. Da mit diesem Zeichen unser Karma verknüpft ist, wurde er bei den Alten zum „Übeltäter“. Gleichzeitig wurden ihm skorpionische Eigenschaften wie z. B. Zerstörung, Mord, Tod, Triebhaftigkeit und Sexualität übertragen, von denen wir ihn als energetischen Vertreter des Widders wieder trennen müssen.

in ihrer unendlichen Ideenvielfalt zeigt. So, wie die Idee vom Götterboten Hermes (Zwilling) überbracht wird, so wird der Ideenimpuls vom steuernden motorischen Nervensystem der Muskulatur als Bewegungs- und Kraftimpuls übermittelt. Die Kraft des Widders besitzt damit kein Eigeninteresse und ist auch nicht, wie es von vielen Astrologen behauptet wird, triebhaft. Der Trieb etwas zu tun, kommt vielmehr aus der Seele (Wille, Löwe) und in Wirklichkeit aus dem Geist (Uridee, Wort, Wassermann). Erinnern wir uns noch einmal daran, dass der Geist den Willen bestimmt und das Fleisch (Muskulatur) in diesem Sinne schwach ist (Mt. 26,41). Was aber einmal den Widder als Auftrag erreicht, das setzt er ohne Rücksicht in die Tat um. Immer geht er davon aus, dass jeder Impuls göttlichen Ursprungs ist.

An diesen Widder, der das Göttliche in die Tat umsetzt, erinnert die griechische Mythologie. Er war golden und konnte fliegen. Nachdem er Phrixos gerettet hatte, ließ er sich Zeus opfern und sein *Goldenes Vlies* wurde Ziel der Heldenreise der Argonauten unter der Führung Jasons. Das Goldene Vlies ist ein Symbol für die verwirklichende (Gold) Kraft des Körpers (Widder), die letztendlich die Uridee (Wassermann) originalgetreu in die Tat umsetzt (Gold). Dass es bei der umsetzenden Tat um diese Idee geht, zeigt sich in der Fähigkeit des Widders, fliegen (Wassermann) zu können.

Mit der Tat ist im wahrsten Sinn des Wortes das Wort Fleisch geworden (Jh. 1,14). Fleisch ist ja Muskulatur. Jedoch sind wir im Allgemeinen auf Grund unseres gefallenen Bewusstseins nicht mehr in der Lage, den göttlichen Ursprung unserer Taten zu erkennen. Da wir einen Teil der Schöpfungsidee verdrängt haben, um GUT zu sein, fehlt der Tat dieser Teil zur göttlichen Schönheit. Wie sehr wir noch gefallen sind und urteilen, zeigt sich in diesem Mangel an Schönheit. So können wir andererseits auch aus den Taten von uns Menschen erkennen, wes Geistes Kind unsere Taten und damit wir selbst sind (Mt. 7,15):

> Hütet euch vor den falschen Propheten, die in Schafskleidern (*als GUTE getarnt, d. Verf.*) zu euch kommen! Inwendig aber sind sie reißende Wölfe. An ihren **Früchten** werdet ihr sie erkennen. *(Hervorheb. v. Verf.)*

Die muskuläre Kraft gibt dem Körper seine Vitalität. Gleichzeitig erzeugt diese Kraft auch die für unseren Körper so notwendige Wärme. Als kardinales Zeichen ist die Fähigkeit des Widders auf das ewige Hier und Jetzt ausgerichtet. Das Bedürfnis zur Tat ist impulsiv und immer nur von kurzer Dauer. Der Energievorrat der Muskulatur ist nämlich begrenzt. Diese Begrenzung lässt sich allerdings durch sportliches Ausdauertraining erweitern. Ebenso lässt sich die Kraft der Muskulatur durch Krafttraining steigern. Beides aber, Ausdauer und Stärke, bleiben trotz alledem letztendlich begrenzt.

Die Kraft des Widders bringt neben der göttlichen Tat natürlich auch die Bedürfnisse des Körpers (Krebs, Mond) zum Ausdruck. Dies beginnt gleich nach der Geburt, wenn wir als kleine Kinder schreien, weil wir Hunger oder Durst haben, unsere Windeln voll sind, wir schlecht liegen, es uns zu kalt oder zu warm ist, wenn unser Bewegungsdrang zu sehr durch Kleidung und Decken eingeschränkt wird und vieles andere mehr. Am Anfang unserer irdischen Existenz leben wir noch ganz im Hier und Jetzt und der Ausdruck unserer Bedürfnisse ist unmittelbar und ungebremst. Werden unsere Bedürfnisse gestillt, werden wir zu den friedlichsten Menschen, die wir uns denken können.

Das Gleiche können wir in der Natur beobachten. Ein Löwe liegt vorzugsweise träge und untätig herum. Erst der Hunger (Krebs, Mond) lässt die Kraft in ihm erwachen und ihn zum reißenden Raubtier (Widder, Mars) werden.

Unsere Persönlichkeit wird von unserer Tatkraft bestimmt. Sie ist es, die das göttliche Wort über den Körper „ertönen" lässt. Dies zeigt sehr schön der Ursprung des Begriffs der Persönlichkeit, der aus dem Lateinischen stammt. Dort heißt *personare* ertönen.

In der griechischen Mythologie ist Ares (*röm.* Mars) Kriegsgott und Sohn von Zeus und Hera. Seine wahre Liebe galt der Aphrodite (Venus). Obwohl diese mit dem Schmiedegott Hephaistos verheiratet war, war er der wirkliche Vater ihrer Kinder. Dies deutet darauf hin, dass wir in der Begegnung (Waage, Venus) immer auf die Persönlichkeit (Widder, Mars) des DU treffen. Aus dieser Begegnung erwachsen einerseits die Kinder „Furcht" (Phobos) und „Grauen" (Deimos) vor den uns begegnenden Schatten, andererseits aber auch der „Ausgleich" (Harmonia), weil der eine zeigt, was dem anderen fehlt. Begegnung entsteht ja nur wirklich, wenn beide sich mit ihren Früchten und Taten (Widder) zeigen.

Verzauberung

Der Verlust des Paradieses löst in uns zwei Bestrebungen aus. Wir wollen GUT sein, weil wir glauben, dann ins Paradies zurückkehren zu dürfen, oder aber wir wollen uns ein privates Paradies schon auf Erden errichten.

Unter diesen Bedingungen setzen wir auch die Kraft des Widders ein. Wollte der Widder ursprünglich lediglich seinen göttlichen Auftrag erfüllen, indem er mit seiner Kraft die Tat vollbringt, so stellt er sich jetzt in den Dienst der Leistung (Steinbock). Sein Ziel ist es, der BESTE zu sein, um als *Held* von der Gesellschaft anerkannt zu werden. So wird er zum ehrgeizigen Sportler, der unbedingt über die anderen siegen will oder er wird zum Kämpfer und Krieger gegen alles, was sich seinem Sieg in den Weg stellt. Gut ist nur derjenige, der gewinnt. Rücksichtnahme auf die anderen wäre nur Dummheit. Leben andere Mitmenschen diese Rücksichtnahme, so sind sie selbst an ihrer Niederlage schuld. Dem Krieger ist es egal, ob die anderen dabei grauenhafte Verwundungen davontragen oder gar ihr Leben verlieren. Ist der Sport noch eine recht harmlose Variante, so ist der Kampf um die berufliche Karriere schon gefährlicher, da hierbei oft die Existenzgrundlage betroffen ist. Vollends tödlich wird der Kampf im Krieg zwischen zwei oder mehreren Interessengruppen.

In der Regel halten wir die Ziele, für die wir kämpfen, für GUT. Bisher hat jede Gemeinschaft ihren Mitgliedern die Erhabenheit ihres Anliegens zu vermitteln gewusst. Verbunden damit war immer die Verurteilung der Gegner. Sie waren immer die BÖSEN, ob als Rasse oder religiöse Gruppe, als Kapitalisten oder Kommunisten, als Faschisten oder wirtschaftliche Konkurrenten. So segnete denn die Kirche auch die Waffen beider Seiten, offenbar nicht erkennend, welche Seite die „BÖSE" war. Letztendlich entschied der Sieg darüber, wer der „wahre" GUTE war. Und dieser war als Sieger berechtigt, den Besiegten zu verurteilen (Siegerjustiz).

Unsere Paradiesvorstellung ist mit körperlicher Kraftanstrengung nicht vereinbar. Aus diesem Grunde erfanden wir Maschinen und Vorrichtungen, die uns die Anstrengungen erleichtern. Mithilfe von Hebeln, Hydraulik und Flaschenzügen konnten wir mit immer geringerem Einsatz immer größere Kräfte erzeugen. Wasserräder, Turbinen, Dampfmaschinen, Verbrennungsmotoren, Elektromotoren bis hin zum Raketenmotor treten an die Stelle unserer Muskeln und entlasten uns von vielerlei Mühsal. Mittlerweile gelingt es uns, viele Produktionsprozesse mit ihrer Hilfe so zu gestalten, dass wir uns auf die Steuerung der Vorgänge (Zwillinge) beschränken können, wobei uns auch diese zunehmend von Computern abgenommen wird. Wir kommen dadurch jedoch in eine Lebenssituation, die uns immer weniger körperliche Kraft abverlangt. Unsere körperliche Vitalität ist nicht mehr ganzheitlich in unser Leben eingebunden. In der Folge verkümmert sie allmählich.

Dieses Defizit beschwört das Ideal des trainierten Körpers herauf. So plagen wir uns in unserer Freizeit in Fitnesszentren, unseren verlorenen Bezug zum Körper und dessen Stärke zurückzugewinnen. Ist normalerweise die körperliche Anstrengung eingebunden in eine sinnvolle Betätigung, so sind unsere sportlichen Übungen zunächst einmal, abgesehen vom körperlichen Training, sinn- und geistlos. Ihren vordergründigen Sinn erhalten sie erst wieder, wenn wir in Konkurrenz zu den anderen Sport- oder Fitnesstreibenden treten können. Entweder gelingt es uns, die bessere sportliche Figur auszubilden oder aber im Wettkampf die anderen zu besiegen.

Kämpfen wir für oder gegen etwas, so treffen wir immer auch auf Widerstände. Diese Widerstände sind nichts anderes als die Projektion unserer eigenen inneren Widerstände. Agiert der erwachsene Widder widerstandsfrei, so ist er in der verzauberten Welt von den nun auftauchenden Widerständen überrascht. Er glaubt, all seine Kraft aufbieten zu müssen, um den Widerstand zu überwinden, damit er der Sieger bleibt und um das Gefühl zu haben, GUT zu sein. Behinderte Kraft wird in uns zur Wut, zum Zorn und zur Aggression.

Schon früh in unserem Leben machten wir jedoch die Erfahrung, dass unsere Eltern nur wenig Verständnis gegenüber unseren Aggressionen aufbrachten. Im Gegenteil, wenn wir schrieen, wurden wir oft unbeachtet zur Seite geschoben. Da die Anerkennung unserer Eltern ausblieb, verstanden wir unsere Regungen als BÖSE und litten unter Schuldgefühlen.

Nach wie vor stellen wir als Kinder und später als Erwachsene in jeder Lebenssituation die Energie zur Durchsetzung unserer Bedürfnisse bereit und damit, entsprechend der äußeren Widerstände, ein hohes Aggressionspotenzial. Gleichzeitig mobilisieren wir aber in uns, um GUT zu bleiben, eine Gegenkraft, welche die Tat verhindern soll. Statt im Außen zu kämpfen, kämpfen wir in uns und gegen uns. Die Ebene dieses Geschehens ist unsere Muskulatur. Die Folgen dieses in uns hinein genommenen Kampfes sind muskuläre Verkrampfungen, die sich bei Chronifizierung unseres Verhaltens zur muskulären „Panzerung“ entwickeln können. Auf diesen Zusammenhang verwies mit allem Nachdruck Wilhelm Reich, der Pionier bioenergetischer Therapien. Der Nachteil dieser Panzerung ist die massive Behinderung des Energieflusses im Körper mit all ihren pathogenen Folgen. Blockierte Kraft äußert sich darüber hinaus in körperlichen Schmerzen, Kopfschmerzen und Entzündungen.

Eine weitere Folge davon, dass ein Kollektiv seine Mitglieder auffordert, jede aggressive Regung zu verdrängen, ist die Wiederkehr der Aggression im Außen (Projektion), unter Kindern, in der Schule, im kriminellen „Schattenbereich" unserer Gesellschaft, in Massenveranstaltungen und letztendlich im Krieg. Aus dieser Perspektive gilt, je braver und lieber wir sind, desto mehr bereiten wir durch die Verdrängung unserer Aggressionen den Boden des Krieges.

In heutigen Diskussionen wird oft die Frage nach der Gewalt in Filmen, Fernsehspielen und Videos gestellt. Sind sie daran schuld, dass sich die Gewaltbereitschaft der Menschen erhöht? Natürlich nicht! Ganz im Gegenteil bieten diese Medien die Möglichkeit, die gestauten Aggressionen symbolisch auszuagieren. Ähnliches provoziert ja auch der Psychotherapeut bei körperenergetischen Therapien, wenn er den Patienten dazu veranlasst, mit einem Schläger eine Matratze zu bearbeiten, um der gestauten Wut endlich Ausdruck zu verleihen. Problematisch werden all diese Spiele nur dann, wenn hinterher der „Sieger der Gewalt" auch noch mit Gewinn, Punkten oder Noten belohnt wird.

Hemmung

Alles fing in diesem Leben damit an, dass wir kaum Beachtung fanden, als wir mittels unseres Schreiens unsere kleinkindlichen Bedürfnisse durchsetzen wollten. Die erfahrene Missachtung interpretierten wir als Tadel der Eltern und eine panische Angst erfasste uns, dass wir ihre Anerkennung vollends verlieren könnten. Dabei stieg in uns das Bild aus dem kollektiven Unbewussten auf, das auch in unseren Märchen geschildert wird, des im Urwald Ausgesetztwerdens und Sterbenmüssens. Um zu überleben, entschlossen wir uns, fortan auf die Durchsetzung unserer Bedürfnisse zu verzichten. Die Wut aber, sich nicht durchsetzen zu können, verdrängen wir in unser Unbewusstes. So erscheinen wir äußerlich lieb und friedlich. Eine Weiterentwicklung im Umgang mit unserer Kraft findet nicht mehr statt. In Situationen, in denen Aggression und Streit drohen, regredieren wir in den frühkindlichen Zustand unerfüllter Bedürfnisse, Hilflosigkeit und panischer Angst. Wir sind dann wie gelähmt.

Diese Haltung provoziert jedoch das aggressive Potenzial der anderen, so dass wir immer wieder zum Opfer ihrer Wut und Streitlust werden. Ständig herrscht in unserem Umfeld eine mit Zorn aufgeladene Stimmung. Stets gibt es einen Anlass, sich über unsere Mitmenschen zu ärgern. Vermeiden wir aus diesem Grund die Begegnung mit den Menschen, so zeigt sich unsere zurückgehaltene Kraft in der Tendenz zu Entzündungen, Schnittverletzungen und Verbrennungen. Einen weiteren Ausgleich finden wir im Besuch von Box- und Catch-Veranstaltungen. Gerne sehen wir uns auch Kriegs-, Western- oder „Mantel und Degen"-Filme an. Oder aber wir kämpfen nach Rambo-Manier auf unserem Computerbildschirm.

In unserer allgemeinen Kraftlosigkeit vermeiden wir jede Initiative zu eigenen Taten. Schon beim geringsten Widerstand erlahmen unsere körperlichen Kräfte und wir überlassen alles, was einer Kraftanstrengung bedarf, den anderen. Unsere Muskulatur bildet sich deshalb immer mehr zurück. Der Sportunterricht in der Schule ist für uns ein einziger Alptraum, da wir bei allen Übungen und Spielen stets zu den Letzten gehören, die, wenn überhaupt, nur die Missachtung der anderen auf sich ziehen.

Immer weniger sind wir deshalb in der Lage, die körperlichen Früchte zu erbringen, die unser geistiger Auftrag von uns fordert. Wir gleichen immer mehr einer dahinwelkenden Pflanze.

Kompensation

Schon als kleines Kind schrieen wir ständig, und unsere Eltern vermochten uns kaum zu beruhigen. Schon der geringste äußere Widerstand entflammte unseren Zorn, und wir verletzten uns nicht selten am Kopf, weil wir mit aller Macht den Widerstand, der sich uns bot, mit dem Kopf voran brechen wollten.

Andere zu ärgern, mit ihnen Streit anzufangen und gegebenenfalls mit ihnen zu kämpfen, ihnen das „Maul zu stopfen", ist ein zentrales Anliegen seit unserer Kindheit. Alles, was mit Kraft und Kampf zu tun hat, findet unser Interesse. Immer kämpfen wir für etwas oder aber gegen etwas und stets gibt es Widerstände, die sich uns in den Weg stellen und von denen wir glauben, sie unbedingt überwinden zu müssen.

Unsere Idole sind die Rambos und die Spitzensportler und wir versuchen ihre Kampfkraft und sportlichen Leistungen mit Ehrgeiz zu erreichen. Wir treiben exzessiv Sport, später gehen wir in eine Ausbildung zum Kampfsport und stählen unsere Muskulatur durch Bodybuilding.

Egal, wo wir Widerständen begegnen, reizen sie uns dermaßen, dass wir sie unbedingt mit all unserer Kraft überwinden wollen. Alles, was wir tun, tun wir rücksichtslos. Im Straßenverkehr drängeln wir die vor uns Fahrenden, und wenn diese nicht zur Seite hin ausweichen, erfasst uns eine ungeheure Wut, die oft unkontrollierte Entladungen unserer Aggressionen nach sich zieht. Selbstverständlich fahren wir einen Wagen mit einem möglichst kraftstrotzenden Motor.

Alles, was mit Waffen zu tun hat, fasziniert uns, und wir versuchen, uns in ihrem Gebrauch zu schulen. Fast stets tragen wir eine Waffe bei uns, sei es ein Messer, Schwert, Gewehr oder eine Pistole. Mit ihnen gehen wir auf die Jagd oder schlachten Tiere. Gleichermaßen benutzen wir sie auch beruflich bei der Polizei oder als deren Gegenüber, als Verbrecher. Wir gehen zum Militär oder zur Fremdenlegion, damit wir auf den Kriegsschauplätzen der Welt mitkämpfen können. Im zivilen Beruf spielen oft zerschneidende Werkzeuge eine wichtige Rolle. Wir sägen, schmieden, nageln, fräsen, drehen und schleifen.

Was uns schon immer gereizt hat, das sind die lieben Mitmenschen, denen wir ihre Sanftheit kaum abnehmen. Wir haben das Gefühl, dass ihnen eine ordentliche Abreibung zusteht. Die lassen wir ihnen dann auch zukommen. Wo auch immer sich eine Möglichkeit zum Streit bietet, wir lassen keine aus. Ja wir fahren sogar dorthin, wo sich die Hooligans treffen, um dort unserer Wut richtig freien Lauf zu lassen. Können wir einmal unsere Aggression nicht an den anderen loswerden, zerschlagen wir unser Mobiliar, schreien die ganze Nachbarschaft zusammen oder nehmen das Beil und spalten einen Berg Brennholz.

Jederzeit entfalten wir gerne ein Feuer im Freien oder in unserem Kamin. Feuer übt eine ungeheure Faszination auf uns aus. Manchmal würden wir am liebsten alles in Brand setzen. Wenn es dann tatsächlich brennt, überkommt uns eine eigenartige Ruhe und Entspannung.

Die Segmente der Tierkreiszeichen

Die Gesetze der Ganzheit besagen, dass das Teil analog dem Ganzen gestaltet ist. Das „Fraktal“ steht in Analogie zum übergeordneten Ganzen. Hieraus ergibt sich zwanglos, dass wir so, wie wir den Tierkreis in zwölf Zeichen teilen, wiederum jedes einzelne Zeichen in zwölf Segmente teilen können. Der Tierkreis wiederholt sich in seinen Teilen, den einzelnen Tierkreiszeichen.

Die Teilung der dreißig Grad eines Zeichens durch zwölf ergeben Segmente von jeweils zweieinhalb Grad. Jedes Tierkreiszeichen offenbart sich zum Zeichenbeginn fulminant mit einer Qualität, die dem Widder[35] entspricht und endet mit einer Qualität, die den Übergang zum nächsten Zeichen vorbereitet, die der des Zeichens Fische gleicht.

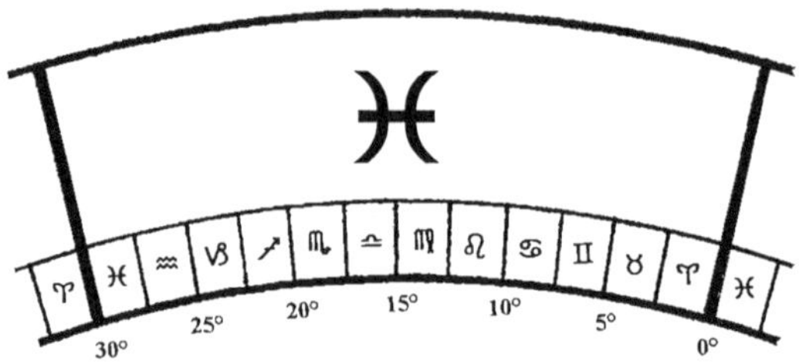

In umgekehrter Richtung, der Uhrzeigerrichtung entsprechend betrachtet, ist jedes Zeichen empfänglich (Fische) gegenüber dem, was ihm vom benachbarten Zeichen an Frucht (Widder) angeboten wird.

Von besonderem Interesse ist bei der Horoskopanalyse, in welchem Segment sich der Mond und die Sonne und, sofern die Geburtszeit stimmt, der AC und der MC befinden. Oft bekommt man dabei wichtige, bestätigende oder zusätzliche Informationen zu Themenschwerpunkten. Natürlich kann man diese Betrachtung auf die übrigen Planeten ausdehnen.

Ein Beispiel soll den Umgang mit diesem Instrument verdeutlichen: Ein Mensch hat seine Sonne im Stiersegment zwischen 2°30′ und 5°, im Zeichen der Fische stehen.

- Zunächst einmal will er seine Kreativität und seine Lebendigkeit (Sonne), wie es der Art der Fische entspricht, von der Unendlichkeit der Möglichkeiten leiten lassen. Dabei will er die Möglichkeiten intuitiv, nach scheinbarer Zufälligkeit, auswählen. Es ergibt sich daraus letztendlich eine Lebendigkeit, die mit dem Fluss des Ganzen übereinstimmt, da das „Zugefallene“ der Zeitqualität entspricht und sich damit nahtlos in den Fluss des Geschehens einfügt.
- Dieses Sein wird von einer inneren Aufgabe, in diesem Falle von einem Stier-Thema, überlagert, so wie eine Oberschwingung einen Grundton überlagert. In seinem Handeln will er den *Wert* der Intuition erkennen, vielfältige Möglichkeiten intuitiver Erkenntnis *sammeln* und hierin *sicher* werden. Wird er im Sinne der Leistung gedrängt, die Intuition außer acht zu lassen, so will er lernen, sich gerade zu Gunsten der Intuition *abzugrenzen*.

---

[35] Es gibt auch ein System, das ähnlich den Dekanaten mit dem Segment beginnt, das dem Tierkreiszeichen selbst entspricht. Beispielsweise wären die ersten zweieinhalb Grade der Fische dann die Fische-Grade, denen die Widder-Grade folgen usw. In der Praxis zeigen diese Informationen jedoch wenig Zusammenhänge mit dem Gesamthoroskop.

Die Planeten

Allgemeine Bedeutung

Die Teile, aus denen sich unser Sonnensystem zusammensetzt, umfassen den zentralen Stern in der Mitte, unsere Sonne, und die sie umkreisenden Planeten. Einer der Planeten ist unsere Erde und sie wiederum wird vom Mond umkreist. Wir sind ein Teil der Erde und sehen das gesamte System aus der irdischen Perspektive. Aus ihr entwickelten wir das oft missverstandene geozentrische Weltbild mit der Erde als Mittelpunkt. Dieses Weltbild behauptet nicht, dass die Erde der Mittelpunkt des Universums ist, sondern sie ist für einen begrenzten Zeitraum das Zentrum unseres Bewusstseins!

Unser Sonnensystem ist ein Teil des Universums und damit eine Erscheinung des Allumfassenden (Gott, Allah). Es ist aber nur die körperliche Erscheinung des Allumfassenden. Hinter ihr wirkt die Weltseele und dahinter der Geist Gottes. Obwohl ein Teil des Ganzen, bildet unser Sonnensystem wiederum ein Ganzes. Die Chaosforschung gibt diesem Teil den Namen Fraktal. In allen Teilen wiederholt sich gleichnishaft das Ganze und damit Gott in ihnen. Nach dem selben Prinzip wiederholt sich das Ganze auch in uns Menschen.

So bilden die Planeten Zentren hoch verdichteter Energien, deren Energieinhalt sich nach der Einstein`schen Gleichung ($E = m \cdot c^2$) berechnen lässt. Dabei kommen wir auf unvorstellbar hohe Energiebeträge. In analoger Weise existieren diese *Energiezentren* auch in uns, und in welchem Verhältnis sie zueinander stehen, bestimmt das Miteinander unserer Fähigkeiten, unser Verhalten.

Die Astrologie nennt nun alle Energiezentren vereinfachend Planeten, auch das der Sonne und des Mondes. Jedem Tierkreiszeichen ist ein solches Energiezentrum (Planet) zugeordnet. Die Tierkreiszeichen beschreiben die *Fähigkeiten* und *Anliegen*, um die es ihnen geht. Die Planeten setzen sie mittels ihrer Energie in *Wirkungen* um und zwar in den Bereichen, in denen sie stehen. Immer aber vertreten sie dabei inhaltlich die Anliegen ihrer Zeichen. Daraus ergibt sich, dass Tierkreiszeichen und Planeten sich gleichen, wie ein spezifisches *Thema* seiner spezifischen *Umsetzung* gleicht. Da die Tierkreiszeichen umfassend geschildert wurden, sind die nachfolgenden Beschreibungen der Planeten kurz gehalten. Sie sollten immer in Verbindung mit den Inhalten der Tierkreiszeichen gesehen werden.

Die Planeten können mit Personen bzw. Teilpersönlichkeiten[36] unterschiedlicher Interessen verglichen werden, die in uns und über uns wirken und handeln. Oder sie sind Schauspielern in einem Theaterstück ähnlich. Jeder hat dabei seine eigene Rollenthematik. Zusammen führen die derzeit zehn Planeten mit Chiron auf der Erde nur ein einziges Stück auf: unser Leben.

---

[36] Sie sollten nicht mit dem Modell der „multiplen Persönlichkeit" verwechselt werden.

Symbolzusammensetzung der Planeten

Das Verständnis der Planetenfunktion und ihrer Wirkung fällt uns leichter, wenn wir ihre Symbolzusammensetzung verstehen. Fünf verschiedene Bausteine bilden in jeweils unterschiedlicher Kombination die Symbole: Punkt, Pfeil, Schale, Kreis und Kreuz. In der unterschiedlichen Anordnung dieser Symbolbausteine drückt sich die Wirkung des einzelnen Planeten aus. Immer bestimmt dabei das obere Bauelement das darunter liegende.

Im Einzelnen haben die Symbolbausteine folgende Bedeutungen:

- ● Der *Punkt* stellt die *Eintrittspforte* des raum- und zeitlos *Transzendenten* in die Welt von Raum und Zeit dar. Über ihn will sich das Göttliche in der Welt, wie sie sich unserem Bewusstsein darbietet, manifestieren.
- ↗ Der *Pfeil* ist der *Impuls*, der uns in die Handlung oder zum Verhalten drängt. Er symbolisiert entweder einen Beginn oder einen Abschluss.
- ☽ Die *Schale*[37] ist ein Symbol der *Empfänglichkeit.* Sie hat eine gewisse Ähnlichkeit mit dem Mondsymbol, sollte aber nicht mit dem Mond gleich gesetzt werden, da der Mond nur einer Empfänglichkeitsebene (Krebs, körperliche Empfänglichkeit) entspricht, wir aber mehrere solcher Ebenen (Skorpion, Fische) besitzen. Unsere Satellitenantennen zeigen sehr schön die Empfangseigenschaft der Schale oder Schüssel. Die Aufgabe der Schale ist die *Aufnahme* und *Reflexion* der Strahlung, die uns gesandt wird. Steht die Schale aufrecht, so empfangen wir auf gleicher Ebene. Liegt die Schale, so empfangen wir von „oben". Besitzt ein Symbol zwei Schalen (Neptun), so ist der Empfang jenseits der Polarität und daher ganzheitlich.
- ○ Der *Kreis* steht für die *Verwirklichung*, für die Manifestation und Ausstrahlung des Ganzen. Der Kreis kennzeichnet die *Ganzheit*, jedoch nicht das Allumfassende. Der Kreis besitzt eine Grenze zum Allumfassenden und wird damit zum Symbol für einen Teil des Ganzen, für ein Fraktal, das in sich aber wiederum eine Ganzheit bildet. Die Zelle z. B. ist ein Ganzes, aber zugleich auch nur ein Teil des Menschen, so wie dieser wiederum nur ein Teil des Universums ist.
- + Das *Kreuz* ist ein Symbol für die polare Welt und damit für das, was wir *Realität* nennen. Die beiden gekreuzten Balken zeigen den Menschen in der Begegnung mit seiner Umwelt (waagrechter Balken) und im Spannungsfeld zwischen Himmel und Erde (senkrechter Balken). Viele sehen in ihm ein Symbol für die Materie. Dabei müssen wir aber berücksichtigen, dass die Materie neben dem eigentlichen Körper (Stier) sowohl eine geistige (Steinbock) als auch eine seelische (Jungfrau) Dimension besitzt.

---

[37] Die alte Zuordnung des Kreises zum Geist, der Schale zur Seele und des Kreuzes zum Körper führt eher in die Irre, als dass sie zur Erhellung der Planetenbedeutung beiträgt.

Planetenbedeutung

♆ Neptun, die Königin des Himmels

Neptun wirkt im Auftrag des geistig-spirituellen Tierkreiszeichens Fische. Als weiblicher Planet sollte sein Wirken allein auf unser SELBST gerichtet sein. Im

Planetensymbol befinden sich zwei Schalen über dem Kreuz. Hierin zeigt sich die Empfänglichkeit, die mit ihren zwei Schalen jenseits der Einseitigkeit das Ganze (ICH und DU, GUT und BÖSE usw.) umfasst und damit jenseits der Polarität das Transzendente empfängt und wahrnimmt. Das, was Neptun empfangen hat, bestimmt die geistig-spirituelle Realität (Kreuz) von uns Menschen. Neptun ist unsere Antenne zu Gott, mit der wir unsere Visionen empfangen.

Planetenwirkung:

erwachsen, im Rahmen des SELBST	verzaubert, im Rahmen des EGO	zum Zweck der Entzauberung
mit Gott verbunden sein, das „Wort“ empfangen, intuitiv sein, vertrauen, lieben (Agape), einverstanden sein, fließen	Angst haben, leiden, Sehnsucht haben, mitleiden, helfen, sich den Anschein geben, lügen, täuschen, Fehler machen, verrückt sein	träumen, suchen, auflösen, trennen, entziehen, fliehen, verlieren, enttäuschen, heilen

Seine Energie verleiht uns unsere Intuition, und sie ist darauf bedacht, dass wir aus ihr leben. Zu diesem Zweck löst sie letztendlich alle Verhaltensfixierungen in uns und in unserem Lebensumfeld auf, die unsere Intuition behindern. Es sind dies die Kristallisationen unseres am GUT und BÖSE orientierten Handelns, die „Steine“ des verzauberten Steinbocks, die das weiche Wasser des Neptuns brechen will.

Achten wir nicht mehr auf die sensible und anpassungsfähige Empfängerin in uns, auf die Hüterin unserer inneren Quelle, dann weichen wir immer mehr von unserer Mitte ab. Darunter leidet zunehmend unser SELBST, da es nicht mehr mit dem Schöpfungsfluss fließen kann. Aus dem Fluss zu fallen heißt ein Leben zu führen, das zunehmend von Widerständen, Hindernissen und Begrenzungen bestimmt wird. Neptun gibt uns nun die Fähigkeit, das daraus entstehende Leid wahrzunehmen, und er will uns helfen, es zu überwinden. Er ist der Heiler in uns, für den es, sofern er von unserem Bewusstsein zugelassen wird, keine unheilbare Krankheit gibt. Neben dem Gefühl des Leidens gibt er uns das Gefühl der Sehnsucht (Sucht!) nach Heilung. Reagieren wir darauf, dann machen wir uns auf die Suche nach unserem Heil, unserer Mitte.

Leider ist unsere Wahrnehmung für unser eigenes Leid nicht offen, da sich dann unser EGO eingestehen müsste, doch nicht so GUT zu sein, wie es glaubt. Es ist nämlich davon überzeugt, dass nur der BÖSE leiden müsse. Daher pervertieren wir unsere Sensibilität nach außen und sehen dort das Leid der anderen. Wir erkennen nicht mehr, dass dieses Leid in der Außenwelt die Projektion unseres eigenen inneren Leids ist. Statt unser eigenes Leid zu heilen, beginnen wir als Helfer, Heiler und sozial engagierter Mensch das äußere Leid zu bekämpfen. Da unser eigenes Leid dadurch nicht abnimmt, wird auch das äußere Leid niemals abnehmen.

Da wir bei dieser Lebensart, stets anderen in ihrem Leid beizustehen, die Bedürfnisse unseres SELBST nicht beachten, werden dort, wo Neptun im Horoskop steht, unsere Bedürfnisse ebenso wenig von den anderen beachtet (wie innen, so außen). Wir sind immer wieder aufs Neue ob dieser Missachtung durch unsere Mitmenschen enttäuscht. Die Enttäuschung wird sich so lange wiederholen, bis wir erkennen, worin unsere Täuschung bestand. Wir glaubten, vollendet zu sein, wenn wir nur GUT und deshalb hilfsbereit waren. Dabei waren wir doch nur „halb"!

Wir sind durch diesen Irrtum unseres Bewusstseins in der Situation des Sisyphos der griechischen Mythologie, der als Strafe für den Verrat der göttlichen Geheimnisse einen Stein auf den Berg rollen muss, dies aber niemals schafft, da der Stein, je näher er dem Gipfel kommt, immer schwerer wird und er deshalb jedes Mal kurz vor dem Gipfel wieder herunterrollt.

Die Botschaft dieses Mythos ist eindeutig. Das „göttliche Geheimnis" ist Neptuns Erkennen, dass neben der Schöpfung Gottes nichts existiert und GUT und BÖSE lediglich eine Illusion unseres EGO ist. Der Verrat besteht nun darin, dass wir dennoch die göttliche Schöpfung be- und verurteilen, und sie führt wegen der Verdrängung des Verurteilten zwangsläufig zur Abweichung von unserer Mitte. Ein Symbol der Mitte ist die Spitze des Berges ebenso wie die Spitze der Pyramide[38]. Denken wir bei der Symbolik des Berges auch an die Bergpredigt, eine Predigt, die unserer Mitte entstammt. Der Stein ist ein Symbol für die Wirkung des Saturn (Beurteilung) und das daraus resultierende Verdrängte. Den Stein auf den Berg zu bekommen bedeutet, die innere Mitte als absolut GUTES EGO erreichen zu wollen. Je „heiliger" wir im Sinne des GUTEN sein wollen, je mehr wir uns also als „scheinheiliges" EGO dem Gipfel nähern, desto mehr nimmt der Grad der Verdrängung und damit das Gewicht des Steines zu. Auf diese Weise werden wir wie Sisyphos niemals den Gipfel unserer Mitte erreichen, da wir im Sinne des nur GUTEN unendlich verdrängen müssten und der Stein dadurch unendlich schwer würde.

Dort, wo Neptun im Horoskop steht, haben wir das Vertrauen in uns verloren und unsere Fähigkeiten nicht mehr für uns selbst eingesetzt. Wir lebten sie in *Selbstlosigkeit* und *Hilfsbereitschaft* gegenüber unseren Mitmenschen. Zu uns selbst zu stehen löste in uns diffuse Ängste aus, denn in uns existiert die Erfahrung, u.a. aus unserer Kindheit, mit unseren Interessen übersehen worden zu sein. So müssen wir uns in diesem Leben auf die Suche machen und die Angst überwinden, die Anlagen wieder im Interesse unseres SELBST einzusetzen. Gehen wir den Weg durch die Angst und weichen in unserem Verhalten von der Normalität der Masse ab, dann stimmen wir in unserem Verhalten wieder mehr und mehr mit unserer Mitte und Wirklichkeit überein. Das ist sicher keine leichte Aufgabe, aber dafür

[38] Siehe hierzu die Bedeutung der Zahl 5 im Abschnitt: Die Aspekte

werden wir mit wachsendem Vertrauen in unseren Schicksalsfluss und einer enormen Zunahme unserer Sensibilität und Intuition belohnt.

Haben wir das Vertauen in das, was ist, vollends zurückgewonnen, dann können wir alles und jeden so annehmen, wie es oder er gerade ist. Wir haben damit zur All-Liebe zurückgefunden.

⛢ Uranus, der Heilige Geist, unsere geistige Sonne

Planetenwirkung:

erwachsen, im Rahmen des SELBST	verzaubert, im Rahmen des EGO	zum Zweck der Entzauberung
göttliche (geniale) Ideen haben; inspiriert, frei, originell, einmalig und individuell sein	distanzieren; überheblich, besonders und sprunghaft sein; wechseln	unruhig sein, sich langweilen, verunfallen, unterbrechen, brechen, ausbrechen, befreien, Grenzen überschreiten, sprengen, Skandale auslösen, erneuern, revolutionieren

Uranus wirkt im Auftrag des geistig-spirituellen Tierkreiszeichens Wassermann. Als männlicher Planet vertritt er das Wirken unseres SELBST nach außen. Der Pfeil des Planetensymbols steht über dem Kreis mit dem Punkt. Mit ihm tragen wir den geistig-spirituellen Impuls (Pfeil) in unserem Bewusstsein, der uns dazu bringen will, das in ihm sich offenbarende Transzendente (Punkt) zu verwirklichen (Kreis). Als Planet der Luft bestehen seine Impulse aus *einmaligen Ideen*, genialen Einfällen und *Visionen*. Seine Idee ist Heiliger Geist, und da dieser unser *Licht* und *Leben* ist, will er, dass wir ihr nachfolgen.

Um die „Nachfolge“ zu erreichen, veranlasst er uns, alle Grenzen[39], die Saturn ihm in den Weg stellt, zu überschreiten. Er wird damit zum *Rebell gegen die Normalität*, das Alte (Eltern) und die Trennung der Schöpfung in GUT und BÖSE, die seit der Machtübernahme des „gefallenen“ Luzifer (Saturn) die Manifestation der göttlichen Idee behindern.

Uranus ist nicht prinzipiell ein Rebell[40], sondern er wird es erst dann, wenn er von Saturn, unserem gefallenen Bewusstsein, seiner Potenz beraubt wird. Dort, wo Uranus im Horoskop steht, will er das Alte zu Gunsten des Neuen überwinden. So reicht seine Wirkung von der einfachen Renovierung über die Reformierung bis hin zur Revolution. Oft löst er in uns das Bedürfnis nach immer wiederkehrenden Veränderungen, nach *rhythmischem Wechsel* aus, in der Hoffnung, dass irgendwann einmal der Wechsel zur wahren Originalität mit dabei ist.

---

[39] Na, welche wohl? Die zwischen GUT und BÖSE.

[40] Er wird aber von einigen Astrologen, allen voran R. Tarnas, so gedeutet. In der Konsequenz wird dann der Uranus-Mythos, da er keinen rebellischen Hintergrund aufzeigt, als wenig zutreffend zum Wassermann gesehen.

Sind wir allzu sehr im Normalen gefangen, erzeugt er ein unerträgliches Gefühl der *Langeweile.* Würden wir hier Uranus zulassen, wären wir die originellsten Menschen, deren außergewöhnlicher Witz alle anderen in ihren Bann ziehen würde. Die Langeweile wäre im Nu verflogen. Sind wir auf dem Weg der gesellschaftlichen Karriere und haben in diesem Zusammenhang alle Hände voll zu tun, so lässt er zunehmend *Stress* aufkommen. Die dabei entstehende Nervenbelastung ist ein Symbol dafür, wie stark Uranus in uns unterdrückt bzw. missachtet wird. Häufig drückt er die nervöse Spannung durch rhythmische Bewegungen unserer Arme oder Beine aus. Eines der beliebten Ausdrucksmedien für Uranus ist die Trommel oder das Schlagzeug. Oftmals sind es unsere hyperaktiven Kinder, die uns zeigen (müssen), in welchem Zustand der Aufsässigkeit sich Uranus, leider unbewusst, in uns befindet.

Der GUTE Bürger glaubt, den Anspruch des Uranus nach Besonderem und Einmaligem dadurch erfüllen zu können, indem er *besonders* GUT wird oder eine besonders *herausragende* Leistung vollbringt. Hierzu muss er sich jedoch in besonderem Maße von den Bedürfnissen seines SELBST *distanzieren.* Gehen wir aber innerlich zu uns auf Distanz, so zeigt sich diese Distanz auch im Außen gegenüber unserer Welt. Wir heben dann ab und wollen engelgleich leben. Wir stehen in unserer Entwicklung, so glauben wir, weit über den gewöhnlichen Sterblichen, nahe den Engeln. Natürlich erwarten wir von denen, auf die wir uns großzügigerweise noch einlassen, dass sie ebenfalls außergewöhnlich sind. Aber wer kann unseren Ansprüchen schon genügen? Kaum einer! Die *Wirklichkeit in uns* sucht aber ihren Ausdruck nicht in unserer Abgehobenheit, sondern in unserer konkreten Welt. Uranus sorgt deshalb dafür, dass wir aus unseren Höhenflügen über den Wolken zur rechten Zeit wieder abstürzen.

Dort, wo Uranus in unserem Horoskop steht, wollen wir neue, ganz eigene Ideen wagen, stehen jedoch im Bann unserer Wünsche nach besonderer Anerkennung. Daher verraten wir in der Regel die Ideen unserer Inspiration. Die besondere Leistung, die wir uns als Ausgleich für unseren Verrat abverlangen, erzeugt Stress, gibt uns aber auf der anderen Seite das Gefühl, mit unserer Besonderheit über der Masse zu stehen.

♄ Saturn, der Lichtträger, die Schlange der Verführung

Planetenwirkung:

erwachsen, im Rahmen des SELBST	verzaubert, im Rahmen des EGO	zum Zweck der Entzauberung
Selbstverantwortung übernehmen; zur Antwort gegenüber der genialen Idee werden; das SELBST anerkennen, auf die Idee konzentrieren	prüfen, beurteilen, vergleichen, verurteilen, erziehen, rechthaberisch und autoritär sein, beengen, disziplinieren, verdrängen, streben, konkurrieren, leisten	beengen, begrenzen, die Enge und Begrenztheit des EGO bewusst machen

Saturn wirkt im Auftrag des geistig-spirituellen Tierkreiszeichens Steinbock. Als weiblicher Planet sollte sein Wirken allein auf unser SELBST gerichtet sein. Das Kreuz befindet sich über der Schale. Die geistigen Gesetze der Materie und unsere geistig-spirituelle Realität (Kreuz im Bereich des Geistes), unser Bewusstsein, bestimmen die Form des Empfangenen (Schale). Saturn gestaltet die materielle Antwort auf den genialen Einfall (Idee) des Wassermanns. In seiner *Verantwortung* liegt es, diese *Antwort* tatsächlich zu geben. Er schafft durch die Konzentration der Energie die grundlegende Fähigkeit der Materie zur Formbildung, die dem Inhalt der Idee gemäß ist. Damit wird er zum Lichtträger (Luzifer).

In unserer Verzauberung bestimmt unser Bewusstsein von GUT und BÖSE unsere geistig-spirituelle Realität und setzt ihr dadurch Grenzen. Saturn ist die Schlange, die uns zur Beurteilung der Schöpfung verführt! Sie entscheidet, was wir von der empfangenen genialen Idee verurteilen und verdrängen und was wir bewusst passieren lassen. Wir be- und verurteilen unser SELBST und, da wir durch diese urteilende Teilung EGO und DU erzeugen, alles, was uns begegnet. Wir treten damit als EGO meist unbewusst in Konkurrenz zum DU. Dem EGO ist es wichtig zu wissen, wer der BESSERE ist, deshalb vergleichen wir uns ständig mit unseren Mitmenschen. Um in den Augen der anderen GUT bzw. der BESSERE zu sein, unterwerfen wir uns den Begrenzungen der Moral, der Normalität und den Leistungsanforderungen des Kollektivs. So wird das Urteil und die Anerkennung durch die anderen zur Richtschur und zum Antrieb unseres Handelns.

Dem Urteil begegnen wir früh in der Erziehung durch unsere Eltern und später durch unsere Lehrer und Chefs. Wir werden dort, wo Saturn in unserem Horoskop steht, in unserer Entwicklung eingeschränkt. Dabei sollte uns stets bewusst sein, dass das äußere Urteil immer nur die Projektion des unbewusst in uns vorhandenen Urteils ist. Die Aufgabe von Saturn besteht ja darin, diese innere Enge unseres Bewusstseins auch als Projektion in unserem äußeren Leben herzustellen, so dass wir unter unseren Eltern, Lehrern und Autoritäten leiden. Darüber soll uns das innere Leid bewusst werden, das durch unsere Begrenzung entstanden ist. Lieber wäre es ihm natürlich, er müsste uns nicht in diesen „Schraubstock der Enge" quetschen und immer mehr zudrehen, bis wir begreifen, dass die äußeren Einschränkungen die Projektion unserer eigenen inneren Bewusstseinsenge ist. Nur wir selbst können diese Enge überwinden, da niemand anderes als wir selbst sie in uns erzeugt hat.

Wir selbst drehen den Spieß gewöhnlich um und weisen unsererseits die anderen in die Grenzen dessen, von dem wir überzeugt sind, dass es GUT sei. Wir sind dann diejenigen, welche die anderen *erziehen* wollen. Wir werden zu „Eltern" und die anderen zu „Kindern". Auf diesem Weg übernehmen wir zunehmend Verantwortung für unsere Mitmenschen, dass sie so werden und sich so verhalten, wie wir es für RICHTIG halten. Gleichzeitig nehmen wir damit unseren Mitmenschen ihre Verantwortung für sich SELBST weg und entmündigen sie auf diese Weise. Wenn etwas schief läuft, fühlen wir uns dafür verantwortlich und sehen die Schuld bei uns. Die entmündigten „Kinder" haben den zweifelhaften Vorteil, dass sie sich schuldlos fühlen können.

♃ Jupiter, das Feuer unseres Verstandes

Planetenwirkung:

erwachsen, im Rahmen des SELBST	verzaubert, im Rahmen des EGO	zum Zweck der Entzauberung
die Idee / den Sinn als Gedanken und Glück für die Seele verkünden (Glückseligkeit); begeistert und optimistisch sein, verstehen, tolerieren	kausale Zusammenhänge herstellen; denken, klügeln; glauben zu wissen; argumentieren, wissenschaftlich arbeiten	Wachstumskrisen, Glaubenskrisen und Sinnkrisen erzeugen; reisen

Jupiter wirkt im Auftrag des geistig-mentalen Tierkreiszeichens Schütze. Als männlicher Planet ist sein Wirken nach außen gerichtet. Die Schale steht über dem Kreuz. Das Empfangene bestimmt die Realität unseres Verstandes (Mentalität). Als Planet des Feuerelementes will er schöpferisch mit seinen Gedanken umgehen, geistig kreativ sein, ihnen Ausdruck verleihen und seine Erkenntnisse der Welt verkünden. Er ist der *Priester* der alten Kirchen und der *Professor* der modernen „Kirchen", die wir Universitäten nennen.

Leider befindet sich in dem, was Jupiter von Saturn empfangen hat, auch die Teilung der Welt in GUT und BÖSE. Diese Teilung spielt fortan in unserem Verstand eine entscheidende Rolle. Unser Verstand ist wie Prometheus förmlich an den Felsen von GUT und BÖSE (Steinbock, Saturn) gefesselt. Die Hälfte der Welt, das seiner Überzeugung nach BÖSE, wird nicht mehr verstanden und nicht mehr toleriert.

Alles, was er als Verkünder an die Seele (Skorpion.....Löwe) weitergibt, verwirklicht sich in unserem Leben. Auf diese Weise bestätigen sich in unserer Welt immer wieder unsere mentalen *Denk-* und *Glaubensinhalte.* Das Experiment, über das der Wissenschaftler seine Erkenntnisse beweisen will, wird damit zum Beweis seiner *Überzeugungen* und nicht zum Beweis der Wirklichkeit.

Wir glauben, dass der *Sinn* des Lebens darin läge, GUT zu sein. Im GUT sein wollen wir wachsen, so dass wir irgendwann an der Spitze der GUTEN stehen. Wir dünken (denken) uns dann *edel.* Daraus entwickelte sich eine ganze Kaste der Edlen, die Adligen. Und da sie an der Spitze stehen, glauben sie, ihnen stünden auch entsprechende *Privilegien* zu.

Bei allem, was wir wahrnehmen und bei allem, was wir unternehmen, ist unser Denken als derzeitiger Herrscher unseres Bewusstseins maßgebend beteiligt. Da es aber nicht nur GUT und BÖSE vertritt, sondern unser Denken auf dem tradierten Wissen und den eigenen Erfahrungen der Vergangenheit (Skorpion, Pluto) aufbaut, sperrt unser Denken, einem Filter gleich, die Wahrnehmung der Welt, wie sie in Wirklichkeit ist. Hat mein EGO beispielsweise schlechte Erfahrungen mit dem Vater gemacht, so sagt mir mein Denken, „sei vorsichtig mit den Männern, sie werden auch nicht anders sein als der Vater". Unter diesen Bedingungen, können wir nur schwerlich erkennen, wie der andere wirklich ist. Er wird sich mir stets so zeigen, wie ich ihn mir erdacht habe.

Dort, wo Jupiter im Horoskop steht, sind wir stets begeistert mit unserem Verstand bei der Sache. Dies bedeutet aber auch, dass die Intuition (Fische, Neptun) vernachlässigt wird. Auf diese Weise fehlt unserer Begeisterung der wahre Geist und unser Verhalten wird allzu kopflastig. Ohne echten Inhalt dehnen wir uns aus und beanspruchen die Fülle. Ist dieser Anspruch in uns zur Überzeugung geworden, so erfüllt uns Jupiter diese Fülle. Aber was ist schon die Fülle ohne echten Inhalt? In Wahrheit ist sie doch Leere. So kommt es immer wieder zu Sinnkrisen in unserem Leben.

⚷ Chiron, der Heiler unserer geistigen Not

Planetenwirkung:

erwachsen, im Rahmen des SELBST	verzaubert, im Rahmen des EGO	zum Zweck der Entzauberung
einen urteilsfreien Sinn vertreten, urteilsfrei denken und verstehen	urteilende und unser SELBST verletzende Denk- und Glaubenssätze vertreten, einen moralischen Sinn propagieren	mit Schuld konfrontieren, die Überzeugung durch den Schmerz der Verletzung in Frage stellen

Aus astronomischer Sicht ist der Himmelskörper Chiron sehr viel kleiner als die übrigen Planeten. Deswegen sprechen wir von einem Planetoiden. Sein Durchmesser wird mit 100 bis 320 Kilometern angegeben. Gegenüber dem Durchmesser des Jupiters von 143 000 Kilometern ist er ein Winzling. Dennoch repräsentiert er ein energetisches Zentrum sowohl am Sternenhimmel als auch in uns. Der Zeitpunkt seiner Entdeckung (1. Nov. 1977, 10.00 PST, Pasadena, USA) gibt ihm einen Schütze-Aszendenten, wobei der Steinbock im 1. Haus mit eingeschlossen ist.

Mythologisch ist Chiron ein Zentaur. Dieses Wesen, halb Pferd und halb Mensch, begegnet uns auch als Symbol des Schützen, da sich dort im Tierkreis die Nahtstelle zwischen dem wahren *geistigen* Menschen und dessen *seelisch-körperlicher* Erscheinung befindet. Der AC des Entdeckungshoroskops und die Symbolgestalt geben die ersten Hinweise darauf, dass die Wirkung des Chiron eng mit der Wirkung des Jupiter zusammenhängt und damit geistiger Natur ist.

Chiron ist ein Sohn des Saturn und der Nymphe Philyra. Die Nymphen (*gr.*) sind Jungfrauen und die Göttinnen der Quellen. Sie stehen in Analogie zum Neptun. Beide Gestalten dieses ungleichen „Liebespaares" hatten sich vor ihrer Vereinigung in Pferde verwandelt. Das Pferd wird ebenfalls dem Schützen zugeordnet. Die Zeugung fand also auf der Ebene des Schützen und damit des Verstandes statt. Der Sohn Chiron trägt das Erbe des Vaters, die Spaltung seines Bewusstseins in GUT und BÖSE, ebenso in sich wie das Erbe der Mutter, ihr Bewusstsein für die Illusion dieser Spaltung. Chiron zeigt dies in einer unheilbaren Wunde am Knie. Das Knie ist die Region des Steinbocks. Herakles, sein Schüler, traf ihn dort unbeabsichtigt mit einem vergifteten Pfeil. Chirons Wirkung muss also im Zusammenhang mit GUT und BÖSE (Steinbock) und der Wirkung unseres „vergifteten" Verstandes (Schütze, Symbol des Pfeils) stehen.

Wie eng die Verflechtung mit dem Tierkreiszeichen Schütze und dem Planeten Jupiter ist, zeigt uns auch der Aufenthaltsort Chirons, sein Heiligtum. Es befindet sich gemeinsam mit dem Heiligtum des Zeus (Jupiter) auf dem Berg Pelion. Allerdings steht der Tempel des Zeus auf der Sonnenseite des Berges, während Chirons Höhle im Schatten des Berges liegt. Die Wirkung Chirons steht also offenbar im Zusammenhang mit den Schatten unseres jupiterhaften Verstandes. Dieser Verstand neigt zum „positiven Denken", zum Optimismus. Dabei fallen die „negativen" Aspekte des Seins in den Schatten und erzeugen, ausgehend vom Geistigen, Verletzungen unseres SELBST.

Die Fesselung unseres himmlischen Verstandesfeuers (Schütze) an den Felsen (Saturn) wird uns im Mythos des Prometheus geschildert. Prometheus steht dabei für die verbotene Anwendung des *Feuers des Zeus* durch uns Menschen. Er stahl Zeus sein Feuer und es wurde in uns zum *Feuer unseres Verstandes*. Dieses wurde in der symbolischen Gestalt des Prometheus an einen Felsen (Saturn, GUT / BÖSE) gefesselt. So ist auch unser Denken an die schattenbildende Spaltung in GUT / BÖSE bzw. RICHTIG / FALSCH gebunden, und unseren Denkgebäuden fehlt deshalb die Hälfte der Wirklichkeit.

Die Aufgabe Chirons in der Mythologie und gleichermaßen in uns besteht in der Befreiung des Prometheus vom Felsen und damit unseres Verstandes vom *urteilenden Denken*. Chiron ist hierzu in besonderer Weise befähigt, da er mit seiner exzentrischen Bahn sowohl in die Bahnsphäre des Saturn als auch in die des Uranus reicht. Er erhält damit Zugang zur ursprünglichen, nicht in GUT und BÖSE zerrissenen göttlichen Idee (Uranus). Darüber hinaus lässt ihn das von der Mutter geerbte Bewusstsein die Illusion von GUT und BÖSE durchschauen. Dieses Bewusstsein macht ihn aber auch gleichzeitig unsterblich, was ihn in besonderer Weise an seiner unheilbaren Wunde am Knie leiden lässt.

Dort, wo Chiron in unserem Horoskop steht, haben wir in unseren vergangenen Leben einen sehr einseitigen, voller Vorurteile steckenden, Lebenssinn (Überzeugung, Glaubenssatz, Schütze) verkündet, der zur Folge hatte, dass wir uns bestimmte Fähigkeiten verboten haben und sie deshalb nicht entwickeln durften. Dies ließ in uns eine geistig-mentale Wunde entstehen, die nun geheilt werden soll. Zur Heilung müssen wir uns vom ursprünglich verkündeten Lebenssinn (Überzeugung, Glaubenssatz) trennen, damit die in den Schatten gefallene Anlage wieder entwickelt werden kann. Wir werden dort, wo Chiron steht, erneut mit GUT und BÖSE und der damit verbundenen vermeintlichen Schuld konfrontiert. Dadurch soll uns bewusst werden, wie sehr wir leiden, wenn wir weiterhin in der alten Überzeugung vom scheinbar GUTEN verharren.

Das planetoide Symbol des Chiron ist nicht aus den üblichen Symbolteilen (Schale, Kreis, Kreuz, Punkt, Pfeil) zusammengesetzt. Es hat die Gestalt eines Schlüssels, der in der Lage ist, das von Saturn verschlossene Tor zum Paradies wieder zu öffnen und Jupiter, unserem Verstand und Denken, den Zugang zum heiligen Geist Uranus und zur hintergründigen Wirklichkeit zu ermöglichen[41].

---

[41] Dies wird in der Philosophie Krishnamurtis als der „Durchbruch zur wahren Intelligenz" bezeichnet (siehe hierzu nachstehendes Kapitel: Interpretation)

♇ Pluto, die Herrscherin der „unteren Welt“

Planetenwirkung:

erwachsen, im Rahmen des SELBST	verzaubert, im Rahmen des EGO	zum Zweck der Entzauberung
das SELBST hat die Macht; dem geistig Verkündeten gegenüber verbindlich sein	Macht über andere ausüben, unterdrücken, zwingen, foltern, befehlen, versklaven, opfern, versprechen, verpflichten, planen, kontrollieren, eifersüchtig sein, rächen, hassen, grollen, sich umbringen	binden, fesseln, zerstören, zum Opfer machen, Erlebtes klären, therapieren

Pluto wirkt im Auftrag des seelisch-mentalen Tierkreiszeichens Skorpion. Als weiblicher Planet sollte sein Wirken allein auf unser SELBST gerichtet sein. Der Kreis des Planetensymbols liegt in der Schale, die sich ihrerseits über dem Kreuz befindet. Das, was als Seelenauftrag empfangen (Schale) wird, soll verwirklicht (Kreis) werden und bestimmt die seelische Realität (Kreuz im Seelenbereich). Gegenüber dem mentalen Auftrag an die Seele besteht absolute Verbindlichkeit (fixes Zeichen). Der Auftrag wird zum seelischen Leitbild, zur seelischen „Ein-bild-ung“.

Leider bedeutet das im verzauberten Bewusstseinszustand auch die absolute Verbindlichkeit unseren Denk- und Glaubenssätzen (Schütze) gegenüber und dem ihnen innewohnenden GUTEN (Steinbock). Da wir aber gleichzeitig auch von der Existenz des BÖSEN *überzeugt* sind, wird auch dieses *unbewusst* zum Auftrag der Seele.

Pluto sorgt aber auch dafür, dass der Täter mit der zweiten Hälfte seiner Tat konfrontiert wird. Diese uns noch unbewusste zweite Seite beinhaltet das Erleben seines Opfers. Waren wir GUT, so werden wir zum Opfer des GUTEN. Waren wir BÖSE, so werden wir zum Opfer des BÖSEN. Damit ist gewährleistet, dass alle unsere Taten, also unser früheres Wirken mit all seinen Auswirkungen zu uns zurückgelangen. Indem alles seinen Ausgleich findet, bleibt der Kosmos letztendlich rein.

Wir sind davon überzeugt, dass unsere seelischen Leitbilder des GUTEN auch für andere ihre verpflichtende Gültigkeit besäßen. Folgen die anderen jedoch nicht diesen Bildern, so glauben wir uns berechtigt, diese zu ihrer vermeintlichen „Pflicht“ zwingen zu dürfen. Unsere seelische Macht üben wir dann auch gegenüber den anderen aus. Und dies in zunehmendem Maße deshalb, weil die Menschen, denen wir begegnen, scheinbar gerade nicht dem GUTEN folgen wollen. Sie sind ja die Projektionen der Teile von uns, die wir als BÖSE verurteilt haben und in den Schatten fallen ließen. So begegnet beispielsweise dem Priester, der seine Sexualität verdrängt hat, sein Schatten u.a. im Beichtstuhl. Die Beichte hat möglicherweise „unkeusche Gedanken“ wie auch extreme Spielarten pervertierter Sexualpraktiken zum Inhalt.

Dort, wo Pluto in unserem Horoskop steht, geht es darum, unser seelisches „Auftragskonto“ von allen unverarbeiteten Erfahrungen und Erlebnissen zu leeren. Dieser seelische Müll sammelt sich deswegen in so starkem Maße an, weil wir nicht bereit sind, uns mit dem Dunklen, dem BÖSEN, den Schatten in uns und der Begegnung mit ihnen auseinander zu setzen. BÖSE Erfahrungen werden, damit das EGO seine Illusion, nur GUT zu sein, aufrechterhalten kann, negiert, ausgeklammert und möglichst im Unbewussten gehalten (verdrängt). Von dort aus entfalten sie aber ihre Wirkung weiterhin und beeinflussen entscheidend unsere Wahrnehmung und unser Handeln. Wollen wir aber wieder dem Göttlichen in uns folgen, so wird uns das erst möglich sein, wenn wir das Urteil (Saturn) überwunden haben und im Zeichen des Pluto unseren Speicher geleert haben. Zur Entleerung benötigen wir oftmals die Hilfe eines erfahrenen Therapeuten.

♀ Venus der Waage, Urania, der Wind der Schönheit

Planetenwirkung:

erwachsen, im Rahmen des SELBST	verzaubert, im Rahmen des EGO	zum Zweck der Entzauberung
sich seelisch auf die Idee einlassen; schön sein, in Harmonie begegnen	verschönern, Kompromisse schließen, lieb sein	sich verlieben, prozessieren

Die Venus der Waage wirkt im Auftrag des seelisch-mentalen Tierkreiszeichens Waage. Als männlicher Planet vertritt ist „sie“ am Wirken unseres SELBST nach außen beteiligt. Im Planetensymbol steht der Kreis über dem Kreuz. Die Verwirklichung (Kreis) der Idee (Luft) bestimmt die seelisch-mentale Realität. Dabei hat die Venus einerseits die Aufgabe, für den Erhalt der göttlichen Schönheit der ursprünglichen Idee zu sorgen. Andererseits übermittelt sie ihre Idee an den Götterboten, den Merkur der Jungfrau.

Auf Grund der Teilung der geistigen Idee (Wassermann) in GUT und BÖSE fällt immer wieder die eine Hälfte in den Schatten. Nur noch halb, entbehrt die Idee der ursprünglichen Schönheit. Der Auftrag der Venus lautet nun, diese ursprüngliche Schönheit wieder herzustellen. Sie versucht es dadurch, dass sie den verdrängten Teil im Außen anzieht und ihn zur Begegnung für uns werden lässt. Hierzu besitzt sie als *Aphrodite* einen magisch anziehenden Gürtel. In diesen uns fehlenden Teil verlieben wir uns. So steht die Venus für die Begegnung mit der Außenwelt und die irdische Liebe zum DU, zu dem, was uns noch fehlt. Leider unterlassen wir es meistens, das in unserem Inneren wieder zu integrieren, was uns da im Außen begegnet. Im Gegenteil, zumeist lehnen wir es weiterhin ab und verurteilen es als inakzeptabel.

So übergeben wir meist eine unvollständige Idee an unsere innere Jungfrau, und der zweite Teil der Idee bleibt uns als Begegnung erhalten. Da der begegnende Teil unser Schatten ist, den wir als BÖSE verurteilten und verdrängten, sehen wir in ihm oftmals unseren Feind. Wir lieben einen Menschen oder können ihn nicht ausstehen. In beiden Fällen ist er ein wichtiger Mensch für uns.

Die irdische Liebe ist dann für uns erfüllend, wenn wir in unserer Beziehung zu einer Gleichgewichtigkeit finden. Diese zwischenmenschliche Balance wird erst dann erreicht, wenn auch *in uns* die entsprechenden Persönlichkeitsanteile gleiches Gewicht besitzen. Wenn z. B. die Frau ihren männlichen Teil gleichgewichtig in ihre Persönlichkeit integriert hat und ihn nicht nur als äußeren Mann in der Projektion erlebt. Beim Mann geht es selbstverständlich darum, den weiblichen Teil zu integrieren und sich nicht mit der im Außen vorhandenen Frau zu begnügen.

Dort, wo die Venus in unserem Horoskop steht, lernen wir den uns fehlenden Teil kennen. Dort sind wir aufgerufen, die Liebe zu ihm dadurch herzustellen, dass wir ihn auch in uns als gleichgewichtig anerkennen und entwickeln. Da wir diesen Teil jedoch als BÖSE verurteilt haben, wird uns dies sehr schwer fallen, zumal wir am Aufenthaltsort der Venus meistens artig und lieb sind, um vom anderen geliebt zu werden.

☿ Merkur der Jungfrau, der Bote der Götter

Planetenwirkung:

erwachsen, im Rahmen des SELBST	verzaubert, im Rahmen des EGO	zum Zweck der Entzauberung
Mitteilung der Idee an die Sonne vor dem Hintergrund der materiellen Bedingungen, Analyse der Materie auf ihre Verwendbarkeit (Nützlichkeit), Wille zur Nutzung der Materie, Wille zur Arbeit, seelische Anpassung und Aussteuerung gegenüber den materiellen Bedingungen	sich zum Objekt der Nutzung machen, anpassen, dienen, abhängig für einen fremden Unternehmer (Sonne) arbeiten, Steuerung eines fremden Unternehmens	Arbeitslosigkeit bewirken, Arbeitsüberlastung erzeugen

Merkur wirkt im Auftrag des seelisch-emotionalen Tierkreiszeichens Jungfrau. Als weiblicher Planet sollte sein Wirken allein auf unser SELBST gerichtet sein. Im Planetensymbol befindet sich zuoberst die Schale, darunter der Kreis und zuunterst das Kreuz. Das Empfangene (Schale) bestimmt das, was verwirklicht (Kreis) werden soll. Dieses wiederum bestimmt unsere seelisch-emotionale Realität. Gleichzeitig bestimmt die Wahrnehmung der vorgefundenen und verfügbaren Materie (Kreuz, Erdelement) die Verwirklichung. Der Merkur findet in der materiellen Auswahl und ihrer Nutzung seine Arbeit. In der Anpassung an das materiell Vorhandene und in der Auswahl der Materie ist er der seelische Steuermann im „Meer" der Materie. Er überbringt als Götterbote die seelische Idee (Waage) unter Berücksichtigung der materiellen Bedingungen und Möglichkeiten an unser seelisches Feuer, an unsere Sonne.

Unser Bewusstsein von GUT und BÖSE überprüft, was im Sinn der Eltern und der Gesellschaft besser ist: Wenn wir die Materie für unser SELBST nutzen oder wenn wir anderen nützlich sind und ihnen dienen. Die Entscheidung ist eindeutig. Wer sich nützlich macht und dient, den liebt unsere Gesellschaft! Im Dienst des GUTEN aber pervertiert das Anliegen Merkurs und er arbeitet an Aufträgen, die er als Diener von fremden Herren erhält. Er macht sich nützlich, nicht mehr erkennend, dass der größte Nutzen für das Ganze darin besteht, dem Auftrag des eigenen SELBST zu dienen. Hier beginnt der Dienst am Nächsten, die Anpassung an die Bedürfnisse des Nächsten und die lohnabhängige Arbeit. Die Gefahr, darüber den Auftrag des SELBST zu vernachlässigen oder gar ganz zu unterlassen, wird dabei erschreckend groß.

Dort, wo der Jungfrau-Merkur in unserem Horoskop steht, sollten wir die Angebote der materiellen Welt kritisch sichten und sie für uns nutzen. Jedoch neigen wir meistens dazu, uns dort an andere anzupassen, und mit Fleiß in dienender Funktion zu arbeiten.

☉ Sonne, die wärmenden Strahlen unseres Herzens

Planetenwirkung:

erwachsen, im Rahmen des SELBST	verzaubert, im Rahmen des EGO	zum Zweck der Entzauberung
den Willen des Himmels leben, sich selbst verwirklichen, selbstständig sein, kreieren, spielen	Unternehmen leiten, eigenwillig sein	Unternehmung scheitern lassen, Herzinfarkt

Die Sonne wirkt im Auftrag des seelisch-emotionalen Tierkreiszeichens Löwe. Als männlicher Planet vertritt sie die Wirkung unseres SELBST nach außen. Im Symbol der Sonne steht der Kreis alleine, und in ihm befindet sich ein Punkt. Hier steht die ganze Lebensenergie im Auftrag der Seele und es entsteht ein hoch motivierter Wille (Emotion) zur Verwirklichung (Kreis). Die Sonne schenkt unserer Seele die Energie zum Leben und Wirken auf der Erde. Leben bedeutet, den himmlischen Impuls (Punkt) zu verwirklichen (Kreis). Jedoch will der Punkt in der Mitte erst verdient werden, indem der Wille im Himmel (Wassermann, Uranus) auch auf Erden (Löwe, Sonne) tatsächlich geschieht. Der Punkt in der Mitte der Sonne besagt nicht, dass sie direkt mit der Transzendenz verbunden ist, sondern dass unser Herz und unsere Unternehmungen der Inspiration bedürfen.

So gestaltet sich auch auf Erden die Vielfalt des Seins nicht aus der Sonne, sondern aus dem schöpferischen Geist mit *Hilfe* der Energie der Sonne. Unsere sichtbare Sonne ist also nicht mit unserer „geistigen Sonne“ (Uranus) gleichzusetzen. Die „geistige Sonne“ kann sich aber nur mit Hilfe der Sonnenenergie körperlich manifestieren. Die Sonne als Kraft der Seele gibt uns den Willen und die Potenz, die Materie (Körper) zu bewegen, die ursprünglich göttliche Idee als Form anzunehmen und damit sichtbar werden zu lassen. Dies ist der Hintergrund der Aussage „Die Sonne bringt es an den Tag“!

Solange der himmlische Auftrag auf Grund unseres Urteilens nur halb zur Sonne gelangt, stellt auch sie sich in den Dienst des GUTEN und der Verwirklichung der daraus resultierenden Bedürfnisse. Da der Zugang zu Uranus durch Saturn (Hüter der Schwelle) versperrt ist, kommt das, was wir verwirklichen wollen, aus unseren Denk- und Glaubenssätzen (Jupiter). Wir wollen ein „sinnvolles" Leben der Leistung und Verantwortung im Rahmen des Kollektivs führen, oft dadurch, dass wir ein Unternehmen aufbauen, das Produkte für das Kollektiv herstellt.

Dort, wo die Sonne in unserem Horoskop steht, wollen wir spielen, unseren Willen entfalten und etwas unternehmen. Egal was, Hauptsache es ist lebendig. Als Frauen jedoch erwarten wir allzu oft vom Mann, dass er vital und lebendig das Leben anpackt. Wir projizieren unsere Sonne auf ihn und verharren in der Hemmung. Dieser Mann da im Außen zeigt uns, welche Unternehmungslust auch in uns steckt. Also machen wir uns daran, sie selbst zu entwickeln (auszuwickeln) und werden ebenfalls unternehmungslustig und selbstständig!

☽ Mond, die fürsorgliche Herrin der Nacht und unseres Körpers

Planetenwirkung:

erwachsen, im Rahmen des SELBST	verzaubert, im Rahmen des EGO	zum Zweck der Entzauberung
erleben, fühlen, sich mit dem körperlich Notwendigen selbst versorgen, ruhen	die Familie versorgen, sich um das Wohl anderer sorgen	schlechte Laune machen, depressiv sein

Der Mond wirkt im Auftrag des körperlich-emotionalen Tierkreiszeichens Krebs. Als weiblicher Planet sollte sein Wirken allein auf unser SELBST gerichtet sein. Die Schale alleine bildet das Planetensymbol. Wie die Sonne pures Leben ist, so ist der Mond pures Wahrnehmen und Erleben im Hier und Jetzt der körperlichen Welt. Dazu muss sie sich jedoch von der Sonne berühren lassen, ihre Ausstrahlung (Willen) empfangen und die Idee körperlicher Bewegung (Merkur der Zwillinge) gebären, um den Willen in die Tat umzusetzen.

Sie überwacht das Erleben in unserem Körper. Aus der Reflexion des Erlebens ergeben sich zwei gegensätzliche Gefühle oder *Launen* (abgeleitet von *lat.* luna = der Mond). Entweder fühlen wir uns wohl oder aber unwohl. Das Gefühl des Unwohlseins (Hunger, Durst, Ruhebedürfnis, Erlebnisbedürfnis, Kälte, Ungeborgenheit u. a.) weckt in uns die Sorge um unser Wohlbefinden, damit wir uns selbst gegenüber sorgend tätig werden. Auf diese Weise sorgt die Natur in uns für sich selbst. Immer wieder werden wir durch unsere Missgefühle aufgerufen, die Situation, in der wir leben, entweder zu verändern oder aber sie ganz hinter uns zu lassen, wenn sie sich als nicht mehr veränderbar herausstellen sollte.

Wenn wir jedoch mit unserem verzauberten Bewusstsein unsere Gefühle beurteilen, verbieten wir uns in der Regel die BÖSEN Gefühle, die schlechte Laune, und verdrängen sie, da nur die Menschen geliebt und anerkannt werden, die „GUT drauf“ sind. In der Folge davon erkennen wir nicht mehr, wo und in welcher Weise wir körperlich bedürftig sind und wir für uns sorgen müssten. Da unsere körperlichen Bedürfnisse verdrängt werden, kommen sie im Außen als Projektion unseres eigenen Inneren wieder auf uns zu. Wir erkennen die Wünsche unseres Partners, unserer Kinder oder derjenigen, die uns besuchen, und wir bemuttern sie. Wir tun also das für die anderen, was wir in Wirklichkeit für uns selbst hätten tun sollen. Wir selbst aber vernachlässigen unsere Bedürfnisse. Manchen Frauen wird erst im „Müttergenesungsheim“ bewusst, wie sehr sie sich unter diesen Bedingungen vernachlässigt haben.

Dort, wo der Mond in unserem Horoskop steht, haben wir zwei Anliegen: Wir wollen etwas erleben und wir wollen für unser körperliches Wohlbefinden sorgen. In der Regel jedoch sorgen wir uns um die anderen und bemuttern sie. Als Mann bleiben wir allzu oft in der Hemmung und lassen uns von unserer Mutter und später von unserer Partnerin versorgen.

☿ Merkur der Zwillinge, der luftige Bote der Götter

Planetenwirkung:

erwachsen, im Rahmen des SELBST	verzaubert, im Rahmen des EGO	zum Zweck der Entzauberung
sich selbst darstellen, mitteilen, sich mit Körpergeschick bewegen, fortbewegen	Informationen austauschen, reden, schreiben, rechnen, Handel treiben, transportieren, handwerken	Bewegungs- und Sprachprobleme, körperliche Ungeschicklichkeit

Der Merkur der Zwillinge wirkt im Auftrag des körperlichen Tierkreiszeichens Zwillinge. Als männlicher Planet vertritt er das Wirken unseres SELBST nach außen. Im Planetensymbol befindet sich die Schale über dem Kreis, der seinerseits über dem Kreuz steht. Das Empfangene (Schale), das verwirklicht (Kreis) werden soll, bestimmt unsere körperliche Realität (Kreuz) und damit den Ideenentwurf (Luft) unserer körperlichen Bewegung (bewegliches Zeichen). Dies gibt Merkur die Aufgabe der Darstellung und der Vermittlung der ursprünglich göttlichen Idee im und über den Körper. Er ist derjenige, der unsere körperliche Bewegung steuert.

In der verzauberten Welt sind wir für unser Gegenüber, für das DU, die Wiederkehr seiner verdrängten Anlagen, also das, was ihm fehlt. Unsere Darstellung wird dadurch zur Vermittlung dessen, was dem anderen fehlt. Dies gilt für den Journalisten und den Lehrer, die uns mit „fehlenden“ Informationen versorgen, ebenso wie für den Spediteur und den Händler, die uns die fehlenden Waren für unser körperliches Wohlbefinden liefern. Jeder Austausch und jede Unterhaltung dreht sich letztendlich immer nur darum, was dem anderen fehlt, und mündet, ob der „Fehler“ der anderen, in einer gigantischen Be- und Verurteilung.

Um selbst GUT dazustehen, zeigen wir uns so perfekt wie möglich. Leider verliert unter diesem Bestreben unsere derart kontrollierte Darstellung immer mehr ihre ursprüngliche und persönliche Note.

♀ Venus des Stiers, die Herrin unseres Körpers

Planetenwirkung:

erwachsen, im Rahmen des SELBST	verzaubert, im Rahmen des EGO	zum Zweck der Entzauberung
seiner körperlichen Erscheinung Wert geben, sich lieben, sich materiell etwas gönnen, sich Raum geben	sammeln, absichern (materiell, finanziell), versichern, wuchern	verunsichern, verarmen; Probleme, den Körper anzunehmen; Schulden, finanzielle Forderungen

Die Venus wirkt im Auftrag des körperlichen Tierkreiszeichens Stier. Als weiblicher Planet sollte ihr Wirken allein auf unser SELBST gerichtet sein. Im Planetensymbol steht der Kreis über dem Kreuz. Das zu Verwirklichende (Kreis) bestimmt die körperliche Realität (Kreuz).

Wer den Wert seines Körpers erkennt und sich ihm liebevoll zuwendet, gibt ihm ausreichend Raum (Revier) für seine Entfaltung. Der Körper ist die Basis zur Verkörperlichung des göttlichen Auftrags. Der Körper wird zur Matrix, an der die Idee dauerhaft sichtbar werden kann.

In der Verzauberung handelt dieser Planet allzu oft abgekoppelt vom seelischen Auftrag. Das Leben (Kreis) dreht sich dann nur noch um die materielle Basis (Kreuz). Die körperliche und materielle Absicherung tritt als Streben nach Besitz und Versicherungen ganz in den Vordergrund und wird zum Gegenspieler der Seele, da deren Aufträge neben dem Besitzstreben nur noch wenig Beachtung finden.

♂ Mars, der Heißsporn der Tat

Planetenwirkung:

erwachsen, im Rahmen des SELBST	verzaubert, im Rahmen des EGO	zum Zweck der Entzauberung
in die körperliche Tat umsetzen, handeln (tun)	gegen Widerstände durchsetzen, streiten, kämpfen, zerschneiden, Sport treiben	streiten, brennen, verwunden, entzünden

Der Mars wirkt im Auftrag des körperlichen Tierkreiszeichens Widder. Als männlicher Planet vertritt er das Wirken unseres SELBST nach außen. Im Symbol des Planeten steht der Pfeil über dem Kreis. Mars ist der Impuls (Pfeil) mit der körperlichen Kraft (Feuer) das zu verwirklichen, was im Hier und Jetzt (kardinale

Qualität) zur Verwirklichung ansteht. Aus diesem Impuls entsteht der Vollzug der Tat durch die Kraft unserer Muskeln. Die Tat ist die Frucht, die wir in unserer irdischen Existenz bringen sollen und wollen. Das Wirken unseres Mars ist immer nur kurzfristig. Ausdauer liegt ihm nicht, da gleichzeitig mit der erfolgreichen Tat der Auftrag für ihn gestorben ist. Eine Wiederholung kommt für ihn nicht in Frage.

Unter den verzaubernden Bedingungen unseres urteilenden Bewusstseins stellt sich auch diese Kraft in den Dienst des GUTEN und damit in den Dienst der Leistung und des Erfolgs. Sie wird ehrgeizig. Oft pervertieren unsere Taten zum Kampf gegen die sich uns in den Weg stellenden Widerstände, ohne dass uns bewusst wird, dass die äußeren Widerstände nur Projektion der in unserem Inneren vorhandenen Widerstände ist. In diesem Zusammenhang fühlen wir uns unmittelbar an den Kampf Don Quijotes gegen die Windmühlen erinnert. Recht rücksichtslos versucht unsere Kraft, sich gegenüber dem Hindernis durchzusetzen. Schreien, Schlagen, Kratzen, Beißen und Stechen sind für diese Kraft legitime Mittel. Gelingt ihr die Durchsetzung nicht, so transformiert sich ihre Energie in Wut und Zorn. In der Regel sind diese Gefühle aber schnell wieder verraucht, da Mars als kardinales Energieprinzip wenig ausdauernd ist. Er ist nicht nachtragend, aber stets bereit, den Kampf nach kurzer Pause aufs Neue wieder zu beginnen.

Dort, wo in unserem Horoskop der Mars steht, wollen wir unsere Interessen vehement mit der Kraft unseres Körpers durchsetzen. Alles, was ansteht, muss sofort getan werden. Mars duldet keinen Aufschub. Wir neigen dort zur Ungeduld. Erlauben wir uns unsere Aggressionen nicht, so kommen sie von außen auf uns zu. Wir können den Streit auf die Dauer nicht vermeiden, es sei denn, wir leben ihn als Entzündung und Schmerz in unserem eigenen Körper aus oder bewirken, dass unsere Umwelt in Brand gerät.

Da unsere heutige Lebensart nur noch selten den vollen Krafteinsatz von uns fordert, unterfordern wir chronisch unsere Muskulatur. Dies hat ihre Rückbildung zur Folge. Die daraus folgende Schlaffheit steht wiederum unserem körperlichen Wohlgefühl und unserem Schönheitsideal entgegen, und wir versuchen, über den Sport einen Ausgleich zu schaffen. Die Begeisterung für diesen an sich zunächst sinnentleerten Kräfteeinsatz lebt davon, dass wir andere besiegen oder in der sportlichen Leistung besser sind als diese. So trainieren wir gleichzeitig mit den Muskeln auch unser konkurrentes Verhalten gegenüber den anderen.

Färbung der Planetenenergie

Der Planet verwirklicht dort, wo er steht, sein Anliegen. Dieses stammt aus dem Haus, über das er herrscht. Gleichzeitig steht er in der Regel in einem ihm mehr oder weniger fremden Tierkreiszeichen, das ihn zusätzlich *energetisch färbt,* das bestimmt, **WIE**[42] er seine Energie auslebt. Je nach dem Zeichen, in dem er steht, wirkt er „wässrig" (gefühlsbetont), „luftig" (ideenbestimmt), „erdig" (materieorientiert) oder „feurig" (verwirklichend, vital).

Planetenstand im Tierkreiszeichen	**Stichworte zur Handlungsfärbung**
Fische	intuitiv, sensibel, selbstlos, heimlich, ängstlich, illusionär
Wassermann	inspiriert, sprunghaft, distanziert, überheblich, nervös
Steinbock	eigenverantwortlich, anerkennungs- und leistungsorientiert, konkurrent, konzentriert, ordnend, autoritätsfixiert
Schütze	begeisterungsfähig, optimistisch, verstandesorientiert, arrogant
Skorpion	leidenschaftlich, vorstellungs- und erfahrungsorientiert, zwingend, planend, fixiert, kontrolliert
Waage	ausgleichend, harmonisierend, diplomatisch, lieb
Jungfrau	nutzend, nützlich, ökonomisch, dienstbereit
Löwe	selbstständig, unternehmungsfreudig, verwirklichend, vital
Krebs	gefühlsorientiert, launisch, sorgend
Zwillinge	bewegungsorientiert, austauschend, vielfältig interessiert
Stier	sichernd, werte- und besitzorientiert, körperbezogen
Widder	tatkräftig, kämpferisch, streitbar, aggressiv

Beispiel:

Krebs herrscht über das 5.Haus; der Mond steht im Skorpion.

Das Anliegen des Mondes: Am Ort der Vergnügungen (5.Haus) ist er offen für Berührungen, Erleben und Wahrnehmungen (Krebs) bei gleichzeitiger Sorge um das eigene körperliche Wohlbefinden (Krebs).

Dieses Anliegen lebt er „skorpionisch" (Mond im Skorpion) aus: leidenschaftlich, zwanghaft, vorstellungsfixiert und an alten Erfahrungen orientiert.

---

[42] Siehe hierzu auch „Das Häusersystem", in dem der Unterschied zwischen Tierkreiszeichen, Planet und Haus erläutert wird.

Das Häusersystem

Allgemeine Bedeutung

Haben wir bisher unsere *Fähigkeiten* und *Anlagen* und damit die *Themen* und *Anliegen* als die zwölf Tierkreiszeichen kennengelernt und darüber hinaus die Planeten als Energiezentren, die über ihr *Handeln* für die Umsetzung der Anlagen sorgen, so fehlt uns noch der *Lebensbereich*, wo die Umsetzung stattfinden soll. Im Theater ist es die entsprechend gestaltete Bühne, auf der die Schauspieler (Planeten) ihre Rolle und ihr Anliegen (Tierkreiszeichen) spielen. Diese Lebensbereiche sind allesamt auf das irdisch-körperliche Leben bezogen und sind im Unterschied zu den Tierkreiszeichen allesamt materiell.

Tierkreiszeichen
***WAS**, Thema, Fähigkeit, Anlage, Anliegen*

↓

Planeten
***WER**, Darsteller,*
Zeichenhintergrund: *WIE*

↓

Häuser
***WO**, Ort der Darstellung, Bühne, Erde*

Die Häuser besitzen zwar eine gleichnishafte Ähnlichkeit zu den Tierkreiszeichen, sind von diesen aber deutlich zu unterscheiden. Sie stehen zueinander wie der Inhalt zum Ort. Ein Beispiel soll dies verdeutlichen: Der Löwe steht inhaltlich für die Verwirklichung eines Höchstmaßes an Lebendigkeit, Kreativität und Lebensfreude. Für dieses Lebensspiel benötigt er einen konkreten materiellen Raum, in dem er sich entfalten kann, sowie entsprechende Gegenstände für sein „Spiel". Die Bühne des Lebens, der Ort[43], das irdische Lebensfeld, wäre dann ein Spielplatz, eine Spielwiese oder für die Älteren ein geschäftliches oder industrielles Unternehmen. Gleichzeitig befinden sich auf dieser Bühne eine Vielzahl materieller Gegenständen, mit denen er spielen und gestalten kann. Der Ort ist also nicht nur Ort, sondern auch eine Sammlung analoger materieller Manifestationen. Diesen Ort oder Raum samt seiner körperlichen Erscheinungen nennt die Astrologie *Haus*. So viele Tierkreiszeichen es gibt, so viele Häuser[44] gibt es.

Ein Haus kann in keinem Fall *energetisch* agieren. Das kann nur ein Planet! Also kann beispielsweise das 4. Haus, das ja in Analogie zum Krebs und dem Planeten Mond steht, auf keinen Fall

---

[43] Von vielen Astrologen werden die Häuser als Ort, Lebensfeld oder Bühne definiert. Wenn man dann aber die Beschreibungen liest, treten doch meist Thema und Aktion wieder in den Vordergrund und die Unterscheidung zu den Tierkreiszeichen hebt sich mehr oder weniger auf. Wir finden uns dann bei einer etwas abgespeckten Beschreibung der Tierkreiszeichen wieder. Manche Astrologen geben sogar allen drei Horoskopfaktoren (Zeichen, Planet, Haus) *dieselbe* Bedeutung.

[44] Die klassische Astrologie spricht den Eckhäusern (Haus 1, 4, 7 und 10) eine stärkere Wirkung zu. Untersuchungen von Françoise und Michel Gauquelin in den 70iger-Jahren des 20. Jahrhunderts ergaben jedoch eindeutige Hinweise auf eine teilweise stärkere Wirkung der Planeten in den Endhäusern (Haus 3, 6, 9 und 12). Der Verfasser ist der Ansicht, dass jedem Haus eine gleichermaßen unverzichtbare Bedeutung zukommt.

fühlen. Krebs stellt das Thema des Fühlens in den Raum, Mond fühlt und das Haus ist allenfalls der Ort, an dem das Ganze stattfindet.

Basiert der Tierkreis auf dem scheinbaren Umlauf der Sonne um die Erde innerhalb eines Jahres, so bezieht sich das Häusersystem auf die Bewegung der Erde um ihre eigene Achse und damit auf den Tag. Fast könnte man sagen, das Häusersystem ist der „Tierkreis" des Erdentages. Da der Tag dem Jahr gleichnishaft ähnlich ist, besteht diese Analogie, wie zuvor dargestellt, auch zwischen den Häuserbedeutungen und den Bedeutungen der Tierkreiszeichen.

	Tierkreiszeichen	**Planet**	**Haus**
	Thema, Anliegen, Anlage, Fähigkeit, ***WAS***	***Akteur*** ***WER***	***Ort*** auf der Erde, Lebensbereich, Gegenstand, ***WO***
Beispiel: Löwe	Lebendigkeit, Spiel	spielendes Kind	Spielplatz
Beispiel: Theater	Thema des Stückes	Schauspieler	Bühne, Bühnenbild

Es sind die unterschiedlichsten Tierkreiszeichen, die im individuellen Radix Herrscher der Häuser sind. So wird beispielsweise in den seltensten Fällen das Tierkreiszeichen Krebs über das 4. Haus herrschen. Immer herrscht jeweils das Zeichen, das an der Spitze des Hauses steht über das gesamte Haus. Die Spitze des Hauses ist im Gegenuhrzeigersinn der Anfang des Hauses. In bestimmten Fällen kann es vorkommen, dass ein weiteres Tierkreiszeichen vom Haus „eingeschlossen" wird. In diesem Fall ist auch dieses Zeichen an der Herrschaft beteiligt, jedoch als abhängiger Mitherrscher. Vergleichbar einem Fürsten, der zwar einen eigenen Herrschaftsbereich besitzt, der aber andererseits abhängig ist vom Hauptherrscher, dem König.

Das Tierkreiszeichen, das über das Haus herrscht, bestimmt das Thema, das an diesem Ort ausgetragen werden soll. Herrscht beispielsweise die Waage über das 9. Haus, so ist das Thema der Bildungsveranstaltung oder der Vorlesung (9. Haus) u. a. die Harmonielehre, die Ästhetik in der Kunst, die Nächstenliebe oder die Ökologie (Waage).

Derjenige, der die Herrschaft energetisch umsetzt, ist der dem jeweiligen Tierkreiszeichen zugeordnete Planet.

Häuserbedeutung

Überblick:

Haus	für das SELBST ein Ort der..	für das EGO ein Ort der ..
12	Empfänglichkeit, Quelle, Ziele menschlicher Entwicklung, Zusammenarbeit mit dem Ganzen	Hilfe und „Heilung“ im Rahmen des Kollektivs[45], Angst und Neurose, Zurückgezogenheit und Einsamkeit
11	genialen Einfälle, Individualität, der Formen des Zusammenlebens in Freiheit und Gleichberechtigung	Individuierung im Rahmen des Kollektivs; besonderen Gruppe Auserwählter, Wahlverwandtschaft, gemeinsamen Unternehmung
10	Berufung zur Antwort (Antwort = der inspirierenden Idee die entsprechende materielle Form geben), Verantwortung individueller Strukturen und Formen	kollektiven Normen, Erziehung; Ziele im kollektiven Rahmen, Verantwortung und Berufung im Rahmen des Kollektivs; Karriere
9	Verkündigung des Sinns, Begeisterung	geistigen Kreativität und des Verstandes im Rahmen des Kollektivs; Sinnsuche
8	seelische Empfänglichkeit und Verpflichtung gegenüber dem Empfangenen	Pflicht, Bindung ans DU, Opferung, Macht, Wandlung im Rahmen des Kollektivs
7	Ideen der Schönheit, Harmonie	Begegnung mit dem Kollektiv; Liebe oder Feindschaft zu seinen Projektionen (dem vom Einzelnen zu Gunsten des Kollektivs Verdrängten)
6	Nutzung der Materie, Arbeit	Nützlichkeit, Arbeit, des Dienens
5	Lebendigkeit, Verwirklichung, Kreativität, Lebensfreude, des Gestaltungswillens; des Kind-(Gottes) Seins und des Spiels	Eigenwilligkeit, selbstständigen Unternehmung; riskanten und spekulativen Spiele
4	Empfänglichkeit, Fürsorge, Wesenhaftigkeit (Identität)	Geborgenheit in der Familie, Geborgenheit in der Wohnung
3	Darstellung, Mitteilung	Kommunikation und des Austauschs
2	Werte und des Lebensraumes	Sicherheit und des Besitzes
1	Persönlichkeit, Tat	persönlichen Durchsetzung

[45] Kollektiv im Sinne der Gemeinschaft mit anderen Wesen (DU) oder der Gesellschaft. Es ist dies ein Zustand des Verharrens in einer Art kollektivem Mutterschoß. Zur wahren Menschwerdung muss die Geburt aus diesem Mutterschoß und damit die Trennung vom Kollektiv noch erfolgen. Es ist dies die „zweite Geburt aus Wasser und Geist“, unsere wahrhafte Individuierung.

12. Haus

Das 12. Haus steht in Analogie zum Tierkreiszeichen Fische. Es ist das Haus der **Zusammenarbeit** (Schicksal), des **Vertrauens** und für das EGO der Ort der **Heilung.** Was dort geheilt werden soll, sagt uns das im individuellen Horoskop herrschende Tierkreiszeichen. Das SELBST sieht in diesem Haus den Zielort seiner Entwicklung.

Fische	**Neptun**	**Irdisches Lebensfeld: 12. Haus**
Alleinigkeit mit Gott	verschmelzen, erleuchtet sein, wahrhaft lieben, einsam sein	das Allerheiligste, einsame Stätten und Meeresstrände, mystische Orte, Gipfelpunkte (Pyramidenspitze), Ziele menschlicher Entwicklung
Empfänglichkeit	sensibel empfangen	Antennen
Grenzenlosigkeit	entgrenzen, den Boden unter den Füßen verlieren, verirren	Wüste, Urwald, Meer, Sternenhimmel, der sichtbare Kosmos, Observatorium, Nebel, Gas, durchsichtiges Glas
Sehnsucht nach Heilung	trinken, süchtig sein, vergiften	Drogenumschlagsplätze (Tabletten, Alkohol etc.), Weinkeller, Schnapsbrennerei, Gaststätte, Suchtplätze, Suchtklinik
spirituelle Suche	suchen, romantisch sein	Geistesschulen, mystische Zirkel, Meditationsgruppen, Esoterikgruppen, esoterische Reisen, die Welt unter Wasser (Tauchen), Paradies, romantische Orte
Täuschung	täuschen, enttäuschen, betrügen, verheimlichen, desillusionieren	kriminelles Milieu, Diebe, die Orte des Betrugs und der Spionage, geheime Orte, Gefängnis, Film, Fernsehen (zusammen mit dem 3. Haus)
Enttäuschung	Leiden	Schicksalsschlag, Krankheit, Flucht, Verbannung
Lösung von der Normalität (Begrenzung)	aussteigen, nach Alternativen streben, verachtet sein, verachten	alternative Szene, Aussteiger, Kloster, Nonnenorden, Mönchsorden, spirituelle Gemeinschaft, Geheimgesellschaften, Subkultur, Ausgestoßene, Minderheiten
Heilung	heilen, helfen, sozial sein	Krankenhaus, Heilanstalt, Psychiatrie, Quarantänestation, Arztpraxis, Kurstätten, Helfer, Heiler, Weihwasser, Apotheke, Medikamente, Chemie, Gift, Anästhetikum, Prothesen, Pharmalabor, Traumlabor, Sozialeinrichtung, Hilfsorganisation, Asylantenheime
Vertrauen	vertrauen, einverstanden sein	sich von den Wellen tragen und schaukeln lassen, sich fallen lassen (Bungee)

11. Haus

Das 11. Haus steht in Analogie zum Tierkreiszeichen Wassermann. Es ist das Haus absoluter Freiheit im **Zusammenspiel** von **Individuen.** Was und wie dort gespielt wird, verrät uns das im individuellen Horoskop herrschende Tierkreiszeichen.

Wassermann	**Uranus**	**11. Haus**
geniale Idee	einfallsreich sein, erfinden	Erfinderwerkstatt, Erfindermesse, Elektrizität, Elektronik
Individualität	sich nackt (auch im übertragenen Sinn) zeigen	FKK-Gelände (Nacktheit)
Freiheit	fliegen, sich befreien, lüften, Fenster und Türen aufreißen, Urlaub machen, biwakieren	im Reich der Vögel, Gleitschirm, Flugzeug, Rakete, unter freiem Himmel, Lift, Urlaubsparadies
Gleichberechtigung	mit anderen etwas unternehmen, sich versammeln, zusammenkommen	Gruppen, Freundeskreis, Freunde als Wahlverwandtschaft, Kinder des Partners, Logen, Gesellschaften, Ort des gemeinsamen Spiels, Versammlungen, Kongresse
Grenzüberschreitung	trotzen, rebellieren, revolutionieren, erneuern, renovieren, mit Altem brechen, wünschen	Orte der Sensationen, Skandale und Überraschungen; Abenteuerspielplatz, Rummelplatz; Orte der Neuerung, der Revolution, des Aufstands und des Paradigmenwechsels; Wünsche
Herausgehobenheit	sich als etwas Besonderes sehen, sich herausheben	oben, Hanglage, von der Kanzel herab, Balkon, Treffpunkt der Avantgarde
Distanz	auf Distanz gehen, distanzieren	Platz des Zusammenspiels in Freiwilligkeit und ohne gegenseitige Verpflichtung

10. Haus

Das 10. Haus steht in Analogie zum Tierkreiszeichen Steinbock. Es ist das Haus der Form und Struktur, die sich für das EGO im Rahmen einer kollektiven **Gesellschaft** in seiner **Erziehung** und **Berufung** ausdrückt. Wie wir an diesem Ort erzogen wurden und welchen Inhalten wir dort – in der meist beruflichen Auseinandersetzung mit der Gesellschaft – Bedeutung geben, verrät uns das im individuellen Horoskop herrschende Tierkreiszeichen.

Steinbock	**Saturn**	**10. Haus**
SELBST-Verantwortung	beruflich tätig sein, ein Ziel anstreben, verantworten, streben, bestimmen, Karriere machen, politisieren	das Ziel, das mir meine Bedeutung im Kollektiv gibt; das Ergebnis, Berufsfeld, Ehrenmale, Karriere, Positionen mit gesellschaftlichem Einfluss, Autorität, Amtsstuben (Beamte), Treffpunkte der Politiker, Regierungsviertel, Bundestag
Anerkennung	erziehen, anerkennen, nach Anerkennung streben, konkurrieren	Erziehungsstätte, Plätze öffentlicher Begegnung, der Marktplatz als Zentrum eines Ortes
Urteil, GUT-BÖSE, „Gewissen“	autoritär sein, urteilen, beurteilen, verurteilen	Eltern, Erziehung, Polizeirevier, Anwaltskanzlei, Büro des Staatsanwalts, Gerichtssaal, Richter, Moralkommission, Stammtisch

Fortsetzung 10. Haus: nächste Seite

Fortsetzung 10. Haus

Steinbock	Saturn	10. Haus
Konzent-ration	konzentrieren, begnügen, verdrängen, schützen, blockieren	EGO konzentriert sich auf das GUT-Sein, Verdrängung des BÖSEN, verschlossene Türen, Schutzmauern, Bunker, Blockaden
Struktur und Form	ordnen, strukturieren, Gesetze erlassen, normieren	Idealbildung (womit sich die Gemeinschaft identifiziert), Legislative, Normenkommission
Polarität: ICH-Gesellschaft	unterordnen, gehorchen	Eltern, Öffentlichkeit, Chef, Arbeitgeber, Gesellschaft, Staat, Nation
		im Süden

9. Haus

Das 9. Haus steht in Analogie zum Tierkreiszeichen Schütze. Es ist das Haus der **Verkündigung,** der **Bildung** und des **Verständnisses.** Was wir an diesem Ort verstehen wollen und zu welchem Thema wir uns bilden wollen, verrät uns das im individuellen Horoskop herrschende Tierkreiszeichen.

Schütze	Jupiter	9. Haus
geistige Verkündigung	vorlesen (an der Universität), predigen, missionieren, begeistern	Kirche, Universität, Hochschule, höhere Schule, Tempel, Kirche, Moschee, Synagoge, Theater, Kulturstätten, Missionsstationen, Botschaften
geistige Synthese, Verstand	nachdenken, bedenken, philosophieren, erforschen	gesellschaftlich anerkannte Religion, Weltanschauung einer Gesellschaft, Stätten der Forschung und Lehre, Wissenschaftsfakultäten, philosophischer Zirkel
Bildung	bilden, studieren	Akademie, Bildungsstätte, Bildungsveranstaltung, Studium
Verständnis	verstehen, tolerieren	Ort partnerschaftlicher Kommunikation
Reise	in die Ferne reisen	große weite Welt, Fernreise, fremde Kulturstätten, Ausland, Reiseunternehmen
Wachstum	wachsen, optimieren, kolonisieren	Kolonien, Wachstumsgesellschaft, Welthandel
Privileg	sich erhaben dünken, edel sein	Adel, Schlösser, am Hofe, Klubs

8. Haus

Das 8. Haus steht in Analogie zum Tierkreiszeichen Skorpion. Es ist das Haus der **Verpflichtung** und der **Wandlung** hin zu unserem SELBST. Was wir dort aus Pflicht opfern und was dort gewandelt werden soll, sagt uns das im individuellen Horoskop herrschende Tierkreiszeichen.

Skorpion	Pluto	8. Haus
Verbindlichkeit, Pflicht, Opfer	sich binden, opfern, verpflichten, erben,	Partnerbindung, Besitz des Partners, Kredite, Erbschaft, Welt der Ahnen, Sklaverei
Kontrolle, Eifersucht, Rache, Gewalt	kontrollieren, rächen überwachen, spionieren, quälen, zwingen, rauben	Machtzentrum, Geheimdienst, Inquisitionszirkel, Folterkeller, Hinrichtungsstätte
Magie	zaubern, hexen, beschwören	Ritualplatz, spiritistischer Zirkel, Hexenkultstätten
Sexualität	geil sein, prostituieren, koitieren, vergewaltigen	Ort der Sexualität, Absteige, Eros-Center, Bordell, Milieu der Prostitution
Gedächtnis	behalten, erinnern, vererben, erben	Genlabor, Gerümpelkeller, Geisterbahn, Dämonen
Leitbild	fotografieren, folgen	Fotostudio, Fanclub
Wandlung, Tod	wandeln, sterben, beerdigen, therapieren, entleeren, ausscheiden, wegwerfen	Therapeutencouch, Sterbehospital, Pathologie, Anatomie, Krematorien, Friedhof, dunkle Höhle, Hölle, Tümpel, Morast, Kanalisation, Toilette, Sauna, Misthaufen, Komposthaufen, Schrottplatz, Müllhalde
SELBST-Bestimmung	planen, Regie führen, organisieren, programmieren	Planungs- und Organisationsbüro, Programmierungszentrum

7. Haus

Das 7. Haus steht in Analogie zum Tierkreiszeichen Waage. Es ist das Haus der **Begegnung.** Wie wir uns in der Begegnung verhalten und welches Thema sich uns dort stellt, sagt uns das im individuellen Horoskop herrschende Tierkreiszeichen.

Waage	Venus	7. Haus
Liebe zu dem, was uns fehlt	lieben, lieb haben, lieb sein, begegnen, heiraten	Persönlichkeit des DU, Partners, bzw. Liebhabers; Ehestand, Ehebruch, Treffpunkte, Begegnungsstätten, Kaffeehäuser, Salon
Begegnung mit dem Schatten	befehden, prozessieren	Persönlichkeit der Gegner bzw. Feinde, Duellplatz, Zivilprozess
Ergänzung mit dem Ziel der Schönheit	verschönern, sich modisch kleiden, kunstvoll ausgestalten, schmücken,	Schmuck, Blumengeschäft, Blütenmeer, Frisiersalon, Kosmetiksalon, Schneiderei, Modesalon
Harmonie	in Balance bringen, ausgleichen, harmonisieren	diplomatischer Dienst
		im Westen

6. Haus

Das 6. Haus steht in Analogie zum Tierkreiszeichen Jungfrau. Es ist das Haus der **Arbeit, Nutzung** und **Anpassung**[46] an die materiellen Bedingungen. Wie wir uns in der Arbeit verhalten und welches Thema sich dort stellt, sagt uns das im individuellen Horoskop herrschende Tierkreiszeichen.

Jungfrau	**Merkur**	**6. Haus**
Arbeit, Fleiß	arbeiten, fleißig sein	Arbeitsplatz, Arbeitsumfeld (Landwirtschaft, Industrie, Handel, Dienstleistung), Arbeitsbedingung, Feld, Stallungen, Fertigungshalle, Fließband, Werkstatt, Kontor, Büro, Haushalt, Küche
Nutzung, Verwertung	nutzen, mieten, verwerten, züchten	Abteilung für Betriebswirtschaft, Nutztierhaltung
Analyse, Auswertung	analysieren, kritisch bewerten, kritisieren	analytisches Labor, Labor für Materialprüfung, Kritikerrunde, Haushaltsberatung
Anpassung	sich anpassen, dienen, abhängig sein	Dienstverhältnis, Arbeiterverhältnis, Angestelltenverhältnis, Gesinderäume, Arbeiter, Diener, Untergebene

5. Haus

Das 5. Haus steht in Analogie zum Tierkreiszeichen Löwe. Es ist das Haus der **Lebensgestaltung** und des **Lebensspiels.** Wie wir unser Leben in diesem Haus gestalten und welches Thema sich dort stellt, sagt uns das im individuellen Horoskop herrschende Tierkreiszeichen.

Löwe	**Sonne**	**5. Haus**
seelischer Wille zur Lebendigkeit	leben, handeln, spielen	Vater, Lebensspiel, riskante Spekulation, Wettbüro, Spieler
Kreativität	verwirklichen, kreieren, erschaffen	Veranstaltung, Konzert, Zirkus, Kunstatelier, Spielplatz, Spielwiese, Sandkasten, Spielzeug, Hobbykeller
Selbständigkeit	unternehmen	eigenes Unternehmen, Führungsetage
Lebensfreude	freuen, strahlen, herzlich sein	Kinder, Feste, Vergnügung, Kasino, Vergnügungspark, Spielhölle

[46] In der klassischen Astrologie wird dem 6. Haus auch die Krankheit und die Heilung zugeordnet. In der psychosomatischen Praxis hat sich ein *besonderer* Bezug des 6. Hauses zu Krankheitsdispositionen nicht bestätigt. Krankheit entsteht auf der geistigen Ebene als Folge unseres gefallenen Bewusstseins (Steinbock, Saturn). Hierzu hat das 6. Haus keine Entsprechung! Viele Heiler zeigen eher eine Betonung des Fische-/Neptunprinzips oder des 12. Hauses. Bedient sich die Heilung schamanistischer Praktiken, so zeigen sich zusätzlich eine Betonung des Skorpion-/Plutoprinzips oder des 8. Hauses.

4. Haus

Das 4. Haus steht in Analogie zum Tierkreiszeichen Krebs. Es ist das Haus unseres **Wesens** (Identität), das uns Wurzel ist, und der **Geborgenheit.** Womit wir uns identifizieren und was uns Geborgenheit gibt, sagt uns das im individuellen Horoskop herrschende Tierkreiszeichen.

Krebs	**Mond**	**4. Haus**
Wesen, Identität	seinem Wesen entsprechen	Mutter, Familie, Verwurzelung, Heimat, Volk, Nation
Natur	natürlich sein	Blumenecke, Wintergarten, Garten, Wiese, Wald
Ruhe, Geborgenheit	ruhen, sich wohl und geborgen fühlen, nach Hause kommen	Zuhause, Privatsphäre, Bett, Schlafzimmer, Kissen, Zudecke, Polster, Kleidung (wärmende, schützende), Badewanne, Wohnung, Wohnhaus, Dorf, Stadt, Hotel, Rastplatz, Ruheraum
Empfang	empfangen	Schüssel, Becher, Becken, Tasche
körperliche Fürsorge	sorgen, bemuttern, essen, trinken	Mutter, Nahrung, Trinkwasser, Esszimmer, Molkerei
		im Norden

3. Haus

Das 3. Haus steht in Analogie zum Tierkreiszeichen Zwillinge. Es ist das Haus der **Kommunikation** und des **Austauschs.** Wie wir uns als Persönlichkeit in die Kommunikation einbringen und welches Thema sich uns dort stellt, sagt uns das im individuellen Horoskop herrschende Tierkreiszeichen.

Zwillinge	**Merkur**	**3. Haus**
Selbstdarstellung	darstellen, über Gebärden sich mitteilen	Kommunikation, Rednerbühne, Talkrunde, Nachbarschaftsschwatz, Sprachstudio, Schauspielschule, Schauspiel
Informationsaustausch	reden, schreiben, lesen, informieren	Geschwister, Schule (Grundschule), Sprachenschule, Lehrer, Medienwelt (Zeitungsredaktion, Rundfunkstudio, Fernsehstudio, Internet), Wörterbuch, Lexikon, Sekretariat, Brief-, Paket- und Fernmeldedienst, Nachrichtendienst, Satelliten
Austausch	verkaufen, Handel treiben, einkaufen	Marktstand, Handelsgeschäft, Messe
körperliche Beweglichkeit	Körpergeschick lernen, Fingerfertigkeit üben, Bewegungen üben, tanzen	Handwerk, Technik (bes. Steuerungstechnik) Tanzboden, Gymnastikstudio, Instrumentalvirtuose (Klavier, Geige usw.)
Fortbewegung	gehen, laufen, fahren, fliegen (zusammen mit Uranus)	Verkehr, Spaziergang, die kurze Reise, Fahrrad, Motorrad, Auto, Bus, Bahn, Transportfahrzeug, Schiff, Wege, Strassen

2. Haus

Das 2. Haus steht in Analogie zum Tierkreiszeichen Stier. Es ist das Haus unseres persönlichen **Wertes.** Was unsere Person wertvoll macht und wie wir mit unseren Werten umgehen, sagt uns das im individuellen Horoskop herrschende Tierkreiszeichen.

Stier	Venus	2. Haus
Körperlichkeit	sich Raum geben	Fundament, Revier, Grundstück, Eigenraum
Eigentum	sammeln, sparen, speichern	Sammlung, Speicherkammer, Lager, Silo, Reichtum (Armut), Vermögen, Investition
Eigenwert	einnehmen, materiell bewerten, sich Wert geben	Einkommen, Geld, Wertpapiere, Besitz (geistiger, seelischer oder körperlicher), Eigentümer, Bank, Börse
Eigenliebe	Geld ausgeben, sich körperlich annehmen, sich selbst lieben	Lebensstil (was gönne ich mir materiell?)
Sicherheit	erhalten, sichern, abgrenzen	Versicherung, Tresor, Reviergrenze, Zaun

1. Haus

Das 1. Haus, der **Aszendent,** steht in Analogie zum Tierkreiszeichen Widder. Es ist das Haus des **Anliegens,** dem wir als Persönlichkeit zur **Durchsetzung** verhelfen wollen. Beileibe nicht immer mit unserer Körperkraft, denn das Anliegen kann ebenso gut geistig (Fische–Schütze) oder seelisch (Skorpion–Löwe) sein. Wie wir uns als Person durchsetzen und mit welchem Anliegen, sagt uns das im individuellen Horoskop herrschende Tierkreiszeichen. Der Ort dieser Entwicklung sind im Wesentlichen wir selbst, ist unsere Persönlichkeit. Diese AC-Anlage zu entwickeln ist das Hauptanliegen unseres Lebens. Aus der Perspektive dieses Anliegens sehen wir die Gesamtheit der restlichen elf Lebensfelder.

Ein Beispiel: Ein Mensch mit einem Löwe-Aszendent sieht sein ganzes Leben und damit alle Lebensfelder unter der Perspektive der persönlichen Willensentfaltung, Kreativität und maximalen Lebendigkeit. Dabei will er immer etwas selbstständig unternehmen. Je mehr ihm das gelingt, desto mehr Lebensfreude kommt in ihm auf. Seine Persönlichkeit ist ganz von diesem seelischen Anliegen durchdrungen.

Widder	Mars	1. Haus
Tatkraft	tun im Hier und Jetzt	Ort der Entwicklung der **Persönlichkeit,** Ort der persönlichen Perspektive auf den Tierkreis, persönliches Anliegen
Durchsetzungskraft	durchsetzen, schreien, vorwärts stürmen	Antrieb, Motor, Lokomotive, Zugpferd
Streit, Kampf	kämpfen, stechen, schneiden	Kampf für ... , Waffenschmiede, Kriegsschauplatz, Schlachtfeld
Sport	trainieren	Sportplatz, Fitnesscenter
		im Osten

Das Instrument der Häuserdrehung

Um ein Horoskop noch differenzierter zu untersuchen, können wir uns gedanklich in jedes der zwölf Häuser hineinstellen und aus dieser Perspektive die anderen Häuser betrachten. Das Haus, in dem wir uns jeweils aufhalten, wird dann aus unserer Perspektive zu unserem *1. Haus*.

Beispielsweise ist unser 4. Haus das Haus unserer Mutter. Begeben wir uns in dieses Haus, dann nehmen wir die Perspektive der Mutter ein, und so wird es zum *1. Haus der Mutter*. Wollen wir etwas über die Geschwister der Mutter, also die Tanten und Onkel mütterlicherseits, erfahren, so müssen wir in das *3. Haus der Mutter* schauen. Dieses *3. Haus der Mutter* befindet sich zwei Häuser weiter und ist das 6. Haus unseres Horoskops.

Das Instrument der Häuserdrehung wird gerne angewandt, um *Familienmitglieder* und deren Bedeutung für uns zu erkennen.

Ein weiteres Anwendungsfeld ist die *Partnerschaftsanalyse*. Unserem Partner begegnen wir in unserem 7. Haus. Dieses Haus wird zum *1. Haus des Partners*. Hier bekommen wir Informationen zu seiner Persönlichkeit. Die nachfolgenden Häuser und ihre Aussage über den Partner sind in der Tabelle im Überblick beschrieben.

Horoskophaus	***= Haus des Partners***	***Partner***
7. Haus	*1. Haus*	*seine Persönlichkeit, sein Anliegen*
8.	*2.*	*seine finanzielle Situation, sein Besitz*
9.	*3.*	*seine Geschwister* = meine Schwägerinnen und Schwager, *sein handwerkliches Geschick, seine Beweglichkeit und Kommunikationsfähigkeit*
10.	*4.*	*seine Familie, seine Mutter* = meine Schwiegermutter
11.	*5.*	*sein Vater* = mein Schwiegervater, *seine Selbstständigkeit und Kreativität, sein Unternehmungsgeist*
12.	*6.*	*seine Arbeit*
1.	*7.*	*seine Begegnungen, seine Liebe und Ergänzung* bin ICH
2.	*8.*	*durch seine partnerschaftliche Bindung* wird er zu meinem Besitz, *Sexualität*
3.	*9.*	*seine Bildung, sein Verständnis* wird zu meiner Information
4.	*10.*	*sein Beruf, seine Ziele*
5.	*11.*	*seine Freunde*
6.	*12.*	*seine Sehnsüchte und Ängste*

Ein dritter Anwendungsschwerpunkt für das Instrument der Häuserdrehung liegt in der *Stundenastrologie*, die auf die sich uns stellenden Fragen Antworten geben kann. Die Begründung dieser astrologischen Technik besteht darin, dass sich eine Frage immer nur im Zusammenhang mit einer zu ihr passenden Zeitqualität stellt. Die Zeit und ihre Qualität, zu der sich uns eine Frage stellt, trägt aber auch die Entwicklung des Themas in der Zeit und damit die Antwort in sich. Auf diese Technik soll an dieser Stelle nicht weiter eingegangen werden, da sich dahinter ein ganz eigenes Vorgehen verbirgt, das in mehreren Büchern hinreichend beschrieben wurde.

Die Aspekte

Allgemeine Bedeutung

So wie alles, was existiert, miteinander in Beziehung steht, so stehen auch unsere Energiezentren, die Planeten, zueinander in Wechselwirkung. Je nachdem, in welchem Winkelabstand sie zueinander stehen, ist ihre Wechselwirkung einerseits stärker oder schwächer, andererseits harmonisch oder spannungsgeladen. Besondere Wirkungen haben die Aspekte (*lat.* anblicken), wenn deren Abstände bestimmten Winkelgraden entsprechen. Diese Abstände ergeben sich u. a. aus der Teilung der 360° des Tierkreises durch ganze Zahlen (1; 2; 3; 4; 5; 6; 8; 12). Die Aspektbedeutung, die sich aus dieser Teilung ergibt, leitet sich zum Teil aus der Bedeutung der Zahlen ab. Die Zahlen geben den Aspekten zum Teil auch ihre Namen:

- 3 Trigon (*lat.* tres): 360° : 3 = 120°
- 4 Quadrat (*lat.* quattuor): 360° : 4 = 90°
- 5 Quintil (*lat.* quinque): 360° : 5 = 72°
- 6 Sextil (*lat.* sex): 360° : 6 = 60°
- 8 Oktil (*lat.* octo): 360° : 8 = 45° (Halbquadrat)

Um die Aspekte in ihrer Bedeutung und Wirkung zu verstehen, ist es zunächst wichtig, etwas über die Qualität dieser Zahlen zu wissen. Zahlen waren immer schon Symbole, unseren astrologischen Symbolen ähnlich, mit archetypischen Bedeutungen. In unserem alltäglichen Leben aber haben wir deren Bedeutung (Qualität) weitgehend auf ihre Mengenangabe (Quantität) reduziert.

Zahlenbedeutung

Zahlen unterscheiden sich zunächst in zwei Gruppen:

- *gerade* teilbare Zahlen (2; 4; 6; 8; 12 usw.)
- *ungerade* und damit nicht teilbare Zahlen (1; 3; 5 usw.)

Die *geraden Zahlen* bilden durch ihre Teilbarkeit mindestens zwei Teile, die für sich agieren. Zwischen diesen beiden Teilen kann sich eine Spannung aufbauen, die uns bewusst wird. Die solcherart gebildeten Aspekte besitzen die *Potenz der Bewusstwerdung*.

Die Aspekte, die aus nicht teilbaren, *ungeraden Zahlen* entstehen, bilden in gewissem Sinn eine Einheit. Da es keine Teile gibt, kann sich auch kein Spannungsverhältnis aufbauen. Ihre Wirkung ist zwar stets vorhanden, bleibt aber oft *unbewusst*.

1

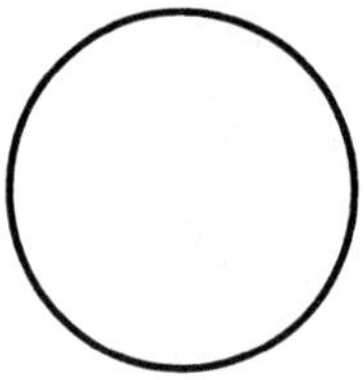

Die Eins ist das Symbol einer *Einheit*, die in sich ein *Ganzes* darstellt. Sie ist aber nicht das unendliche Ganze, sondern lediglich ein Teil, ein Fraktal, des Allumfassenden. Sie steht für eine zeitlich und räumlich begrenzte Existenz und wird damit zum Ausdruck der Individualität (*lat.* das Ungeteilte/Unteilbare).

2

Die Einheit spaltet sich in unserer Welt immer in zwei Pole. Die *Polarität* ist unsere *Realität*. Dem ICH tritt das DU gegenüber, der Frau der Mann und umgekehrt. In dieser Zahl steckt in besonderem Maße die Potenz der Bewusstwerdung, weil die Polarität uns mit Wesen und Dingen konfrontiert (Projektion), die scheinbar von uns getrennt existieren. So können wir sie im Außen anschauen und erleben. Sollten wir einen Konflikt in uns tragen, so wird er zum Konflikt zwischen ICH und DU. Hierin steckt die Chance, dass er uns bewusst wird.

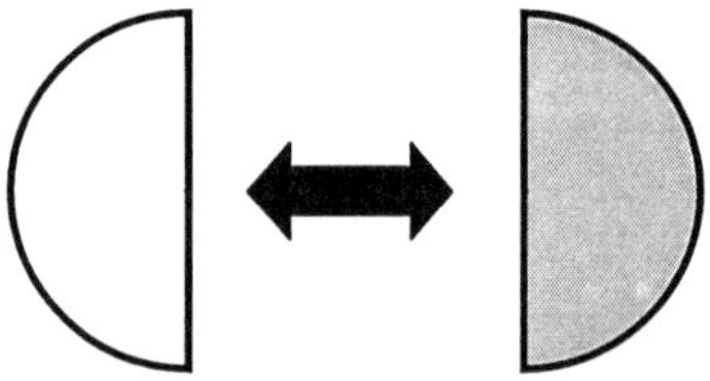

3

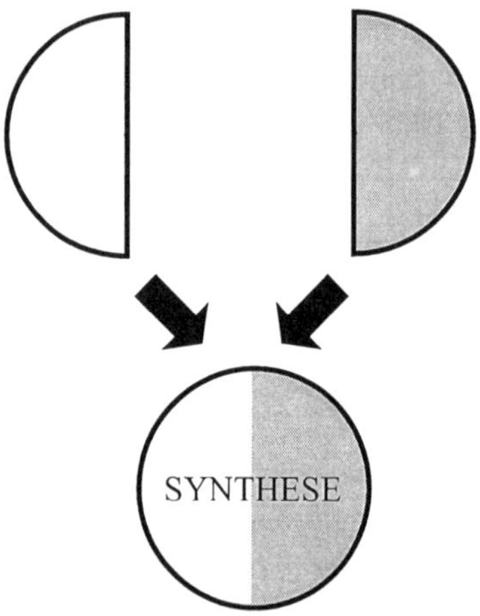

Treffen zwei Gegensätze aufeinander, so bilden sie eine *Synthese* und besitzen eine über die Einzeleigenschaften hinausgehende *neue* Qualität. Die Synthese ist immer mehr als die Summe ihrer einzelnen Teile. Treffen Mann und Frau aufeinander, so entsteht ein neuer Mensch. Entweder ein Kind, wenn es bei dem äußeren Aufeinandertreffen bleibt, oder wir werden neu, wenn sich in unserem Inneren Mann und Frau verbinden (Conjunctio oppositorum). Dies ist dann eine wahrhaft heilige, weil heilende, Ehe (chymische Hochzeit).

Wasserstoff und Sauerstoff besitzen in Trennung voneinander einen gasförmigen Charakter. Vereinigt aber entsteht aus ihnen etwas ganz Neues mit einer vollkommen anderen Qualität: das Wasser.

Die beiden Pole bilden mit dem Neuentstandenen das Symbol des Dreiecks.

4

Fügen wir dem Dreieck einen weiteren Punkt in der Fläche hinzu, entsteht ein Viereck, das man sich aus zwei Dreiecken zusammengesetzt vorstellen kann.

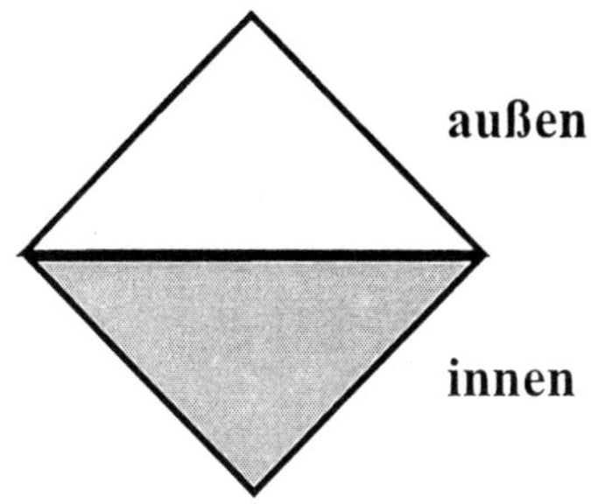

Das obere spiegelt sich im unteren Dreieck. Beispielsweise spiegelt sich die Welt des Geistes in der Welt der Materie. Ebenso spiegelt sich das in uns Vorhandene im Außen wieder. In der Zahl 4 steckt damit die *Spannung zwischen männlich und weiblich*, zwischen Extraversion und Introversion, zwischen unserer *Aktion im Außen* und dem *in uns Angelegten*. Die Spannung wird erst dann überwunden sein, wenn unsere Aktion im Außen dem Wesen in uns vollkommen entspricht. Diese Entspannung ist nur durch einen Bewusstwerdungsprozess zu erreichen. Solange die Spannung existiert, treibt sie uns in diesen Prozess.

Teilen wir den Kreis durch vier, so entsteht der rechte Winkel. Er ist weitgehend Grundlage aller von uns geschaffenen Ordnungen.

5

Die Fünf ist die Zahl des Menschen, der den „Stein der Weisen" gefunden hat. Der Mensch ist in vielfacher Weise der Ausdruck der Zahl 5. Er besitzt 5 Enden (Kopf, 2 Hände, 2 Füße) und jeweils 5 Finger und Zehen. Aus der Auseinandersetzung mit den vier Elementen hat sich im Laufe der Zeit ein fünfter Stoff gebildet, die *Quinta Essentia*. Es ist die Betrachtung und die Erkenntnis der Welt der Zahl 4 von einem über der Fläche befindlichen 5. Punkt aus. Wir befinden uns an der Spitze der Pyramide oder auf der Spitze „unseres Berges" (z. B. der Ort der Bergpredigt). Das Symbol der Zahl 5 ist das Pentagramm, das in sich die Teilung nach dem Goldenen Schnitt trägt, der wiederum Ausdruck der göttlichen Formgebung ist. Stimmt unsere Formgebung mit der göttlichen Formgebung überein, dann ist die Entwicklung unserer Talente vollendet. Wir sind talentiert.

Abb.
Pentagramm

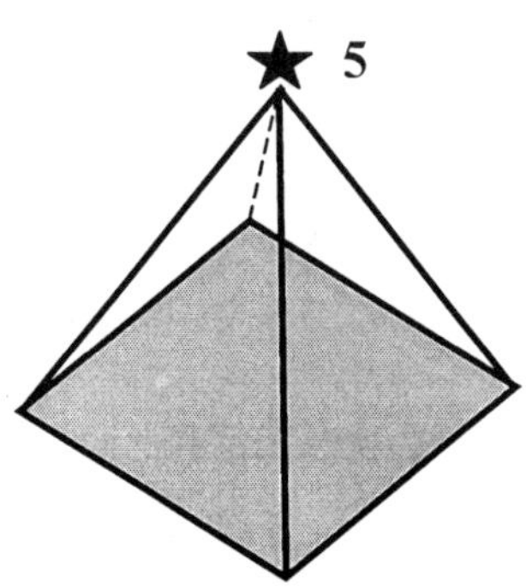

Abb.
Pyramide

6

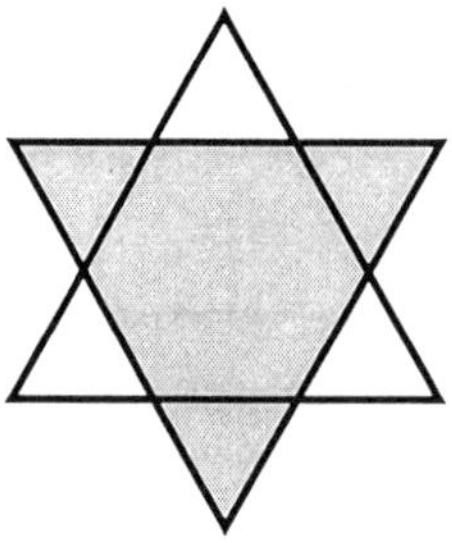

Das Symbol der Zahl 6 ist der Sechsstern, der aus zwei Dreiecken gebildet wird. Dies entspricht der Addition: 3 + 3 = 6. In der Zahl 6 treffen zwei Synthesen (3) unterschiedlicher Qualität aufeinander. Sie verbinden Oben und Unten, Himmel (Geist) und Erde oder die astrologischen Elemente Luft und Feuer bzw. Erde und Wasser. Die Idee (Luft) drängt zur Tat (Feuer) und das Empfangene (Wasser) in die körperliche Form (Erde). Die Zahl 6 ist die Zahl des Schaffens, der *Erschaffung*. Sie findet u. a. ihren Ausdruck in der sechstägigen Erschaffung der Welt.

8

Die 8 ist die Zahl *steter Wandlung*. Verfolgen wir die Linie der 8, so kommen wir einmal nach oben und gleich darauf wieder nach unten. Oben verwandelt sich in Unten und umgekehrt.

Beobachten wir den die Linie zeichnenden Stift (siehe nachstehende rechte Abb.), so weist seine eine Seite in dem einen Kreis nach außen. Ziehen wir mit dem Stift die Linie zum anderen Kreis, so weist er dort nach innen. Daraus folgt: Außen verwandelt sich in Innen und umgekehrt.

Das Symbol der 8, das Achteck, entsteht durch zwei übereinander liegende Quadrate (4 + 4 = 8), die um 45° gegeneinander versetzt sind. Die Spannung zwischen männlich und weiblich des einen Quadrates (siehe oben: Zahl 4) wird durch einen Mittelpunkt ergänzt, der von der Ecke des zweiten Quadrates gebildet wird. Dieser Mittelpunkt wird zum Brennpunkt der Spannung. Über ihn kann sich die Spannung entladen. Gleichzeitig ist aber das erste Quadrat ebenfalls mittelpunktbildend für das zweite Quadrat. So entlädt sich die Spannung wechselseitig und führt zum Prozess steter Wandlung. Das Innere wird zum Äußeren, und das Äußere wird zum Inneren.

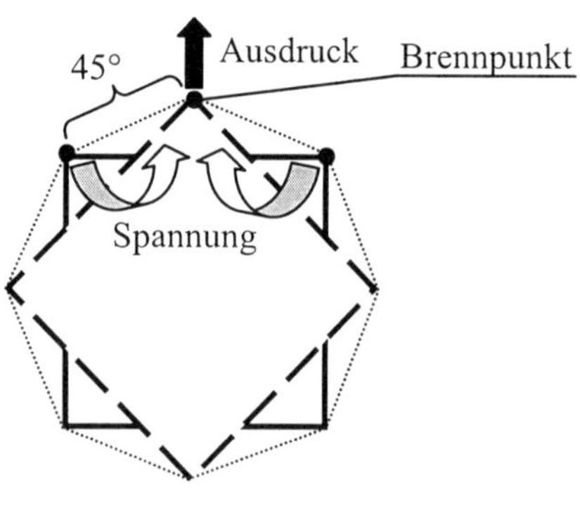

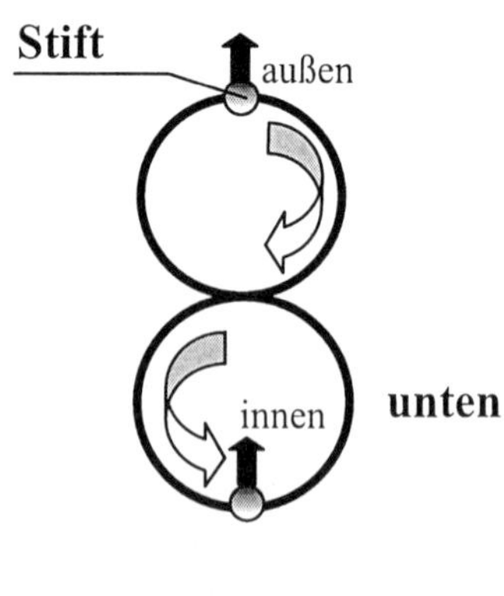

12

Die 12 repräsentiert die zwölf Mondstationen (Sonne Konjunktion Mond) des Jahres und gibt dem Tierkreis seine Teilung in zwölf Teile mit jeweils 30°.

Die 12 ergibt in der Quersumme (1+2) die 3. Die 12 ist damit ebenfalls eine Zahl der Synthese, die aber über die normale Synthese der Zahl 3 hinausgeht. Sie vereinigt in sich die Zahl 1 (Einheit, Ganzheit) und die Zahl 2 (Teilung, Polarität). Sie schafft damit die Bedingungen, unter denen eine *Vereinigung der Gegensätze* (Conjunctio oppositorum) möglich wird.

Aspekt	**Zahl**	**Grad**	**Aspektqualität**	
Konjunktion ☌	**1**	360° / 0°	Einheit, Ganzes	
Opposition ☍	**2**	180°	Polarität, Begegnung	bewusstmachend
Trigon △	**3**	120°	Synthese, neue Qualität	
Quadrat □	**4**	90°	Spannung zwischen männlich und weiblich	bewusstmachend
⬠	**5**	72°	Quinta Essentia, Talent, entwickelte Fähigkeit	
Sextil ⚹	**6**	60°	Erschaffung	bewusstmachend
Halbquadrat ∠	**8**	45°	stete Wandlung	bewusstmachend
Konfinis[47] ⊻	**12**	30°	Vereinigung der Gegensätze	bewusstmachend

Aspektbedeutung und das Instrument der Häuserdrehung

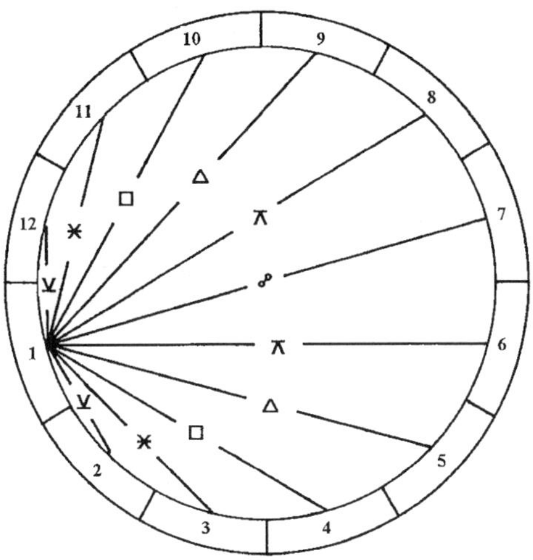

Eine weitere wichtige Information zur archetypischen Bedeutung der Aspekte liefert uns das Instrument der Häuserdrehung. Bei der Betrachtung eines beliebigen Aspektes legen wir ein gleichgeteiltes Häusersystem so auf das Horoskop, dass einer der am Aspekt beteiligten Planeten in das 1. Haus fällt. Nun schauen wir, in welchem Haus sich der andere zum Aspekt gehörende Planet befindet. In einem zweiten Schritt drehen wir das Häusersystem so, dass der zweite Planet in das 1. Haus fällt, und wieder schauen wir, in welchem Haus sich dann der ursprüngliche Planet aufhält.

In der Abbildung wird dies für eine Vielzahl der Aspekte gleichzeitig sichtbar, da die gleichen Aspekte jeweils zweimal in gegensätzlicher Richtung eingezeichnet sind.

Auf diese Weise erhalten wir eine bestimmte Häuserkombination zu jedem Aspekt, die sehr treffend dessen Qualität charakterisiert.

[47] Der Konfinisaspekt (*lat.* benachbart) wird auch oft als Halbsextil bezeichnet.

Aspekt	Häuser-kombination	analoge Plane-tenqualität	Aspektqualität
Konjunktion ☌	1 / 1	Mars / Mars	Durchsetzung
Konfinis[48] ⚺	12 / 2	Neptun / Venus	Erlösung des Eigenwertes
Sextil ⚹	11 / 3	Uranus / Merkur	Darstellung des Neuen
Quadrat □	10 / 4	Saturn / Mond	Bewusstwerdung des Wesens der körperlichen Welt
Trigon △	9 / 5	Jupiter / Sonne	Synthese verwirklicht sich
Quinkunx ⚻	8 / 6	Pluto / Merkur	Wandlungsarbeit
Opposition ☍	7 / 7	Venus / Venus	Begegnung, Ergänzung

Die Bedeutung der einzelnen Aspekte

Konjunktion 0° ☌

Die Planeten bilden eine energetische Einheit, die einen marsischen Charakter besitzt und auf Durchsetzung drängt. Entscheidend dabei ist aber, welche Polarität jeweils die beteiligten Planeten besitzen, vor welchem Elementhintergrund sie agieren und welche Kreuzqualität der Hintergrund besitzt. Deshalb kann die Konjunktion, ein Hauptaspekt, sowohl ein harmonischer als auch ein spannungsgeladener Aspekt sein. Immer bildet sich ein Energiezentrum, bei dem sich die Planeten entweder gegenseitig verstärken, was in Anlehnung an das Resonanzphänomen weit über die einfache Addition hinausgehen kann. Oder aber sie bekämpfen sich gegenseitig unter hohem Energieverbrauch bis hin zur gegenseitigen Wirkungsauslöschung.

Die Konjunktion verstärkt unsere Selbstbezogenheit und Subjektivität und damit die Trennung zwischen uns und unserer Umwelt sowie die Missachtung derselben. Wegen der starken Energieballung können Konjunktionen, wenn sie verdrängt werden, zu massiven Konfrontationen mit der Umwelt führen, da die beteiligten Planeten auch bei der Projektion eine Einheit bilden.

Konfinis 30° ⚺

Der Konfinis (*lat.* benachbart), ein Nebenaspekt, ist ein Spannungsaspekt. Der Aspekt verbindet Planeten miteinander, die in benachbarten Zeichen gegensätzlicher Qualitäten (Polarität, Element, Kreuzqualität) stehen. Deren Spannung wirkt bewusst machend. Die beiden Hintergrundenergien (Energie der Tierkreiszeichen) sollen miteinander versöhnt werden. Der neptunische Charakter des Aspekts verweist darauf, dass hier zwei, die sich einst verloren, wieder *Sehnsucht nach dem und die Möglichkeit des Miteinander* haben. Die Versöhnung wird aber erst dann möglich, wenn sich die beteiligten Planeten in ihrem gegenseitigen Wert (Stier-Venus) anerkennen.

[48] Der Konfinisaspekt wird auch oft als Halbsextil bezeichnet.

In ähnlicher Weise müssen zwei Zeichen miteinander auskommen, wenn ein Haus von einem Tierkreiszeichen (Hauptherrscher) beherrscht wird, und ein zweites Zeichen im Haus mit eingeschlossen ist und in Abhängigkeit vom Hauptherrscher über das Haus mitherrscht.

Halbquadrat 45° ∠

Das Halbquadrat, ein Nebenaspekt, ist ein Spannungsaspekt. Das Anderthalbquadrat (135° ⚼) ist dem Halbquadrat in seiner Bedeutung ähnlich.

Die Spannung des Quadrates zwischen männlich und weiblich, zwischen unserem Verhalten im Außen und dem an und in uns Vorhandenen besitzt einen Mittelpunkt (45° von den jeweiligen Enden des Quadrates entfernt), über den sich die Spannung ausdrücken kann. Dies führt zu einem Bewusstwerdungsprozess, zumal der stetige Austausch zwischen Innen und Außen einen permanenten Wandel unseres Verhaltens nach sich zieht.

Sextil 60° ⚹

Das Sextil, in seiner Bedeutung zwischen den Hauptaspekten und den Nebenaspekten stehend, ist ein harmonischer Aspekt, der aber, wenn er ungenutzt bleibt, in uns eine bewusstmachende Unzufriedenheit entstehen lässt. In ihm verbinden sich zwei Syntheseebenen und schenken uns stets vorhandene Möglichkeiten der schöpferischen Darstellung (Merkur-Charakter). Da es aber von unserer Entscheidung abhängt, ob wir die Möglichkeiten auch nutzen, wirkt das Sextil nicht wie das Trigon von selbst. Die Bereitschaft, die sich bietenden Möglichkeiten zu nutzen, hängt davon ab, ob wir den Mut haben, bisherige Grenzen zu überschreiten und Neues zu wagen (Uranus-Charakter).

Quintil 72°

Quintile zeigen uns sehr *spezielle Talente* an, die in der Regel für lange Zeit unbewusst bleiben. Sie wurden im Vorleben erworben. Sie stellen die Ernte vergangener Bemühungen dar.

Die Talente besitzen oft die Aura des „Magischen“ (z. B. Magier der Farben, Formen, Töne, Rhythmen, Worte, Gedanken, Karten, (Heil-)Energien), des Vollendeten, da sich in ihnen eine entwickelte – wenn auch sehr spezielle – Fähigkeit (Quinta Essentia) ausdrückt.

Quadrat 90° □

Das Quadrat, ein Hauptaspekt, ist ein bewusst machender Spannungsaspekt. Bei ihm stehen unsere Innenwelt, das Weibliche und Wesenhafte, und unsere Außenwelt, das Männliche und sein Ausdruck, in intensiver und spannungsreicher Beziehung. Dies fördert eine Entwicklung, durch die unser *Ausdruck* nach außen immer mehr mit unserem *Inhalt* übereinstimmen soll. Der saturnale Charakter des Aspekts bewirkt aber in der Regel vor dem Hintergrund von Leistungs- und Anerkennungsmotiven die Verurteilung und Verdrängung wesenhafter (Mond) Fähigkeiten der beteiligten Planeten.

Die Planeten, die den Quadrataspekt bilden, stehen immer in Zeichen derselben Kreuzqualität. Sie bestimmt den Charakter der Aspektanlage (kardinal: aktionistisch, sprunghaft; fix: stur, eigenwillig, zwanghaft; beweglich: labil, zerstreut, überangepasst, ausweichend).

Die Spannungen des Quadrates lassen keinen spielerisch souveränen Umgang mit dem Leben aufkommen. Die differenzierte, adäquate und angemessene Reaktion ist die eher Ausnahme. Wir reagieren vielmehr nach dem *Prinzip des Alles oder Nichts*. Entweder handeln wir nicht (Hemmung) oder überzogen und kompromisslos (Kompensation). Dies lässt sich mit einer zu stark gespannten Pinzette vergleichen, mit der wir ganz empfindliche Teile greifen wollen, die aber nur ob ihrer starken Gespanntheit unbeholfene Greifbewegungen zulässt.

Die an Quadrataspekten beteiligten Planeten stehen immer wie Aszendent und Medium coeli zueinander. Ein Planet entspricht also einem Anliegen (AC) und der andere dem Ziel (MC). Ziele sind jedoch nur erreichbar, wenn das Anliegen bewusst und entwickelt ist. Deshalb erscheint es bei der Lösung des mit dem Quadrat verbundenen Problems sinnvoll, sich zunächst um den Planeten zu kümmern, der am AC-Punkt steht. Es ist der Planet, den wir als ersten des Quadrataspektes antreffen, wenn wir im Uhrzeigersinn durch den Tierkreis gehen.

Trigon 120° △

Das Trigon, ein Hauptaspekt, gilt als der harmonische Aspekt schlechthin. Die Energien der am Trigon beteiligten Planeten bilden in Analogie zum Schütze-Jupiter-Prinzip eine ständige Energie-Synthese. Dies ist ihnen deshalb möglich, weil die beiden Planeten vor dem selben Elementhintergrund wirken. Wir können hier von einem harmonischen Gleichklang sprechen, der die Einzelkomponenten zu einer neuen Qualität zusammenfügt. Unsere Persönlichkeit besitzt durch sie eine unerschöpfliche Ressource entweder steter Aktivität (männlich), die es ihr gestattet, entweder energetisch und lebendig (Feuertrigon) oder ideenreich und inspiriert (Lufttrigon) zu sein. Weibliche Trigon-Anlagen sind ein steter Quell der Empfänglichkeit, des Gefühls und der Intuition (Wassertrigon) oder fördern den realistischen, pragmatischen und in seiner Form erfolgreichen Umgang mit unserer materiellen Welt (Erdtrigon).

Diese immerfort vorhandene Energiesynthese erscheint uns wie selbstverständlich und wir sind uns des Privilegs solcher günstigen Umstände zumeist nicht bewusst. So haben wir gleichsam Glück, ohne glücklich zu sein, denn zum bewussten Glücklich-Sein gehört die Erfahrung des Gegenteils. Dieses aber erfahren wir beim Trigon nicht. Es leitet sich ja aus der ungeraden Zahl 3 ab, und deshalb existiert in ihm, im Gegensatz zu den geradzahligen Aspekten, die Aufspaltung in Seiendes (männlich) und das Sein Reflektierendes (weiblich) nicht. Wir sind hier mit einem Gesunden vergleichbar, der dem Problem der Krankheit oft verständnislos gegenübersteht und das Glück der Genesung und damit der Gesundheit nicht wirklich erfahren kann.

Trigone, die oftmals mehr oder weniger unberechtigt als „karmische Belohnungen" bezeichnet werden, sind dabei keine Gradmesser menschlicher Entwickeltheit. Schon deshalb nicht, weil die Frequenz der Anlage von der Bewusstheit und nicht von der Privilegiertheit abhängt. Ebenso wenig können wir erwarten, dass die das Trigon bildenden Planeten schon voll entwickelt sind. Sie befinden sich, wie die anderen Planeten auch, in einem mehr oder weniger entwickelten Zustand. Trigone sind eher, bei bestimmten in uns angelegten Lebensproblemen, als hilfreiche Grundlage anzusehen, damit wir überhaupt erst in der Lage sind, das uns bestimmte Lebensziel zu erreichen. Auch besteht bei Trigonen mit den transsaturnalen Planeten (z. B. Uranus, Neptun) die Gefahr, dass wir das synthesehaft Gegebene gar nicht als „GUT" und „RICHTIG" für uns begreifen und es aus diesem Grunde ablehnen.

Quinkunx 150° ⚻

Das Quinkunx, in seiner Bedeutung zwischen den Hauptaspekten und den Nebenaspekten stehend, bildet einen Spannungsaspekt.

Planeten, die im Quinkunx zueinander stehen, bilden Anlagen, an deren Wandlung (Pluto-Charakter) wir weiterarbeiten müssen. Der Wandlungsprozess hat hier schon im Vorleben begonnen, aber noch keinen Abschluss gefunden. So befinden wir uns in einer Situation, in der wir nicht mehr auf Überkommenes zurückgreifen können, da wir das Alte verlassen, auf der anderen Seite aber das neue Ufer noch nicht erreicht haben.

Anders als beim Quadrat, das uns auf ein Ziel ausrichtet, bieten sich uns, mitten im Strom schwimmend, zwei Möglichkeiten. Entweder wir haben Vertrauen in das uns noch unbekannte neue Ufer und wir versuchen, es zu erreichen, indem wir vom Alten loslassen, oder aber, wir flüchten zurück an das ursprüngliche Ufer. Ähnlich wie bei den Mondknoten führt uns jedoch die Flucht zurück (Südknoten) in die Anpassung (Merkur-Charakter) und Fremdbestimmung (Pluto-Charakter).

Nur das Erreichen des Neuen verspricht kosmische Belohnung in Form selbstbestimmteren Seins. Da die Arbeit, eines der beiden Ufer zu erreichen, die gleiche ist, wir schwimmen ja mitten im Strom, ist es letztendlich das Vertrauen in unser SELBST, das uns die notwendige Entscheidung treffen lässt. Allerdings müssen wir hierzu die Angst des EGOs überwinden. Bis wir so weit sind, erfahren wir den Quinkunx-Aspekt als stets unterschwellig vorhandenes Problem, das uns vom EGO zum SELBST, von der Angst zum Vertrauen wandeln will.

Opposition 180° ☍

Die Opposition ist Ausdruck der Teilung des SELBST in ICH und Nicht-ICH, in das DU. Diese Teilung entstand aus der Beurteilung und teilweisen Verurteilung unserer Anlagen. Die verurteilte Anlage wurde verdrängt. Über die Begegnung mit dem DU (Venus-Charakter) haben wir nun die Möglichkeit, das in uns Angelegte, aber Verdrängte kennen zu lernen, sodass wir uns wieder ergänzen können.

Wir können die in Opposition verbundenen Anlagen aus zwei unterschiedlichen Perspektiven erfahren. Da wir uns immer nur in einen Pol der Anlage begeben können, erleben wir den jeweils zweiten Teil im Gegenüber (Projektion auf das DU). Uns steht es dabei scheinbar frei, in welchen Pol wir gehen. In Wirklichkeit hängt es jedoch davon ab, welchen Pol wir in den Schatten haben fallen lassen.

Oppositionen zeigen uns Schwerpunktthemen unserer Partnerschaften. In ihr aktivieren sich grundsätzlich Achsen-Themen (siehe nachstehende Tabelle).

Achse	Achsenthema	Gegensatzspannung
1 – 7	Begegnung	Egoismus / Altruismus
2 – 8	Wert, Besitz	Sammlung / Opfer
3 – 9	Kommunikation	Darstellung / Verständnis
4 – 10	Identität	Wesen / Norm
5 – 11	Spiel	Eigenwille / Gruppenwille
6 – 12	Arbeit	Steuerung / Fluss

Spiegelpunkt s

Der Spiegelpunkt (Antiszie) eines Planeten besitzt denselben Abstand vom Erdmeridian wie der Planet, jedoch in gegensätzlicher Richtung. Der Erdmeridian ist die Verbindungslinie zwischen 0° Krebs und 0° Steinbock. Stellen wir auf diese Linie einen Spiegel, so sehen wir alle Planeten der einen Hälfte des Tierkreises auf die Gegenseite gespiegelt. Dabei entspricht der Abstand vor dem Spiegel dem Abstand hinter dem Spiegel. Ein Planet befindet sich beispielsweise auf 28° Stier und damit 32° vor der Spiegelachse. Sein Spiegelpunkt fällt dementsprechend 32° hinter die Achse auf 2° Löwe. Die Punkte, an denen die gespiegelten Planeten stehen, sind sensibel.

Konjunktionen, Quadrate und Oppositionen von anderen Planeten zu diesen Spiegelpunkten lassen Aspekte entstehen, die bei ursprünglich gegenpolaren Elementhintergründen der beteiligten Planeten eher dem *Quadrat*, bei ursprünglich gleichpolarem Hintergrund eher der *Konjunktion* ähnlich sind. Die Bedeutung dieser Aspekte liegt zwischen den Haupt- und den Nebenaspekten.

Halbsumme

Diese Aspektart ist in bestimmten astrologischen Schulen (Frank Glahn, Hamburger Schule, Ebertin u. a.) von zentraler Bedeutung.

Jeder Mittelpunkt zwischen zwei Horoskopelementen, seien es Planeten, Häuserspitzen (besonders AC, DC, MC, IC) oder Knoten, bildet einen sensiblen Punkt. Er ist der Schnittpunkt, der nicht nur gegenüber Transiten und Direktionen reagiert, sondern seinerseits Aspekte zu weiteren Planeten, Häuserspitzen oder anderen Schnittpunkten bilden kann. Dadurch entstehen oft verzweigte Planetenbilder.

Steht im Schnittpunkt ein Horoskopelement, so bilden diese drei Beteiligten eine *direkte Halbsumme*. Ist ein Planet über einen Aspekt (Quadrat, Halbquadrat, Anderthalbquadrat) mit dem Schnittpunkt verbunden, so ergibt sich eine *indirekte Halbsumme*. Darüber hinaus können mehrere Schnittpunkte aufeinander fallen. Sie haben dann eine gemeinsame Achse. Auf diese Weise bilden mehrere Teilanlagen eine Gesamtanlage, ohne dass dieser Zusammenhang von uns beim ersten Blick auf das Horoskop erkannt wird. Zum einfacheren Überblick wird deshalb mit einem 90°-Kreis gearbeitet, da alle Halbsummen in ihm als direkte Halbsummen erscheinen.

Die Formel für die Halbsumme schreibt sich folgendermaßen (siehe hierzu nachstehende Abb.):

- Im Beispiel 1 (HS_1), einer *direkten* Halbsumme, steht der Mond im Schnittpunkt von Merkur/Venus.

☽ = ☿ / ♀

- Im Beispiel 2 (HS_2), einer *indirekten* Halbsumme, steht der Mars im Quadrat zum Schnittpunkt von Merkur/Venus.

♂ □ ☿ / ♀

- Im Beispiel 3 (HS_3), einer *indirekten* Halbsumme, besitzen Saturn/Venus und Mars/Merkur eine gemeinsame Achse.

☿ / ♂ = ♀ / ♄

Abb.:
Beispiele verschiedener
Halbsummen

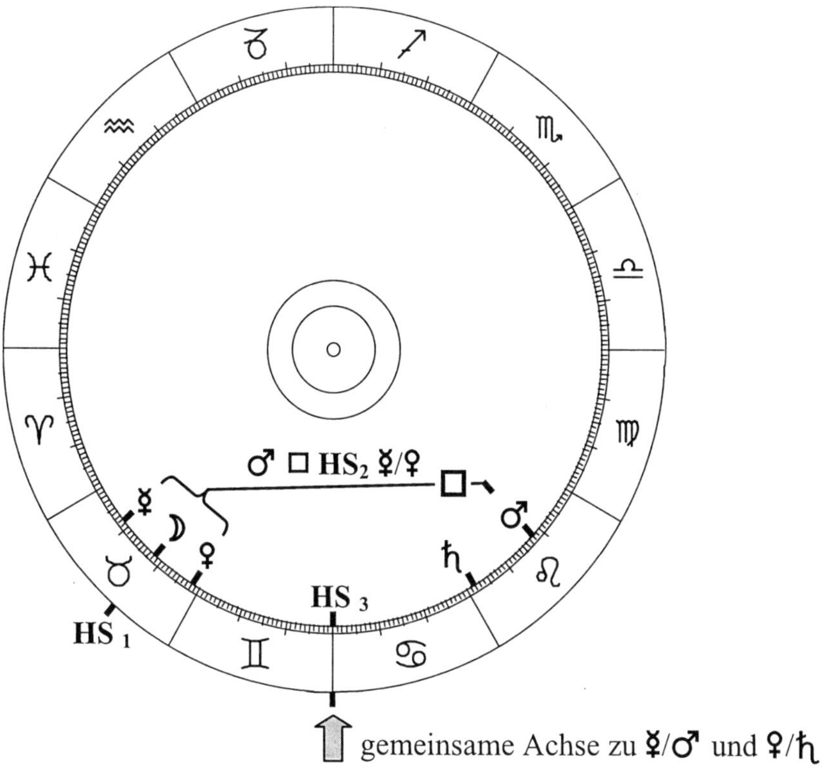

Interpretation der Halbsummen

Bei der Interpretation von Halbsummen (HS) geht man von folgendem Zusammenhang aus: *Die den Schnittpunkt bildenden Planeten richten ihre Wirkung brennpunktartig auf den im Zentrum bzw. am Apex* (*lat.* Spitze) *stehenden Planeten. Sie vereinigen sich in ihm und entfalten sich über ihn.* Dabei bleibt unberücksichtigt, welcher Art die Halbsumme ist.

Beispiel 1: ☽ = ☿ / ♀

Zur Veranschaulichung des Flusses und der Wirkungen der Planetenenergien dient nachstehende Zeichnung.

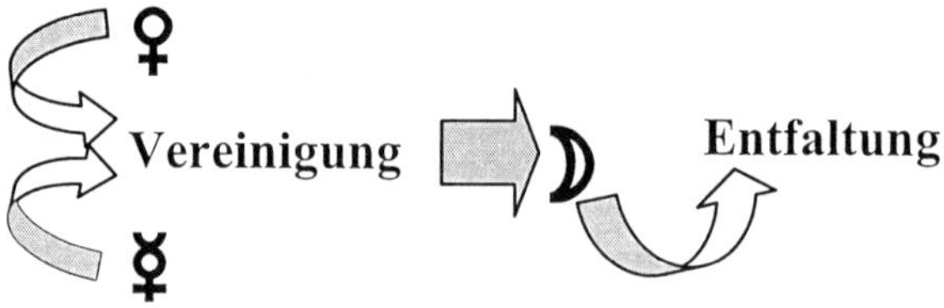

Interpretation des obigen Beispiels:

- Das Gefühl (☽), die Wahrnehmung (☽), die Wohnung (☽), die Ernährung (☽) werden von Vernunft (☿) und Ästhetik (♀) beeinflusst.
- Zum Wohlgefühl (☽) gehört die Möglichkeit der Begegnung (♀) und der Kommunikation (☿). Daraus entsteht die Bereitschaft zum Flirt.
- Damit der Horoskopeigner sich geborgen fühlt (☽), besteht die Tendenz, sich zu sehr anzupassen (☿) und zu harmonisieren (♀).
- Die Mutter (☽) des Nativen ist fleißig (☿) und auf Ausgleich (♀) bedacht.
- Die Natur (☽) wird unter dem Gesichtspunkt der Nutzbarkeit (☿) und des finanziellen Gewinns (♀) betrachtet.
- Aus der Mutterrolle (☽) erwächst Arbeit (☿), jedoch steigt das Prestige (♀). usw.

Generationenaspekte, Generationenkonstellationen

Ein Teil der Astrologen vertritt die Auffassung, dass die Geschwindigkeit der Planeten und Häuserspitzen die Wirkung auf die individuelle Persönlichkeit entscheidend beeinflusse. Je schneller der Ortswechsel der Horoskopelemente im Tierkreis sei, desto stärker prägen sie persönliche und individuelle Charaktermerkmale, so lautet ihre These. Im Umkehrschluss bedeutet das, dass langsam laufende Horoskopelemente, und dies betrifft im Wesentlichen die Planeten Jupiter, Saturn, Uranus, Neptun und Pluto in zunehmendem Maße, in ihrer Aspektbildung nicht persönlich gedeutet werden dürfen. Beispielsweise bestand das Sextil zwischen Neptun und Pluto gut 50 Jahre lang (von den 40er- bis in die 90er-Jahre des 20. Jh.) in unterschiedlicher Genauigkeit. Dreiviertel aller Menschen besitzen diesen Aspekt in ihrem persönlichen Horoskop. In der Deutung besagt er: *Es ergeben sich vermehrt Möglichkeiten (Sextil)*

- *der Heilung durch Psychotherapie*
- *der Wandlung in der Heilkunde durch Antibiotika*
- *der Heilung im Zusammenhang mit der Genetik*
- *der subtilen Manipulation*
- *der Manipulation durch Lügen*
- *des Machtgewinns durch Drogen*
- *den Markt für Pharmaka zu kontrollieren und zu beherrschen*
- *anderer Sichtweisen der Wirklichkeit durch die lytische Therapie mit Drogen (u. a. LSD)*
- *der Lösung von Rassismus und Faschismus*
- *der Entleerung des seelischen Mülls zu Gunsten höherer Bewusstheit*
- *der Entsorgung giftigen Mülls*
- *die Rolle des Helfers zu übernehmen usw.*

Bei allen genannten Deutungen handelt es sich zunächst um Phänomene auf der kollektiven Ebene. Da aber die kollektive Ebene nichts anderes ist als die Projektion der individuellen Probleme der Menschen, die das Kollektiv bilden, bedeutet dies, dass die Wandlung im Außen gleichzeitig als ein Hinweis für die Wandlung im Inneren des Individuums zu deuten ist. Kollektives Problem und kollektive Wandlung gehen synchron mit gehäuft auftretendem individuellem Problem und individueller Wandlung. Es gäbe keine kollektiven Probleme, wenn nicht eine Vielzahl des Kollektivs dieses als individuelles Problem in sich tragen würde. Der Faschismus des Dritten Reichs war nicht hauptsächlich das Problem Hitlers, sondern Hitler war die Projektion einer Vielzahl von Individuen Deutschlands und der ganzen Welt, die ein Problem mit der Sexualität, dem Rassismus, der Pflicht, dem Opfer und der Macht hatten, und da das Thema noch aktuell ist, immer noch haben. Aus diesen Zusammenhängen ergibt sich, dass so genannte Generationenaspekte auch individuell gedeutet werden dürfen und sogar müssen.

Pluto im Löwen kann beispielsweise den dominanten Vater oder den Macho symbolisieren. Aber nur, wenn die Spitze des Hauses, in dem Pluto steht, sich im Zeichen Löwe befindet! Daher hatte ein großer Teil dieser Generation dominante Väter, mit denen sich jeder ganz individuell auseinander setzen musste. Zusätzlich fanden sich sowohl Männer als auch Frauen mit einer kollektiven Männerrolle konfrontiert.

Teil III, Interpretation[49]

Die Interpretation eines Horoskops steht immer im Zusammenhang mit dem Bewusstsein, den Anschauungen und Erfahrungen dessen, der es deutet. Es gibt keine objektive Deutung! Die subjektiven Begrenzungen bestimmen die Grenzen der Aussagen. Deuten wir uns unser eigenes Horoskop, so spielen uns unsere *unbewussten* Begrenzungen einen Streich. Wir übersehen unsere Schattenanteile, unsere blinden Flecke. Da wir unsere Schatten so gerne auf andere projizieren, erkennen wir die Schatten in den anderen sehr viel besser. Die Deutung des „fremden" Horoskops erscheint uns deshalb leichter.

Da unsere Außenwelt nichts anderes ist als die Projektion unserer unbewussten Innenwelt, wird derjenige, dessen Horoskop wir deuten, der zu „Beratende", zu unserem eigenen Spiegel. Beratung ist also für den beratenden Astrologen ein einziges Zwiegespräch mit seinem Spiegel und damit mit sich selbst. Der große Vorteil liegt darin, dass das EGO zunächst nicht erkennt, dass es ausschließlich von seinen eigenen Problemen redet, da sie ja scheinbar die Probleme eines anderen sind. Deshalb ist es recht frei in der Problemerkenntnis und der Problemzuweisung. Das EGO lässt sich für seine Leistung sogar noch in irgendeiner Form, sei es durch Anerkennung, Geld oder andere Werte entlohnen. Wir sollten aber daneben demjenigen, der mit seinen Problemen zu uns kommt, danken, dass er uns gleichzeitig etwas von unserem SELBST zeigt, das gleichermaßen in uns problembehaftet ist. Unter diesen Gesichtspunkten verwandelt sich die Begegnung von allmächtigem Helfer und Hilflosem zu einer Begegnung auf gleicher Ebene, bei der die beiden sich in ganz anderer Weise gegenseitig akzeptieren und annehmen können. In dieser Begegnung muss aber der Ratsuchende darauf verzichten, im Astrologen einen „Allwissenden" zu sehen, und der Astrologe muss ebenfalls seinen Nimbus als „Allwissender" aufgeben.

In diesem Kapitel wird *ein* mögliches Vorgehen bei der Interpretation eines Horoskops beschrieben. Der Brennpunkt dabei liegt auf der Bewusstseinsentwicklung und aus dieser Perspektive wird das Horoskop betrachtet. Natürlich sind viele andere Perspektiven und Vorgehensweisen bei der Horoskopinterpretation denkbar und möglich.

Die Entwicklung der Anlagen

Jede Anlage, repräsentiert durch das jeweilige Tierkreiszeichen und den zugehörigen Planeten, besitzt in sich grundsätzlich eine ***erwachsene***, vollendete Form, mit der sie ihre unentbehrliche Funktion in unserem Leben erfüllt. Diese Form zu erreichen ist das bewusste oder unbewusste Streben von uns allen. Jedoch erst nach der „Zweiten Geburt" (siehe hierzu: Wassermann, Fähigkeiten und Anliegen) aus „Wasser und Geist" werden wir dieses Ziel erreicht haben und

---

[49] Im Sinne von Erklärung, Deutung und Übersetzung

werden in diesem Sinne vollendet sein. Wir alle würden uns aus uns SELBST heraus, ohne alle Bildungsmaßnahmen, dorthin entwickeln, gäbe es keine Widerstände gegen diese Entwicklung in unserem Bewusstsein.

Diese Widerstände gegen unsere Entwicklung sind Resultat unseres Bewusstseinsfalls (Sündenfall). Um GUT zu werden, hemmen wir unsere Entwicklung. Wir vermeiden es, den von uns als BÖSE verurteilten Anlagenteil zu entfalten und verdrängen ihn in unser Unbewusstes. Diese Anlage ist zunächst für uns verloren und wir sind in diesem Bereich in unserem Verhalten ***gehemmt*** (siehe untenstehende Abb.).

Ist etwas in unserem Unbewussten versunken, so versucht es über die Außenwelt wieder zu uns zurückzukehren. Die Außenwelt wird damit zur ***Projektion*** unserer unbewussten Innenwelt und zu deren Spiegel. Was uns in der Außenwelt hemmt, spiegelt die in uns vorhandene Hemmung, was uns in der Außenwelt unterdrückt und kontrolliert, spiegelt die unbewussten inneren Zwänge und Kontrollen.

Wir haben aber auch die Möglichkeit, den Anlagenmangel dadurch auszugleichen, dass wir die Anlage in eine Form bringen, die mit der kollektiven Auffassung vom GUTEN übereinstimmt. Wir befinden uns dann im Zustand der ***Kompensation***. Die Anlage ist in diesem Zustand deshalb nicht erwachsen bzw. vollkommen, weil ihr die „dunkle" Seite zur Vollkommenheit fehlt. Wir sind verzaubert wie ehedem der Frosch der Prinzessin.

Abb.
Die 3 möglichen Zustandsformen unserer Anlagen

erwachsene Form
Fähigkeit / Anlage / Archetypus
angstfreies Sein

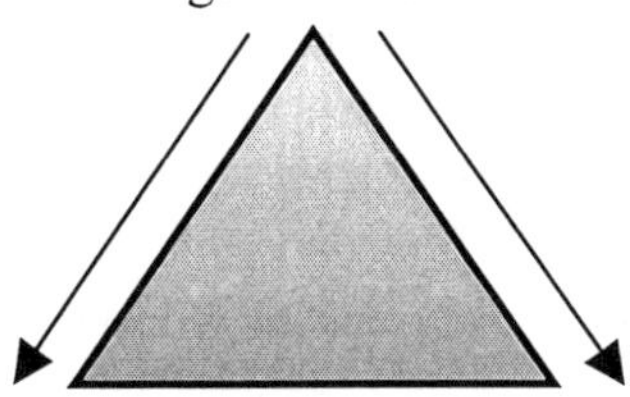

Hemmung ⟷ **Kompensation**
Neurotisches / angstbesetztes Sein
verzauberte Form (als Folge des URTEILS)

Wir können nun als Deuter eines Horoskops nicht entscheiden, in welchem konkreten Entwicklungszustand sich die einzelnen Anlagen eines uns unbekannten Horoskopeigners befindet, es sei denn, wir fragen ihn nach den Erfahrungen seines Lebens und schließen aus dem, was er erlebt hat (Projektionen) auf seinen Entwicklungszustand. Deshalb ist es bei der Horoskopinterpretation notwendig, ihm alle drei Zustände vorzustellen. Die erwachsene Form dient der Beschreibung des Entwicklungsziels und zeigt ihm eine Perspektive. Hierbei ist es aber wichtig, den zu Beratenden nicht durch das schier übermenschliche Ziele der „Vollendung" zu überfordern. Was nutzt ihm das Ziel z. B. der Erleuchtung, wenn er erst einmal seine finanzielle Situation in den Griff bekommen muss? Es ist also nicht sinnvoll, bei der Horoskopdeutung „abzuheben".

Häufig ist die Anlagenhemmung der Grund der momentanen Lebensproblematik. Die Hemmung erlebte der Horoskopeigner vorrangig in der Kindheit, als er sich mit den ihm überlegenen Eltern, Großeltern, Geschwistern, Kameraden, Kameradinnen und anderen auseinander setzen musste. Später sind es die Autoritäten (z.B. Lehrer, Chefs usw.), die ihn in die Hemmung treiben.

Die Kompensation benennt die Möglichkeit der Anlagenentfaltung, die in unserem Kollektiv zu Erfolg und Anerkennung als GUTER Mensch führt. Diese Form ist deshalb so wichtig, weil sie uns ein riesiges Spektrum der Erfahrungsmöglichkeiten bietet. Diese Erfahrungen gemacht zu haben ist die Voraussetzung zur Weiterentwicklung über viele Leben bis ins hohe Seelenalter. Der erwachsene Zustand wird ja erst am Ende des Inkarnationszyklus mit der endgültigen Überwindung des Urteils (GUT-BÖSE) und damit des Sündenfalls erreicht.

Viele Menschen, die eine Astrologin oder einen Astrologen konsultieren, möchten zu Beginn möglichst wenig von sich selbst mitteilen. Zunächst wollen sie sich einen Eindruck vom Instrument und der Aussagedimension der Astrologie verschaffen. Dabei erwarten sie, dass der Astrologe oder die Astrologin die Deutungsaussagen allein aus dem Horoskop ableitet. Dies kann in einem Ersttermin durchaus sinnvoll sein, sofern auf den „astrologischen Slang“ verzichtet wird. Eine Aussage wie: „Ihre Venus steht im Steinbock im 4. Haus“ ist für den Astrologieunkundigen wenig informativ!

In einer tiefer gehenden Analyse einer Lebensproblematik ist es dann unumgänglich, sich themenorientierte Erlebnisschwerpunkte aus der Vergangenheit, insbesondere die Erfahrungen mit den Eltern und frühen Bezugspersonen schildern zu lassen und danach den Schwerpunkt auf die derzeitigen Lebensumstände und Erlebnisse zu verlagern, da diese ja ein Gleichnis des Problems (Projektion) und seiner möglichen Lösungen sind. Werden Träume erinnert, so haben wir auch über sie einen ausgezeichneten Zugang zu dem, was sich gerade aus dem Unbewussten herausentwickeln will und welche Hindernisse der Entwicklung im Weg stehen.

Beispiel einer Interpretation am Horoskop von Krishnamurti

Nach jedem Kapitel erscheint, grau unterlegt, zu den einzelnen Interpretationsthemen die auf den jeweiligen Kapitelinhalt begrenzte Interpretation des Horoskops von Jiddu Krishnamurti.

Er wurde am Sonntag, den 12. Mai 1895 um 0:18 Uhr in Madanapalle, Indien, geboren. Die Geburtszeit ist der Zeitschrift „Astrologie Heute“ Nr. 54 entnommen und stammt ursprünglich von Marc E. Jones. Die verwendeten Abkürzungen haben folgende Bedeutungen:

H/-: gehemmter Zustand der Anlage

K/+: kompensierter Zustand der Anlage

E: erwachsener Zustand der Anlage

Die Trennung von Hemmung, Kompensation und erwachsener Form der Anlagen ist nicht immer gewährleistet, der Übergang in der Interpretation oft fließend. Die Kennzeichnung ist daher nur als grober Anhaltspunkt zu werten.

H ... : Haus ...

He. v. 6 i. 11: Herrscher von Haus 6 ... in Haus 11

Im Anschluss jeder Interpretationsetappe stehen themenbezogene Hinweise auf das Leben und Erleben Krishnamurtis. Sie sind der Biografie „Krishnamurti, Leben und Werk" von Vanamali Gunturu, Diederichs Gelbe Reihe, entnommen und kursiv gekennzeichnet.

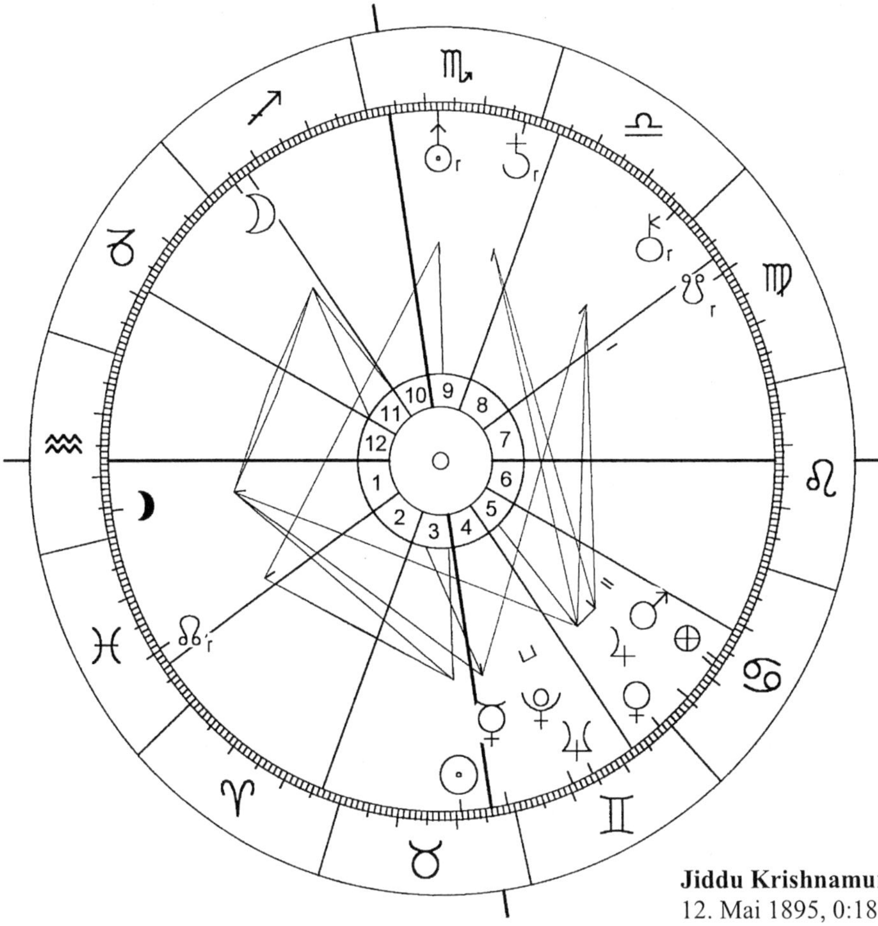

Jiddu Krishnamurti
12. Mai 1895, 0:18 Uhr
Madanapalle, Indien

Oberstes Prinzip: Lebendigkeit

Ziel jedes Zwiegespräches mit dem jeweils Ratsuchenden, unserem Spiegel, ist die Entfaltung der Lebendigkeit auf der geistigen, seelischen und körperlichen Ebene. Sind wir maximal lebendig, so erstrahlen wir wieder in unserer ursprünglichen göttlichen Schönheit. Sie gilt es zurückzugewinnen. Nur durch maximale Lebendigkeit können wir die „göttlichen Früchte" (Fraktale) auf die Erde bringen.

Entsprach dies unserem ursprünglichen Sein, so geriet es durch unseren Bewusstseinsfall (Sündenfall) in Vergessenheit. Seitdem leben wir in einer *verzauberten* Welt. In ihr sind wir in eine Gesellschaft eingebunden. Von dieser Kollektiv abhängig, leben wir nach unserer Geburt gleichsam wie in einer großen „kollektiven Gebärmutter". Ihr gilt unsere Fürsorge, indem wir Verantwortung im Kollektiv übernehmen, andererseits sorgt das Kollektiv gleichzeitig auch für uns.

Ein Leben außerhalb dieser gesellschaftlichen Zusammenhänge im Kleinen – in der Zweierbeziehung – wie im Großen ist für uns nur schwer vorstellbar.

Die Einschränkung unserer Lebendigkeit: Saturn

Der Urgrund dieser Umschlungenheit durch das Kollektiv liegt im Steinbockprinzip und seinem energetischen Vertreter, dem Saturn. Je tiefer der „Fall" war, desto schärfer teilen wir die Welt und damit Gottes Schöpfung in GUT und BÖSE, desto härter *urteilen* wir. Die daraus folgende Verdrängung und Projektion schafft dann unsere Außenwelt. Die Welt *unseres Kollektivs*, die Welt der Amerikaner, Russen, Deutschen, Moslems, Christen, Juden, Hindus und viele andere Welten mehr bilden unsere „zweite Gebärmutter".

Die Verantwortung, die wir dort übernehmen, ist im Grunde die Verantwortung für unsere verdrängten Anteile. Je mehr wir verdrängt haben, desto mehr kollektive Verantwortung streben wir in diesen Gesellschaften an. Gleichzeitig wirkt die Gesellschaft auf unsere Entfaltung und Verwirklichung in dem Maße begrenzend, wie sie unseren eigenen inneren Grenzen und Urteilen entspricht.

Je mehr wir nun an GUT und BÖSE glauben, desto stärker wird unser EGO. Es findet seine Berechtigung darin, dass es behauptet, es führe uns dadurch zurück ins Paradies, dass wir GUT sind, Leistungen vollbringen und uns immer mehr disziplinieren (begrenzen). Die Folgen daraus sind die zunehmende Unterdrückung (*lat. deprimere*) unserer Lebendigkeit, die Depression mit Gefühlen zunehmender Traurigkeit und Ideen der Selbstbeschuldigung (Schulden gegenüber unserem SELBST!) und Versündigung.

Daneben vertreten wir das Prinzip der Leistung gegenüber den anderen und schaffen dadurch Konkurrenz und zwischenmenschliche Konflikte.

Ziel unserer menschlichen Entwicklung jedoch ist die Überwindung unserer Bewusstseinsgrenzen zwischen GUT und BÖSE[50], um damit die Beengung unserer Lebendigkeit hinter uns zu lassen. Hierzu ist es aber notwendig, dass wir zu einem bestimmten Zeitpunkt die „kollektive Gebärmutter" verlassen. Deshalb wird im Neuen Testament auch von einer weiteren Geburt aus Wasser (Fische) und Geist (Wassermann) gesprochen. Erst dann werden wir zum „wahren Menschen". Wir haben dann die Herrschaft des Saturn überwunden und den Wassermann-Fische-Zustand erreicht.

Nicht nur für den nach Erlösung strebenden Menschen ist ein Höchstmaß an geistiger, psychischer und körperlicher Vitalität wichtig, sondern gerade für uns alle, die wir in der Verzauberung leben, besteht die Forderung, sich dem Leben ganz zu öffnen und hinzugeben. Nur so erfahren wir, wo wir „zu eng" geworden sind. Maximale Lebendigkeit führt zu maximaler Lebenserfahrung, und diese wiederum bewirkt maximale Bewusstwerdung!

---

[50] Es sei nochmals mit Nachdruck darauf hingewiesen, dass die Überwindung von GUT und BÖSE nicht bedeutet, zum Guten das Böse hinzuzunehmen, sondern dass die Integration des Bösen, des Schattens, zu einer Synthese führt, welche die ursprünglich göttliche Form wieder herstellt. GUT und BÖSE bilden zusammen die ursprüngliche Einheit, das SELBST und nicht die Kombination von einem bisschen GUT mit einem bisschen BÖSE.

Jedes kleine Kind strebt diesem Zustand maximaler Lebendigkeit entgegen. Wir „Erwachsenen" bewundern oft, mit welch ungebremster Vitalität unsere Kinder ihr Leben angehen. Bis die Umstände und die Erziehung das Kind auf das gesellschaftlich erlaubte Maß einbremsen. Scheinbar zu seinem Besten, da es dann die geringste Reibung mit der Gesellschaft erzeugt.

Auf der einen Seite wird das Kind gehemmt, auf der anderen Seite bekommt es dafür Ausgleichsmöglichkeiten geboten. Hierdurch kann es den entstandenen Mangel kompensieren. Auf diese Weise sublimiert es seine Anlagen und Talente und wird dadurch zu einem wohlanständigen und optimal angepassten Mitglied seines Kollektivs. Seine ursprünglich strahlende Lebensflamme brennt jetzt auf Sparflamme. Wir stellen damit unser Licht unter den Scheffel und behindern unser wahres Menschsein (Mt. 5,15):

Ihr seid das Licht der Welt; ... Man zündet auch nicht eine Lampe an und setzt sie unter den Scheffel, sondern auf das Lampengestell, und sie leuchtet allen, ... So soll euer Licht leuchten vor den Menschen, damit sie eure rechten Werke sehen und euren Vater, der in den Himmeln ist, verherrlichen (*verwirklichen, der Verf.*).

Der Scheffel (*arch.* Maß) ist dabei das alles einschränkende Gesetz, das sich das Kollektiv teilweise unausgesprochen selbst gibt. Diese Gesetze wurden nicht unter der Perspektive der Weisheit kreiert, sondern aus der Sicht unseres gefallenen Bewusstseins. Sie beinhalten deshalb in keiner Weise Gottes Gerechtigkeit. Gottes Gerechtigkeit entfaltet sich vielmehr von uns unerkannt in unserem Schicksal. Die Aufforderung zur Entwicklung unserer Anlagen und Talente steckt auch in dem Gleichnis von den anvertrauten Talenten (Mt. 25,14):

Denn (es ist) wie (bei) einem Menschen, der außer Landes reiste, seine eigenen Knechte rief und ihnen seine Habe übergab: und einem gab er fünf Talente, einem anderen zwei, einem anderen eins, einem jeden nach seiner eigenen Fähigkeit, und reiste außer Landes. Sogleich aber ging der, welcher fünf Talente empfangen hatte, hin und handelte mit ihnen und gewann andere fünf Talente. So auch der die zwei (empfangen hatte), auch er gewann andere zwei. Der aber das eine empfangen hatte, ging hin, grub (ein Loch) in die Erde und verbarg das Geld seines Herrn. Nach langer Zeit aber kommt der Herr jener Knechte und rechnet mit ihnen ab. Und es trat herbei, der die fünf Talente empfangen hatte, und brachte andere fünf Talente und sagte: Herr, fünf Talente hast du mir übergeben, siehe, andere fünf Talente habe ich dazugewonnen. Sein Herr sprach zu ihm: Recht so, du guter und treuer Knecht! Über weniges warst du treu, über vieles werde ich dich setzen; geh hinein in die Freude deines Herrn. (*Ebenso erging es demjenigen, der zwei Talente empfangen hatte; der Verf.*) .... Es trat aber auch herbei, der das eine Talent empfangen hatte, und sprach: Herr, ich kannte dich, dass du ein harter Mann bist: du erntest, wo du nicht gesät, und sammelst, wo du nicht ausgestreut hast; und ich fürchtete mich und ging hin und verbarg dein Talent in der Erde; siehe, da hast du das Deine. Sein Herr aber antwortete und sprach zu ihm: Böser und fauler Knecht! Du wusstest, dass ich ernte, wo ich nicht gesät, und sammle, wo ich nicht ausgestreut habe? So solltest du nun mein Geld den Wechslern gegeben haben, und wenn ich kam, hätte ich das meine mit Zinsen erhalten. Nehmt ihm nun das Talent weg und gebt es dem, der die zehn Talente hat! Denn jedem, der hat, wird gegeben und überreichlich gewährt werden; von dem aber, der nicht hat, von dem wird selbst, was er hat, weggenommen werden. Und den unnützen Knecht werft hinaus in die äußere Finsternis, ...

Sicher geht es in diesem Gleichnis nicht um die vordergründige Vermehrung von Geld. Wir dürfen vielmehr davon ausgehen, dass hier geistige Talente verteilt wurden, die auf der körperlichen Ebene Früchte bringen sollen. Dies entspricht dem Weg der Idee des wahren Menschen (Uranus), des tatsächlichen Herrn in uns, der seinen seelisch und körperlich dienenden Kräften, seinen Knechten, den Auftrag zum Säen und Ausstreuen, zur Verwirklichung über die Tat (Mars), gibt. Die Freude des Herrn über die Verwirklichung wird danach auch die Freude seiner Knechte sein, also unserer Seele und unseres Körpers. In dem Gleichnis ist es das Urteil (Saturn) des Knechtes über die vermeintliche Härte (Saturn) des Herrn und das Loch in der Erde (Saturn), das die Verurteilung und Verdrängung der Anlagen symbolisiert, welches die Entwicklung der Talente verhinderte.

Damit finden wir den Urgrund aller Behinderungen und Verletzungen in unserem Horoskop, die immer im Zusammenhang mit der Erziehung stehen:

- im Haus, über das der Steinbock herrscht
- dort, wo Saturn steht
- in den Aspekten, die Saturn bildet
- im 10. Haus und dessen Herrscher
- in den Planeten, die im 10. Haus stehen

Dort begegnen uns die Energien, die uns, der Schlange der Versuchung gleich, verführen, nicht mehr auf unser göttliches Inneres zu hören, sondern den Weg des GUTEN, Anerkannten, des Ruhmes und der Ehre durch die äußere Welt zu gehen und das scheinbar BÖSE, gleich der Blöße, an uns zu bedecken.

Unsere eigenen begrenzenden Energien begegnen uns in der Kindheit, weil noch unbewusst, von außen (Projektion) in Form unterschiedlichster Autoritäten, zunächst in den Eltern und Familienangehörigen, dem Pfarrer, den Lehrern, den Meistern und anderen. Ihre Strenge ist die Projektion unserer eigenen Strenge. Diese Strenge schmerzt, weil sie an den Wunden rührt, die wir uns zufügten, als wir Teile von uns mit eben dieser Strenge verurteilten und von uns wiesen. Dort klafft seitdem eine fürchterliche, unbewusste Wunde. Jeder, der daran rührt, macht sie uns bewusst. Wir aber glauben, dass derjenige, der uns darauf aufmerksam macht, derjenige sei, der uns verletzt habe. Obwohl er uns einen, wenn auch schmerzhaften, Liebesdienst erwiesen hat, geben wir ihm die Schuld an unseren Schmerzen. Dies zu durchschauen und sich selbst und dem anderen zu verzeihen, ja zu danken, stellt den Weg aus der Behinderung dar. Die Schuld, die wir anderen geben oder die wir in uns selbst fühlen, resultiert immer aus den Schulden, die unser EGO gegenüber unserem SELBST hat!

Wichtig dabei ist das Thema der Verantwortlichkeit. Wir müssen erkennen, dass alleine wir die Verantwortung für unsere Verletzung tragen und dass wir in Zukunft auch die Verantwortung für unsere Heilung haben. Sie wird in dem Maße Fortschritte machen, wie wir aufhören, die Schöpfung und das Schicksal in GUTE und BÖSE Aspekte zu zerreißen, und wie wir aufhören, uns und unsere Schatten, die anderen, zu verurteilen.

Die Grenzen in unserem Bewusstsein und damit die Härte unseres Urteils lässt sich nur sehr eingeschränkt in unserem Horoskop erkennen. Zwar liegt die Vermutung nahe, dass der Saturn im Steinbock und insbesondere dort auf den Gradsegmenten des Steinbocks (22°30 bis 25°00) oder im Skorpion bzw. in

Verbindung zu Pluto schon eine gewisse Härte bzw. Gnadenlosigkeit besitzt. Jedoch kennen wir den Entwicklungsstand letztendlich nicht. Hierzu ist es unerlässlich, uns an die Erfahrungen zu erinnern, die wir mit unserer Erziehung und den Autoritäten (Eltern, Erzieher, Lehrer, Priester, Meister, Polizei, Richter usw.) machten. Denn, wir können uns nicht oft genug bewusst machen, dass deren Strenge die Projektion unserer eigenen, oft unbewussten Strenge ist.

Der Steinbock, Saturn und das 10. Haus im Horoskop Krishnamurtis

E: Am Ort der Heilung (H12) stellt sich ihm das Thema des Sündenfalls, der Teilung des Bewusstseins in GUT und BÖSE (♑) und des Urteilens. Er will das Urteil aufgeben (H12) und auf Schuldzuweisungen verzichten. Daran schließt sich die Erkenntnis, dass niemand mehr in der Außenwelt an den Bedingungen seines Lebens schuldig ist. Dies deshalb, weil die Verantwortung für alles, was geschieht, bei seinem SELBST liegt. Hebt er das Urteil auf und damit die Verdrängung, verschwindet gleichzeitig die Illusion der Trennung zwischen EGO und Außenwelt. Dies ist die „Überwindung" des EGOs und der Beginn wahren Erkennens. An die Stelle des EGOs tritt wieder das bewusste SELBST.

H: Über seine Erziehung (♑♄) lernt er erkennen, welche Grenzen von GUT und BÖSE sein Bewusstsein (♑) zu Beginn seiner Inkarnation noch einengen. Denn die Strenge, mit welcher er erzogen wird, entspricht der in ihm selbst noch existierenden Strenge. Ihm wird beigebracht, dass der Mensch als EGO dann GUT sei, wenn er die Verantwortung für die Leidenden (♑H12) übernimmt. Daraus folgt: Je mehr er den anderen hilft, desto weniger Zeit und Energie hat er für die Verantwortung sich SELBST gegenüber (♑H12).

K: Zunächst wird sein Ziel darin bestehen, die Verantwortung für das Heil der anderen (♄ He. v. 12) im Rahmen eines etablierten religiösen Ordens (♄H9) zu übernehmen und in ihm charismatische Autorität (♄♏) zu erlangen. Zentraler Punkt seiner Weltanschauung (H9) ist die Frage nach der zwischenmenschlichen Liebe und Balance (♎). Dabei soll ihm bewusst werden, dass er dadurch, dass er zur Autorität (♄+) wird, das Gleichgewicht in der Begegnung (♎) zerstört, weil er als Autorität die anderen automatisch in die Kindrolle (♄–) drängt. In die gleiche Richtung wirkt, dass er als Autorität immer alles richtig wissen (♄ 9, ♃△♄) muss. Dies führt ihn in die Wissenskonkurrenz und zur Besserwisserei (♃♄). Beides belastet ebenfalls die zwischenmenschliche Harmonie (♎).

In der Rolle der Autorität gerät er in massiven Widerspruch zu seinem persönlichen Anliegen (AC♒), das darin besteht, für die Gleichgewichtigkeit (♎H9) und die Unabhängigkeit aller Individuen (♅) einzutreten. Dies schließt ein, dass jeder seine Überzeugung unabhängig von Institutionen und Orden finden muss. Im Laufe seiner Entwicklung bedeutet dies die Trennung (♅) von jeglichen Glaubensgemeinschaften (H9).

In der Erziehung (H10) wird er mit bestimmten Leitbildern, Vorstellungen und rituellen Übungen (♏H10) konfrontiert, die scheinbar die Erlösung (♇☌♆) bewirken sollen. Wird er hierin zum Vorbild und Guru, so erwächst ihm hieraus eine Machtposition (♏) in der Gesellschaft (H10). Die Einhaltung der Leitbilder (♇) fordert jedoch gleichzeitig die Opferung (♇) der wirklichen Erlösung (♆). Gleichzeitig muss er die Liebe zu seinem SELBST (♉H4) mitopfern (♇).

E: Sein Lebensziel (♏H10) besteht darin, sich von allen fremden Vorstellungen der göttlichen Wirklichkeit (♇☌♆) und von allen eigenen unverarbeiteten Erfahrungen (♇) zu lösen, um sich von seelischen Konditionierungen entleert (♇☌♆) und in der Folge wieder SELBSTbestimmt (♇) der eigenen Intuition und der Erkenntnis der Wirklichkeit (♆) zu öffnen. Dabei ist es wichtig, sein SELBST in seiner Körperlichkeit liebend anzunehmen

(♉H4) und dadurch bei sich SELBST zu bleiben, indem er sich anderen gegenüber abgrenzt (♉H4).

H: Zunächst aber wird sich seine Erziehung an Leitbildern und Rollen orientieren (♏H10). Zu diesem Zweck kommt es zur schicksalhaften Lösung von der Ursprungsfamilie (♆H4). Zu Gunsten der Rolle als Erlöser (♇☌♆) wird er zunächst gedrängt, seinen familiären Ursprung und damit sein Wesen (H4) zu verleugnen (♆) und zu opfern (♇).

Krishnamurti wurde in eine Familie geboren, die der Kaste der Brahmanen (Lehrer, Priester, Minister) angehörte. Schon bei seiner Geburt sprach der Astrologe von seinem Auftrag als Weltenlehrer. Die Theosophische Gesellschaft (T.G.) unter der Leitung von Annie Besant wurde auf ihn aufmerksam, adoptierte ihn nach dem Tod seiner Mutter und bereitete ihn auf seinen messianischen Auftrag vor. Sie gründete eigens für ihn den „Orden des Sterns im Osten". Die T.G. war zutiefst überzeugt von einer spirituellen Hierarchie, in welcher der „Großen Weißen Bruderschaft", gebildet aus den aufgestiegenen Meistern, eine tragende Rolle zukam. Sie erwartete zudem die Inkarnation des Messias.

Das Vertrauen Krishnamurtis in die aufgestiegenen Meister wurde durch den Tod seines geliebten Bruders erschüttert, so dass Krishnamurti im Sinne seines AC ganz auf seine individuelle Entwicklung zurückgeworfen wurde.

1929 löste er den Orden auf und kehrte der T.G. den Rücken zu. Er sprach sich gegen jegliche Organisation aus und wandte sich gegen jegliche äußere Autorität und äußeren Meister.

Das Unbewusste

Der aus der Verzauberung erwachte Mensch ist sich seines SELBST vollkommen bewusst. Bei ihm gibt es nichts, was unbewusst wirkt. Dies führt uns zu dem Schluss, dass es das Unbewusste als eigenständiges System, wovon die Psychoanalyse ausgeht, nicht gibt. Damit ist es auch keine eigenständige Macht, wie sie im positiven Denken vorgestellt wird.

Unbewusstheit ist lediglich ein Zustand unseres Bewusstseins, das auf Grund des Urteilens und des Zerteilens in GUT und BÖSE den vermeintlich BÖSEN Teil abspaltet und ihn in seinem Bewusstsein nicht mehr wahrnehmen will. Das Unbewusste entlarvt sich als ein Wesenszug unseres EGOs. Jede Erziehung bewirkt sein Fortdauern.

Dem fällt die ganzheitliche Wahrnehmung (Fische, Neptun) zum Opfer. Die Inspiration (Wassermann, Uranus) wird zerstört. Wir kennen unsere wahre Struktur, Form und Verantwortung (Steinbock, Saturn) nicht mehr. Unser Denken (Schütze, Jupiter) erfasst nicht mehr die Gegenwart, sondern ist zwischen dem Urteil und den Erfahrungen der Vergangenheit „eingeklemmt". Im Gedächtnis speichern sich unverarbeitete Inhalte des Erfahrenen (Skorpion, Pluto), die wir deshalb nicht mehr verarbeiten, weil wir die Erinnerung an sie wegen damit verbundenen Schmerzen verdrängen. Und so treiben uns diese „Geister", die uns genau so lange besessen machen, solange wir sie nicht verarbeiten. Die wahre Schönheit (Waage, Venus) ist uns unbekannt, und wir werden zum Fähnchen im Wind kollektiver Geschmacks- und Moderichtungen. Wir wissen nicht mehr, wofür wir die Materie nutzen sollen (Jungfrau, Merkur) und machen uns selbst zu einem nützlichen Gegenstand. Die Bedürfnisse unseres Herzens (Löwe, Sonne) werden immer weniger geachtet. Stattdessen bauen wir abstrakte Unternehmen auf.

Wir erlauben uns kaum noch schlechte Laune und Bedrücktheit. Auf diese Weise können wir uns um diesen Mangel, der solche Gefühle hervorruft, auch nicht mehr in fürsorglicher Weise (Krebs, Mond) kümmern. Unsere SELBSTdarstellung (Zwillinge, Merkur) wird zur wohlgesetzten Rede, hinter der unser wahres Wesen nicht mehr sichtbar ist. Unseren Körper (Stier, Venus) missachten wir. Zum Ausgleich sammeln wir Besitz. Wir kämpfen (Widder, Mars) um den Erfolg und wir vollbringen eine Reihe von Heldentaten, aber nicht mehr die Tat, die uns aufgetragen wurde.

Wir wollen und können uns deshalb an Teile unseres SELBST nicht mehr erinnern. So entstehen Bereiche in unserem SELBST und Wirkungen durch unser SELBST (Schicksal), die uns nicht mehr bewusst sind, die uns aber wieder bewusst werden können.

Die Wirkung des Saturn auf die spirituellen und geistigen Energien

Neptun, das Versiegen der Quelle

Die Folge der Herrschaft der urteilenden Instanz des Saturn in unserem Geist zeigt sich dort, wo in unserem Horoskop die Fische herrschen und wo Neptun steht. Die Wirkung erstreckt sich auch auf die Planeten, die mit Neptun einen Aspekt bilden, und sekundär auf den Planeten, der über das 12. Haus herrscht, oder auf die Planeten, die im 12. Haus stehen:

- Neptun verliert seine bewusste Empfänglichkeit, und aus der Quelle unserer Mitte fließt kein Wasser mehr, das von unserem Bewusstsein erkannt würde. Wir verlieren unsere wahre Mitte und ersetzen sie durch die von der Gesellschaft bestimmte Mitte, durch deren Norm bzw. Moral.
- In der Folge davon wird Uranus, das göttliche Kind, die göttliche Idee, das Licht nicht mehr in unser bewusstes Sein geboren. Deshalb können wir unserem „inneren Jesus“ nicht mehr bewusst nachfolgen.
- Die All-Liebe (Agape) geht verloren und an ihre Stelle tritt die Angst/Neurose.

Nach wie vor wirken Neptun und Uranus in uns als die göttlichen Kräfte des SELBST. Wir erkennen aber nicht mehr den Sinn ihrer Wirkung. Vielmehr erscheint uns ihr Handeln sinnlos, zufällig, willkürlich und schicksalhaft. Sie verursachen das, was wir Schicksalsschläge nennen.

Neptun will uns dadurch, dass er uns durch Schicksalsschläge aus den äußeren Verfangenheiten herauslöst, die Möglichkeit geben, zu unserer Quelle, unserer Mitte zurückzukehren. Seine Wirkung zeigt sich in spirituellen Krisen, und sie werden umso enttäuschender und leidvoller, je stärker wir das Anerkannte zu unserer götzengleichen Mitte gemacht haben. Die Karriere sabotiert er mit Pleiten, Intrigen und Entlassungen. Die Partnerschaft, die nur noch aus Sicherheit und Prestige aufrecht erhalten wird, löst er durch Betrug und Enttäuschung. Dem ungenutzten Reichtum begegnet er mit Diebstahl und Verlust. Jedes Mal aber erwächst aus dem Leid eine neue Chance, die Quelle in uns wiederzuentdecken.

Wir haben die Fähigkeit verloren, die Kräfte im Dienst unseres SELBST zu leben. Sie sind uns verloren gegangen und wollen nun wieder von uns gesucht werden. Aus diesen Konstellationen entsteht eine tiefe Sehnsucht nach dem Verlorenen in uns.

Unsere eigene Lebendigkeit wird durch das Streben des EGOs nach SELBST-losigkeit verhindert und uns wird nicht bewusst, welche Katastrophe der Verlust des SELBST für uns auslöst. Selbstlos kümmern wir uns um die Katastrophen im Außen. Selbstverständlich winkt uns dafür von Saturn (Satan) größtes Lob und Anerkennung. Wir haben ihm ja auch durch unser Verhalten unsere Seele (unseren seelischen Auftrag) verkauft und damit unser SELBST verraten.

Hier stellt sich nun die Frage, warum wir uns um die Katastrophen im Außen kümmern? Neptun, ursprünglich sensibel gegenüber unserem eigenen Leid, gestatten wir seine Sensibilität unserem SELBST gegenüber nicht, weil wir bzw. unser EGO sonst erkennen müssten, dass wir, obwohl vermeintlich GUT, dennoch unheil und leidend sind. Deshalb pervertieren wir unsere Sensibilität und richten sie auf unsere Außenwelt. Dort tauchen dann die Leidenden als die Projektion unserer eigenen Leiden auf.

Die Fische, Neptun im Horoskop von Krishnamurti

E: Das, was ihn wertvoll (H2) macht, ist seine Empfänglichkeit gegenüber dem Transzendenten (♓), seine Intuition, die es ihm erlauben würde, mit dem Fluss der Schöpfung zu fließen (♓). Sein Lebensstil soll deshalb zunehmend von dem Vertrauen in das Schicksal (♓) geprägt werden.

H: Solange er jedoch als EGO an die Teilung in GUT und BÖSE (♉♄) glaubt, hat er Angst, wertlos (♓H2) zu sein, weil das EGO den Wert der Intuition (♓H2) nicht anerkennen will und ihn deshalb gering schätzt. Die Intuition würde nämlich das EGO als Illusion entlarven.

K: Diese vermeintliche Wertlosigkeit kann er dann durch soziales Engagement, Helfen und Heilen (♆) ausgleichen. Hier gleitet er in eine alte Rolle (♇), die von ihm die Pflicht zur Hilfsbereitschaft (♇☌♆) fordert. Den Hilflosen verpflichtet, wird sein Wesen (H4) zunehmend von deren Bedürfnissen nach Hilfe fremdbestimmt (♆☌♇).

H: In der Helferrolle (♆☌♇) verliert (♆) er die Verbindlichkeit sich SELBST gegenüber (♇–).

Er gerät in eine symbiotische Verflochtenheit (♆☌♇) mit der Adoptivfamilie (H4), die ihm eine ideologische Sicht (♇) des Göttlichen (♆) aufzwingt, bei der die Nächstenliebe alles (♀△♃) und die Liebe zu sich SELBST nichts ist (♉H4♆).

Die Erkenntnis der Wirklichkeit (♆) wird zunächst von anerzogenen Vorstellungen (♏H10) und seelischem Müll (♇), der aus unverarbeiteten Erfahrungen herrührt (♇), überdeckt (♆☌♇). Sein Ziel (♇He. v. 10☌♆) ist es, sich davon zu lösen.

Die Sexualität wird in der Erziehung tabuisiert (♏H10) und kann im Verborgenen zu enttäuschenden Erfahrungen (♆☌♇) führen.

Krishnamurti wird als selbstlose Persönlichkeit geschildert, der oft mit leeren Händen aus der Schule kam, weil er alles verschenkt hatte. Auch später ging er äußerst großzügig mit seinem Geld und seiner Hilfe um.

Neben Annie Besant war einer der führenden Köpfe der T.G. Charles W. Leadbeater. Er war an der Schulung Krishnamurtis maßgeblich beteiligt, so dass der Vater um seinen Sohn besorgt war, da man Leadbeater homosexuelle Neigungen nachsagte. In seinen späteren Vorträgen sprach Krishnamurti über die Sexualität: „Sex ist wie eine zarte Blume, eine intensive Flamme, sanft und rar. Er muss gepflegt und bewahrt werden ... ihn mit Gewalt zu unterdrücken hieße, etwas zu zerstören, das zart und intensiv schön ist".

Uranus, die Kreuzigung Jesu

Eine weitere Folge der Herrschaft des Saturn als urteilende Instanz in unserem Geist zeigt sich in unserem Horoskop dort, wo der Wassermann herrscht und wo Uranus steht. Die Wirkung erstreckt sich auch auf die Planeten, die mit ihm einen Aspekt bilden und sekundär auf den Planeten, der über das 11. Haus herrscht oder auf die Planeten, die im 11. Haus stehen:

- Uranus verliert die Macht, seine Idee zu verwirklichen, weil die göttliche Idee in uns durch unser Urteil zerrissen wird und die Hälfte als BÖSE verdrängt wird; damit nageln wir Jesus in uns an das Kreuz von GUT und BÖSE

Die Lebendigkeit unseres SELBST verhindern wir in diesem Zusammenhang dadurch, dass wir zu den Interessen unseres SELBST auf *Distanz* gehen. Umso besser können wir die Energien für überpersönliche (jenseits des SELBST), auf die anderen gerichtete Ziele einsetzen und uns durch besondere Leistungen über die Masse der Menschen erheben. Es ist dies die Hybris (*gr.* Selbstüberhebung, Überhebung über das SELBST) unseres EGOs. Saturn bestätigt demjenigen, der so handelt, seine „Genialität" und verleiht ihm heutzutage u. a. den Nobelpreis. Dazu ist es wichtig zu wissen, dass der Initiator des Preises, der Sprengstoffhersteller (Uranus!!) Alfred Nobel, bezeichnenderweise ein zutiefst depressiver Mensch war.

Auch Uranus wirkt weiterhin, jedoch unbewusst und schicksalhaft, in unserem Leben. Er hilft uns, falsche Strukturen und Formen zu durchbrechen. Er erzeugt in unserem Leben Brüche. Was nicht seiner Idee entspricht, lässt er zu Bruch gehen. Sein hilfreiches Instrument ist der Unfall, der Sturz, der selbst unsere Knochen, als Symbol unserer Erstarrung, brechen lässt. Sind wir mitten im Karrieretrip, meldet er sich durch zunehmenden Stress. Vermeiden wir dagegen jede Entwicklung, um möglichst nichts „falsch" zu machen, so lässt er in uns eine kaum erträgliche Langeweile und das Bedürfnis nach Abwechslung, nach einem Wechsel entstehen.

Wassermann, Uranus im Horoskop von Krishnamurti

E: Seine Persönlichkeit (AC) hat das spirituelle Anliegen (♒), die „2. Geburt" hinaus in die Freiheit (♅) zu verwirklichen, um damit wahrhaftig Mensch (♅) zu werden und den eigenen göttlichen Ideen (♅) folgen zu können. Hierzu benötigt er die Freiheit von kollektiven Konventionen und religiösen Institutionen (♅,♄H9). Die Ideen (♅) lassen ihn im Reich des Wissens und Glaubens (H9) zum Individuum werden, zum unabhängigen Original (♅).

H: Solange er jedoch an GUT und BÖSE glaubt (♄H9), zerteilt er die Ideen, verurteilt deren Hälfte als BÖSE (♄♅) und verdrängt sie ins Unbewusste. Diese Hälfte fehlt dann seiner Originalität (♅-). Ein Individuierungsprozess (♅) ist notwendig, bei dem er die in den Schatten gefallenen Teile wieder in sein SELBST integriert (♅). Dies wird ihm nur gelingen, wenn er sich vom Urteil löst (♄He. v. 12), gegen das Etablierte rebelliert und aus konservativen Glaubensgemeinschaften aussteigt.

Der Individuationsprozess (♅) findet in der Auseinandersetzung mit einer Religion der an der Tradition orientierten Nächstenliebe (♎H9) statt, in der das Urteil (♄H9) noch vorhanden ist. Um sein Anliegen (AC ♒) zu verwirklichen, ist im Laufe seines Lebens die Trennung (♅) von dieser Religion und dem von ihr getragenen Orden (H9) notwendig.

K: Unter alten Bewusstseinsbedingungen (Ծ) wäre es ihm jedoch auch möglich, sich mit besonderem Charisma im Orden herauszuheben (♅♏H9). Dazu gehört, dass er besonders (♅) seine Nächstenliebe kultiviert (♅♎H9). Dies würde aber von ihm die Distanzierung (♅) von seiner eigenen göttlichen Idee (♅) verlangen. Die Lilith im Haus seiner Persönlichkeit (AC) deutet darauf hin, dass ihm diese Rolle aus früheren Leben bekannt sein muss, die er damals unter Verleugnung eigener wesenhafter Bedürfnisse (Lilith) übernommen hatte.

Im Sinne seines Anliegens (AC ♒) will er für eine Bewusstseinsentwicklung eintreten, die frei (♅) ist von jeglichem kirchlichen Überbau (H9) und unabhängig (♅) von kirchlichen Autoritäten (♄H9) stattfindet. Er will den inneren Jesus (♅) erwecken und vom religiösen Kreuz des GUTEN und BÖSEN (♄) erlösen.

Krishnamurti sah seine Berufung in der bedingungslosen Befreiung des Menschen von jedweder Autorität und Organisation. Er lehnte auch jegliche Anhängerschaft ab. Als Anliegen hatte er die innere Revolution. Als Konsequenz trennte er sich von der T.G. und löste seinen Orden auf.

Jupiters Denk- und Glaubenssätze

Dort, wo Jupiter in unserem Horoskop herrscht und dort, wo er steht, samt seinen Aspekten zu anderen Planeten, wirkt sich der Bewusstseinsfall des Saturn auf unsere Überzeugungen aus. Saturn als „Lichtträger“ ist ja derjenige, der entscheidend mitbestimmt, was Jupiter an Gedanken, Denk- und Glaubenssätzen in uns verkündet. Sekundär zeigt sich die Wirkung auch bei dem Planeten, der über das 9. Haus herrscht, sowie bei den darin befindlichen Planeten:

- Jupiter verliert den göttlichen Geistesadel und ersetzt ihn durch geistige und philosophische Denk- und Glaubenssätze, die sich unmittelbar an der urteilenden Dimension des GUTEN[51] orientieren. Wir fühlen uns aufgerufen, *edel* zu sein.
- Unser Denken bedient sich des von den Wissenschaftlern angehäuften Wissens.

[51] Das GUTE als Gegensatz zum BÖSEN sollte nicht mit dem „wahren Guten“ der Philosophie Platos verwechselt werden. Das „wahre Gute“ entsteht aus der Synthese von GUT und BÖSE und meint die ursprüngliche Einheit und Wahrheit der göttlichen Schöpfungsidee.

- Basis unseres Denkens sind aber auch die Leitbilder, unsere Vorstellungen und unsere Erfahrungen (Skorpion), die wir in der Vergangenheit machten.

Das Denken ist das Instrument unseres EGOs schlechthin. Ohne Denken gäbe es kein EGO! Unsere Denk- und Glaubenssätze orientieren sich an den Inhalten des Saturn und des Pluto. In ihnen sind die Leistung, der Erfolg, die Verantwortung gegenüber den anderen, die Kargheit und Askese und eben das GUTE als Gegensatz zum BÖSEN von zentraler Bedeutung. Gleichzeitig ist das Denken von der Angst um die Zukunft und von unseren Wünschen, die wir aus unseren vergangenen Erfahrungen ableiten, beherrscht.

Unser Denken als die Instanz, die unserer Seele (Skorpion) die Aufträge zur Verwirklichung gibt, besitzt die Macht, dass alles, von dem es überzeugt ist, sich in der Welt manifestiert. Damit manifestiert sich aber auch die Überzeugung vom BÖSEN. Egal, welchem Glauben wir anhängen, er wird sich bestätigen.

Unsere Lebendigkeit wird durch diese Glaubensüberzeugungen in massiver Weise beschnitten und im Sinne der Überzeugung kontrolliert. Die stete Forderung nach edler Verantwortung den anderen gegenüber lässt kaum noch Platz für unsere wirkliche Verantwortung, die wir für unser SELBST und dessen Verwirklichung haben.

So erwuchs die Macht des Adels und des Klerus daraus, dass das gemeine Volk diesen ihre Verantwortung für sich selbst übertrug. Hierin wiederum wurde das Volk durch ein entsprechendes Glaubenssystem, nämlich das der Kirche, bestätigt.

Die Denk- und Glaubenssätze, die auch uns unbewusst bestimmen, lernen wir als Projektion auf die Kirche, Wissenschaft und Politik kennen. Gerade die Kirche „prägte" uns in den letzten 2000 Jahren mit oftmals alttestamentarischer Härte. Dabei vergaß sie, dass das Alte Testament Richtschnur einer vollkommen anderen Zeitepoche (Widderzeitalter, ca. 2500 bis 350 v. Chr.) war. Für die Zeit danach gab es ein *Neues Testament*! Die Verehrung des Alten Testaments gleicht dem Tanz ums „Goldene Kalb" der Israeliten, die ebenfalls Probleme damit hatten, die ägyptische Religion (Stierzeitalter, ca. 4700 bis 2500 v. Chr.) zu Gunsten ihrer neuen Religion aufzugeben. Auch hier dürfen wir nicht vergessen, dass auch die Kirche nur Spiegel der Menschen selbst ist und es immer war! Aus diesem Grunde steht am Anfang dieses Absatzes das Wort „prägte" auch in Anführungszeichen.

Schütze, Jupiter im Horoskop von Krishnamurti

H: Sein Verständnis von der Welt und vom Sinn des Lebens (♃), sein Glauben und Denken (♃) hängt eng mit dem seiner Mutter (☽♐) zusammen. Sie unternimmt viel mit ihm gemeinsam (☽H11). Später, nach Verlassen der Ursprungsfamilie, tritt an diese Stelle eine andere mütterliche Freundin.

E: Der Sinn des Lebens (♐) besteht für ihn darin, in vollkommener Freiheit (H11), für sich selbst sorgend (☽H11) zu leben und seine Überzeugungen zu verkünden (♐).

K: Die Mutter vermittelt ihm jedoch zunächst, dass es sinnvoll sei, für eine Gruppe (H11) zu sorgen (☽), wobei er sich mit seiner Fürsorge (☽) an die Gruppenbedürfnisse (H11) anzupassen (☽He. v. 6) hat. In seiner Weltanschauung (♃) wird er diese arbeitsame und dienende Rolle (☽Hv6) auf die Mutter und später auf die Frau (☽) projizieren. Damit wird nicht das Erleben (☽) und das damit verbundene Fühlen (☽) entscheidende Berücksichtigung finden, sondern darüber steht das alles beherrschende Denken (♃) und die von ihm vertretene Überzeugung (♃). Seine Mutter ist mit Bildung oder einer traditionellen Religion identifiziert (☽♐). Ihre Liebe möchte er durch Übernahme der Bildung und die Wertschätzung ihres Denkens erlangen (☽♐☍♀☌♃).

Er glaubt auf Grund seiner Erziehung (♄H9, ♃△♄) daran, dass es die richtige Religion (♄H9, ♃△♄) gäbe. Daraus folgt, dass es aber auch falsche Religionen gibt. Hierin liegt auch das Motiv dafür, zu einer Autorität in Glaubensdingen zu werden und eine Hierarchie im religiösen Bereich zu akzeptieren.

Die Autorität, Verantwortung (♄) und die Schuld (♄) sind für ihn wichtige Glaubensthemen (♃), wobei sich hieraus eine Weltanschauung (♃) bedingungsloser Eigenverantwortung (♃△♄) und der Trennung von jedweder Autorität (♅) entwickeln wird.

Die Auffassung der Mutter wirkt sich auf seine Lebensgestaltung aus (♃H5) und das menschliche Denken wird in seinen Mitteilungen und Reden (♃, ♊H5) eine zentrale Rolle spielen. Seine Überzeugungen verbinden sich mit Tatkraft (♂) und Nächstenliebe (♀).

H: Mit diesen Überzeugungen (♃) wird die Verkündung (♃), dass ein jeder das Recht (♃△♄) hat, seinem eigenen inneren Heiland (♅) zu folgen, nur schwer möglich sein.

Seine Überzeugung (♃), in Nächstenliebe handeln (♎H9, ♀H5) und auf jedes körperliche Eigenbedürfnis (♉H4, ♀H5) verzichten (♆H4) zu sollen, gibt ihm kaum Abgrenzungs-möglichkeiten (♉H4♆) anderen Menschen gegenüber und hemmt seine Durchsetzungskraft (♃=♀/♂).

K: Seine Begeisterung gilt auch der Technik (♃,♊H5) sowie edler und eleganter Kleidung (♃☌♀☍☽). Seine materielle Anspruchslosigkeit (♉H4♆) kontrastiert mit dem Selbstverständnis, mit dem er materielle Privilegien (♃☌♀) in Anspruch nimmt, die ihm hauptsächlich über Freunde (♐H11) und Freundinnen (☽H11) und über seine Vorträge zuwachsen (♃, ♊H5).

Überall in der Welt wird er sich wohl fühlen, insbesondere in jupiterhaft geprägten Ländern (☽♐) wie den USA.

H: Eine wichtige Rolle spielen in seinem Leben seine vielen Freunde (♐H11). Er findet sie in einem internationalen, weltanschaulich bestimmten und wissenschaftlich gebildeten Umfeld (♐H11). Von seinen Freunden und Freundinnen (♐H11) erfährt er Förderungen (♃) sowohl im Verständnis der Wissenschaften (♃) als auch materieller Art (♃☌♀), und er wird von ihnen bei seinen Taten unterstützt (♃☌♂) werden. Da ihm sein Verständnis (♃△♄) Aggressionen (♂) verbietet, kann er auch im Rahmen von Rechtsstreits um Geld und Besitz (♃=♀/♂) mit ihnen konfrontiert werden.

E: Das vergangenheitsbezogene Denken (♃△♄) verliert im Laufe seiner Entwicklung dann seine beherrschende Basis, wenn er sich einerseits vom Urteil (♃△♄,♑H12), das ja erst die Zerteilung in EGO und DU bewirkt, und andererseits von allen Vorstellungen und Bildern der Erfahrung löst (♇☌♆). Dann erst ist die Bahn frei für das „wahre Denken".

Seine Mutter war in seiner Familie die Hüterin der indischen Tradition. Sie unterwies ihren Sohn in Sitten, Gebräuchen und Geschichten der Heiligen Schriften. Nach dem Tod trat Annie Besant an diese mütterliche Stelle und blieb ihm trotz seiner Abkehr von der T.G. bis zu ihrem Tod tief verbunden.

Krishnamurti hatte zeit seines Lebens ein auffallendes Interesse an der Technik, aber auch an nobler Kleidung.

Er lehnte in späteren Jahren jegliche Verantwortung anderen gegenüber ab und bot ihnen auch keinerlei Lösungen ihrer Probleme an. Allerdings sah er für sich selbst eine große Verantwortung den Kindern gegenüber.

Im Zentrum seiner Lehre, die er nach seinem Durchbruch zur „Höchsten Intelligenz" vertrat, stand das Problem des Denkens, das in uns den ganzen Bewusstseinsraum besetzt, sodass die Wahrnehmung immer von unserem Denken begleitet und gefiltert wird. Das Denken basiert auf Kenntnissen, Urteilen und Konditionierungen. Da diese Basis immer vergangenheitsbezogen ist, verhindert sie die Wahrnehmung der Wirklichkeit in der Gegenwart. Zur Konditionierung tragen die Tradition und ihre Religion, die Erziehung, die Politik und die alten, nicht verarbeiteten Erfahrungen bei, wobei die Konditionierung besonders tief durch unser ständiges Vergleichen mit Idealen wird (edler, tapferer, klüger, schöner...). Alle Konflikte, die wir mit uns und den anderen haben, stammen aus diesem solcherart geprägten Denken. Unter der Herrschaft des konditionierten Denkens gibt es auch keine freie Wahl und Entscheidung. Das konditionierte Denken ist die Basis unseres EGOs.

Um das Problem, das unser Denken in unserer Wahrnehmung erzeugt, zu überwinden, müssen wir aller Erfahrungen leer werden. Dies bedeutet, der Vergangenheit gegenüber zu sterben. Jede Erfahrung stirbt dann, wenn sie vollständig erlebt wurde. Die Entleerung ist nicht durch Übungen, Askese oder Rituale zu erreichen, die allesamt Anstrengungen unseres EGOs sind und es nur stärken.

Chiron und die Denk- und Glaubenssätze

Zeigt uns Jupiter die aktuellen Glaubenssätze an, so verweisen uns die Position Chirons und seine Aspekte in unserem Horoskop auf geistig-mentale Überzeugungen, die wir in Vorleben, bzw. die unsere Vorfahren vertreten haben und die tiefe Verletzungen unserer Lebendigkeit nach sich gezogen haben. Hier besteht aber auch die Chance, diese Glaubenssätze zu überwinden, indem wir erkennen, dass der GUTE Glaubenssatz auch BÖSE Wirkungen erzeugte. Die Lösung liegt nun nicht darin, den Glaubenssatz zu verbessern, sondern ihn ganz hinter sich zu lassen. Wichtig ist hier, sich die noch existierende geistig-mentale Einstellung zu den betroffenen Anlagen bewusst zu machen und diese aufzugeben. Die „heilende" Energie Chirons hilft uns bei der Bewältigung unserer Schuldgefühle, die dann entstehen, wenn wir einen bisher für uns gültigen Maßstab aufgeben und ihn in unserem Handeln nicht mehr berücksichtigen.

Chiron im Horoskop Krishnamurtis

H: Die Überzeugung seines früheren Lebens (⚷), dass der Mensch dann sinnvoll lebe, wenn er sich in dienender Nächstenliebe opfere (⚷♎, ♍H8), führt zur Verletzung der in ihren Gefühlen der Fürsorge für das körperliche SELBST unverstandenen inneren Frau (⚷s☽). Sie ist es nämlich, die sich in der Gruppe oder unter Freunden im Dienst der Umsorgung (☽He. v. 6 i. 11) an diese anpassen muss. Hierdurch wird der Dienst dem SELBST gegenüber, und das ist die wirkliche Aufgabe der inneren Frau, weitgehend verhindert (♍, ☿s♄). Krishnamurti arbeitet damit nicht mehr für sich SELBST, sondern für die anderen. Unter diesen Bedingungen begrenzen sich sein Verständnis und seine Toleranz zunehmend (♃△♄). Akzeptiert wird nur noch das Edle und GUTE. Echte zwischenmenschliche Gleichgewichtigkeit und Harmonie können sich nicht einstellen, da er als „Verantwortlicher" nur noch „Kinder" um sich schart (♎H9, ♄). Das Anliegen, ein freies, unabhängiges und individuelles Leben zu führen (☉☍⛢∠⚷), ist unter diesen Voraussetzungen nicht zu verwirklichen.

K/E: Chiron will, dass er aufhört, die dienende Nächstenliebe (⚷♎,♍H8), die sich letztendlich auf die Kinder richtet (☿He. v. 8 i. H4,♀He. v. 4 i. H5), zu propagieren (♊H5), damit er wieder seiner eigenen SELBSTverwirklichung dienen kann.

Krishnamurti sah seine Verantwortung den Kindern gegenüber, für die er Schulen aufbaute und denen seine ganze Arbeit galt. Hier war er noch in der alten Rolle des Dienens gefangen. Er starb an einer Krebserkrankung der Bauchspeicheldrüse (die Bauchspeicheldrüse ist ein der ♍ zugeordnetes Organ) *am 17.2.1986 im Alter von 90 Jahren.*

Die Wirkungen des Geistes auf die Seele

Die Denk- und Glaubenssätze Jupiters werden zu den Verwirklichungsaufträgen, die wir an unsere Seele geben. Das seelisch empfangende Prinzip ist der Skorpion mit dem Planeten Pluto als empfangendes Energiezentrum. Die Seele ist dabei keine Instanz, welche die Herkunft und die Sinnhaftigkeit des geistigen Auftrags überprüft. Sie kennt nur absoluten Gehorsam den Aufträgen der „Oberen Welt“ (Geist, Himmel, Olymp) gegenüber.

Die seelischen Fähigkeiten und Bedürfnisse können aber von unserem „gefallenen“ Geist (Saturn/Jupiter) idealisiert werden. Damit wird die Pflicht und Opferbereitschaft (Skorpion), die Nächstenliebe (Waage), das Dienen (Jungfrau) und das Unternehmertum (Löwe) im Rahmen des Kollektivs zum Ideal, hinter dem die Verwirklichung des SELBST zurückzutreten hat.

Pluto und das Karma

Die Seele besitzt in der Skorpion-Anlage die Empfänglichkeit und die Kraft der Verbindlichkeit gegenüber dem geistigen Auftrag (Schütze, Jupiter). Sie sorgt dafür, dass er in der körperlichen Tat seine Erfüllung und sein Ende findet. Das Ende bedeutet gleichzeitig das Sterben und den Tod des Auftrags.

Solange wir unser Leben als Individuen, also als „Ungeteilte“ leben, sind wir uns sowohl der Tat als auch ihrer Auswirkung bewusst. Da wir aber verdrängen, leben wir „geteilt“ und schaffen uns dadurch eine Außenwelt, das DU. Ein großer Teil unserer Taten zielt nun auf das DU (Erziehungsmaßnahmen, Strafen, Belobigungen, Betrug, Konkurrenz usw.) und machen es im GUTEN wie im SCHLECHTEN zu unserem Opfer. Wie sich das Opfer bei unserer Tat fühlt, bleibt uns mehr oder weniger verborgen. Uns ist lediglich bewusst, wie wir selbst uns bei unserer Tat fühlen. Täter und Opfer bilden in Wirklichkeit aber eine *Einheit*. Haben wir die Tat vollbracht, so ist erst die eine Hälfte des Auftrags erfüllt. Die zweite Hälfte, das Erleben und Fühlen in der Opferrolle, ist uns noch unbewusst und belastet weiterhin das „Auftragskonto“ unserer Seele. Die Seele wird nun mittels der Anziehungskraft des Skorpions bzw. Plutos, das gleiche Spiel wiederholend, einen Täter anziehen, der uns mit der Opferrolle konfrontiert, sei es im selben Leben oder in einer nachfolgenden Inkarnation. Eine der wirksamsten plutonischen

Anziehungskräfte ist dabei die Sexualität, danach rangiert das Lockmittel der Macht. Durchleben wir als Opfer alle dabei entstehenden Gefühle bewusst, so ist das Thema endgültig verwirklicht und deshalb für uns „gestorben". Die Seele hat ihre Freiheit zurückgewonnen. Ihr Auftragskonto ist wieder entlastet. Sie fühlt sich dann wie der Phönix, der sich aus der Asche des „verbrannten" Themas erhebt.

Damit wird Pluto aber auch zum Planet der Leidenschaft, denn die Opferrolle ist eine Erleidensrolle. Die Hitze der Leidenschaft ist das Feuer des alchemistischen Prozesses, das im Ofen (Athanor) der Alchimisten brennt. Dass dieser Ofen urweiblich ist, erkennen wir an der Form, die ihm die Alchimisten auf ihren Abbildungen gegeben haben. Die weiblichen Rundungen sind unübersehbar.

Ein harmloses Beispiel soll das oben Dargestellte verdeutlichen. Wir spielen als EGO ein Spiel mit einem DU. Unser Ziel ist der Gewinn, um GUT zu sein, denn GUT will das EGO immer sein! Wir treten also in Konkurrenz zum DU. Spielen wir GUT, besser als das DU, so gewinnen wir und unsere Freude über den Sieg ist groß. Ebenso groß wie unsere Freude ist die Trauer beim Verlierer. Alle äußeren Spiele stellen aber nur die Widerspiegelung unserer unbewussten inneren Spiele dar. Auch dort gibt es einen *unbewussten* Verlierer. Ein Teil in uns hat verloren und fühlt sich schrecklich. Damit dieser Teil und dessen Schrecknis uns bewusst werden, treffen auch wir zum gegebenen Zeitpunkt auf einen BESSEREN und verlieren das Spiel. Auf diese Weise erleben wir die Konsequenz unseres Wirkens und unser Karma ist ausgeglichen.

In vielen Fällen erleben wir zwar die Opferseite, weigern uns jedoch unbewusst, das Erleben in seiner Totalität zuzulassen. Wir „schalten" unser Gefühl ab oder gehen gar ganz aus unserem Körper. Damit bleibt ein Teil der Gefühle, die in der Opfersituation entstanden, unverarbeitet und belastet weiterhin die Seele. Diese Erfahrung entfaltet dadurch auch künftig in unserem Unbewussten sein Wesen und Wirken.

Zwei Wege führen uns wieder in die Freiheit. Entweder wir werden ein weiteres Mal zum Opfer und bestimmte Erfahrungen wiederholen sich, psychischen Mustern gleich, immer wieder, oder wir unterziehen uns einer Therapie, in der wir in die schon erlebte Opferrolle zurückgehen und die noch unverarbeitet gebliebenen Gefühle in unser Bewusstsein zurückholen. Leicht fällt dies niemandem, denn wer setzt sich schon freiwillig seinen Gefühlen des Schreckens und Grauens aus? Nicht selten wird die Therapie zu einer lange andauernden Auseinandersetzung mit unserer Weigerung (Abwehr), das Vergangene zu erinnern und noch einmal bewusst zu durchleben.

Es bleibt uns überlassen, den Kreis des Täter-Opfer-Spiels zu schließen oder ihn weiter offen zu halten, indem wir Opfer wieder zum Täter werden und uns am Täter rächen.

Allzu oft haben wir uns in unseren Vorleben mit bestimmten Rollen und Leitbildern identifiziert oder wir haben in Situationen der Not einen Schwur abgelegt. Diese seelisch-mentalen Bindungen entfalten auch in diesem Leben ihre Wirkungen. Wir sind dann aus der Vergangenheit mental besetzt (besessen). Unsere Lebendigkeit kann nicht mehr frei fließen, sondern ist mehr oder weniger auf etwas schon längst Vergangenes (Gestorbenes) festgelegt. Diese „Mumie" am Leben zu erhalten kostet uns einen nicht unbeträchtlichen Teil unserer Lebensenergie. Unser

SELBST „stirbt“ daran, damit die vergangene Identität unseres EGO weiterleben kann.

Solange wir das Wasser unseres Erlebten und der Identifikation mit dem Vergangenen (Skorpion) nicht geklärt haben, belastet es unsere Innenwelt. Unsere unbewussten schrecklichen Erfahrungsbilder, unsere Rollen und Leitbilder, die zu seelischen Mustern und Programmen geronnen sind, wirken sich dann weiterhin in unserer Wahrnehmung der Welt und unserem Handeln fremdbestimmend aus. Wir leben wie unter Zwängen, wir sind zwanghaft.

Dort, wo Skorpion herrscht und Pluto mit seinen Aspekten steht, und sekundär im 8. Haus mit seinen darin befindlichen Planeten, dort erwarten uns die Konsequenzen unseres Wirkens (Karma) und unserer seelischen Fixierungen. Wir werden zum Opfer oder opfern uns selbst an eine Pflicht, eine Rolle, ein Leitbild oder einen uralten, längst vergessenen Schwur. Dort müssen wir uns wandeln, indem wir uns von der Bindung an das Vergangene lösen!

Skorpion, Pluto im Horoskop von Krishnamurti

E: Krishnamurtis Ziel (♏H10) ist die Entleerung seiner Erinnerung (♇) von allen noch unvollständig verarbeiteten Erfahrungen der Vergangenheit, so dass alle Vorstellungen, Leitbilder, Verpflichtungen, Rollen und Konditionierungen ihre Bedeutung verlieren. Auf diese Weise will er die „Reinheit der Seele“ (♇) wiederherstellen, damit alle das SELBST fremdbestimmenden Bindungen an die Vergangenheit ihren Einfluss verlieren. Als Folge davon wird er zunehmend fähig, die Wirklichkeit unverfälscht wahrzunehmen (♆).

K: Er ist eingebunden in ein gesellschaftliches System (♏H10), das von der Familie überliefert wird (♇He. v. 10 i. H4) und von ihm eine bestimmte Rollenübernahme (♇) erwartet. Um diese Rolle (♇) zu erfüllen, hat er die Bedürfnisse seines SELBST zu opfern (♇). Seine für ihn vorgesehene Rolle des spirituellen Gurus (♆☌♇) soll über seinen Körper (♉H4☿) zur Darstellung gelangen. Mit ihm verbinden sich die Vorstellungen (♇), dass sein Körper (♉) „Fahrzeug“ (☿♊) einer erlösenden Macht sei (♆☌♇♊), die man Messias nennen könnte.

Es existiert eine starke Familienbindung (♇H4), aus der er sich lösen muss (♆☌♇), da gerade sie die Rollenerwartung aufrecht erhält.

H: Der gesellschaftliche Rassismus und Faschismus (♏H10) wird für ihn in Verbindung mit der Frage nach dem Wert der körperlichen Rassenzugehörigkeit (♉H4♇) zu einer enttäuschenden Erfahrung (♆☌♇).

K: Seine Spiritualität (♆) ist eingebunden in ein Vorstellungssystem (♇), von dem er sich, um die Wirklichkeit erfahren zu können, lösen muss. In diesem Vorstellungssystem (Konditionierung) bestimmt sich der „spirituelle“ Wert (♓H2) aus der Hellsichtigkeit (♆) gegenüber der Akasha-Chronik (♇).

Heilen (♆) wird mit der Kraft der Suggestion (♇) möglich, und er wird auch die Möglichkeit haben, den Sterbenden (♇) die Angst (♆) vor dem Tod zu nehmen. Die Gefahr dabei ist, dass das Helfen zur Verpflichtung (♆☌♇) wird, so dass die Hilflosen gerade durch ihre Hilflosigkeit (♆) allzu viel Macht (♇) über ihn bekommen. Damit wird die SELBSTlosigkeit (♆-) zur Pflicht (♇) und ein Leben in Unverbindlichkeit (♆☌♇) dem eigenen SELBST gegenüber ist die Folge.

H: Die Unverbindlichkeit sich SELBST gegenüber findet ihre Widerspiegelung in der Unverbindlichkeit des DU. Bindungen werden deshalb nicht mehr eingegangen, um nicht die Enttäuschung ihrer Auflösung (♆☌♇) erleben zu müssen. Die einzige Lösung aus diesem Dilemma liegt darin, sich SELBST gegenüber wieder verbindlicher zu werden. Ist er seinem SELBST gegenüber verbindlich, dann ist ihm gegenüber die ganze Welt ebenfalls verbindlich (wie innen, so außen).

Es gibt eine Identifikation (♇H4) mit gesellschaftlicher Macht (♏H10), von der er sich lösen will (♆☌♇). Als Kind (♊H5) erfährt er die gesellschaftlichen Erwartungen als Erziehungsdruck innerhalb der Familie (☿,♇H4).

K: Daneben besteht eine Fixierung auf Besitz und Sicherheit (♉H4♇), wobei es eine anerzogene und von der Familie geübte Pflicht ist, den Besitz an Bedürftige (♆) zu verteilen (♉H4♇☌♆). Besitz und Besitzlosigkeit stehen dadurch in einem ambivalenten Verhältnis zueinander.

H: Die Sexualität ist ein Tabuthema in der Erziehung (♏H10) und ihre Entfaltung angstbesetzt (♆☌♇).

A. Besant und Leadbeater suchten in Krishnamurti ein geeignetes „Fahrzeug" für den kommenden Weltenlehrer (Maitreya). U. a. in diesem Zusammenhang bekam Krishnamurti den in der Welt existierenden Rassismus zu spüren. Ausgerechnet Rudolf Steiner konnte es sich beispielsweise nicht vorstellen, dass ein „Hinduknabe" der Messias sein könne. In Oxford verweigerte man ihm die Schulzulassung, weil der Leiter mit einem „braunen" Messias nichts zu tun haben wollte.

Unter dem Einfluss seiner Mutter entwickelte er schon früh seine Hellsichtigkeit.

Seine Arbeit sah er später in der Befreiung des Menschen und die Umwandlung des Individuums und der Gesellschaft durch die Liebe (♆).

Krishnamurti hatte in Verbindung mit einer starken magischen Ausstrahlung heilende Kräfte. Er wollte aber nie Wunderheiler sein, da er hierin die Stärkung des EGOs fürchtete.

Erste mystische Erfahrungen standen im Zusammenhang mit einer sehr schmerzhaften innerkörperlichen Reinigung durch unsichtbare Wesenheiten. Volles Erwachen geschah 1947 im Alter von etwa 52 Jahren. Sein Verhältnis zur Rolle des Guru wurde in einem Gespräch mit Ananda Mayi Ma deutlich. Sie sagte zu ihm: „Warum verleugnen Sie Gurus? Sie selber sind ein Guru der Gurus." Er antwortete: „Menschen verwenden den Guru als eine Krücke." Und man könnte hinzufügen: „Und sie lernen nie, alleine zu gehen." *Als er den Orden auflöste und mit der T.G. brach, sprach Leadbeater davon, dass die Ankunft des Messias vereitelt worden sei.* Auch hier eine Anmerkung: Als ob sich Gott vereiteln lasse!

Venus (Waage) und die irdische Liebe

In der Venus der Waage besitzt unsere Seele die Idee in ihrer ganzen Schönheit, die von ihr im Hier und Jetzt umgesetzt werden soll. Diese Idee ist das „Kind" des Pluto.

Unter den Bedingungen des gefallenen Bewusstseins ist ihr Wirken zweigeteilt. Den uns bewussten Teil der Idee, den unser EGO als GUT akzeptiert hat, leitet sie zur Verwirklichung weiter an den Merkur der Jungfrau. Den verdrängten und damit unbewussten Teil der Idee leitet sie nicht weiter. Dies hat zur Folge, dass dadurch unserem Handeln ein Teil der ursprünglich göttlichen Schönheit bzw. Ganzheit fehlt. Unser Handeln als EGO ist deshalb nur selten wirklich ausgeglichen und in Harmonie. Um die Balance in unserer Welt dennoch zu erhalten, lässt sie den fehlenden Teil in unserer Außenwelt erscheinen, als Gegenstand, Stein, Pflanze,

Tier oder Mensch. Damit ist die Welt unseres Wirkens durch den äußeren Ersatz des Fehlenden scheinbar wieder vollständig und ausgeglichen.

Was uns Menschen unter den Bedingungen der Geschlechter- und Rollenteilung am meisten fehlt, ist der gegenpolare Partner. Dem Mann fehlt seine (innere) Frau und der Frau fehlt ihr (innerer) Mann. Gemeint sind natürlich die männlichen und weiblichen Fähigkeiten, die ein jeder in sich trägt. Die Venus sorgt nun dafür, dass uns der fehlende Teil im Außen begegnet. Entweder bekämpfen wir ihn dort, oder wir verlieben uns in ihn. Die Auseinandersetzung, die der ersten Phase der Verliebtheit folgt, zeigt uns nun, wie es um die innere Balance zwischen innerem Mann und innerer Frau bestellt ist. Schon früh in unserem Leben konnten wir im Liebesverhalten der Eltern (Vater-Mutter, Mann-Frau) erkennen, welche Seite sich dem Gegenpart unterworfen hat und wie liebevoll oder lieblos ihr Umgang miteinander ist.

Schönheit als äußerer Wert kann darüber hinaus von unserem Bewusstsein (Saturn, Jupiter) idealisiert werden und die Aufmerksamkeit unserer Seele gänzlich auf sich ziehen. Wir kümmern uns dann nur noch um äußere Schönheit und Ästhetik und verlieren so ebenfalls unseren wahren Auftrag aus den Augen.

Die Herrschaft der Waage, der Stand der Venus nebst ihren Aspekten und sekundär das 7. Haus und dessen Herrscher sowie die hierin befindlichen Planeten zeigen uns, wie es um unsere innere Balance steht. Einer von beiden, entweder die Frau oder der Mann in uns, hat üblicherweise mehr Bedeutung, Macht oder Wert. Bei der Interpretation ist es deshalb interessant, bei einem angezeigten Balanceproblem sofort auch einen Blick auf die weiblichen und die männlichen Kräfte (siehe nachstehende Tabelle) zu werfen. Die Debalance wirkt sich einschränkend auf die Entfaltung und Lebendigkeit der schwächeren und benachteiligten Seite aus.

Als Paare treten hierbei in Verbindung:

Mann, *Vater, Prinz* **(Feuer)**	**Frau**[52], *Mutter, Prinzessin* **(Wasser)**
Schöpfer ▸	◂ *Neptun*
Jupiter ▸	◂ *Pluto*
Sonne ▸	◂ *Mond*
Mars ▸	◂ Erde

Wenn in uns die Balance fehlt, stellt sie sich auch im Außen in der Partnerschaft nicht ein. Wir fühlen uns dann nicht geliebt. Um die Liebe doch noch zu bekommen, glauben wir, noch hilfsbereiter, noch besser, noch opferbereiter, noch verbindlicher, noch nützlicher, noch angepasster, noch unternehmungslustiger,

[52] Es ist wahrscheinlich, dass das dreifaltig Weibliche, bestehend aus Neptun, Pluto und Mond, die „Große Mutter“ (Lilith) bildet. Die Große Mutter der griechischen Mythologie war Kybele, die verschiedentlich mit Rhea, der Mutter von Zeus, Hades, Hera u. a., gleichgesetzt wurde. Kybele scheint aber nicht das Weibliche in seiner Ganzheit in sich zu vereinigen. Eher ist Hekate mit der „Dreifaltigen Göttin“ gleichzusetzen. Sie besitzt nach HESIOD Herrschaft im Himmel, Tartaros und auf der Erde.

noch fürsorglicher, noch kommunikativer, noch reicher, noch schöner und noch stärker werden zu müssen. All diese einseitigen Bemühungen aber zerstören die Balance immer mehr, da sie die Lebendigkeit und die Eigenständigkeit des SELBST zunehmend einschränken.

Wollen wir zur zwischenmenschlichen Liebe finden, dann müssen wir die *innere* Balance wiederherstellen, und das gelingt nur, wenn wir in uns das entdecken und entwickeln, was uns als Projektion im Außen begegnet. Es genügt also nicht, sich durch den Partner ersatzweise im Außen ausgleichen zu lassen. Dies ist lediglich der Anfang eines Integrationsprozesses. Als informelle Stufe zeigt er uns, was uns fehlt. Die Frau im Außen muss im Inneren erlöst werden, ebenso wie der äußere Mann im Inneren entwickelt werden muss.

Gerade in der Partnerschaft führen wir häufig einen fast aussichtslosen Kampf mit dem Partner, um ihn zu bessern und ihn zu verändern. „Was wäre die Welt so schön, wenn er oder sie sich nur ein wenig verändern würde." Dabei vergessen wir vollkommen, dass unser Partner nichts anderes als unsere Projektion, unser Spiegel ist. Nur wenn wir uns selbst verändern, ändert sich unsere Projektion, unser Partner und unsere Außenwelt! Dabei sollten unsere Änderungen aber nicht in noch mehr Anpassung an den anderen münden, sondern in einer Entwicklung hin zu unserem SELBST. Eine solche Entwicklung wird aber dann erst möglich sein, wenn wir aufhören zu urteilen. Denn es sind ja die verurteilten Teile unseres SELBST, die wir wieder integrieren wollen.

Waage, Venus im Horoskop von Krishnamurti

K/H: Die Harmonie in der Begegnung, die irdische Liebe und damit der Frieden zwischen EGO und DU sind Hauptthemen seiner religiösen Auseinandersetzung (♎H9). Im kirchlichen Sinn (H9) ist es das Thema der Nächstenliebe (♎). Dabei stellen sich ihm die Fragen nach der gegenseitigen Verantwortung (♄H9) und der ihr entgegenstehenden absoluten Freiheit und Unabhängigkeit (♅H9) des wahren Individuums (♅). Diese Frage wird er erst dann eindeutig entscheiden können, wenn er erkennt, dass die ganze Energie der Verantwortung (♄) auf das eigene SELBST und die Erfüllung des transzendenten Auftrags gerichtet werden muss. Solange er aber die Liebe (♎) und die Anerkennung (♄) durch tätige Nächstenliebe (♎) erringen will und hierin seinen Lebenssinn (H9) sieht, wird er zunehmend den transzendenten Auftrag (♅) verleugnen (♄) müssen.

H: Im Sinne der Harmonie wurde er zur religiös verbrämten Nächstenliebe erzogen (♎H9♄), was in der Regel die Verdrängung seiner Aggressionen nach sich zieht (♃=♀/♂). Das Thema Streit und Krieg kommt dann von außen (Projektion) wieder auf ihn zu. Insbesondere ist dies ein Thema, das seine Sorge um die Kinder und seinen pädagogischen Ansatz gegenüber den Kindern bestimmt (♃=♀/♂H5).

K: Bei ihm ist mit der Frage der zwischenmenschlichen Balance das Denken, der Verstand verbunden (♃=♀/♂). Wird der Verstand aggressiv und besserwisserisch (♃△♄) eingesetzt, so stört er die Balance (♀) außen wie innen. **H:** Das Denken als Instrument des inneren Mannes (☉∠♃) zwingt einen Teil der inneren Frau als fühlendes Wesen in die Anpassung (♐H11, ☽H11, ♋H6). Äußert sie ein Missgefühl (☽–), wird der Verstand (♃) ihr „erklären", warum es sinnvoll ist, dennoch in der das Missgefühl erzeugenden Situation auszuharren. Dieser Teil des Weiblichen wird gerade im Sinn der Nächstenliebe zur dienenden Versorgung der bedürftigen Mitglieder einer Gruppe (☽☍♀, ☽H11) eingesetzt.

Versorgt er die anderen (☽+), kommt er in der Versorgung seiner SELBST zu kurz (☽–). Die so gelebten Rollen des Mannes als Verkünder und der Frau als Dienerin stellen auch in seinem Inneren die Balance zwischen diesen beiden Kräften in Frage.

Krishnamurti kritisierte in seinen Vorträgen in Indien die Stellung der Frau und ihre Unfreiheit in der Familie. Er war zeit seines Lebens von Frauen umgeben, die ihn in seiner Arbeit unterstützten.

Merkur (Jungfrau), Nützlichkeit und Dienen

Der Fähigkeit der Seele, unserem SELBST durch die Nutzung der Materie (Erde) zu *dienen*, begegnen wir im Merkur der Jungfrau. Indem wir auch hier eine maximale Aktivität in der Verwirklichung unseres SELBST entwickeln, dienen wir gleichzeitig maximal dem Ganzen. So kann die menschliche Zelle nur dann ihren Auftrag für den ganzen Menschen erfüllen, wenn sie ausschließlich sie SELBST ist. Ihre spezifische Stoffwechselleistung ist unverzichtbar für unseren Gesamtorganismus.

Wir jedoch glauben unter den Gesichtspunkten des GUTEN und des BÖSEN, dann besonders GUT zu sein, wenn wir uns SELBST zurückstellen und uns anderen Menschen gegenüber *nützlich* zeigen. Hierzu müssen wir unsere Bedürfnisse an die Forderungen der anderen *anpassen*. Wir unterstützen nicht mehr unsere eigene spezifische Lebendigkeit, sondern im Gegenteil: Wir dienen der Lebendigkeit der anderen. Beispielsweise erhält unsere dienende Arbeit ein uns fremdes, weil äußeres Unternehmen am Leben. Auf jeden Fall besteht mehr und mehr die Gefahr, dass wir unseren göttlichen Auftrag darüber vernachlässigen. Dienen bedeutet in diesem Zusammenhang, dass sich unsere Seele in den Dienst eines uns fremden Geistes stellt.

Die Auffassung, dass der Sinn des Lebens darin läge, dem Nächsten zu dienen, wird durch kollektive Glaubenssätze unterstützt, die von unseren gesellschaftlichen Institutionen, allen voran den Kirchen, mit Nachdruck vertreten werden.

Die Herrschaft der Jungfrau, der Stand des Merkur nebst seinen Aspekten und sekundär das 6. Haus und dessen Herrscher sowie die hierin befindlichen Planeten zeigen uns, wo wir zum Dienen, Nützlichsein und damit zur Anpassung neigen. Auf der anderen Seite drehen wir in dem jeweiligen Lebensbereich gern den Spieß um, lassen uns bedienen, nutzen andere aus und veranlassen sie, sich an uns anzupassen. Dies ist insbesondere dann der Fall, wenn wir ein Unternehmen aufbauen und Arbeit an andere delegieren.

Jungfrau, Merkur im Horoskop von Krishnamurti

E: Er nutzt den Besitz anderer (♍H8) z. B. als Wohnung für sich (☿H4).

K: Um die Fähigkeit zur Nutzung in dieser Weise leben zu können, muss er einen Wandel (H8) vollziehen, der im Zusammenhang mit der Frage steht, wie weit er verpflichtet ist, aus Verbindlichkeit dem anderen gegenüber, auf den Nutzen zu verzichten (♍H8). In seiner Ursprungsfamilie (H4) bekommt er zunächst vermittelt, dass er die Verpflichtung (♇H4) habe, anderen nützlich zu sein und ihnen zu dienen (☿H4), sowohl mit seinem Besitz und als auch dadurch, dass er seinen Lebensstil an die anderen anpasst (♉H4). Unter anderem möchte er anderen, insbesondere den Kindern (H5), bei der Beschaffung (♀H5) eines Entfaltungsraumes für ihr Spiel dienlich sein.

H/K: Um nicht ausgenutzt zu werden (☿H4), ist es notwendig, dass er sich abgrenzen (♉H4) lernt.

Mit dem Thema, darf ich nutzen oder muss ich nützlich sein, war er schon in früheren Existenzen befasst (♍H8, ☋♍). Hieraus resultiert seine, sein SELBST verletzende (⚷) Überzeugung zum „Dienen aus Nächstenliebe“ (⚷♎, ♍H8). Von dieser Überzeugung will er loslassen, damit er u. a. sein Anliegen der Freiheit und Unabhängigkeit verwirklichen kann (⚷∠♅).

Es ist insbesondere seine weibliche Seite (☽, H4♇), die in sich die Pflicht zur Anpassung und zum Dienen fühlt (♋H6). Entsprechend wird er zunächst in seiner Mutter (☽) und später in den Frauen (☽) auch auf der gesellschaftlichen Ebene dieser seiner Auffassung begegnen. Er erfährt die Unterdrückung der Frau im gesellschaftlichen Rahmen. Dies will ihm als seine Projektion die Situation seiner inneren Frau bewusst machen. Wichtig ist, dass er durch die Wandlung seine Fürsorge immer mehr auf den Körper seines SELBST (☽☍♀) richtet und dessen Wert erkennt.

Sonne und der Zustand des Herzens

Unser Herz repräsentiert das seelische Feuer. Es bestimmt die Willensintensität der Seele zur Verwirklichung des geistigen Auftrags auf der Erde. Dabei soll der Wille auf Erden dem Willen des Vaters im Himmel (Uranus) entsprechen. Die Sonne in uns ist unser Drang, in der irdischen Welt zu leben und Dinge zu erschaffen. Am ehesten zeigt uns ein Kind in seinem Spiel, frei von Zweckbestimmung, Verantwortung und Pflicht, über welch ungeheure Vitalität der Mensch ursprünglich verfügt. Unsere eigene Verwirklichung will ein solches Spiel sein. Unsere Seele will spielen!

Ein Künstler benötigt einen vitalen Willen ebenso wie ein Unternehmer. Versucht ersterer noch seine Inspiration auszudrücken, wenn auch unter dem Gesichtspunkt der öffentlichen Anerkennung, so handelt der Unternehmer weitgehend aus der Perspektive der Leistung und des materiellen Erfolgs. Da er kein individuelles Produkt mehr schafft, sondern eine von vielen Herstellern erzeugte Ware, gerät er in Konkurrenz mit seinen Mitbewerbern am Markt. Hier sind Herz und Warmherzigkeit nicht mehr gefragt. Die Lebensenergie und die schöpferische Kraft fließen fast vollständig in das Unternehmensziel, die Konkurrenz zu besiegen und dadurch einen maximalen Gewinn zu erwirtschaften. Dabei bleibt nur wenig Energie zur eigenen Verwirklichung. Die Lust am lebendigen Spiel nimmt immer mehr ab. Der daraus folgende depressive seelische Zustand ist nur noch durch Erfolg, Reichtum und Status aufzuhellen. Scheitert das Unternehmen, so folgt nicht selten auch auf der körperlichen Ebene der Zusammenbruch. Im Zentrum steht dann die Herzerkrankung.

In der Erwirtschaftung maximaler materieller Gewinne dient die Seele dem Geist nur noch im Sinne des Erfolgs, der Leistung und der Anerkennung (Saturn). Vielmehr stellt sich die Seele in den Dienst der körperlichen Bedürfnisse, in den Dienst des Körpers (Stier), weil unser *begrenzter* Geist das Bedürfnis des Körpers nach Sicherheit überbewertet. Vor dieser Überbewertung des „Fleisches“ warnt uns das Neue Testament. Wir erwerben uns dadurch keinen Besitz im Himmel (Bewusstseinsentwicklung), sondern auf der Erde, wo ihn die Motten und der Rost auffressen (Mt. 6,19).

Unter den Bedingungen der Rollentrennung wird der äußere Mann zum „seelischen Auftragserteiler" für die Frau (Jupiter befruchtet Pluto). Er dominiert ihre Unternehmungen. Die Frau verliert unter diesen Bedingungen ihre Selbstständigkeit (Sonne befruchtet Mond).

Die Herrschaft des Löwen, der Stand der Sonne nebst ihren Aspekten und sekundär das 5. Haus und dessen Herrscher sowie die hierin befindlichen Planeten zeigen uns, wo die Kraft unserer Seele im Auftrag des Geistes sich entfalten will. Dort aber sind wir gefährdet, allzu sehr dem Herren dieser Welt (Saturn), als Frau dem Mann oder unseren materiellen Bedürfnissen, zu dienen. In diesem Zusammenhang kommt es dann zum „Verkauf" unserer Seele an den Satan (Saturn).

In welchem Zustand der Entwicklung wir uns zu Beginn unseres Lebens befanden, können wir meist über unseren *Vater* oder unsere ersten männlichen Bezugspersonen erfahren. Sie repräsentieren unsere Projektionen.

Löwe, Sonne im Horoskop von Krishnamurti

Den Zustand seiner seelischen Kraft, seines Herzens (☉), erfährt er in der Kindheit über seinen Vater (Projektion). Sein Vater zeigt sich einerseits kämpferisch (♈H3), um Sicherheit bemüht (☉♉) und kommunikativ (☉H3), ist aber andererseits auf Grund seiner Weltanschauung auch auf Harmonie (♃=♀/♂) bedacht. Ihm steht der junge Krishnamurti oftmals rebellisch und trotzig gegenüber (☉☍♅).

E: Er liebt von ganzem Herzen (♌) die Begegnung mit anderen Menschen (♌H7) und die Kommunikation (☉H3) mit ihnen. Sowohl in der Begegnung (H7) als auch in der Kommunikation (H3) geht es darum, das, was seine Seele will (☉), auch zu verwirklichen. Dann wirkt er auf die anderen kreativ, selbstständig und lebendig (☉). In seiner Verwirklichung soll er seinen Wert sehen und sich den Raum und die Substanz nehmen, die er dafür benötigt (☉♉).

H: Kommt es in diesem Zusammenhang durch eine mögliche Überbetonung des Geistes und des Denkens (♃) zur Verachtung des Körpers (♉–), dann entsteht die Angst, zu wenig Sicherheit (♉–) zu besitzen. **K:** Diese Angst wird er dann durch Anhäufung von Besitz (♉+) besänftigen wollen.

K: Die Kommunikation sieht er als einen Kampf (♈H3), wobei er das Denken als Waffe einsetzt (♂☌♃). Das Kämpferisch-Aggressive tritt jedoch hinter den Anspruch nach Harmonie zurück (♃=♀/♂). Damit wird die Projektion seiner unbewussten Aggression, der Krieg, zum Thema der Kommunikation (♊H5,♃=♀/♂H5).

Thema seiner Verwirklichung ist dabei auch der Körper mit seiner Kraft (♃=♀/♂). Dadurch entsteht eine Spannung zwischen dem Denken (♃) und der Bedeutung des Geistes (♃△♄) auf der einen Seite und den Bedürfnissen des Körpers auf der anderen Seite. Interessanterweise steht seine Sonne auf den Schütze-Graden des Stiers. Seine geistige Vitalität will sich mit der Energie seines Herzens aussöhnen (☉∠♃) und über den Körper seinen Ausdruck (☿♉) finden. Solange dabei sein Geist in einer traditionellen religiösen Anschauung verharrt (♃△♄), ist es ihm nicht möglich, sein Anliegen nach der absoluten Freiheit des göttlichen Menschen (♅) zu leben. Er wird es aber zum Thema seiner Kommunikation (♀Hv9i5,♊H5) machen. Bevor er jedoch seine Freiheit (♅) erlangt hat, wird er sich kompensatorisch als der Besondere (♅+) präsentieren, der über die anderen erhaben ist. Dazu gehört, besonders nächstenlieb (♎H9♅+) zu sein.

Sein Vater (☉) und auch er in seiner Jugend mögen ein Problem damit haben, sich SELBST und ihrem Körper gegenüber fürsorglich zu sein (☉□Lilith). Von Herzen lustvoll mit der Freiheit umzugehen (☉□Lilith☍⛢) und die körperlichen Bedürfnisse dabei nicht mehr zurückzustellen (Lilith), sondern als gleichberechtigt (Lilith♒) zu berücksichtigen, ist ein Teil seines persönlichen Anliegens (AC♒).

Der Vater spielte in der Biografie Krishnamurtis eine untergeordnete Rolle. Er war nach seiner Pensionierung Schreiber bei der T.G.. Umso stärker war nach Krishnamurtis Adoption der Einfluss Leadbeaters. Dieser war wegen seiner Hellsichtigkeit und seiner Verbindungen zu den aufgestiegenen Meistern von großer Bedeutung. Leadbeater huldigte einem starken Initiationskult, in dem es unzählige hierarchisch angeordnete Stufen der Initiation gab. Hier zeigt sich etwas, das die ganze T.G. beeinflusste: das Denken in Hierarchien und der Gedanke des langsamen Aufstiegs, einer spirituellen Karriere gleich. Dies war einer der Gründe, die Krishnamurti bewegten, sich in späteren Jahren von der T.G. zu trennen.

Tatsächlich war der Krieg des öfteren Thema seiner Aussagen. Während einer Rede verärgerte er sogar seine amerikanischen Zuhörer mit der Aussage: „Sie sollten sich mit dem Krieg auseinander setzen, der sich in Ihnen abspielt, nicht mit dem äußeren Krieg."

Die Wirkung des Geistes auf den Körper

Letztendlich ist alles, was in unserer körperlichen Welt geschieht, die Auswirkung unseres Geistes, vermittelt durch unsere Seele. Das körperlich-empfangende Prinzip repräsentiert dabei der Krebs mit dem ihm zugeordneten Himmelskörper Mond.

Unser gefallenes Bewusstsein kann die Bedürfnisse des Körpers nach Kraftentfaltung, Eigentum, Sicherheit und Darstellung mit Hilfe unserer Beweglichkeit idealisieren (Saturn) und sie so zu einem Schwerpunkt geistigen Wollens machen (Jupiter). Dies findet seine Parallele in der heutigen Wissenschaft, die alle Ursachen der Existenz in der Materie sucht und zu finden glaubt. Demnach glaubt sich der Mensch im Körperlichen verhaftet (gebunden), was zwangsläufig zur Begrenzung (Bindung) unseres Bewusstseins (Himmel) führt (Mt. 16,19):

> Ich werde dir die Schlüssel des Reiches der Himmel geben; und was immer du auf der Erde binden wirst, wird in den Himmeln gebunden sein, und was immer du auf der Erde lösen wirst, wird in den Himmeln gelöst sein.

Jesus gab die Schlüssel an Petrus, den Felsen, der symbolisch dem Saturn entspricht.

Mond und die Sorge um den Erhalt des Körpers

Für den Mond ergeben sich an dieser Nahtstelle zwischen Seele und Körper zwei Aufgaben, die miteinander in Gegensätzlichkeit geraten können:

- Als Kraft der Natur erzeugt er unseren Körper, sorgt sich um seinen Erhalt und den fürsorglichen Umgang mit diesem.

- Gleichzeitig empfängt er die Aufträge der Seele durch unsere Sonne und ihm erwächst daraus die Sorge um deren körperliche Verwirklichung.

Diese Rollenteilung erfährt jede Mutter. Einerseits muss sie für ihr eigenes körperliches Wohlergehen sorgen, was in ihrer Realität meist zu kurz kommt, und andererseits muss sie sich um das Wachstum ihrer Kinder kümmern. In welchem Entwicklungszustand sich die Mondanlage befindet, erfährt der Mensch in seiner frühen Kindheit durch seine Mutter. Sie ist der Spiegel bzw. die Projektion seiner inneren Frau.

Der Mond sieht, nimmt wahr und erlebt immer nur das, was *jetzt* ist. Ihn interessiert weder, was gestern war, noch was morgen sein wird. Der Mond spürt seine Bedürfnisse (z. B. Hunger, Durst, Lust nach Zärtlichkeit) immer spontan (kardinales Prinzip) und zum gegebenen Zeitpunkt.

Der Mond möchte nicht nur materielle Nahrung aufnehmen, sondern seine Nahrung besteht auch aus körperlichem Erleben. Es ist umso intensiver, je mehr der Mond sich den seelischen Aufträgen (Sonne) öffnet und je bereitwilliger er sie an den Körper weiterleitet. Auch auf der Ebene des Erlebens können wir Hunger erleiden. Dauert dieser Hunger ungestillt an, führt er zur Depression.

Eine Gefahr liegt in der Überbewertung der körperlichen Bedürfnisse. Diese kann dazu führen, dass unser Blick nur noch auf die Ernährung (Krebs) oder das Sicherheit versprechende Eigentum (Stier) gerichtet wird und unsere ganze Sorge um diese Themen kreist.

Unter den Bedingungen der Rollentrennung überlässt der Mann die Sorge um das leibliche Wohlergehen und die Geborgenheit der Mutter und später „seiner" Frau. Die Frau, ganz in ihrer versorgenden Rolle aufgehend, überlässt es dafür dem Mann, zu entscheiden, was sie „spielen" oder unternehmen (Sonne). Die Frau koppelt sich aber durch dieses Verhalten von den Aufträgen ihrer *eigenen* Seele ab und folgt dann zwangsläufig dem seelischen Begehren und Wollen ihres Mannes!

Die Herrschaft des Krebses, der Stand des Mondes mit seinen Aspekten und sekundär das 4. Haus und dessen Herrscher sowie die hierin befindlichen Planeten zeigen uns, wo wir einerseits die Aufträge der Seele empfangen und sie in die Körperlichkeit gebären und wo wir andererseits für unser körperliches Wohl sorgen wollen. Gleichzeitig entsteht das Bedürfnis, die körperliche Verwirklichung im Geschehen und in der Gestaltung zu erleben.

Unter den Leistungsidealen und der Überflutung durch Eindrücke von perfektionistischen Schöpfungen anderer, sei es auf der Ebene der Kunst, Architektur, Musik oder in der kreativen Gestaltung der Wohnung, der Speisen und Getränke, schauen wir nicht selten frustriert auf unsere eigenen Schöpfungen. Dies wiederum schränkt unsere Freude an der eigenen körperlichen Geschicklichkeit (☿♊) ein und hemmt unsere Kreativität und Lebendigkeit. Als Ersatz neigen wir zum Konsum des schon Vorgegebenen. Beispielsweise suchen wir nicht mehr unseren Ausdruck über eigenes Musizieren, sondern füttern unsere Ohren mit fertigen Tonkonserven.

Wahrnehmen und Fühlen

In den letzten Jahrzehnten bekommt das Fühlen in der menschlichen Entwicklung, vor allem in der Einzeltherapie und in therapeutischen Gruppen, absolute Priorität eingeräumt. Dies umso mehr, als das Kollektiv insbesondere in der alles beherrschenden Berufswelt die Gefühle immer mehr ausgeklammert hat.

Vor dem astrologischen Hintergrund stellt sich die Frage, welche Gefühle gemeint sind, denn wir haben drei Planeten, Neptun, Pluto und Mond, die in unterschiedlicher Weise wahrnehmen und fühlen. Während Neptun unter unseren Bewusstseinsbedingungen meist Verlorenheit, Leid, Angst und Sehnsucht sieht und fühlt, lässt Pluto dann Gefühle hochkommen, wenn die äußere Situation an die Vergangenheit erinnert. Wir fühlen uns dann wohl, wenn die Situation an eine Geborgenheitserfahrung der Vergangenheit anknüpft. Wir fühlen uns dabei auch dann noch wohl, wenn das Jetzt nur Spannungen beinhaltet, weil uns das Gefühl vertraut ist. Auf der anderen Seite fühlen wir uns dann bedroht, wenn uns die Situation an traumatische Erfahrungen der Vergangenheit erinnert. Wir spüren selbst dann eine Bedrohung, wenn in der Gegenwart objektiv keinerlei Gefahr besteht. Damit können die Erfahrungen und die damit verbundenen Gefühle der Vergangenheit die Wahrnehmung der Wirklichkeit und die wahren Gefühle des Mondes zum Hier und Jetzt überdecken. Manchmal glauben wir, intensiv im Jetzt zu fühlen, dabei blenden wir lediglich eine Gefühlserinnerung ein.

Aus diesem Grund ist es so wichtig, die Gefühle der Vergangenheit zu verarbeiten, denn nur dann ist die Wahrnehmung der Wirklichkeit und ein wahres Fühlen im Jetzt erst möglich.

Letztendlich ist die Wahrnehmung der Wirklichkeit nur Neptun vorbehalten, da der Mond die Welt aus der Perspektive des Körpers sieht, erlebt und fühlt. Dieser Körper aber ist mit für die Illusion verantwortlich, wir würden ein vom Ganzen getrenntes Leben führen. Neptun dagegen trennt in seiner Wahrnehmung nicht mehr zwischen ICH und der Außenwelt, sondern er lässt uns das Zusammenspiel des Ganzen sehen. Die Erfahrung, die er uns bietet, ist: *Alles ist eins*! Die Trennung und damit auch die Trennung von Gott ist eine Illusion.

Krebs, Mond im Horoskop von Krishnamurti

E: In seiner Arbeit (H6) steht die Fürsorge sich SELBST (♋) gegenüber im Vordergrund. Arbeit (H6) muss ihm Erlebnismöglichkeiten bieten (♋). Sie soll an seinem Wesen und am körperlichen Wohlgefühl orientiert sein (♋). Seine Arbeit richtet sich auf die Verkündigung geistiger Zusammenhänge und auf das Denken (☽He. v. 6 i. H11, ♐H11). Dabei will er die geistigen Zusammenhänge in seinen Reden zum Ausdruck bringen (♃He. v. H11 i. H5, ♊H5). Die Gruppe dient ihm dabei als Bühne und Freunde als Gesprächspartner (♃He. v. H11i. H5, ♊H5). Die Gruppe trifft sich bei ihm zu Hause (☿He. v. 5 i. 4) und diskutiert über philosophische Inhalte. Bei aller Arbeit wird er erkennen, wie wertvoll der Körper ist (☽☍♀) und wie wichtig es ist, für das „irdische Instrument" des SELBST zu sorgen (☽☍♀).

K/H: Seine Mutter ist eine fleißige, arbeitsame Frau (♋H6), die sich höflich (☽♐) und dienend (♋H6) in die Gruppe und in den Freundeskreis einbringt (☽H11). Sie möchte alle Gruppenmitglieder umsorgen. Um ihr Erlebnisbedürfnis (☽) zu befriedigen, möchte sie vieles gemeinsam mit anderen unternehmen (☽H11). Weil sie in ihrer Arbeit die Tendenz zum Dienen und zur Anpassung hat, wird sie ihre eigenen Bedürfnissen in besonderer Weise zurückstellen (☽–). Die Unwohlgefühle (☽–), die dabei entstehen, wird sie mit ihrem Verstand besänftigen (☽♐). Der Verstand (♃) herrscht auf diese Weise über ihre Körpergefühle (☽). So tritt sie in edler verstandesorientierter Fürsorge (☽♐) auch ihren Kindern (♃H5) gegenüber. Der Verbündete des Verstandes ist dabei ein traditionelles Glaubenssystem (♃△♄), das sie an ihre Kinder (H5) weitergibt. In diesem Glauben bekommt die Frau eine dienende Rolle (♋H6) zugewiesen. Allerdings will sie sich in ihrem Verständnis von dieser Zuweisung befreien (☽ steht im ♒–Segment des ♐).

K: Die Wahrnehmung (☽) in der Kindheit ist sehr stark vom Denken (♃) überlagert und wird je nach Verständnis subjektiv verfälscht. Im Erleben ist er leicht zu begeistern (☽♐), wobei die Begeisterung in Verbindung mit dem Urteil (♃△♄) steht. So wird ihm sein Verstand stetige gute Laune (☽♐, ♃△♄) verordnen. Entspricht er den geistigen Vorgaben und ist dazu noch lieb (♀), kann er mit der Liebeszuwendung seiner Mutter (☽☍♀) rechnen. Dieses Muster wird er später in der Begegnung mit anderen Frauen beibehalten.

Seine Wahrnehmung ist zudem auf noble Ästhetik (☽♐☍♀☌♃) ausgerichtet, die auch seine Kleidung (☽,♀) bestimmt.

Die Nahrung für den Körper (☽) sucht er weniger geschmacksorientiert (☽), sondern vielmehr verstandesorientiert nach ästhetischen Kriterien (♀☌♃) aus.

Krishnamurti war stets fürsorglich um seinen Körper bemüht, den er als wesentliches Werkzeug seiner Existenz ansah. Auch kleidete er sich sehr elegant.

Merkur (Zwillinge), die körperliche Geschicklichkeit

Mittels unserer Nerven (Zwillinge) können wir die Bewegungen unseres Körpers steuern. Über sie teilen wir den seelischen Auftrag, den der Mond empfangen hat, unserem Körper mit. Hieraus erwächst uns das Vermögen, zu reden, zu gestikulieren, uns fortzubewegen und zu handwerklichem Geschick. All diese Fähigkeiten dienen unserer SELBSTdarstellung.

Unter den Bedingungen unseres gefallenen Bewusstseins zeigen wir uns jedoch nicht mehr in aller Wahrhaftigkeit. Um die Anerkennung des Kollektivs zu erhalten, schönen wir die Darstellungsinformation, die unsere Nerven an den Körper geben. Dadurch wird die Information, die wir von uns geben, zunehmend der individuellen Inhalte des SELBST entleert und durch kollektive Inhalte bestimmt. Hinter der Fülle der Allgemeinplätze wird unser SELBST immer weniger sichtbar. Wir werden zu Schauspielern in einer uns fremden, vom Kollektiv bestimmten Rolle. Ebenso wird die handwerkliche Geschicklichkeit immer mehr zur Routinebewegung, egal, ob wir mit Werkzeugen umgehen oder ein Musikinstrument spielen.

Die Herrschaft der Zwillinge, der Stand des Merkur nebst seinen Aspekten und sekundär das 3. Haus und dessen Herrscher sowie die hierin befindlichen Planeten zeigen uns, wo und wie wir uns darstellen wollen, wo wir aber auch dazu neigen, uns hinter allgemeinen Informationen zu verstecken. Darüber hinaus zeigt sich dort das Bewegungsgeschick unserer Hände und des ganzen Körpers.

Zwillinge, Merkur im Horoskop von Krishnamurti

E/H: Körperliche Beweglichkeit und die damit verbundene Fähigkeit zur SELBSTdarstellung (♊☿) steht im Mittelpunkt der Lebensentfaltung (♊H5). Er verfügt über eine gute Stimme (☿♉H4), zu der er aber zunächst wenig Vertrauen (♆H4) haben mag.

Schon als Kind (H5) dürfte er gerne Spiele der Darstellung (♊H5) und Spiele, die von ihm körperliche Geschicklichkeit (♊) forderten, gespielt haben. Er wollte viel zu Hause spielen (☿H4), wobei er für seine Darstellung oft zu wenig Raum hatte (♉H4♆). Daher ist es möglich, sofern er am Meer (H4♆) wohnte, dass er zum Spielen an den Strand ging.

Erkennt er den Wert dessen, was er mitzuteilen hat (☿♉H4), dann nimmt er sich für seine Darstellung (☿) zunehmend Raum (♉) und kann sich anderen gegenüber abgrenzen (♉). Das Bedürfnis, sich SELBST materiell etwas zu gönnen (♉), wird auf Grund der anerzogenen Verpflichtung zu sozialem Engagement (♆☌♇) vernachlässigt, was dazu führen kann, dass er sich in seiner Kindheit den Raum (♉♀–) zum Spielen (♀–H5) nehmen ließ und dass er materiell ausgenutzt (☿♉,♀H5) wurde. Eigenbedürfnisse (♉) auf der einen Seite stehen der Opferbereitschaft (♇H4) auf der anderen Seite gegenüber.

In ihm existiert die Notwendigkeit, nicht mehr den Ausdruck der Gefühle (☿⊼☽) zu unterdrücken (⊼), sondern sein Verhalten zu wandeln (⊼) und seine jeweiligen Gefühle und „Launen“ (☽) zu zeigen (☿).

E/K: In seinem Ausdruck (♊H5) will er eine Synthese (♃) von zwischenmenschlicher Harmonie und Durchsetzung der Interessen des SELBST (♃=♀/♂) finden. So wird Frieden und Krieg zu einem wichtigen Thema seiner weltanschaulich orientierten Gespräche.

Um eine besondere Rolle in einer Glaubensgemeinschaft (⚷H9) spielen zu können, zeigte er sich bedürfnislos (☿□Lilith, Lilith♒). Im Laufe seiner Entwicklung wollen die verurteilten körperlichen Bedürfnisse wieder befreit (Lilith♒) und zum Ausdruck gebracht werden. Sie wollen in seine Persönlichkeit integriert werden.

K: Alles zielt auf die Frage: Wie „spiele“ ich mein Leben? Über seine Mitteilungen (♊) will er auch auf die Kinder (H5) pädagogisch einwirken, da er hierin eine Möglichkeit sieht, durch das Verständnis von Aggression und Harmonie (♃=♀/♂) in der Zukunft den Frieden (♀) zu stärken.

In seiner Kindheit spielte Krishnamurti viel mit seinen Freunden am Meer.

Krishnamurtis spätere Haupttätigkeit waren seine Vorträge und Diskussionsforen mit oftmals befreundeten und bedeutenden Wissenschaftlern. Obwohl er selbst niemals eine tiefere wissenschaftliche Ausbildung genossen hatte, waren seine Gespräche für die anderen äußerst befruchtend. In manchen Jahren hielt er bis zu 175 Vorträge pro Jahr.

Mit fortgeschrittenem Alter galt seine Bemühung immer mehr den Kindern. Er eröffnete in vielen Ländern zahlreiche Schulen, um den Kindern eine ideologiefreie Erziehung zu ermöglichen. Sein Erziehungsbegriff unterschied sich grundlegend von der bei uns üblichen Erziehung. Die Schule sollte ein Ort sein, wo sich Lehrer und Schüler gemeinsam auf natürliche Weise entfalten, damit sich das menschliche Wesen in seiner Ganzheit kultiviert. Das Lernen war kein Auswendiglernen von Wissen, sondern das Lernen des „Nicht-beschäftigt-Seins“, die „Muße“, stand im Mittelpunkt.

Gegen Ende seines Lebens bereiteten ihm die Schulen wegen Meinungsverschiedenheiten mit seinen Mitarbeitern und Misswirtschaft zunehmend Sorge. Hier zeigt sich, dass der Dienst an den Kindern und die Übernahme der Verantwortung ihnen gegenüber eine Inkonsequenz in seiner Haltung erzeugte, die im Lebensfluss Konflikte und Widerstände hervorbrachte (d. Verf.).

Venus (Stier) und die Liebe zu unserem Körper

Die Probleme des Stieres stammen aus drei Quellen. Zum einen beziehen sich unsere wissenschaftlichen Denk- und Glaubenssätze ausschließlich auf die Materie. Da für sie keine Lebendigkeit außerhalb der Materie vorstellbar ist, nimmt das körperliche Ende, unser Tod, eine ungeheuer bedrohliche Dimension an. Damit tritt die körperliche Sicherheit, und dies ist ein weiterer Punkt, in den Brennpunkt unserer Existenzgestaltung. Sicher ist, so glauben wir, wer viel hat. Zum dritten beurteilen wir vielfach den Wert eines Menschen an seinem Besitz. Deshalb werden in unserem Kollektiv Statussymbole immer wichtiger. Auf diese Weise nehmen die „Begierden des Fleisches" an Bedeutung zu und unser Leben zentriert sich zunehmend auf die Beschaffung und die endlose Vermehrung von Geld und Besitz.

All dies lenkt von der eigentlichen Aufgabe des Körpers ab, sichtbarer Ausdruck der Schöpfungsidee zu sein. Dieser Ausdruck ist unsere *körperliche Antwort* auf den *geistigen Schöpfungsauftrag*! Hierin ist der Wert des Körpers gar nicht hoch genug einzuschätzen. Wir sollten ihn daher liebend annehmen. Dies fällt uns jedoch besonders schwer, da die Eigenliebe von unseren Glaubenssätzen als Egoismus verteufelt wird. Erkennen wir den Wert unseres Körpers, dann müssen wir wie einst Archimedes erkennen, dass er Raum für sich benötigt. Wir nennen diesen Eigenraum, der natürlich über die direkten Grenzen des Körpers hinausgeht, Revier. Jedes Revier hat seine Grenze, die verteidigt werden muss. So müssen auch wir uns gegenüber den anderen abgrenzen, damit unser Körper den Raum für die „Antwort" behält.

Die Herrschaft des Stieres, der Stand der Venus mit ihren Aspekten und sekundär das 2. Haus und dessen Herrscher sowie die hierin befindlichen Planeten zeigen uns, worin unser Wert besteht, wo wir unsere körperliche „Antwort" geben möchten, in welchen Bereichen wir hierfür Raum benötigen und uns abgrenzen müssen. Gleichzeitig besteht die Gefahr, dass wir genau dort durch ein allzu großes Sicherheitsbedürfnis unsere Lebendigkeit einschränken und zu keinem Wagnis mehr bereit sind. Dort stellt sich für uns auch die Eigenwertfrage, die sich, solange wir ein Wertedefizit haben, im finanziellen und materiellen Mangel zeigen kann. Der Wertemangel im Außen ist dabei die Projektion unseres Wertemangels im Inneren. Wir bezweifeln den Wert unseres Körpers, oft aus kirchlich-religiösen Überzeugungen, oder aber wir zweifeln am Wert der Anlage (Tierkreiszeichen), die über das 2. Haus herrscht. Aus dieser Wertlosigkeit heraus versuchen wir dann, den Mangel durch möglichst viel Geld und Besitz auszugleichen.

Stier, Venus im Horoskop von Krishnamurti

E: Von seinem Wesen (H4) her ist er körperbezogen. Sein Körper gibt ihm seine Sicherheit (♉). Nur wenn er die Liebe zu seinem Körper entwickelt, wird er sich sicher (♉) und in sich „zu Hause" (H4) fühlen. Hier ist der Körper die Basis spiritueller Entwicklung!

H/K: Die Eigenliebe ist ihm verloren gegangen (♆H4). Dies wird sich auch im familiären Verhalten (H4) zeigen, wo es zur Pflicht wurde, all den materiellen Besitz an die Armen und Hilfsbedürftigen zu opfern (♆☌♇). Auf der anderen Seite gibt es in ihm auch die Tendenz, am Besitz festzuhalten (♉H4♇). Dies kann ihm in der Projektion als materieller Neid und Geiz (♉H4♇) begegnen.

H: Da er über seine Opferbereitschaft (♇) vergessen hat (♆), dass ihm die materielle Substanz vom Schöpfer für sein SELBST gegeben wurde, wird er sich in seiner Kindheit nur wenig Materielles gönnen. Verwendet er das Wenige nicht für sich SELBST, wird ihm auch das Wenige noch genommen (♆).

So wird er immer wieder in die Situation kommen, in der andere versuchen, ihm etwas wegzunehmen, insbesondere im Zusammenhang mit seiner Fürsorglichkeit Freunden und Gruppenmitgliedern gegenüber (☽☍♀–).

Es kam mit dem Präsidenten der „Krishnamurti Writings Incorporation" zu einem Rechtsstreit um Finanzen und Eigentumsrechte an seinen Manuskripten.

Krishnamurti achtete sorgsam auf seinen Körper. Das Streben nach Sicherheit sah er als ein legitimes Verlangen des körperlichen Organismus. Die Suche danach geht aber aus seiner Sicht in die Irre, da die wirkliche Sicherheit nur durch die Verbindung mit der Höchsten Intelligenz (in Analogie zum Begriff Gott zu verstehen, d. Verfasser) *gegeben ist.*

Mars, die Tat als Ziel und Ende jeder Idee

Der Geist will auf der Erde zur Frucht, zur Tat werden, um hierin sein Ende zu finden. Ist unser Geist vom Göttlichen inspiriert, wird die Tat zur rechten Zeit am rechten Ort geschehen, ohne dass sich der Umsetzung Widerstände entgegenstellen. Sind wir in unserer Entwicklung hierzu in der Lage, so haben wir für uns das „*Goldene Vlies*"[53] gefunden. Das Gold steht für die wahrhafte Verwirklichung des göttlichen Auftrags und das Vlies für das Fell des Widders, unsere Tatkraft.

Um die Tat vollbringen zu können, verfügen wir über Muskeln, mittels deren wir die erforderliche Körperkraft erzeugen.

Unter unseren Bewusstseinsbedingungen der Leistung und des Erfolgs werden wir auf diejenigen treffen, die ebenfalls den Erfolg anstreben. Konkurrenz entbrennt und wir setzen unsere Kraft dafür ein, gegeneinander um den Sieg zu kämpfen. Seit archaischen Zeiten siegte der Stärkere oder der Schlauere. So versuchen auch wir unsere „Kampfkraft" und Durchsetzungsfähigkeit durch Bodybuilding und Sport zu stärken. Manch einer ist mit diesem Training ein Leben lang beschäftigt und vergisst darüber seinen eigentlichen göttlichen Auftrag. Der Schlaue entwickelt eine effektive Kampftechnik oder kampfstarke Waffen.

Die Kraft wird, wenn sie auf Widerstände trifft, zur Aggression. Dem GUTEN ist die Aggression aber verboten, so dass er sie verdrängt. Diese Wut kommt ihm dann als seine Projektion von außen entgegen. „Außen" ist in diesem Sinne auch unser Körper. Er zeigt uns unsere unbewusste Wut in Form von Entzündungen und Schmerzen.

Wo wir Frucht bringen möchten und wo wir eventuell in den Kampf verstrickt werden, sehen wir dort, wo der Widder herrscht, der Mars steht und mit anderen Planeten in eine energetische Beziehung tritt. Sekundär zeigt sich im 1. Haus, in dessen Herrscher und in den dort stehenden Planeten, welchem Thema wir durch unsere Persönlichkeit zur Durchsetzung verhelfen wollen und welche Kräfte uns dabei zur Verfügung stehen.

[53] siehe Tierkreiszeichen Widder

Widder, Mars im Horoskop von Krishnamurti

E: Seine irdische „Frucht" (♈) erbringt er in der Kommunikation (H3). In ihr zeigt er sich kämpferisch und streitbar (♈H3). Kommunikation gehört zu seinem Lebenspiel (♂H5). Bei aller Auseinandersetzung will er sich mit seinem ganzen Herzen und mit aller seelischen Vitalität und Wärme einbringen (☉H3). Die Frucht (♂) will in seiner SELBST-darstellung, seinen Vorträgen und seinen Diskussionen sichtbar werden (♊H5♂). Dabei muss er lernen, seiner Einmaligkeit und Originalität zu vertrauen (☉☍♅), da es möglich ist, dass er immer wieder auf Widerspruch (♅) stößt.

H: Die kämpferische Seite an ihm wird oft von der ausgleichenden, harmonisierenden Seite in Frage gestellt (♃=♀/♂). Dies lässt ihn seine Gefühle des Ärgers hinunterschlucken (♂♇Lilith) und auf den Kampf verzichten. Die Hemmung dieser Anlage fordert aber die Aggression der anderen, beispielsweise in der Schule (♈H3), heraus. Der Kampf als edler Ritter (♂⚹♃) im Dienst der materiell Benachteiligten (♉H4♆) ist einer seiner karmischen Hintergründe (☉∠♃, ♌H7☋).

K: Der Kampf kann auch zu einem Kampf für die Kinder (♂H5) werden. Er wird bestrebt sein, die Kinder (H5) in ihrer spielerischen Entwicklung hin zur SELBSTdarstellung (♊H5) zu fördern (♃H5). Diese Förderung der Kinder (♃H5) verhindert aber die Förderung seines eigenen inneren Kindes (♃–, H5) und rührt an eine alte Wunde (♃□⚷), die in seinem Dienen aus Nächstenliebe (♍H8⚷) begründet liegt. Das kann dazu führen, dass sich die Bedürfnisse seines SELBST allzu sehr der Förderung der Kinder unterordnen und anpassen müssen.

Seine Lehrer prügelten ihn häufig.

Da er sich nie gegen etwas wehrte, fingen seine Mitarbeiter an, ihn zu nötigen und wie ein Kind zu behandeln.

Bibliographie

Die Heilige Schrift, Elberfelder Bibel, R. Brockhaus Verlag, Wuppertal 1998

Die Heilige Schrift, Zürcher Bibel, Verlag der Zürcher Bibel, Zürich 1987

Münchener Neues Testament, Patmos Verlag, Düsseldorf 1998

Arnold, Wilhelm; Eysenck, Hans Jürgen; Meili, Richard (Hrsg.): *Lexikon der Psychologie*, Herder Verlag, Freiburg i. Br. 1980

Bailey, Alice A.: *Esoterische Astrologie*, Lucis Verlag, Genf 1970

Balsekar, Ramesh S.: *Erleuchtende Gespräche*, Verlag Alf Lüchow, Freiburg i. Br. 1998

Banzhaf, Hajo: *Das Tarot-Handbuch*, Heinrich Hugendubel Verlag, München 1998

Bauer, Wolfgang; Dümotz, Irmtraud; Golowin, Sergius: *Lexikon der Symbole*, Wilhelm Heyne Verlag, München 1987

Cambell, Joseph: *Die Kraft der Mythen*, Artemis Verlag, Zürich und München 1994

Charpentier, Louis: *Die Geheimnisse der Kathedrale von Chartres,* Knaur, München 1999

Delf, Hanna; Georg-Lauer, Jutta; Hackenesch, Christa; Lemcke, Mechthild: *Jugendlexikon Philosophie*, Rowohlt Taschenbuch Verlag, Reinbek bei Hamburg 1988

Endres, Dr. Hans: *Numerologie*, Institut für ganzheitliche Lebensgestaltung, Isselbach 1991

Godwin, Malcolm: *Der Heilige Gral*, Wilhelm Heyne Verlag, München 1994

Goethe, J.W.v.: *Faust*, Wilhelm Goldmann Verlag, München 1978

Grimms Märchen, Zweitausendeins/Insel Verlag, Frankfurt/M., urspr. N. G. Elwert Verlag, Marburg 1922

Grof, Stanislav: *Topographie des Unbewussten,* Klett-Cotta, Stuttgart 1985

Grof, Stanislav: *Geburt Tod und Transzendenz,* Kösel, München 1985

Gunturu, Vanamali: *Krishnamurti*, Eugen Diedrichs Verlag, München 1999

Hasselmann, Varda; Schmolke, Frank: *Welten der Seele*, Wilhelm Goldmann Verlag, München 1993

Hesse, Hermann: *Siddhartha*, Suhrkamp Verlag, Frankfurt/M. 1978

Krings, Hermann; Baumgartner, Hans Michael; Wild, Christoph (Hrsg.): *Handbuch philosophischer Grundbegriffe*, Kösel-Verlag, München 1973

Krishnamurti, Jiddu: *Einbruch in die Freiheit*, Ullstein Verlag, Frankfurt/M., Berlin, Wien 1984

Lexikon der östlichen Weisheitslehren, Otto Wilhelm Barth Verlag/Scherz Verlag, Bern, München, Wien 1994

Meyer, Hermann: *Astrologie und Psychologie*, Heinrich Hugendubel Verlag, München 1981

Meyer, Hermann: *Partnerschaft, Gesundheit und Glück*, Heinrich Hugendubel Verlag, München 1982

Meyer, Hermann: *Gesetze des Schicksals*, Sphinx Medien Verlag, Basel 1987

Miers, Horst E.: *Lexikon des Geheimwissens*, Wilhelm Goldmann Verlag, München 1982

Nietzsche, Friedrich: *Werke in vier Bänden*, Verlag „Das Bergland-Buch", Salzburg 1985

Ovid: *Metamorphosen*, Goldmannverlag, München 1981/1988

Platon: *Sämtliche Werke*, Rowohlt Taschenbuch Verlag, Hamburg 1985

Ranke-Graves, Robert von: *Griechische Mythologie*, Rowohlt Taschenbuch Verlag, Hamburg 1990

Roney-Dougal, Serena: *Wissenschaft und Magie*, Zweitausendeins, Frankfurt/M. 1993

Roob, Alexander: *Alchemie & Mystik*, Benedikt Taschen Verlag, Köln 1996

Sharamon, Shalila und Baginski, Bodo J.: *Das Chakra-Handbuch,* Windpferd Verlagsgesellschaft, Aitrang 1988

Tarnas, Richard: *Uranus und Prometheus*, Astrodienst Verlag, Zollikon 1996

Tollmann, Alexander und Edith: *Und die Sintflut gab es doch*, Knaur Verlag, München 1995

Tripp, Edward: *Reclams Lexikon der antiken Mythologie*, Philipp Reclam jun., Stuttgart 1999

Ulansey, David: *Die Ursprünge des Mithraskults*, Konrad Theiss Verlag, Stuttgart 1998

Wapnick, Kenneth: *Die Vergebung und Jesus*, Greuthof Verlag, Gutach i. Br. 1997

Weidinger, Erich (Herausgeber): *Apokryphe Bibel,* Pattloch Verlag 1991

Wilfried Schütz

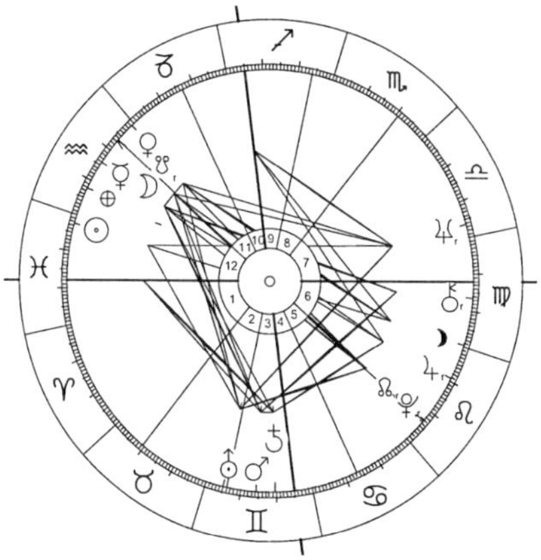

1944 kehrte ich auf diese Erde zurück. Nach Flucht und verträumten Kindertagen sowie einer ziemlichen Plage mit der kreativitätshemmenden schulischen Erziehung studierte ich Ingenieurwissenschaften (Dipl.-Ing.) und Medizin. Eine Frau sagte eines Tages zu mir: „Du solltest einmal ein Astrologiebuch lesen!“ Das war 1981, und seitdem wurde die Astrologie zu einem wichtigen Teil meines Lebens.

Meine Astrologie steht auf klassischem Fundament, ist aber u. a. beeinflusst von W. Döbereiner und H. Meyer. Ende der 80er-Jahre entdeckte ich den *Weg der Wirklichkeit* im Tierkreis und entwickelte daraus eine neue Sicht der spirituellen Dimension in der Astrologie. Seit 1989 bilde ich psychologische Astrologen aus. Neben meiner umfangreichen Seminartätigkeit unterhalte ich eine eigene astrologische Beratungspraxis. Zahlreiche Veröffentlichungen in astrologischen Fachzeitschriften. Seit 2000 wohne ich in der Schweiz und leite dort die Astrologische Akademie Baden (***AAB***).

Angebote der Astrologischen Akademie Baden

Beratung

Eine Beratung für Menschen, die ihre Stärken entwickeln und Schwächen wandeln möchten, die eine neue Orientierung suchen, in ihrem Leben neue Wege beschreiten wollen oder eine Lebenskrise (z. B. Krankheit, Partnerschaftskrise, Berufsproblem, Erziehungsnot) meistern wollen.

Abendkurse

Wenn Sie das spannende Gebiet der Astrologie und die Sprache der Symbole des Lebens kennen lernen möchten, dann bieten sich unsere Schnupperkurse an. An 6 Abenden eröffnet sich Ihnen eine aufregend neue Welt.

Profi-Studium: psychologische und spirituelle Astrologie

Die nebenberufliche Ausbildung zum Profi in 3 Stufen: *Grundstufe, Ergänzungsstufe, Diplomstufe.* Jede Stufe dauert 1 Jahr. Jede Ausbildungsstufe kann einzeln belegt werden.

Die Ausbildung vermittelt entscheidende Impulse zur SELBST-Findung und qualifiziert zum beruflichen Einsatz.

Weiterbildung für Astrologen

Das Angebotsspektrum reicht vom Einzelcoaching bis zum Deutungs- und Beratungstraining. Das Besondere: die Mischung aus Theorie, praktischer Umsetzung und körperorientierter Erfahrung.

Bitte ausführliche **Unterlagen** anfordern.

Tel 0041-(0)56 470 20 88
Fax 0041-(0)56 470 20 89
E-Mail: w.schuetz@bluewin.ch
www.schuetzbaden.ch